建築設計シリーズ ❹

これで完璧！伝わる建築実施図面の描き方

新装版

建築知識 編

X-Knowledge

これで完璧！伝わる建築実施図面の描き方 新装版●contents

Part 1 実施図面の基本

Part 2 過不足なしの実施図面の描き方

Topics

Column

デザイン／細山田デザイン事務所　DTP／天龍社

※本書は、「建築知識」2010年7月号特集「手戻りなしの実施図面」と2012年11月号特集「過不足なしの実施図面の描き方」の内容を見直し、加筆修正したものです。

Part 1

現場目線で再点検

実施図面の基本

現場の声を聞く！あなたの図面は大丈夫？

読みにくい！拾いにくい！

実施図面とは見積りや施工のための図面であり、見積り手・施工者に向けて描くものである。図面を正しく読んでもらい、伝えたいことを伝えるためには、

読み手に配慮した工夫が必要だ。相手に不要だと思われる表記は削除することも必要だろう。必要な記載は「どの図面で何を拾うか」「この作業にはどの寸法が必要か」など、見積りや施工の手順を思い浮かべれば分かる。

またレイアウト・文字の大きさなどにも気を配りたい。「読み手のストレスをいかに減らすか」が考えられた図面は、現場での間違いを減らし、設計者と現場との意思疎通もスムーズにしてくれる

現場の声

- 炎天下、細かい文字を読むと気が遠くなる。もっと文字を大きくして
- 図面にほしい情報がない、探すのが一苦労だよ
- 描き込みすぎ。重要なポイント・押さえどころが埋没している
- 計算機がないとほしい寸法が出ない、現場で手が止まっちゃうよね

表 木造住宅の工事工程表

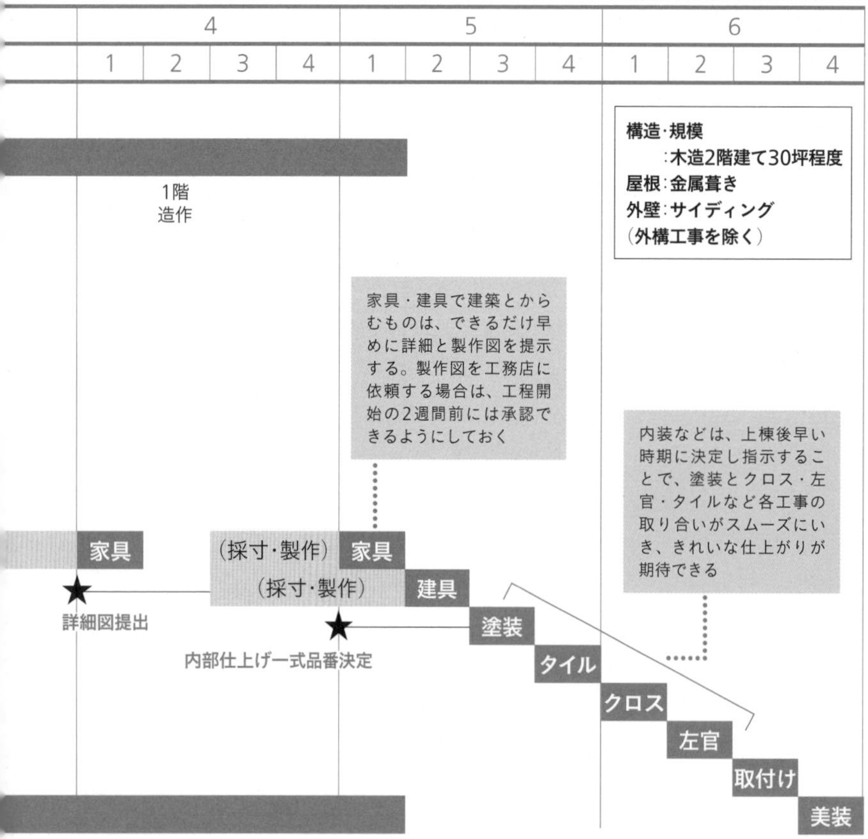

	4				5				6			
	1	2	3	4	1	2	3	4	1	2	3	4

構造・規模
：木造2階建て30坪程度
屋根：金属葺き
外壁：サイディング
（外構工事を除く）

1階
造作

家具・建具で建築とからむものは、できるだけ早めに詳細と製作図を提示する。製作図を工務店に依頼する場合は、工程開始の2週間前には承認できるようにしておく

内装などは、上棟後早い時期に決定し指示することで、塗装とクロス・左官・タイルなど各工事の取り合いがスムーズにいき、きれいな仕上がりが期待できる

家具

★詳細図提出

（採寸・製作）家具

（採寸・製作）建具

★内部仕上げ一式品番決定

塗装

タイル

クロス

左官

取付け

美装

※：上記表中の★を目安に、設計者は色文字で表したような図面などの提出を行う

図面の後出しはNG!

見積り用に提出する図面は「材料の落としがないよう」、また「手間にかかわるグレードを伝えるよう」に表記する。詳細など図面作成が間に合わないものは、ほかの現場用に描いた詳細図や竣工写真などを使って説明し、見積り落ちを防ぐとよい。ただし最低でも、設計者の考えを示す部分はそれが分かる詳細（通気、断熱の考え方、見せ方［軒先・棟、枠廻り］）を、見積り時につけておきたい

現場の声

- **見積り時の図面が描き込み不足だと、相見積りにかなりのばらつきが出る。必要なものを予測して誠実に見積ると高くなり、仕事が獲れないことも**
- **後出し図面で施工をするのは、やっぱり気分がよくないよね**
- **建具金物・錠は製品によって価格が違うので、グレードを示す意味でも参考品番を入れてほしい。手間にかかわる枠廻りは詳細がほしい**

現場の手を止めないで!

木造住宅の工事はおおよそ、基礎→建て方→屋根→サッシ→外装→内部造作→内部仕上げの順で進む。設計者は工務店のつくる工程表を確認し次第、各工事の発注時期だけでなく、発注に伴う図面などの提出期限を打ち合わせておく［表・※］。

木造住宅は工期も短く、上棟以降は各職種の工事が一斉に始まる。工事に必要な承認図、施工図を設計者がさばききれないと現場の手は止まってしまう。そのため各図面は、各工事の発注や工事着手のタイミングに合わせて提出するのではなく、事前に進めておくとよいだろう

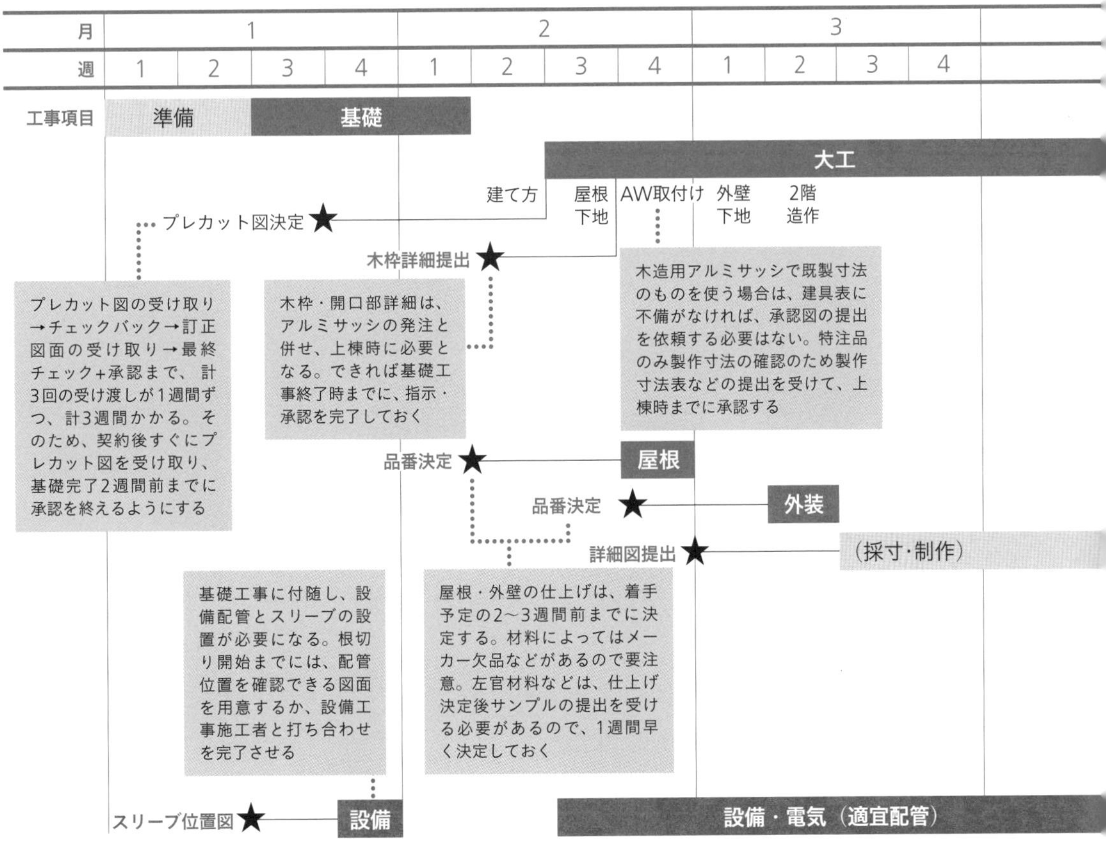

月	1				2				3			
週	1	2	3	4	1	2	3	4	1	2	3	4

工事項目：準備／基礎／大工／屋根／外装／（採寸・制作）／設備／設備・電気（適宜配管）

大工：建て方／屋根下地／AW取付け／外壁下地／2階造作

プレカット図決定★

プレカット図の受け取り→チェックバック→訂正図面の受け取り→最終チェック+承認まで、計3回の受け渡しが1週間ずつ、計3週間かかる。そのため、契約後すぐにプレカット図を受け取り、基礎完了2週間前までに承認を終えるようにする

木枠詳細提出★

木枠・開口部詳細は、アルミサッシの発注と併せ、上棟時に必要となる。できれば基礎工事終了時までに、指示・承認を完了しておく

木造用アルミサッシで既製寸法のものを使う場合は、建具表に不備がなければ、承認図の提出を依頼する必要はない。特注品のみ製作寸法の確認のため製作寸法表などの提出を受けて、上棟時までに承認する

品番決定★（屋根）

品番決定★（外装）

詳細図提出★（採寸・制作）

基礎工事に付随し、設備配管とスリーブの設置が必要になる。根切り開始までには、配管位置を確認できる図面を用意するか、設備工事施工者と打ち合わせを完了させる

屋根・外壁の仕上げは、着手予定の2～3週間前までに決定する。材料によってはメーカー欠品などがあるので要注意。左官材料などは、仕上げ決定後サンプルの提出を受ける必要があるので、1週間早く決定しておく

スリーブ位置図★（設備）

表・解説：河合孝、イラスト：美辺恵美子

平面詳細図 平面図との役割分担を明確に

図1　平面図と比べて分かる！　平面詳細図の描き方

平面図の縮尺はA2判で1／30（＜建築面積60㎡）か1／50（≧建築面積60㎡）。敷地と建物の関係が分かるほうがよい。一方、平面詳細図の縮尺は1／10。ただしA2判に納まるよう、通り芯と芯々寸法・建物輪郭寸法は1／30で描く。平面図のレイアウトをできる限り崩さないように注意する

平面図・平面詳細図にはコレを描く

	平面図［10・11頁図3参照］	平面詳細図［12・13頁図4参照］
敷地・隣地・道路の関係	□敷地と建物の配置 □道路・隣地とのレベル差 □方位	—
寸法と通り芯	□隣地境界線との離隔距離 □建物本体の大きさ □室の大きさ □柱位置と外周の通り芯、芯々寸法 □開口部の内法寸法と通り芯からの離れ	□建物本体の大きさ □室の大きさ □柱位置と外周の通り芯 □開口部の内法寸法 □枠材の見付け・見込み寸法、通り芯からの離れ □壁の仕上げ、下地材の厚み寸法 □枠材と壁とのチリ寸法
その他	□室名 □建具記号 □建築工事でつくる家具の大きさ □展開記号	□室名 □建具記号 □建築工事でつくる家具の部材・内法寸法

平面詳細図では、寸法情報を重視する。ただし、仕上げ・下地材の種類などは表記しない

平面詳細図を描く手順

❶平面詳細図作成フロー

通　芯 → 柱 → 壁下地 → 壁仕上げ → 建具(枠納まり) → 寸法 → 室名・記号

❷ 実施図面作成フロー

平面図 → 矩計図 → 構造図 → 展開図・立面図 → **平面詳細図** → 展開図 → 平面図

現場目線で描く！

平面詳細図はつくるための図面。「仕上げ・下地材の厚み」や「各部材・異素材どうしの納め方」のほか、「漏水・隙間風を防ぐ仕組み」「組み立てる順番」「将来の部材更新の方法」が施工者に伝わるよう示す

平面詳細図の作図手順は❶のとおり。施工手順とは異なるが、念頭にはおいておく。施工に無理が出るような場合は逃げのとれる寸法を確保できるかを考えながら作図する。

❷は実施図面全体の作図の流れ。同時にスケッチや模型で検討する。平面・展開図は作図の後、詳細図で納まりを検討し、最後にフィードバックする

平詳では納まりを示す

平面詳細図は、平面図と「伝えるべきこと」の違いを意識して描く［図1〜4］。平面図は建物の概要を説明するための図面。一方、平面詳細図は設計者の考えを「かたちにする」ための図面だ。諸条件を満たした「納まり」を記すと同時に、材料がきちんと拾える図面でなくてはならない。

平面上の納まりの中心は、壁の構成と開口部廻りだ。そこで図面には上記詳細を1／10で、通り芯は1／30で描く。詳細だけを部分詳細図として取り出すと、全体との関連性が見えなくなるので、平面詳細図としてまとめる。見積り時に用意できない場合は、標準となる部分詳細図を提出し、それを基準に見積りしてもらうとよい。

こうして検討した細部の集積が建築である。納まりを施工者まかせにせず、設計者自身が検討することで、設計内容がコストに見合うかどうかの判断もできるようになる。［七條章裕］

図2 平面詳細図を描く際のポイント

柱の中心に通り芯を設ける

通り芯は基準となる構造材（柱）の中心に設ける。通し柱など寸法の異なる材がある場合は、図のように通り芯からの振り分け寸法を記入しておく。

基本となる通り芯の振り方は、柱の立つ位置すべてに通り芯を振る方法である。なかでも梁と芯ずれを起こしている柱や独立柱などは表記を工夫して分かりやすくしておくとよい。

これは、大工などが構造材1本1本を特定するために材に文字記号を振る番付とも重なる。木材加工をプレカット工場で行う場合、平面図の通り符号に合わせて番付してもらうとプレカット図のチェックもしやすい［※1］。

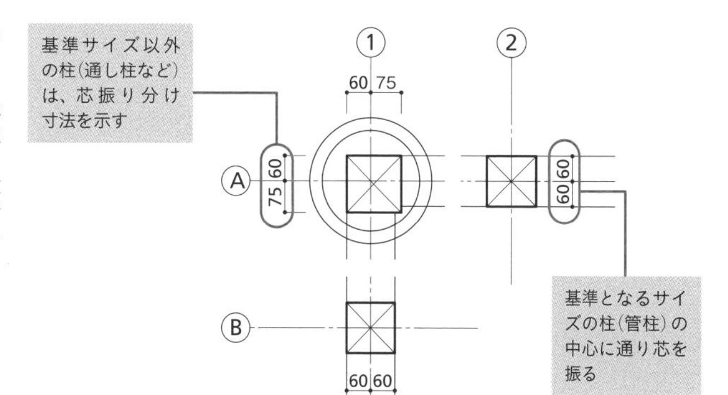

平面図と平面詳細図で異なる、寸法の押さえ方

平面図には開口部の内法や、家具・間仕切壁の仕上げ（外面）の寸法を記載する。一方、平面詳細図には材料の仕上げ、下地材の厚み、開口部廻りの造作材の見付け・見込み寸法と壁とのチリ寸法を記載する

❶平面図の場合

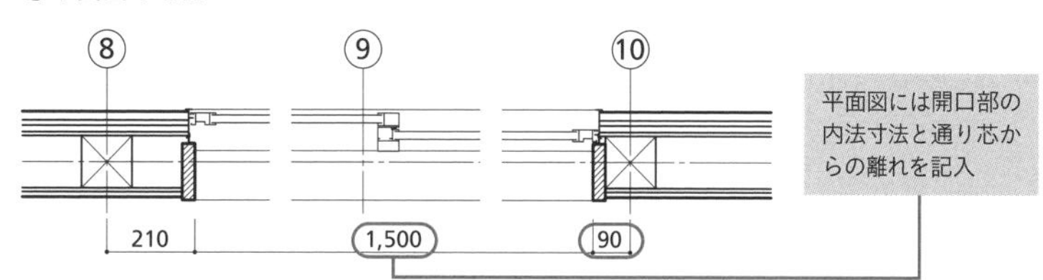

❷平面詳細図の場合（左:外付けサッシ·外壁左官·内壁左官、右:半外付けサッシ·外壁乾式·内壁塗装）

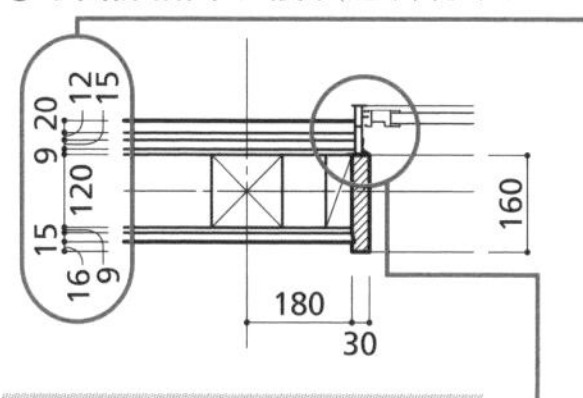

外部は構造用合板の上、通気胴縁、ラス・バラ板下地の左官壁（下・中塗りの上、仕上材）。内部はラスボードの上、左官仕上げ。平面詳細図に仕上げに関する記載を入れると煩雑になるので、寸法のみを記入

平面詳細図には、サッシの取り付け位置のほか、壁の構成（各材の厚み）とチリ寸法、枠材寸法、開口内法寸法を記入

サッシを外付けにする場合、構造用合板に取り付ける納まりが一般的だが、大開口の場合は重量があるため、図のように材に直接ビスで留めるとよい

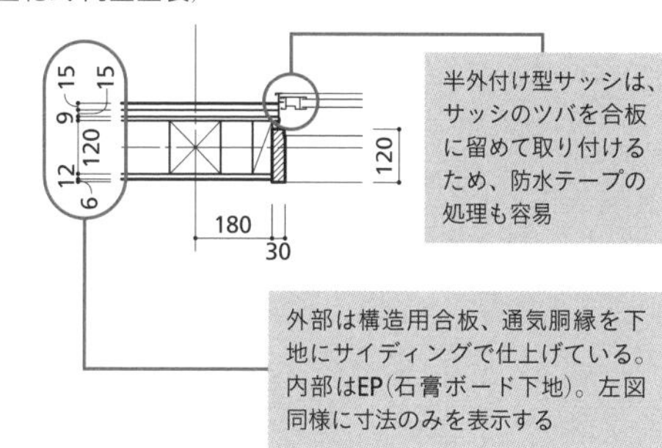

外部は構造用合板、通気胴縁を下地にサイディングで仕上げている。内部はEP（石膏ボード下地）。左図同様に寸法のみを表示する

枠の見込みはこう決める

開口部の枠材（額縁）の見込みは壁の仕上げ、下地材の厚みから決まるが、事前に壁や床との取り合いを考える。幅木や天井廻り縁を付ける場合は、額縁面を優先させるか、落とすか、次に、壁とのチリ寸法はいくつにするかを決めていく。左官壁であればコテの塗り仕舞いのため5分（15㎜）前後とする。クロスや塗装壁の場合は材料や塗り厚を考慮し2分（6㎜）以上のチリをとりたい［※2］。

ただし、ミリ単位でチリ寸法を厳密に決めても材の収縮により見え方は変化するし、枠取りにも手間が掛かる。施工の観点からみると、見込み寸法は1cm単位で考えたい。なお、枠材の見付けについては設計者の主観で決めてよい

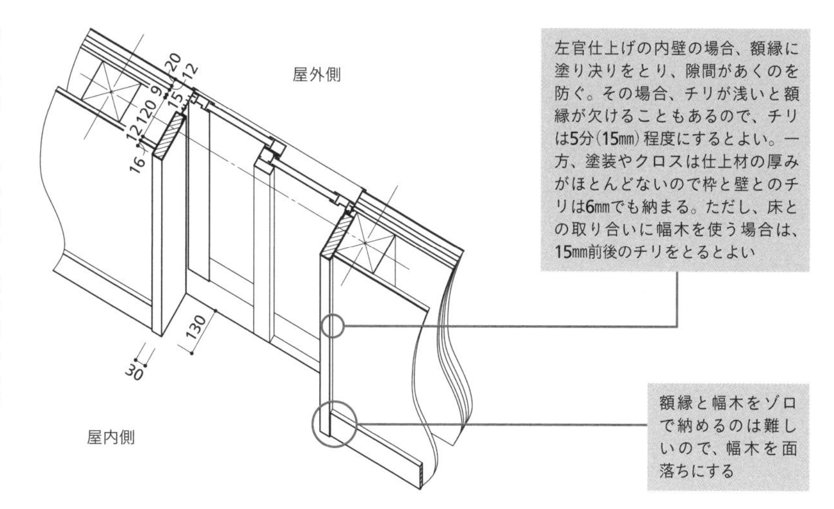

※1：平面図の通り符号に合わせて番付してもらうには、伏図まで作図しておくことが必須である
※2：チリを少なくすると、仕上げが枠材からはみ出ることもあるので注意を要する

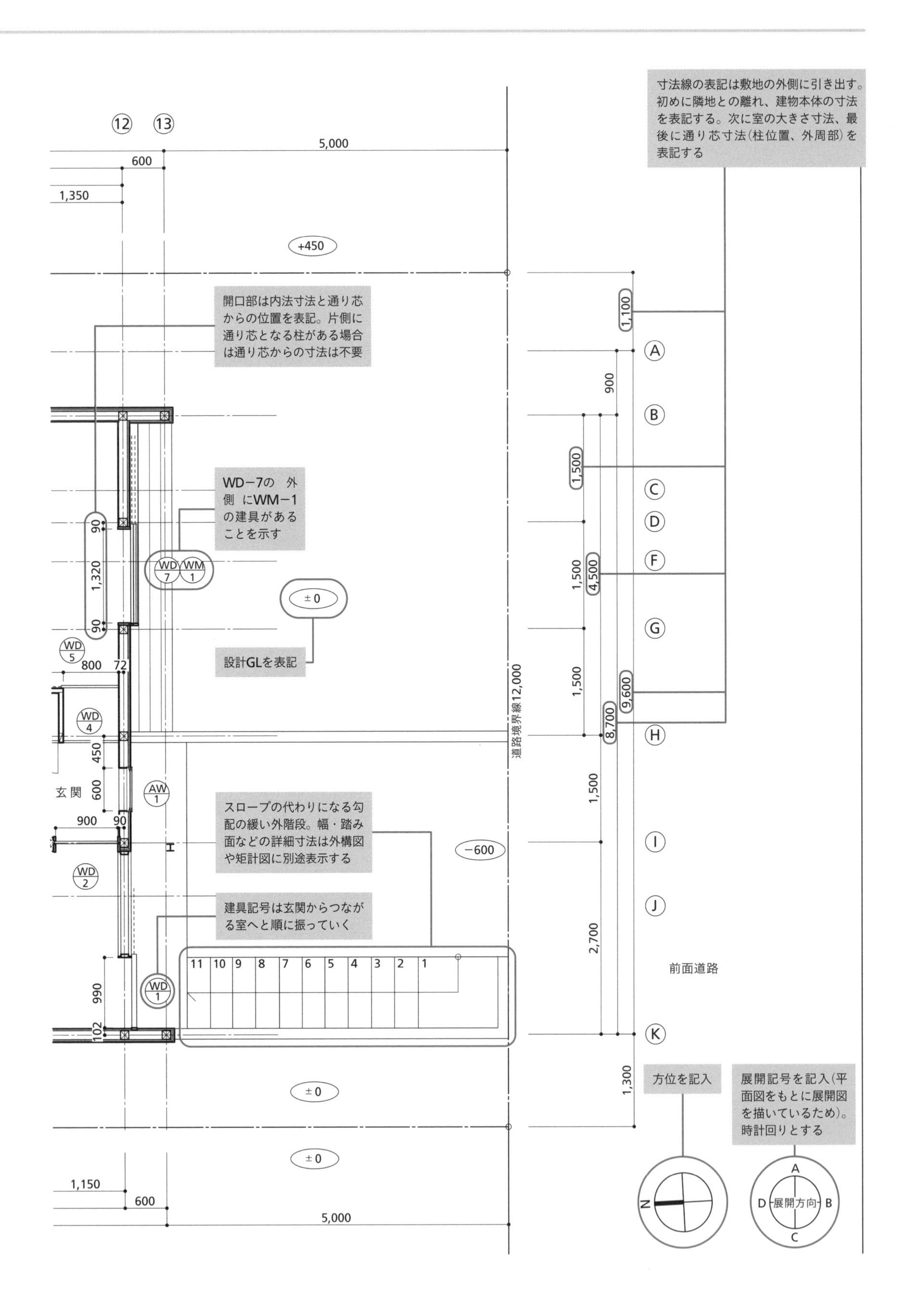
寸法線の表記は敷地の外側に引き出す。初めに隣地との離れ、建物本体の寸法を表記する。次に室の大きさ寸法、最後に通り芯寸法(柱位置、外周部)を表記する
開口部は内法寸法と通り芯からの位置を表記。片側に通り芯となる柱がある場合は通り芯からの寸法は不要
WD−7の 外側 にWM−1の建具があることを示す
設計GLを表記
スロープの代わりになる勾配の緩い外階段。幅・踏み面などの詳細寸法は外構図や矩計図に別途表示する
建具記号は玄関からつながる室へと順に振っていく
方位を記入
展開記号を記入(平面図をもとに展開図を描いているため)。時計回りとする
道路境界線12,000
前面道路
玄関
展開方向
5,000
600
1,350
+450
±0
−600
1,150
1,100
900
1,500
4,500
9,600
8,700
2,700
1,300
1,320
990
102
800
72
450
90
A
B
C
D
F
G
H
I
J
K
N

図3 平面図の描き方

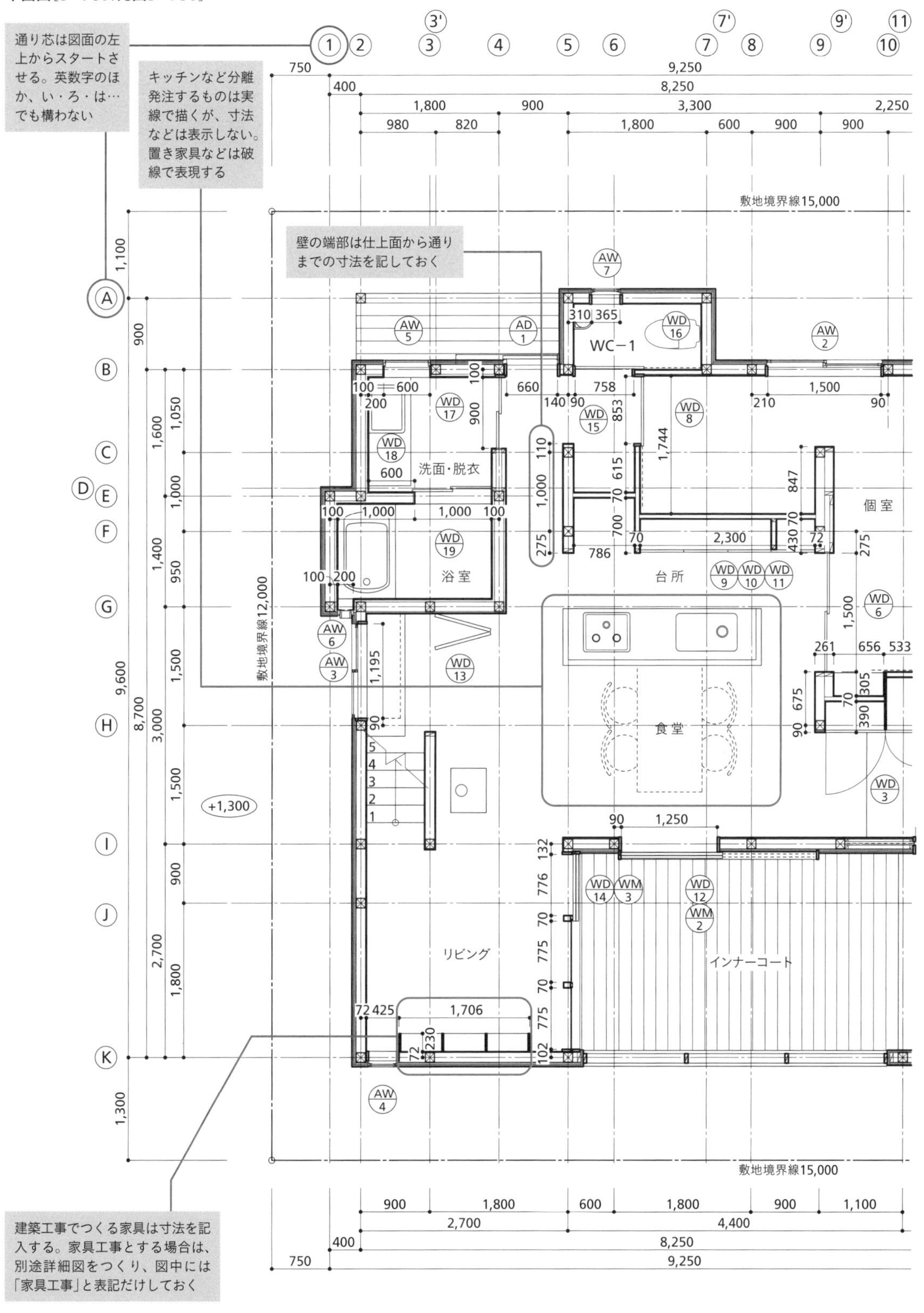
平面図[S=1:80、元図S=1:50]
通り芯は図面の左上からスタートさせる。英数字のほか、い・ろ・は…でも構わない
キッチンなど分離発注するものは実線で描くが、寸法などは表示しない。置き家具などは破線で表現する
壁の端部は仕上面から通りまでの寸法を記しておく
建築工事でつくる家具は寸法を記入する。家具工事とする場合は、別途詳細図をつくり、図中には「家具工事」と表記だけしておく
敷地境界線15,000
敷地境界線12,000
WC−1
洗面・脱衣
浴室
台所
個室
食堂
リビング
インナーコート
+1,300

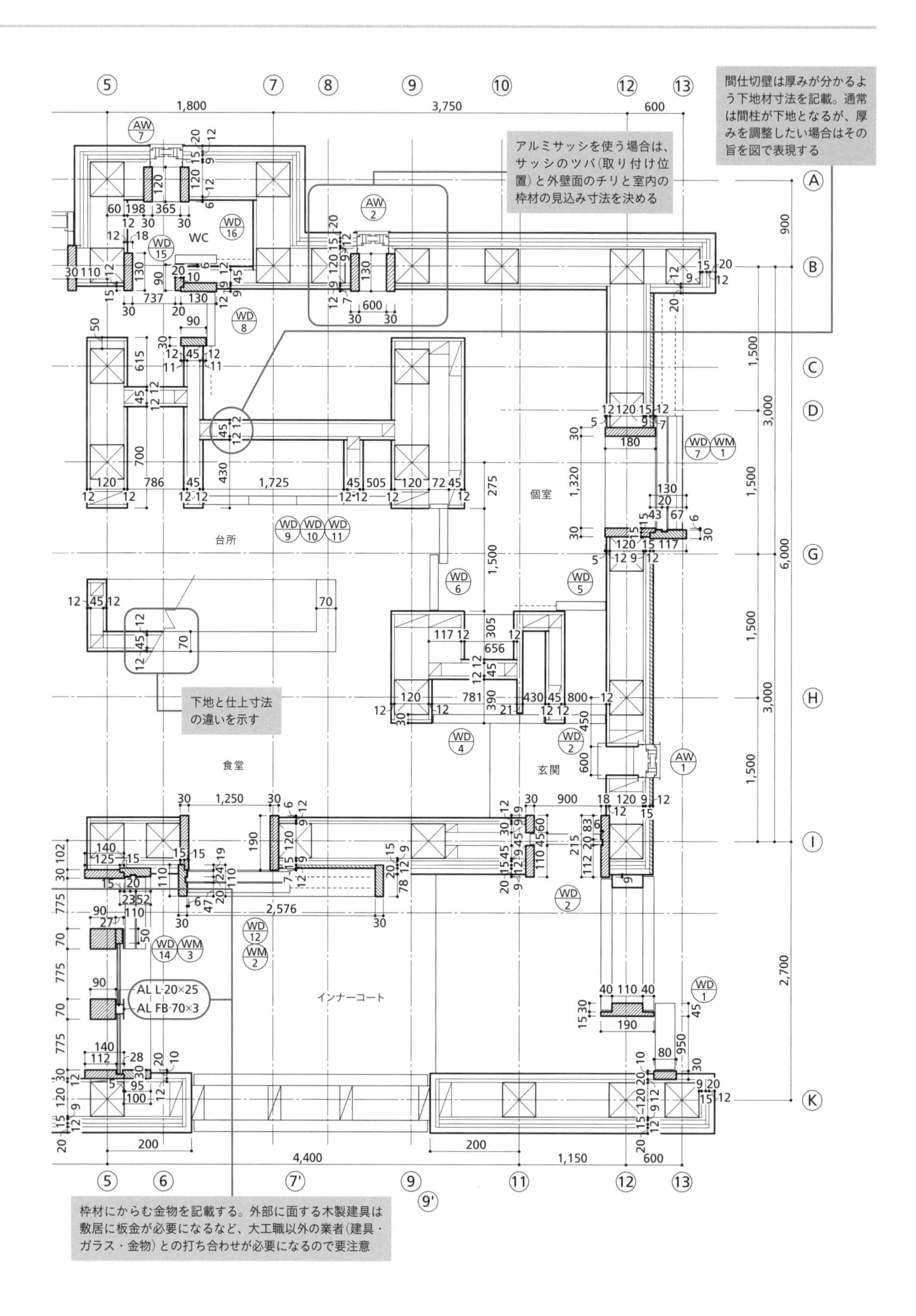
間仕切壁は厚みが分かるよう下地材寸法を記載。通常は間柱が下地となるが、厚みを調整したい場合はその旨を図で表現する
アルミサッシを使う場合は、サッシのツバ(取り付け位置)と外壁面のチリと室内の枠材の見込み寸法を決める
下地と仕上寸法の違いを示す
枠材にからむ金物を記載する。外部に面する木製建具は敷居に板金が必要になるなど、大工職以外の業者(建具・ガラス・金物)との打ち合わせが必要になるので要注意
WC
台所
個室
食堂
玄関
インナーコート
AL L-20×25
AL FB-70×3
1,800
3,750
600
4,400
1,150

図4 平面詳細図の描き方

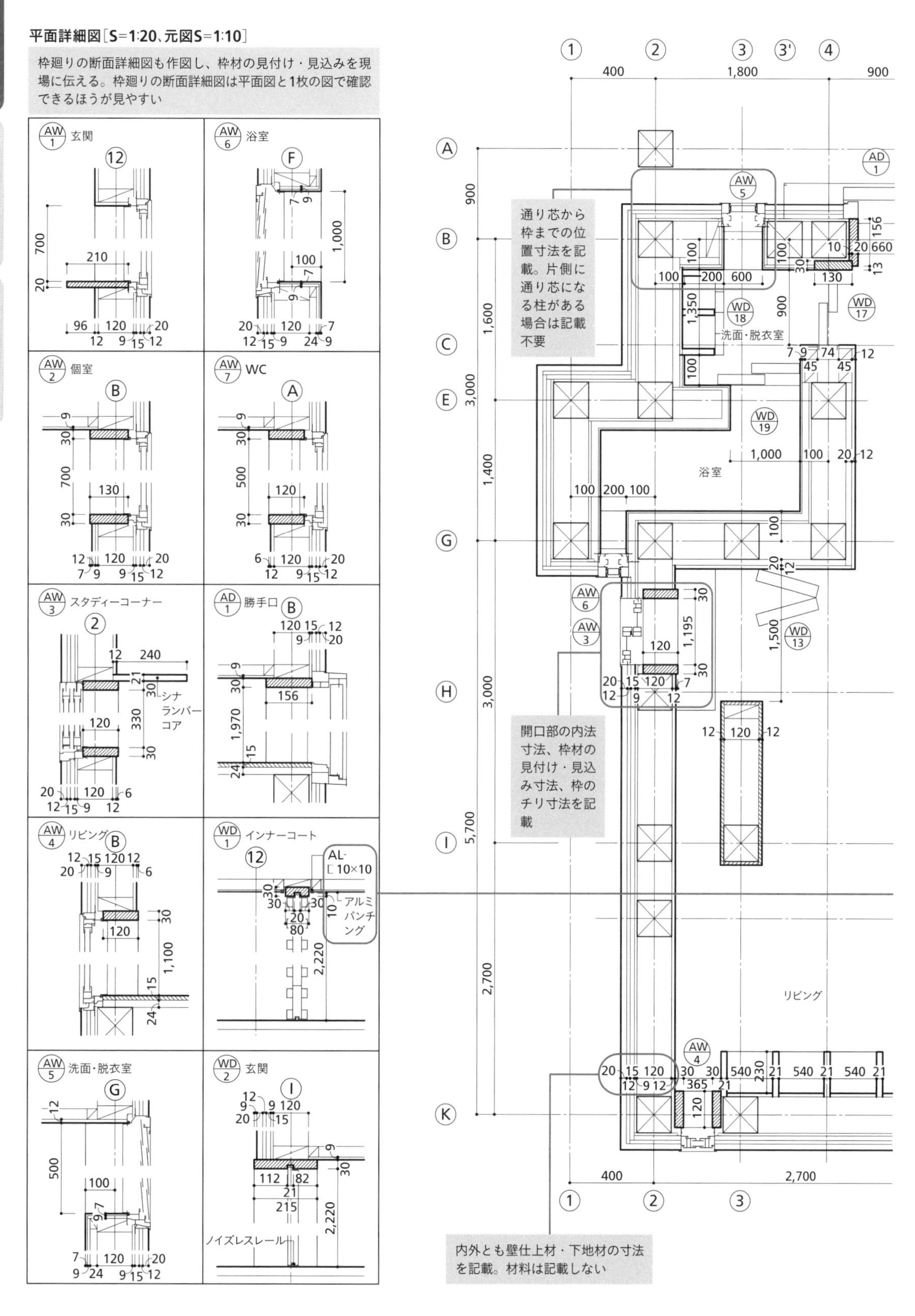

Column

実施図面の手戻りをなくす打ち合わせ術

実施図面の手戻りをなくすには、建築主との打ち合わせが何よりも重要となる。そのため、打ち合わせは設計契約当初から設計者主導で行いたい。

打ち合わせの極意

建築主は、断片的な知識や自分の興味だけで、アトランダムに希望や質問を出してくることが多い。設計者はそれに翻弄されるのではなく、自ら打ち合わせの流れをつくり、彼らの考えを整理して導いていくことが必要だ。

系統立てて決めれば「落ち」も少なくなる

筆者は設計契約時、どの時点で何を決め、どんな流れで家づくりが進んでいくかを時系列で示した詳細予定表を建築主に手渡す。打ち合わせでは毎回、予定表の「現時点」を示して説明し、計画の進捗状況を知ってもらうことにしている。

さらには、建築主との打ち合わせの流れをマニュアル化し、系統立てて進めるように努めている［図］。

段階に応じ、優先して決める事項を設計者自身が把握したうえで提案を行う。主な目的はスケジュール管理だが、建築主も物事を順序立てて判断し決めることができるので後のトラブルも少なく、設計の後戻りや見積りの漏れを防ぐことにもつながる。

打ち合わせ間隔は3〜4週間で、その間に建築主には、設計者からの提案を検討してもらう。

このほか設備機器、材料、そして工法などを一般仕様としてストックし、それをベースとした提案とすることで、事務所としての設計の質を一定に保つようにしている。建築主の個別の希望は一般仕様に付加することで対応している。ただしリスト化された一般仕様は常に見直しが必要になる。

［本間至］

図　建築主との打ち合わせの流れ

0　設計契約時に構造について確認する

ポイント　構造設計について、性能表示にもとづく等級（耐震等級1〜3）を説明し、どの等級で設計をするか決めてもらう

↓

1　プランの大筋を理解してもらう

（3〜4週間）

図面　手描きの1／100平面図

ポイント　平面図と同時に立面図や断面図などは見せない。情報量が多くなり、建築主がプランの本質を考える妨げになるため

プランが決まる

↓

2　建物全体の形を把握してもらう

（3〜4週間）

図面　手描きの1／50の平面・立面・断面図

ポイント　建築主の意識を、平面プランと外観に集約させる。仕上材サンプルを見せ、外廻りの仕様も同時に提案する（開口部の仕様［ガラスの種類、ブラインドの有無、施錠の種類］、断熱の仕様）

外廻りの仕上げ・仕様が決まる

↓

3　設備機器を提案する

（3〜4週間）

図面　設備機器のプロット図面

ポイント　キッチンの設備機器、衛生機器、空調機器、照明器具とコンセントなどの電気設備全般について説明・提案し、それらをもとに建築主の希望を再検討してもらう

設備機器類が決まる

↓

4　内部の仕上げ・仕様を提案する

（3〜4週間）

図面　主に展開図（すでに設備機器が決まっているので、位置と寸法を考えながら展開図を描ける）

ポイント　収納廻りの打ち合わせ。さらに床・壁・天井、家具の仕上げも提案する。ここで開口部の位置も決定し、構造材の樹種についても説明する（その後、構造設計者による最終的な構造計算に入る）

内部の仕上げ・仕様が決まる

この段階で平面図・立面図・断面図・展開図がほぼ出来上がっている

↓

5　見積り前の最終打ち合わせ

（3〜4週間）

図面　実施図面一式

ポイント　図面がほぼ完成した時点で建築主との最終打ち合わせを行い、ペンディングとなっている個所について確認し、仕様を決定していく。見積り依頼する工務店を紹介し、会社案内を手渡す

↓

見積り

全体のポイント

❶疑問点などは随時メールや電話で示してもらい、次の打ち合わせ時に前回の確認を行う
❷打ち合わせごとに詳細な議事録を設計者から建築主へ送り、あいまいな部分が残らないように、打ち合わせ内容を共有化する
❸基本プランの決定までの打ち合わせ回数は案件によって異なるが、それ以降の打ち合わせは、見積り前の最終まで4回となる。基本プランが1回で決まれば、設計の打ち合わせは5回で終わることになる

Topics

施工に不可欠な記載はコレだ

実施図面に必要な「施工のための」記載内容とは何か、平面詳細図を例に施工者の視点で探る！

敷地・道路・インフラと建物の関係を描く

施工者は、敷地・道路・隣地と建物との位置関係をまず平面詳細図で確認する。縮尺が大きい配置図よりも、平面詳細図のほうが得られる情報がより多いからだ。

現場監督などは平面詳細図を読み、設備の屋外配管経路・勾配などに当たりを付ける。これらは図面に指示されていても、予想外の工事が発生しやすい部分である。たとえば配管距離が長くなる旗竿形状の敷地で、1／50の排水勾配をとると、土被りが取れず計画に見直しが必要となるケースがある。

また、引込み柱で電気を引き込み、地中埋設する場合、中継のためハンドホールなどの設置工事が発生することがある。そのため、設備図はもちろんだが、インフラとの接続位置や配管ルートなどは平面詳細図に描いておきたい。

納まりを検討できる「高さ」を描く

現場監督や大工は、意匠的な納まり同様、設備・構造が納まるかどうかを施工に先立ち図面で確認する。この際、平面詳細図に各室の床レベル・天井高さの記載があれば、床下・天井懐が分かりチェックしやすい。これらの表記はすべて「納まりの検討」のために必要となる。

着工後に「納まらない」という連絡を現場から受けないためにも、意匠設計者は意匠・設備・構造を踏まえた作図を心掛けたい。外廻りでは、公設桝の管底レベル、電気・ガスの引込み位置、屋外配管ルート。建物内部では、構造材寸法、内部配管ルート、掃除口や点検口の位置などを意識して作図してほしい[16頁図]。

詳細な検討を行い図面は細かく描く

そのほか、平面詳細図に必要な情報で漏れがちなものは表1のとおり。「納まりを検討しておく」「必要なものは描き記す」の2語に尽きるが、このような平面詳細図があれば、現場監督は現場を進めやすい。作図時に詳細な検討をしておけば、設計者にとっては表2のようなメリットも期待できる。

いまだに「詳細を描き過ぎると見積り金額が高くなる」と考えている設計者も多いが、これは設計者の責務の放棄で、当然よい建物もできない。細かく描くことは、結局は、建築主にもメリットをもたらすことを知っておくべきだろう。[藤井徳昭]

表1　平面詳細図に描きたいもの

項目	備考
建物と敷地・道路・隣地・インフラとの離れ	配管ルートなどの妥当性を確認できる
各室床レベル（GL＋○○）と天井高さ	納まりを検討しやすい
開口部の枠納まり	柱の内法に納まる建具寸法が確認できる。枠詳細として別紙に記載してもよい
間柱	構造図では記載がないため、平面詳細図に記載したい。特にサイズが重要で一般には30×120。ボードのビス留めを考えれば45×120を推奨する
段差処理 ・見切材（床仕上げが変わる場合など） ・バリアフリー仕様	・記載漏れが多い。材料・サイズを記載（例：SUS FB 3×60など） ・仕様、材料の記載（例：「浴室は溝をつくりグレーチングにて平らにする」などと一言添える）
仕上げ・下地（壁・床・天井）	各部位の構成が分かるよう、材料・厚みを描く

表2　図面を細かく描くメリット

❶納まりが見えてくることでPS、天井懐など、スペースの無駄が省ける

❷必要なものを図示することで見積り落ちを防げる

❸より詳細で正確な見積りが得られる（「分からないところは施工者にお任せ」といったあいまいな図面では見積りに差が出る）

❹施工者に意図していることを伝えやすい

❺（検討を重ねることで）設計の質・能力が上がる（部材寸法や納まりの知識が増える）

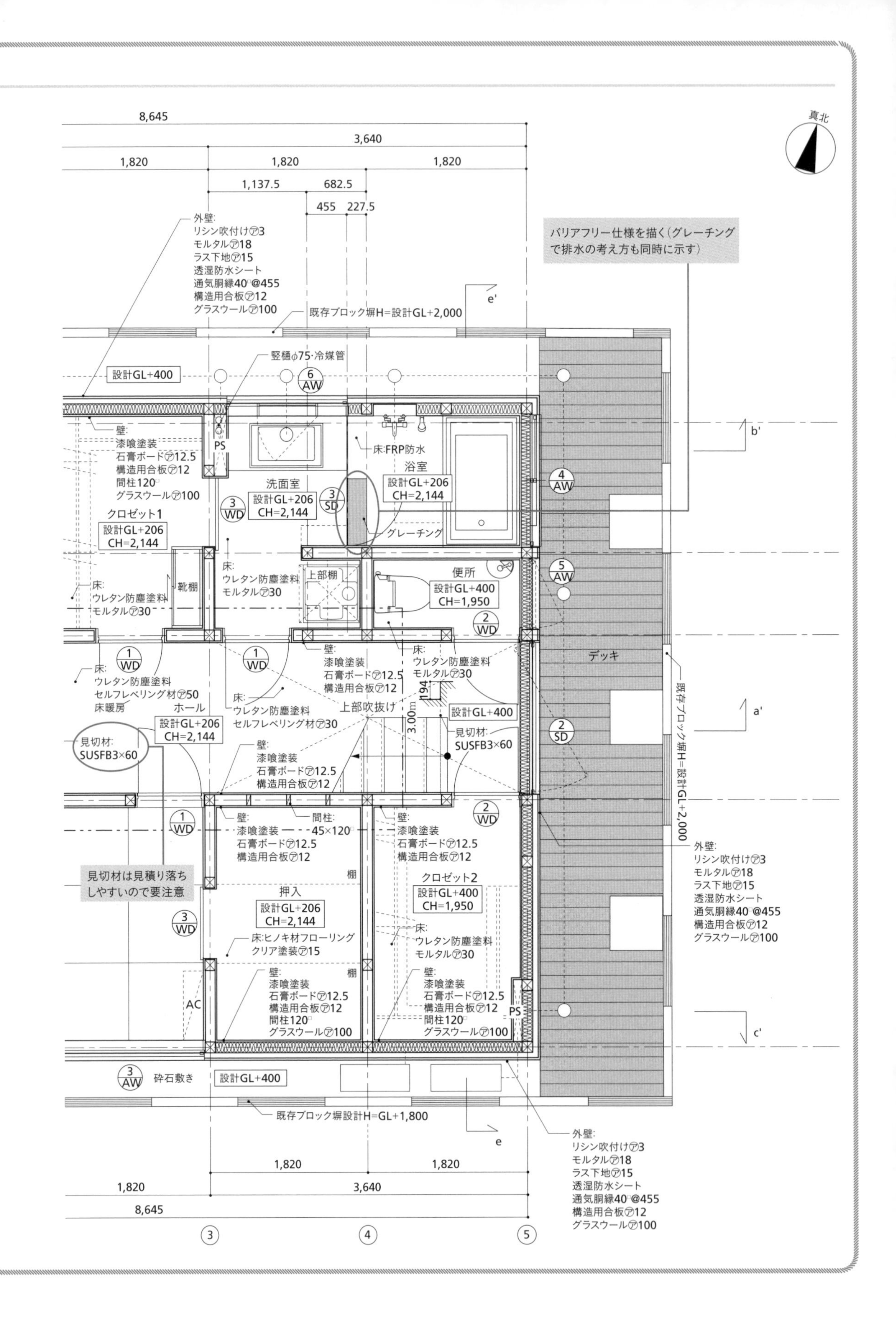

真北
8,645
3,640
1,820
1,820
1,820
1,137.5
682.5
455
227.5
外壁:
リシン吹付け⑦3
モルタル⑦18
ラス下地⑦15
透湿防水シート
通気胴縁40□@455
構造用合板⑦12
グラスウール⑦100
既存ブロック塀H=設計GL+2,000
バリアフリー仕様を描く(グレーチングで排水の考え方も同時に示す)
竪樋φ75·冷媒管
設計GL+400
壁:
漆喰塗装
石膏ボード⑦12.5
構造用合板⑦12
間柱120□
グラスウール⑦100
PS
洗面室
設計GL+206
CH=2,144
床:FRP防水
浴室
設計GL+206
CH=2,144
グレーチング
クロゼット1
設計GL+206
CH=2,144
床:
ウレタン防塵塗料
モルタル⑦30
上部棚
靴棚
便所
設計GL+400
CH=1,950
デッキ
床:
ウレタン防塵塗料
セルフレベリング材⑦50
床暖房
ホール
設計GL+206
CH=2,144
床:
ウレタン防塵塗料
セルフレベリング材⑦30
上部吹抜け
3.00m
194
見切材:
SUSFB3×60
既存ブロック塀H=設計GL+2,000
間柱:
45×120□
見切材は見積り落ちしやすいので要注意
押入
設計GL+206
CH=2,144
床:ヒノキ材フローリング
クリア塗装⑦15
棚
クロゼット2
設計GL+400
CH=1,950
AC
碎石敷き
既存ブロック塀設計H=GL+1,800
3,640
8,645
3
4
5

図 施工に必要な情報を平面詳細図に描く

平面詳細図［S=1:60、元図S=1:50］

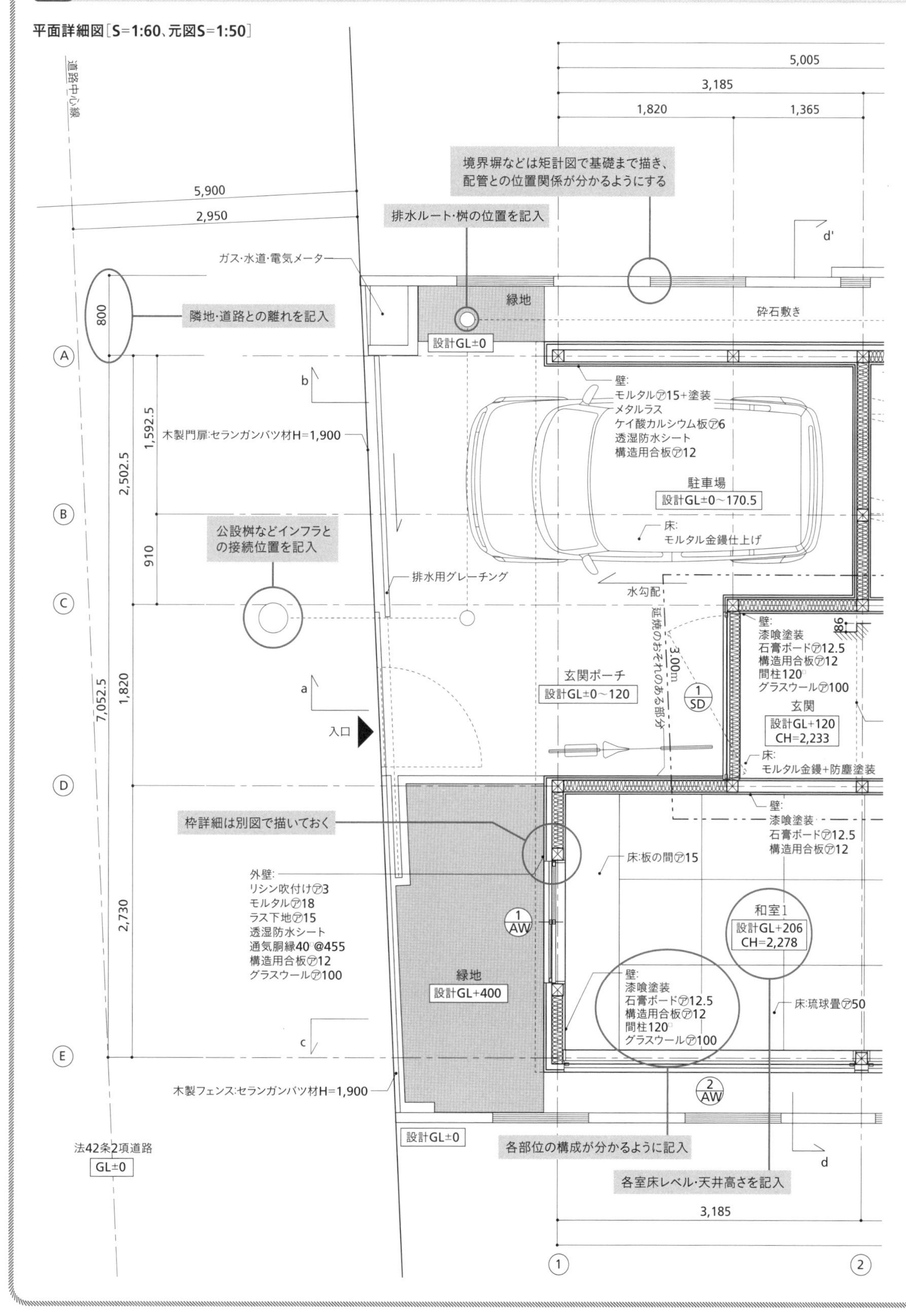

図面協力：SUM建築研究所

矩計図 長期優良住宅もコレで分かる！

図1 矩計図に描くのはコレ

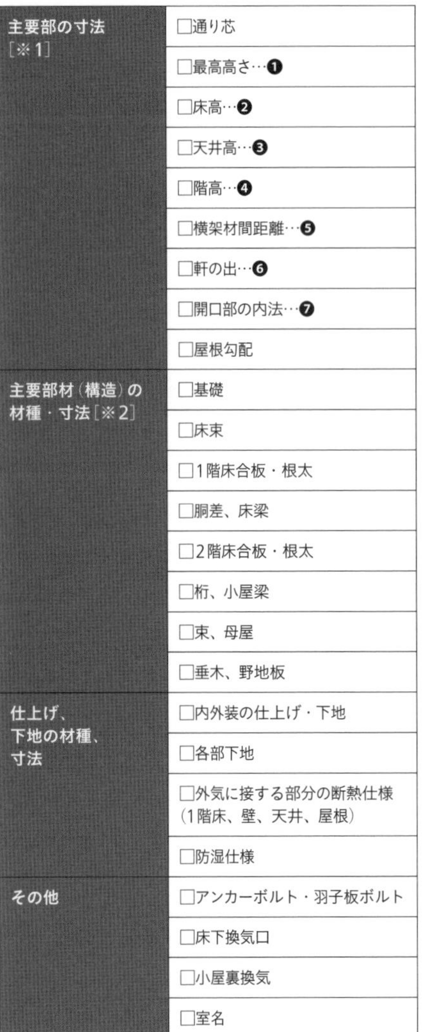

主要部の寸法［※1］	□通り芯
	□最高高さ…❶
	□床高…❷
	□天井高…❸
	□階高…❹
	□横架材間距離…❺
	□軒の出…❻
	□開口部の内法…❼
	□屋根勾配
主要部材（構造）の材種・寸法［※2］	□基礎
	□床束
	□1階床合板・根太
	□胴差、床梁
	□2階床合板・根太
	□桁、小屋梁
	□束、母屋
	□垂木、野地板
仕上げ、下地の材種、寸法	□内外装の仕上げ・下地
	□各部下地
	□外気に接する部分の断熱仕様（1階床、壁、天井、屋根）
	□防湿仕様
その他	□アンカーボルト・羽子板ボルト
	□床下換気口
	□小屋裏換気
	□室名

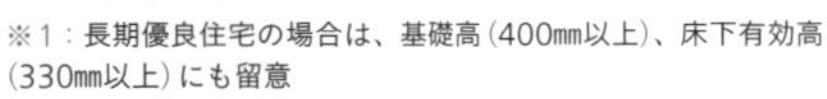

※1：長期優良住宅の場合は、基礎高（400㎜以上）、床下有効高（330㎜以上）にも留意
※2：長期優良住宅の場合は、土台の耐久性樹種区分とサイズ、大引のサイズにも留意

高さ寸法と架構を示す

矩計図は断面詳細図ともいわれ、主に建物断面・高さ方向（地業・基礎から軒先・屋根まで）の全体的な寸法・構成を伝える図面である。そのため見え掛かりの記入は不要。一方、床レベルが異なる部分（バルコニーやスキップフロアなど）は図示する必要がある。

矩計図は情報が多く、煩雑になりやすいため、縮尺はできれば1／20が好ましい。描き込みすぎると情報の濃淡が付かず、現場などで読み飛ばされてしまうこともあるので注意する。特に注意すべき複雑な設計や、斜線規制・空間構成などで寸法的に厳しい部分がある場合は、その旨が分かるように示し、現場に伝える。

また、矩計図では「建物性能（通気や断熱など）」について設計者の考え方を施工者に示す必要もある。ここでは、長期優良住宅［※1］を例に矩計図の描き方を紹介する［図1～3］。

［田中健司］

※1：長期優良住宅は、住宅性能表示項目のうち、耐震性能（等級2）、省エネルギー性能（等級4）、劣化対策（等級3）、維持管理・更新の容易性（等級3）などについてカッコ内の基準以上を満たす（評価を受ける）必要がある

図2 建物性能は矩計図に現れる

通気のとり方や断熱など建物性能についての方針を矩計図で示す。ここでは長期優良住宅を例に、Ⅳ地域で必要となる各性能（劣化対策、維持管理・更新の容易性、耐震性、省エネルギー性）を解説しながら、それらを矩計図で表現する方法を紹介する

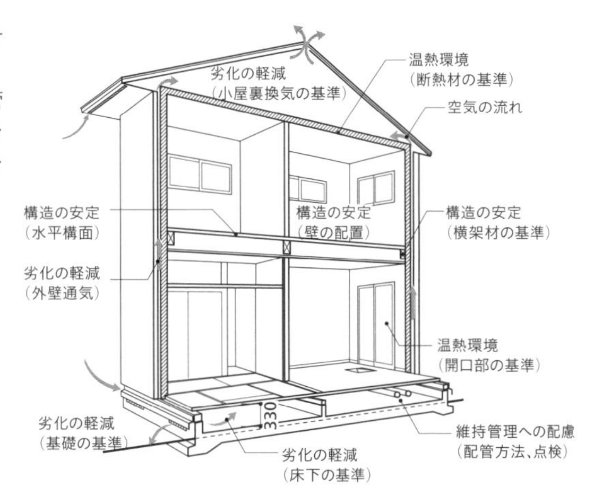

劣化対策（劣化対策等級3+α）

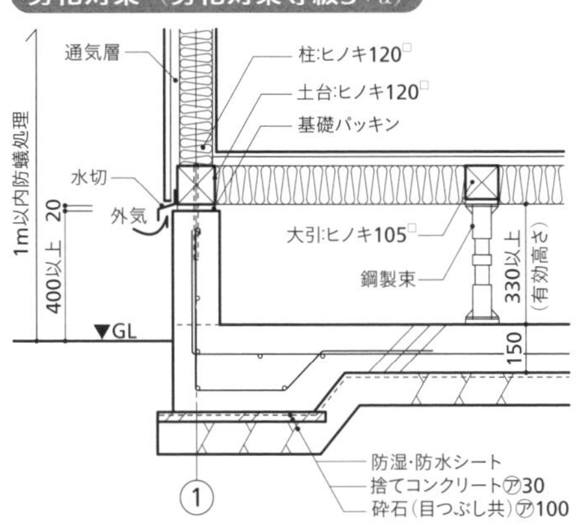

数世代にわたり構造躯体が使用できるよう、建物劣化（木材の防腐・防蟻など）を防止するための対策が必要。外壁は通気構造等[※2]とし、かつ外壁の軸組等のうち、地面から1m以内の柱・軸材・下地材を薬剤処理または耐久性区分D1樹種[※3]＋小径120㎜以上（D1特定樹種の場合は、小径105㎜以上）とし、合板は薬剤処理とする。通気構造等以外の場合はK3相当の防腐防蟻処理とする。一方、土台はD1樹種またはK3相当以上の防腐防蟻処理とし、水切を設ける。また、ベタ基礎（地盤の防蟻・床下の防湿対策）を採用し、地盤よりも400㎜以上を立ち上げる。そのほか床下の換気のために、ネコ土台を設置する[※4]

耐震性（耐震等級2）

数百年に一度発生する地震の1.25倍の地震力に対して倒壊・崩壊しない程度を目安とし、バランスよく耐力壁を配置する。また必要壁量に応じた床倍率を確保するため、構造用合板28㎜で固め、床を張れない部分は火打ち梁を入れている。基礎仕様や梁断面はスパン表か許容応力度計算で算出し、金物はN値計算または構造計算による。上記は矩計図よりも構造図で表現される部分がほとんどなので、本稿では図面は省略する

床合板を張らない下屋部分に火打ち梁を入れる

維持管理・更新の容易性（維持管理対策等級3）

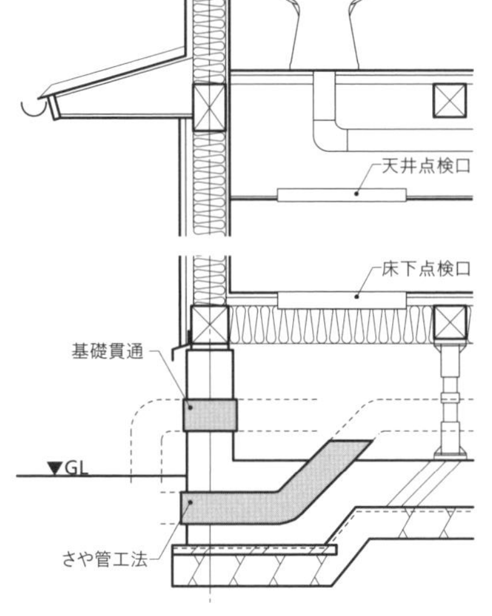

構造躯体に比べ耐用年数の短い内装や設備は、維持管理・更新のしやすさを考える。コンクリート内の埋込み配管は立上り部に貫通させるか、さや管を設けて行う。配管主要接合部等には点検口を設ける[※5]

メンテナンスのため設備配管は基礎や地中などに埋めない

省エネルギー性（省エネルギー対策［温熱環境］等級4）

外壁断面

屋根・天井の断熱材厚の基準を「基準熱抵抗値×0.5」（トレードオフ）とした場合

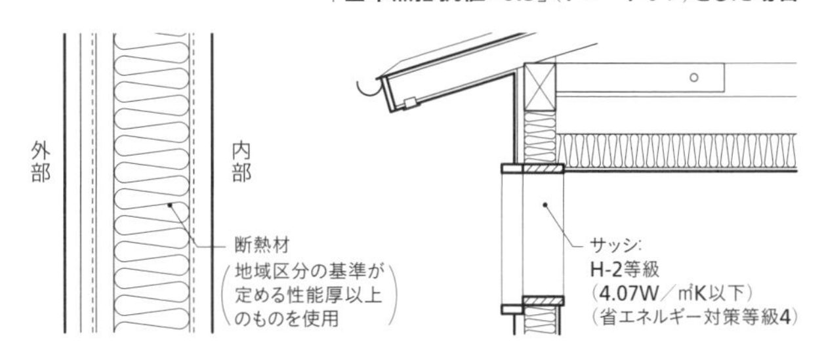

外気と接している床・壁・天井には必要性能・厚さを確保した断熱材を施工する。また、結露の発生を防止するため外壁には通気層を設ける（ここでは繊維系断熱材を使用しているため、室内側に防湿層を設けた）。

そのほか、開口部の建具、ガラスおよび日射遮蔽のための措置は各地域に応じた性能を有するものとする

※2：通気工法または軒の出を90cm以上とした真壁構造　※3：スギ、カラマツなどJASに規定される耐久性の高い樹種。なかでもヒノキやヒバはD1特定樹種と区別され、さらに耐久性が高いとされる　※4：そのほか浴室・脱衣室などの防水についても一定の基準を満たす必要がある　※5：そのほか排水管の基準と排水管の清掃のための設置基準を満たす必要がある

図3 矩計図は施工手順を押さえて描く

矩計図は、施工手順を頭に浮かべながら描いていくのが基本。そうすることで紙面に描く納まりも自然と現実的なものになっていく。ここでは、長期優良住宅を例に、施工手順とそのポイントを追いながら、図面の描き方を紹介していく

STEP 1 基礎工事

1｜地縄張り（GL設定）後、水盛遣り方で基礎天端・基礎芯を出す
2｜根切り後、割栗（砕石）地業を行い、防湿・防水シートを敷き、捨てコンクリート打ち
3｜外周部に型枠を組み立て、基礎配筋を行う
4｜耐圧盤コンクリートを打設
5｜内部型枠を組み立て、アンカーボルト・スリーブを入れたら、立上り部のコンクリートを打設して天端均し
6｜型枠外し・基礎墨出し（土台位置）

図面 通り芯・符号、寸法線を描き、基礎廻りの断面を記入する

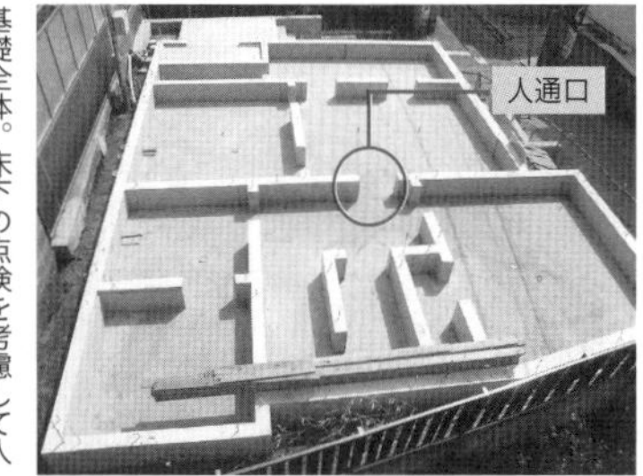

基礎全体。床下の点検を考慮して人通口を設けている

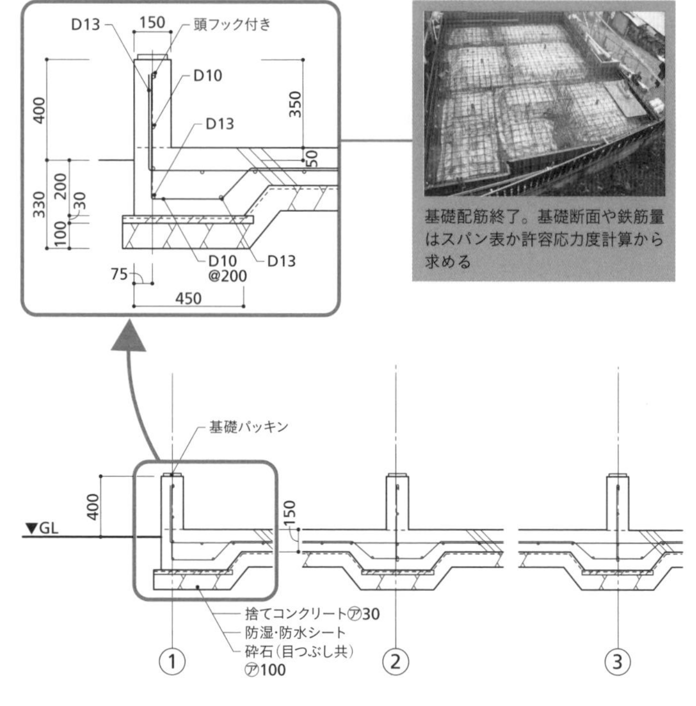

基礎配筋終了。基礎断面や鉄筋量はスパン表か許容応力度計算から求める

STEP 2 木工事

1｜基礎パッキンを設置した後、土台を敷き、アンカーボルト締め
2｜1階柱を建て、梁・胴差を架け渡し、金物仮付け後、床倍率を確保するために床合板を敷き込む。吹抜けや勾配天井などでは軸材（火打ち梁）で構面を確保する
3｜2階柱を建て、桁・小屋梁を架け渡し、金物を仮付けし、床合板を敷く
4｜束・母屋・屋根垂木を取り付ける

図面 木造軸組・床下地を記入する

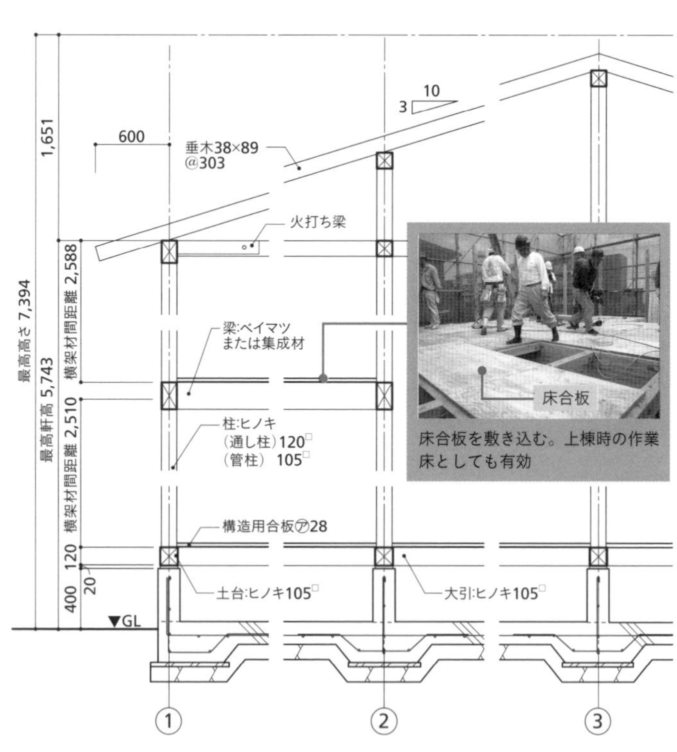

床合板を敷き込む。上棟時の作業床としても有効

土台・大引の敷込み完了。土台はヒノキ（D1特定樹種）。床下は点検用に330㎜以上確保

STEP 3 木工事（続き）

1｜屋根に野地板を張りルーフィングを敷く
2｜壁も構造用面材で固め、透湿防水シートを張る［※6］
3｜屋根・軒天に換気部材を、野地板上に通気垂木を取り付け、壁にも通気胴縁を取り付ける（通気工法）［※6］

図面 壁・屋根下地、防水紙・通気胴縁を記入する

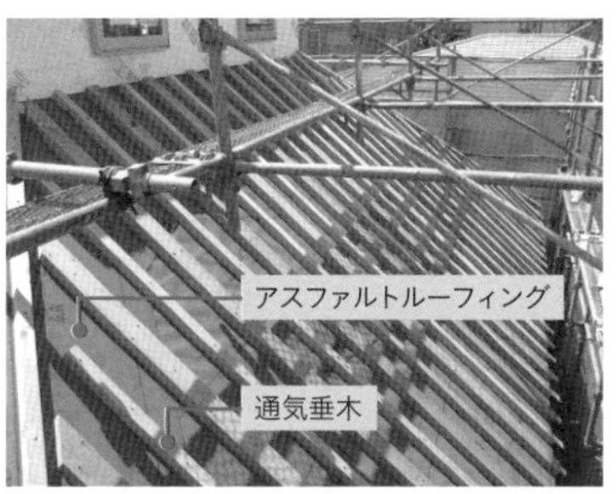

（上）ルーフィングを張った野地板に通気垂木を設け、屋根通気をとる。軒先から入った空気は棟から抜ける、（右）指定の釘とピッチで軸組に構造用面材を留め付ける

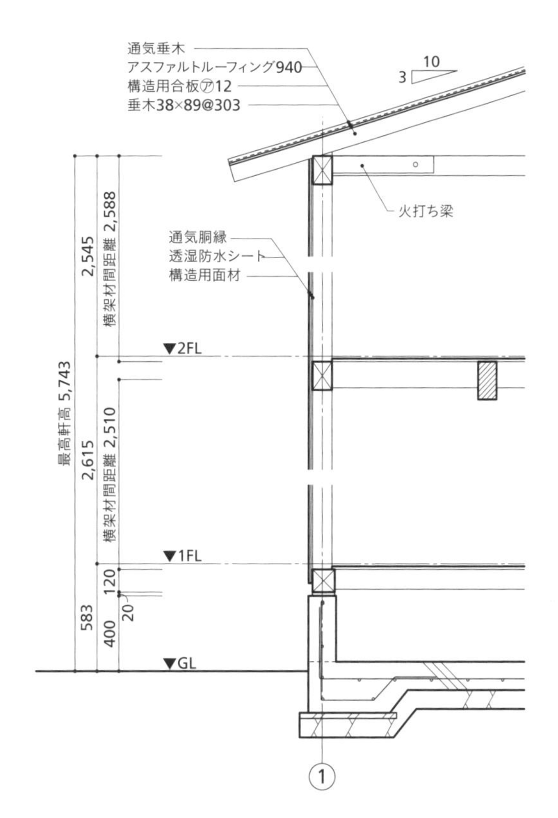

STEP 4 内外装仕上げ工事

1｜屋根を葺き、棟包みを設置する
2｜サッシの取付け後、建具枠を設置する
3｜外壁側の電気配線・給排水設備の配管、換気・空調設備の貫通配管を先行して行う
4｜断熱材（セルロースファイバー）を施工［※7］
5｜外部仕上げ・内部仕上げを行う

図面 断熱材・内装下地・内外装仕上材の記入

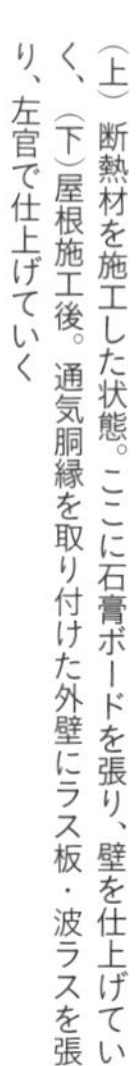

（上）断熱材を施工した状態。ここに石膏ボードを張り、壁を仕上げていく、（下）屋根施工後。通気胴縁を取り付けた外壁にラス板・波ラスを張り、左官で仕上げていく

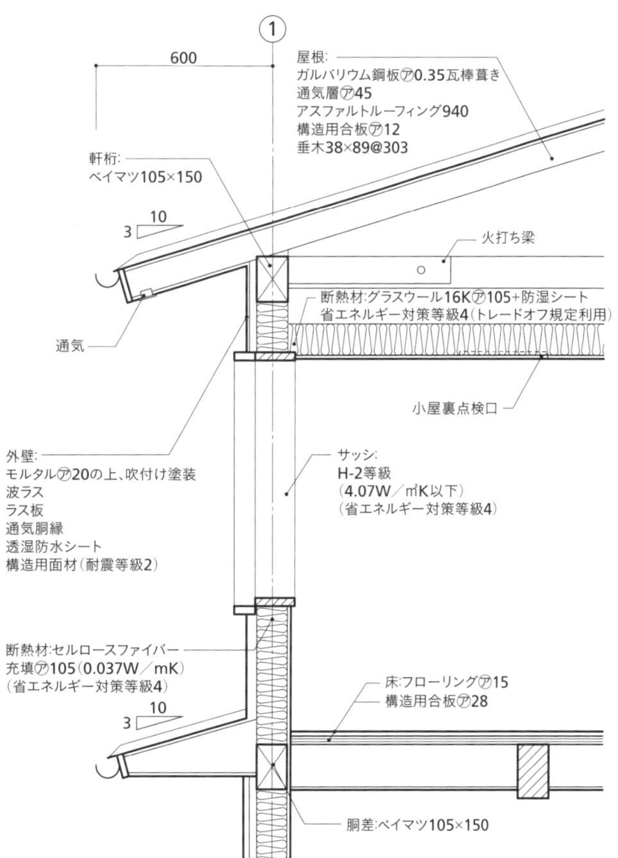

※6：長期優良住宅任意項目
※7：面材との組み合わせで防露認定がとれない場合は気密シートを施工

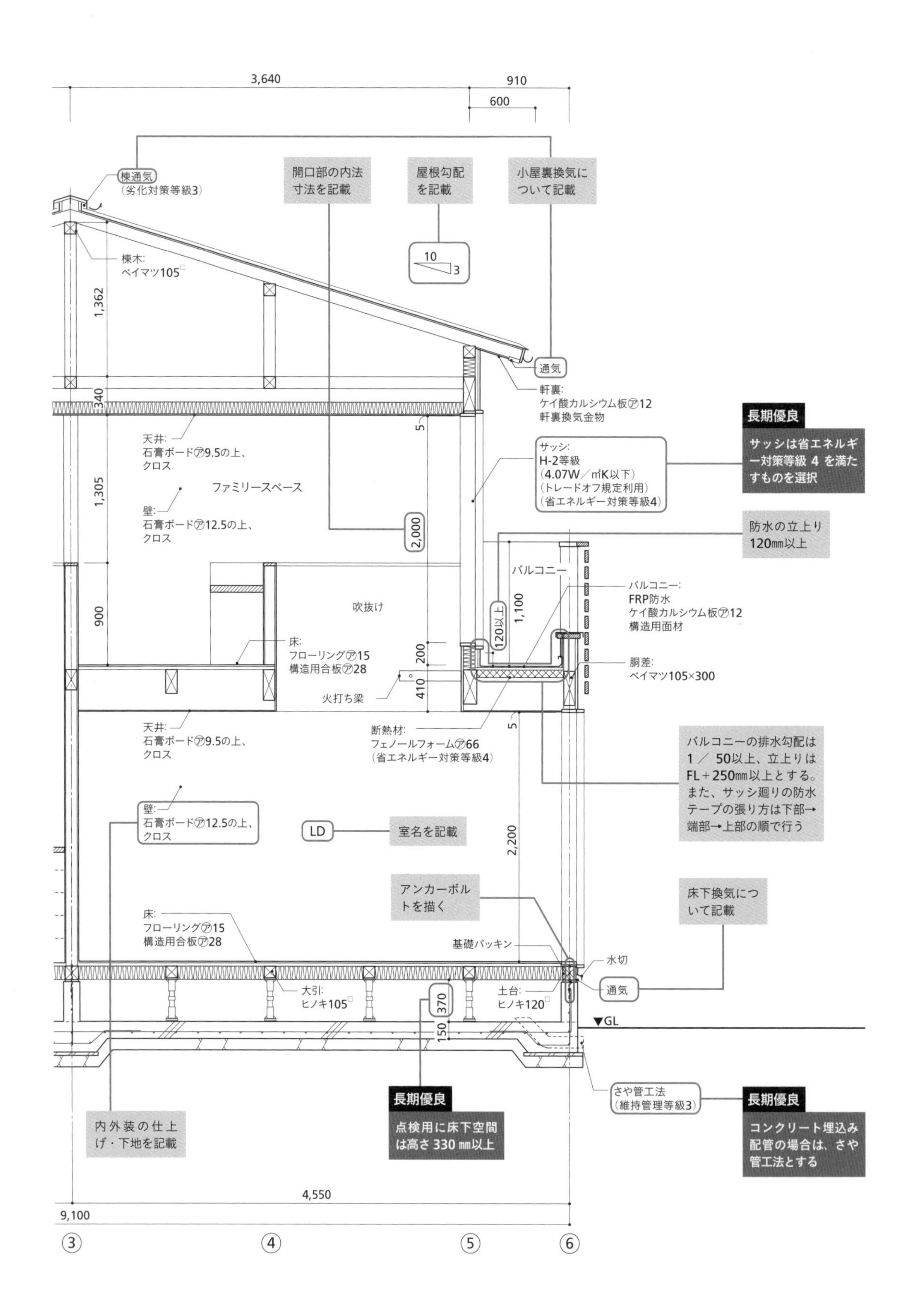
3,640
910
600
棟通気
(劣化対策等級3)
開口部の内法寸法を記載
屋根勾配を記載
小屋裏換気について記載
10
3
棟木:
ベイマツ105□
1,362
通気
軒裏:
ケイ酸カルシウム板㋐12
軒裏換気金物
340
長期優良
サッシは省エネルギー対策等級 4 を満たすものを選択
天井:
石膏ボード㋐9.5の上、
クロス
5
サッシ:
H-2等級
(4.07W/㎡K以下)
(トレードオフ規定利用)
(省エネルギー対策等級4)
1,305
ファミリースペース
壁:
石膏ボード㋐12.5の上、
クロス
2,000
防水の立上り
120㎜以上
バルコニー
900
吹抜け
120以上
1,100
バルコニー:
FRP防水
ケイ酸カルシウム板㋐12
構造用面材
床:
フローリング㋐15
構造用合板㋐28
200
胴差:
ベイマツ105×300
410
火打ち梁
天井:
石膏ボード㋐9.5の上、
クロス
断熱材:
フェノールフォーム㋐66
(省エネルギー対策等級4)
5
バルコニーの排水勾配は1/50以上、立上りはFL+250㎜以上とする。また、サッシ廻りの防水テープの張り方は下部→端部→上部の順で行う
壁:
石膏ボード㋐12.5の上、
クロス
LD
室名を記載
2,200
アンカーボルトを描く
床下換気について記載
床:
フローリング㋐15
構造用合板㋐28
基礎パッキン
水切
通気
大引:
ヒノキ105□
370
土台:
ヒノキ120□
▼GL
150
さや管工法
(維持管理等級3)
長期優良
コンクリート埋込み配管の場合は、さや管工法とする
内外装の仕上げ・下地を記載
長期優良
点検用に床下空間は高さ 330 ㎜以上
4,550
9,100
③
④
⑤
⑥

STEP 5 竣工
図面 矩計図に記載すべき内容に漏れがないか確認する

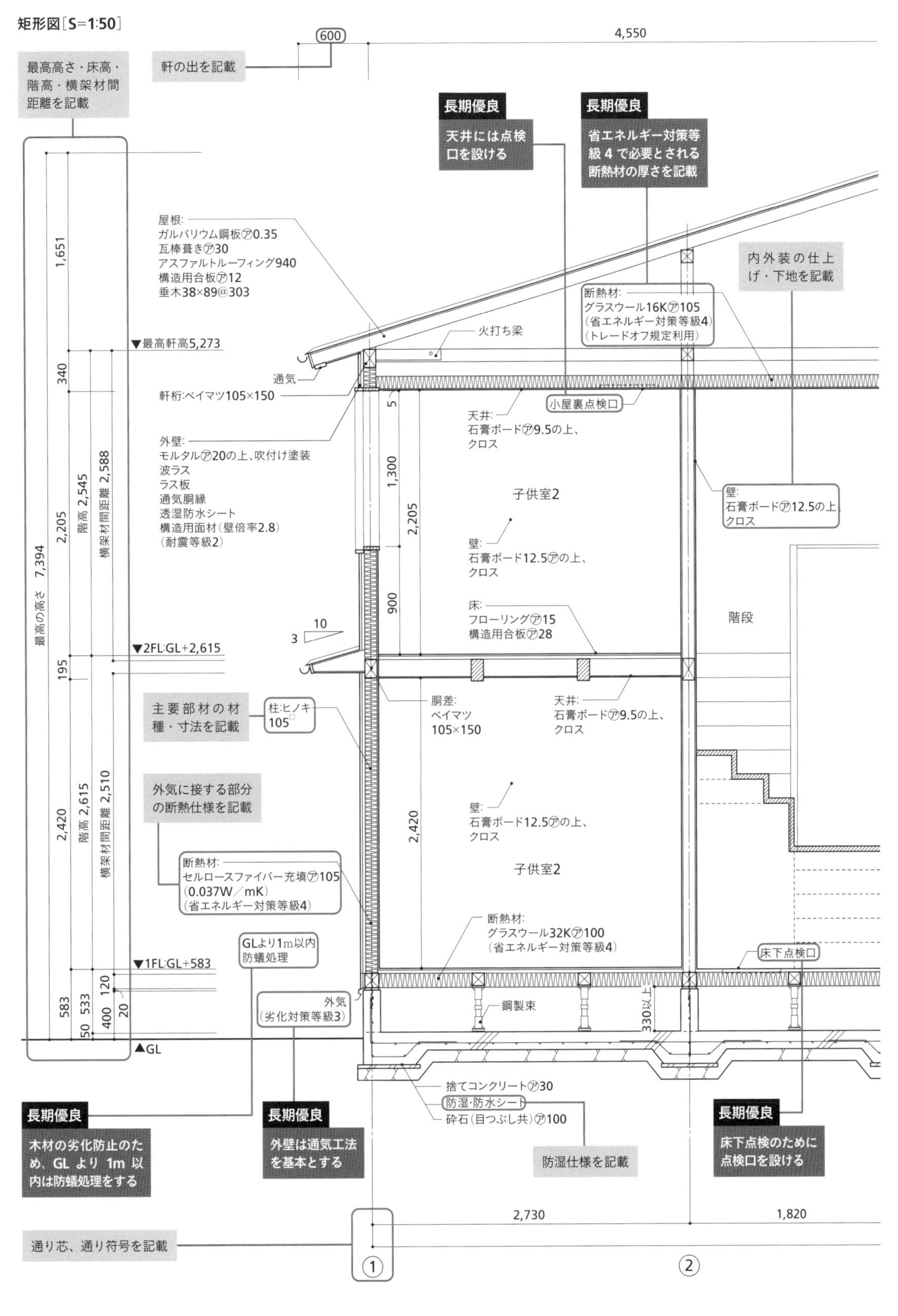
矩形図[S=1:50]
最高高さ・床高・階高・横架材間距離を記載
軒の出を記載
600
4,550
長期優良
天井には点検口を設ける
長期優良
省エネルギー対策等級4で必要とされる断熱材の厚さを記載
内外装の仕上げ・下地を記載
屋根:
ガルバリウム鋼板㋐0.35
瓦棒葺き㋐30
アスファルトルーフィング940
構造用合板㋐12
垂木38×89@303
断熱材:
グラスウール16K㋐105
(省エネルギー対策等級4)
(トレードオフ規定利用)
火打ち梁
▼最高軒高5,273
通気
軒桁:ベイマツ105×150
小屋裏点検口
天井:
石膏ボード㋐9.5の上、
クロス
外壁:
モルタル㋐20の上、吹付け塗装
波ラス
ラス板
通気胴縁
透湿防水シート
構造用面材(壁倍率2.8)
(耐震等級2)
子供室2
壁:
石膏ボード㋐12.5の上、
クロス
壁:
石膏ボード12.5㋐の上、
クロス
階段
床:
フローリング㋐15
構造用合板㋐28
10
3
▼2FL:GL+2,615
胴差:
ベイマツ
105×150
天井:
石膏ボード㋐9.5の上、
クロス
主要部材の材種・寸法を記載
柱:ヒノキ
105□
外気に接する部分の断熱仕様を記載
壁:
石膏ボード12.5㋐の上、
クロス
子供室2
断熱材:
セルロースファイバー充填㋐105
(0.037W/mK)
(省エネルギー対策等級4)
断熱材:
グラスウール32K㋐100
(省エネルギー対策等級4)
GLより1m以内
防蟻処理
床下点検口
▼1FL:GL+583
外気
(劣化対策等級3)
鋼製束
330以上
▲GL
1,651
340
2,205
195
2,420
583
最高の高さ 7,394
階高 2,545
横架材間距離 2,588
階高 2,615
横架材間距離 2,510
5
1,300
2,205
900
2,420
120
533
400
50
20
捨てコンクリート㋐30
防湿・防水シート
砕石(目つぶし共)㋐100
長期優良
木材の劣化防止のため、GLより1m以内は防蟻処理をする
長期優良
外壁は通気工法を基本とする
防湿仕様を記載
長期優良
床下点検のために点検口を設ける
2,730
1,820
通り芯、通り符号を記載
①
②

Column

図面を描く前に。長期優良住宅の構造はココが違う

18～23頁では長期優良住宅の矩計図をご紹介した。ここでは図面を描く前にまず知っておくべき、長期優良住宅の構造チェックフローについて解説する。

耐震等級2以上とは?

長期優良住宅には、品確法による耐震等級2以上の性能が求められる。建築基準法を満たす建物は耐震等級1程度。等級2以上を満たす建物は、建基法で想定する1・25倍の大きさの地震に耐えられることが前提だ。

そのため、長期優良住宅では建基法の仕様規定を満たすことに加え、品確法による耐震等級2以上のチェック項目（構造計算［許容応力度等計算］を簡略化して仕様規定としたもの）を確認する［表］。

［齊藤年男］

表 建基法と比べて分かる、長期優良住宅の構造

長期優良住宅では、建築基準法の仕様規定（左側の項目）に加え、品確法（性能表示制度）の耐震等級2以上を満たすことが要求され、右側の項目が追加される

検討項目	一般住宅（建基法上のチェック）		長期優良住宅［※2］（品確法上のチェック）
壁量の確保	壁量計算（基準法）		壁量計算（品確法）
	❶必要壁量（地震力）の算出 =床面積×係数		❶必要壁量（地震力） Point❶ =性能表示床面積×性能表示係数
	❷必要壁量（風圧力）の算出 =見付け面積×係数		Point❷
	❸存在壁量の算出 =耐力壁（倍率）×長さ		❷存在壁量の算出 Point❸ =耐力壁や準耐力壁等（倍率）×長さ
	❹存在壁量≧必要壁量　の確認		❸存在壁量≧必要壁量　の確認
壁の配置	4分割法	または Point❹	偏心率
	❶側端部分の 必要壁量（地震力）の算出		❶重心の算定
	❷側端部分の 存在壁量（耐力壁）の算出		❷剛心の算定（耐力壁）
	❸壁率比≧0.5　の確認 または 側端部分充足率比>1.0　の確認		❸偏心率≦0.3　の確認
水平構面の検討	火打ち材の設置		水平構面耐力の確認 Point❺
			❶耐力壁線の設定
			❷存在床倍率の算定
			❸必要床倍率の算定
			❹存在床倍率≧必要床倍率　の確認
柱	柱の小径と有効細長比の確認		
接合部の検討	筋かい接合部の仕様の確認		横架材接合部の仕様の確認 Point❻
	柱頭・柱脚接合部の仕様の確認		通し柱・横架材接合部の仕様の確認
横架材			スパン表による断面の検討［※3］
木材	木材・筋かいの品質確認		
	耐久性と防腐措置の確認		
基礎	仕様規定による		スパン表による仕様の決定［※3］

Point❶
耐震等級2の壁量計算用床面積は、建基法に規定された床面積に、1階には2階のオーバーハング面積と玄関ポーチ面積・バルコニー面積の40%を、2階には吹抜け面積を加える。さらに床面積当たりに必要な壁量（係数）は積雪量が考慮され、必要壁量の数値はより正確で安全側の数値となる

Point❷
長期優良住宅では耐風等級について定められていない

Point❸
性能表示制度では耐力壁のほかに、「準耐力壁」「垂壁・腰壁」を耐力要素として算入することができる

Point❹
壁の配置のチェックについて、性能表示制度では規定がない。そのためこれらの計算には準耐力壁等を算入しない

Point❺
屋根・床・火打ち構面からなる水平構面の強さ（床倍率）を確認。必要となる床倍率は、耐力壁線［※1］間の距離［※2］に比例して、大きくなる。耐力壁線と耐力壁線に挟まれた区画ごとに存在床倍率を求め、必要床倍率以上であることを確認する

Point❻
建基法では、耐力壁を構成する軸組の接合部の仕様をN値計算などで確認する。一方、品確法ではそれに加え、水平構面が所定の耐力を発揮できるよう、外周部の横架材接合部などの確認を行う

※1：耐力壁が十分に配置された外壁と内壁の通り
※2：品確法では、耐力壁線間距離は筋かいの場合8m以下、面材耐力壁の場合は12m以下とするよう定められている
※3：『木材住宅のための構造の安定に関する基準に基づく横架材及び基礎のスパン表』(財)日本住宅・木材技術センター刊）

Column

スケール感はこうして身につけよう

三角スケールの悪弊

学生時代から三角スケールを使っている人は多いだろう。「いつまでたってもスケール感が身に付かない」とお悩みなら、その三角スケールを手放してみることをお勧めする。図面の縮尺に従って三角スケールを回していると、三角スケールなしでは図面を描けず、寸法も測れなくなる。そのためいつまでたってもスケールの感覚が身に付かないのだ。

　そこで図面を描く際に、ごく普通の1㎜ピッチのセンチメートル（単位）定規だけを使ってあらゆるスケールの図面を描き、測る。縮尺1／100なら、定規で1㎜が100㎜、10㎜が1ｍ。1／50なら2㎜が100㎜、20㎜が1ｍ。1／20なら5㎜が100㎜、50㎜が1ｍとなる（ただし縮尺1／30はうまくいかないので要注意）。

　年季の入った設計者の多くはこうして定規1本で図面とつき合ってきた。最初は戸惑っても、これを繰り返すうちに慣れてきて、縮尺を確かめなくても図面を見ただけでスケールが直感的に分かり、定規で測らずともおおよその寸法が想像できるようになる。つまりスケール感が身に付く。これは、センチ定規1本を目に焼き付けておけば事足りるからだ。三角スケールの6つのスケールを目に焼き付けるのは、常人には難しいものだ。

　ただし、設計当初からCADで作図してしまうと、上記の話は御破算になる。少なくともスタディスケッチは手描きにして、1日も早くスケール感を身に付けるとよいだろう。

スケール感のあるスケッチが図面代わり

　筆者は、実施図面のうち家具図は3面図で描かず、立体的に描いたフリーハンドスケッチを図面として提出する。施工者にも設計意図やつくり方が伝わりやすく、好評だ。ここでのスケッチにも体に染みついた「スケール感」がものをいう。スケール感のないスケッチは、反対に誤解を生じかねないので注意していただきたい。

［増田奏］

家具図として提出した手描きのスケッチ(一部)

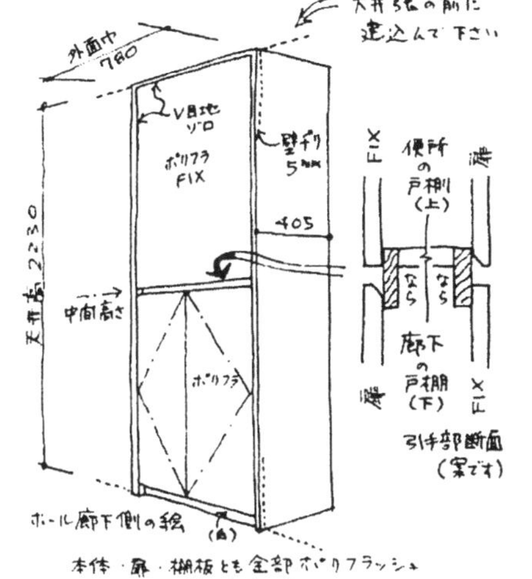

column

『○○表』は現場に伝わりにくい

図面は「格好よさ」より「実質」を

　現場監督が携帯している実施図面製本で、最初に破れてしまうのはどこかご存じだろうか? それは「仕上表」の頁である。平面図を見ながら、立面図を見ながら、展開図を見ながらいつも仕上表をひっくり返して見るからだ。監督は製本がばらばらになる前に、平面図や立面図に建材名を書き込んだり、色分けしたりして仕上げ情報を各図面に写していく。

　そこで筆者は、仕上表ではなく「仕上説明用の平面図」をつくり、内部仕上げの情報を書き込んでいる。外部仕上げは立面図に書き込む［26頁参照］。共通の仕上げは図面の余白に、部分的に仕上げが異なる場合は「特記」を当該個所に、それぞれ書き込む。こうすると仕上げだけでなく、仕上げの切り替え位置なども一目で理解してもらえる。

　「建具表」も同様だ。「建具説明用の平面図」をつくって、そこに建具情報を書き込むようにすれば、現場で平面図・立面図・展開図と建具表を交互に見る必要もなくなる。

　つまり、仕上表や建具表などの「○○表」は「無用の長物」なのだ。体裁ぶった図面をつくるより、見た目は汚くても、必死に訴えかける図面を描くようにしたい。

［増田奏］

平面図に仕上げを描き込んだ図面(一部)

平面プランに沿って仕上げやその注意点が分かる

立面図 外部に現れるものはすべて描く

外観情報を一目で伝える

立面図は建築物の外観を表す図面だ［表・図］。見積り時には主に仕上げ・下地の数量拾いに用い、施工時には外部を仕上げるために多数の職方（屋根・金物・サイディング・左官・サッシ・設備工など）が読む図面となる。

そのため、樋や外部金物まで外部に現れるものはすべて記入する。ベントキャップなど設備機器は設備図でも確認できるが、外観に大きく影響するので立面図中で表現し、「こうしたい」という意思を現場に伝えることが重要である。ただし詳細な位置出しは現場で確認するのが現実的である。そのため、立面図には寸法をあえて記入しないほうがよい。一方、材料種別や品番は書き込んで、外部仕上げの情報を正確に伝える。

仕上げ情報を書き加えることも考え、縮尺は1／50とする。基本の3図面（平・立・断面図）の縮尺を1／50で

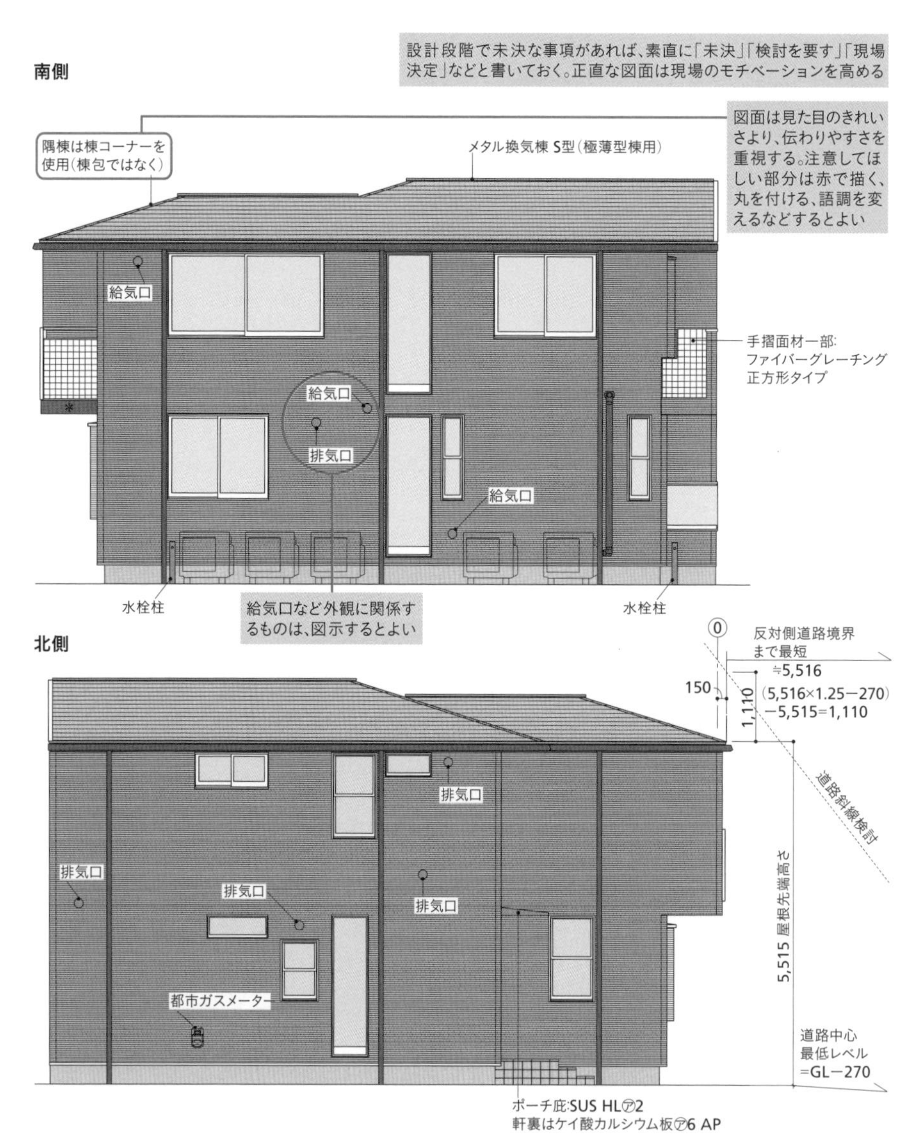

統一することで、読み手の素早い理解が可能になる。特に立面図と断面図は対となる図面なので、頁が分かれても図中のレイアウト位置をそろえておく。立面図は東西南北のどの面から描いてもよいが、反時計回りに描く。そうすることで同一コーナーが隣り合い、関係が把握しやすくなる。［増田奏］

表 立面図にはコレを描く！

描く事項		注意事項
外観	□建物の外形、開口部、地盤面、屋根勾配	仕上げやテクスチュアの違いが一目で分かるようにハッチや着色を行う
	□設備機器類（ベントキャップ、空調機など）	描いておかないと、施工上の都合で位置が決まるので注意
	□その他（樋・バルコニー・手摺・ポーチなど）	外部金物や目地まで表現するため、1／50程度の縮尺が必要となる
外部仕上げ	□外部仕上げ（材種・厚み・品番）	立面図に外部仕上げを表記すれば、外部仕上表は不要。むしろそのほうが分かりやすい

図 立面図は外部仕上表を兼ねる

立面図［S=1:120、元図S=1:100］

屋根:化粧スレート葺き［不燃材認定NM-9567］

スギ板

外壁1（西面）:
スギ板横羽目張り（小節程度）㋐12×120程度（実加工）の上、木材保護塗装
注1 外壁下地として、構造用合板 ㋐9の上、無塗装サイディング㋐12［不燃材認定QM-9706、防火構造認定PC-030BE-9201］
注2 通気のため、ケイ酸カルシウム板と羽目板の間に縦胴縁㋐15を挟む
注3 延焼のおそれのある部分の外壁屋内側は石膏ボード㋐9.5以上張り

サイディングおよびコーナー役物（とも柄）

外壁2:
サイディング張り㋐16浮壁工法（専用金物㋐5使用）［不燃材認定QM-9706、防火構造認定PC-030BE-9201］
注1 外壁下地として、構造用合板㋐9
注2 延焼のおそれのある部分の外壁屋内側は石膏ボード㋐9.5以上張り

サイディング

外壁3:
サイディング張り㋐12浮壁工法（専用金物㋐5使用）［不燃材認定QM-9706、防火構造認定PC-030BE-9201］
注1 外壁下地として、構造用合板㋐9
注2 延焼のおそれのある部分の外壁屋内側は石膏ボード㋐9.5以上張り

外壁4（*印の小壁）:
無塗装サイディング張り㋐12の上、AP［不燃材認定QM-9706、防火構造認定PC-030BE-9201］
注1 外壁下地として、構造用合板㋐9
注2 延焼のおそれのある部分の外壁屋内側は石膏ボード㋐9.5以上張り

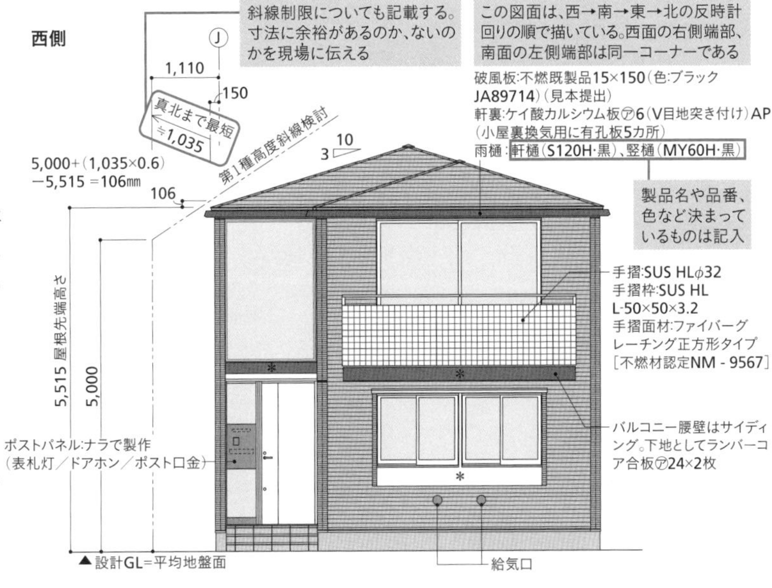

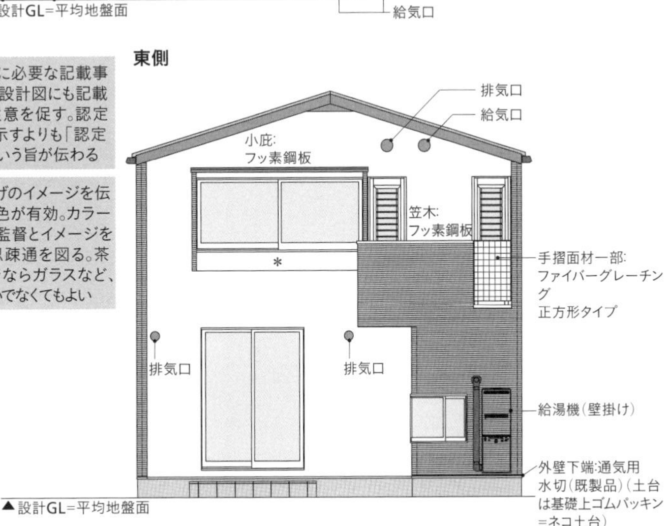

現場目線で描く！

立面図には、仕上材の種類・品番など「外部仕上げ」の情報を書き込み、単独の外部仕上表は省略する。図面と表が一体になることで、拾い漏れ・読み違いが減り、読み込む手間も軽減される

展開図

室内の高さ寸法を押さえる

高さ・仕上げ情報を入れる

展開図は、各室の各壁面レイアウトに高さ方向の寸法と仕上げを記した図面である［表・図］。壁面に取り付ける備品まで描き込むことで、大工は下地情報まで読み取れる。施工者は、見積り時には主に仕上材などの数量を、施工中は開口部や棚・備品などの取付け高さなどを確認する。

縮尺は1／50が基本。部分的に重要な納まりがあれば、詳細図を追記する［※］。一方、水廻りや階段など情報が多い部分は、別紙詳細図としてまとめる。展開図の作成は「玄関」から「次の室」へと動線に沿って順に行う。室内は平面図の上側に当たる壁面から時計回りに各壁面を作図する。これは平面図中の展開記号とリンクしている。

また、展開図に、天井裏・床下などの断面情報（梁・基礎など）を記載しておくと、設計者・施工者両者が天井埋込み照明や各配管ルートについて確認できるのでお勧めだ。［七條章裕］

現場目線で描く!

展開図は各部屋のすべての壁面を作図することが基本だ。室内にある収納内部の仕上げや棚まで記載することで、見積り落ちも少なくなる。棚の高さなど寸法が不確定な要素は、その旨が分かるようにしておくとよい

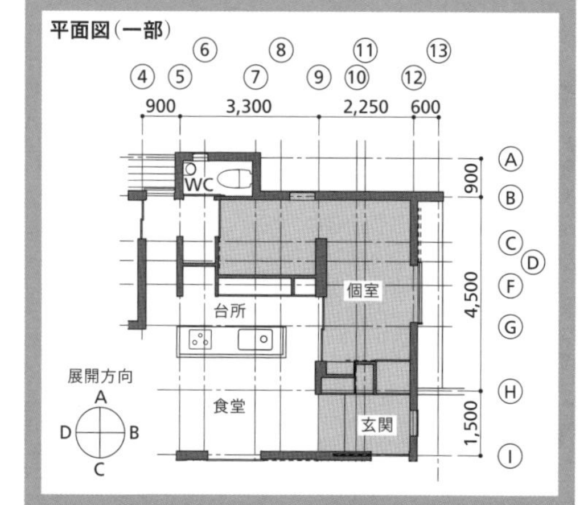

玄関のD面は、食堂に連なるため展開図は描かない。また、個室のA面は廊下と併せて展開図を描く。廊下のような小室はつなげて描いたほうがよい場合もある

重要な納まりは部分詳細として展開図中に記載すると見やすい

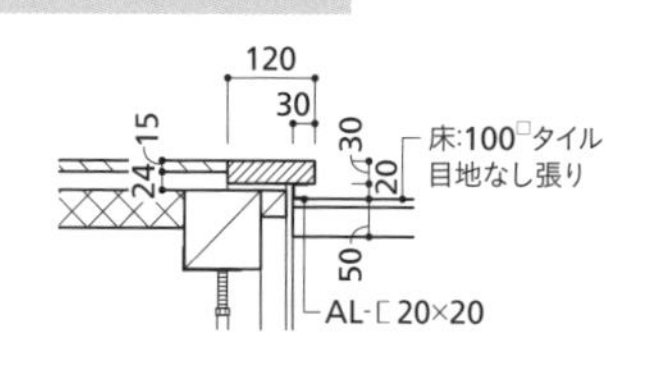

ア部分詳細図 S=1:10

平面図の通り芯を描くことで、壁面位置を把握できる

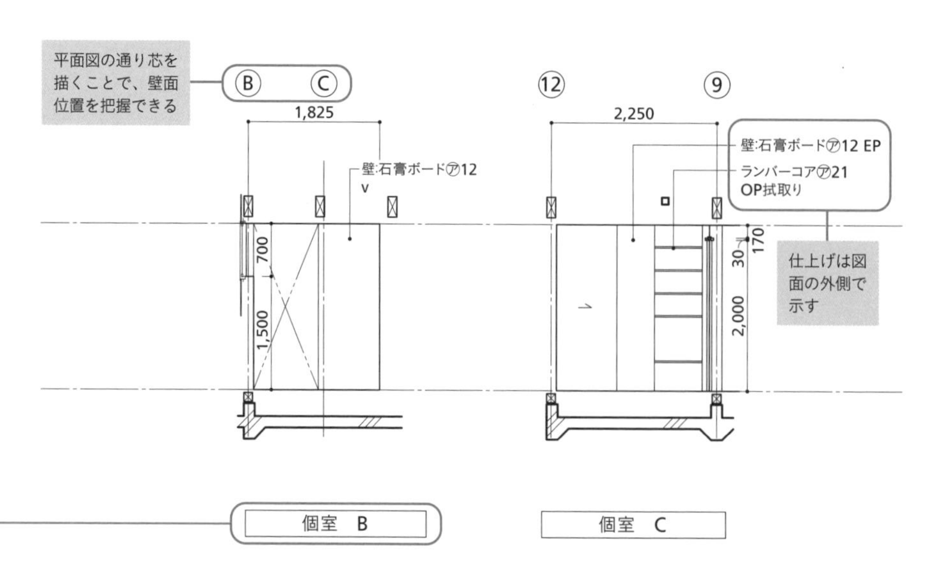

仕上げは図面の外側で示す

個室 B

個室 C

※：展開図中に詳細図を描き込むと、別紙として詳細図を添付するよりも情報が伝わりやすい

表 施工者・見積り手は展開図のココを見ている！

展開図に描く内容		備考
大寸法	□天井高さ（室内床～天井までの内法寸法） □通り芯間寸法（壁～壁までの芯々寸法）	・壁の大きさ（面積）を示す（見積り時に使用）。天井伏図を省略する場合は、各室の天井高さは展開図で確認するので、漏れのないように注意する。通り芯を表示することで、どの部分の壁面を示しているかが把握できる
小寸法	□開口部の高さ・内法寸法 □建築工事でつくる家具・棚の高さ	・大工などがまぐさ・窓台の開口部下地や木枠を取り付ける際、確認する ・家具詳細図がない場合は、大工が展開図と平面図を見て家具をつくる
仕上げ	□床・壁・天井の仕上材	・部分的に仕上げが変わる場合なども忘れずに描く
その他	□備品（手摺など） □設備機器類	・将来取り付け予定の備品があれば、下地範囲を指示しておく ・スイッチやコンセント・照明などは、取り付け位置に注意を促したい部分のみ描いてもよい

図 展開図を展開断面として描く

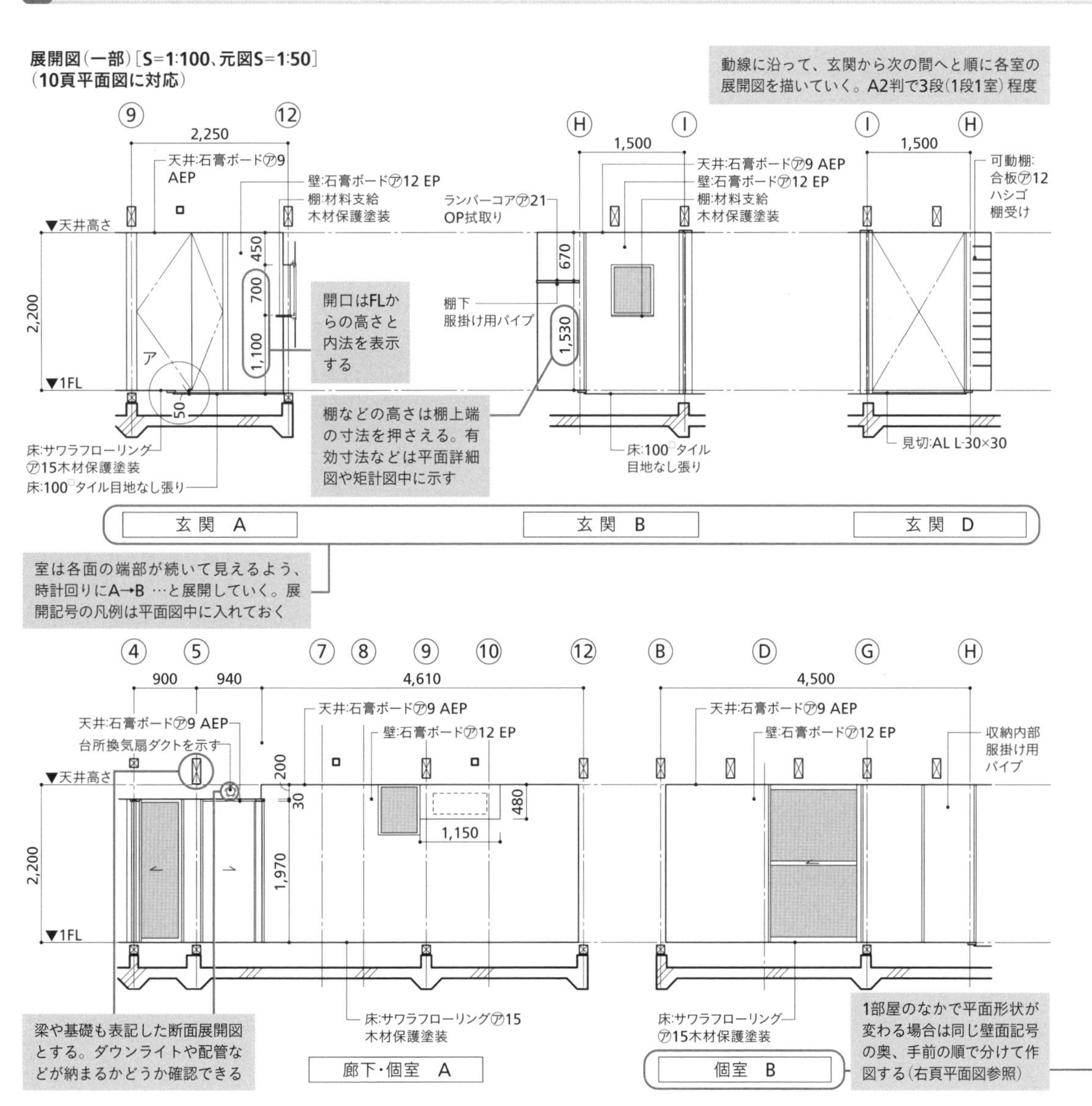

天井伏図
仕上げ範囲を明確に

表 天井伏図はコレを描く・描かない

項目		現場目線で描く
描く	□縮尺（1／100）	見積り用であれば1／100で十分。なお、縮尺を平面図に合わせると、読み手の理解が深まりやすい
	□下地・仕上げの種類	数量の拾い出しに使う
	□割付け	板ものの大まかな割付け（定尺ものかどうか）を確認する
	□天井高さ	展開図で確認できるが、あると便利。設計者としても、全体（プラン）を俯瞰しながら空間の流れを検討することができる。段差がある場合は必ず描きたい
	□点検口など	設備工事ではなく建築工事で設置する天井付けのもの。施工に必要な詳細位置寸法はあえて描かず「後日指示」と描いておく
	□その他（部分詳細図など［1／5］）	壁との見切、開口部廻りのカーテンボックス、天井の高さが変わる部分は、ディテールを描く。詳細図が見積りに間に合わなければ、過去の物件の詳細図などを施工者に見せ、求めている施工グレードを伝える
描かない	□天井付けの設備機器（照明器具、換気扇、空調機など）	機器類の位置は、工事が始まってから描く1／20の平面詳細図に落とし込む。契約図・見積図に器具類をあいまいに入れておくと現場で混乱する原因となるので、あえて描かない［※］。設備図で表記するため拾い漏れのおそれはない
	□点検口などの詳細位置	現場で最終的な位置を決定するため［※］

※：施工時に詳細図を作成し現場に詳細位置を伝える

図1 天井伏図の描き方

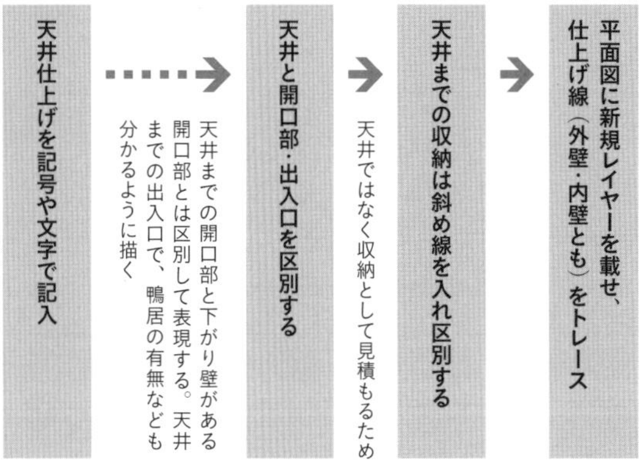

天井仕上げを記号や文字で記入
→
天井までの開口部と下がり壁がある開口部とは区別して表現する。天井までの出入口で、鴨居の有無なども分かるように描く

天井と開口部・出入口を区別する
→
天井ではなく収納として見積もるため

天井までの収納は斜め線を入れ区別する
→
平面図に新規レイヤーを載せ、仕上げ線（外壁・内壁とも）をトレース

現場目線で描く！

1／100や1／50の天井伏図は主に見積りのための図面。仕上材が各々の天井面に記入されていれば十分。ただ、材や範囲の違いをビジュアルで表現することで、読み手にも分かりやすくなる

見積り用に作図する

天井伏図とは天井面の仕上げとその範囲を表す図面で、主に見積り時の数量拾い出しに用いられる。天井に段差がない、仕上げの種類が少ないなどの場合は、天井伏図を省略してもよい。

縮尺は1／100程度で十分。天井と壁・開口部との取り合いなどが複雑で、設計意図を明確に伝える必要がある場合は、1／50で描くとよい［※］。記載事項は表、図1・2のとおり。仕上材の種類は、文字ではなく記号などで表現することで、一目で違いが分かり、図面自体も見やすくなる。記号は仕上表と共通させると整合がとりやすい。

一方、表記する必要ないのが天井に現われる機器類など。これらは着工後に描く1／20レベルの平面詳細図（施工図）上に表現し［32頁図3］、仕上面から寸法を追う。施工図を描かない場合は、現場で位置決定する旨を伝えておくとよい。［本間至］

※：天井板の割付けを詳細に行いたい場合などは、1／20の天井伏図（施工図）を描くこともある

図2 見積りしやすい天井伏図

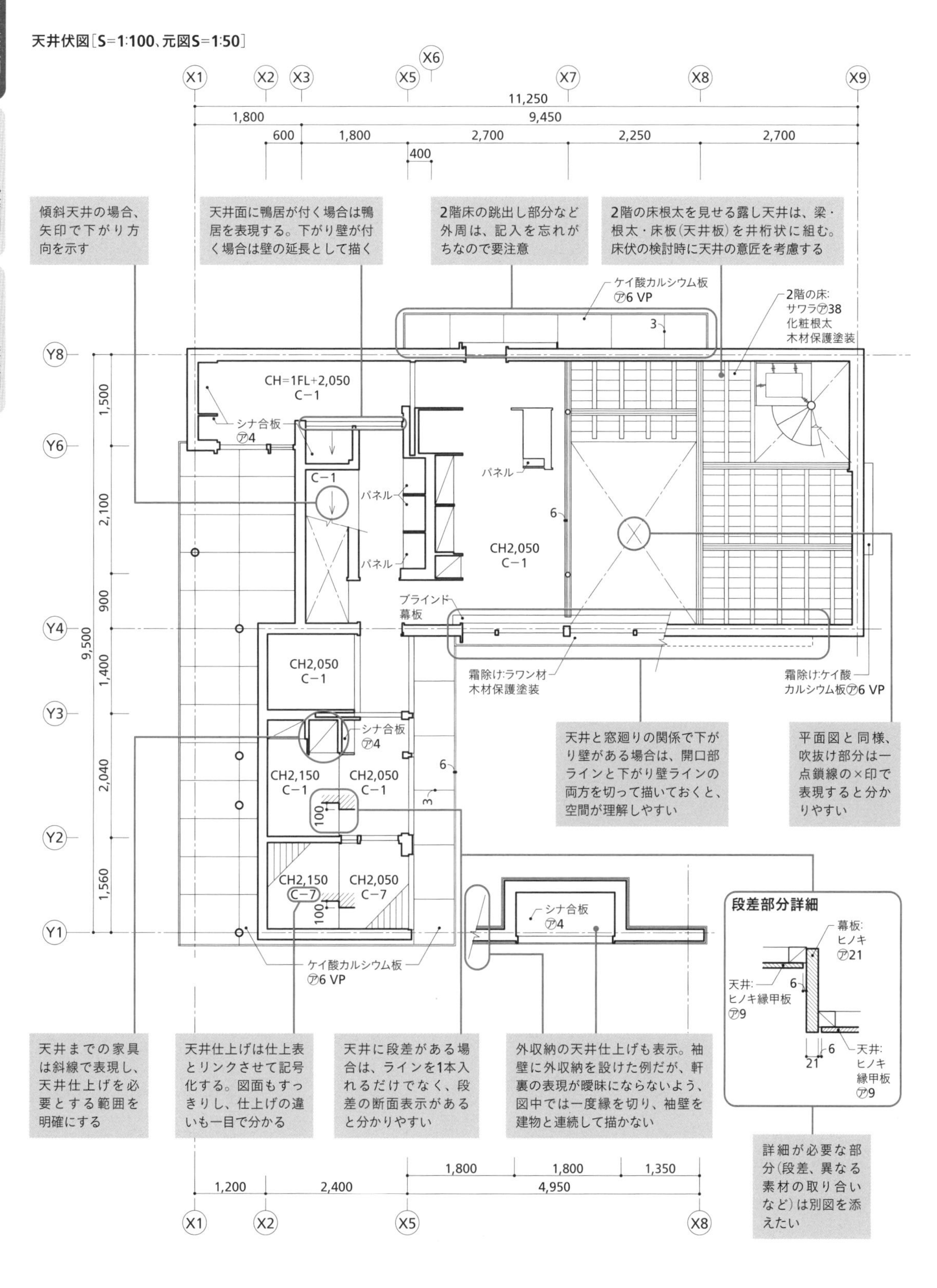

図3 見積り図と施工図で描き分ける

一目で拾える天井伏図

天井伏図[S=1:100、元図S=1:50]

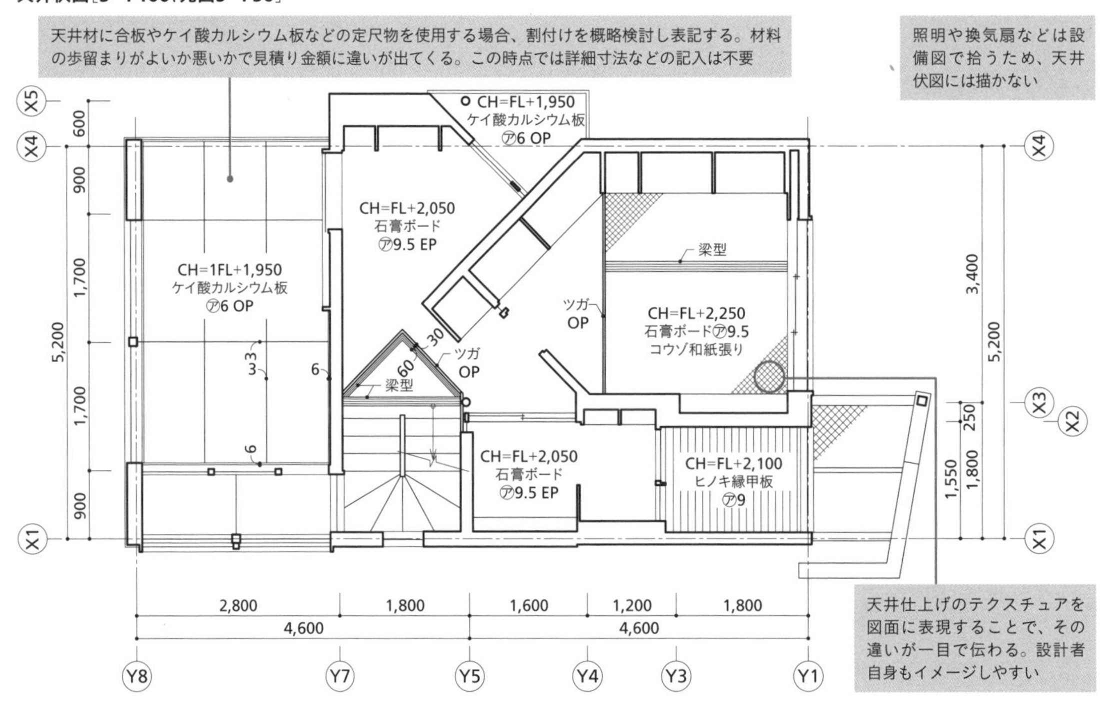

位置詳細は平面詳細図で

平面詳細図[S=1:40、元図S=1:20]

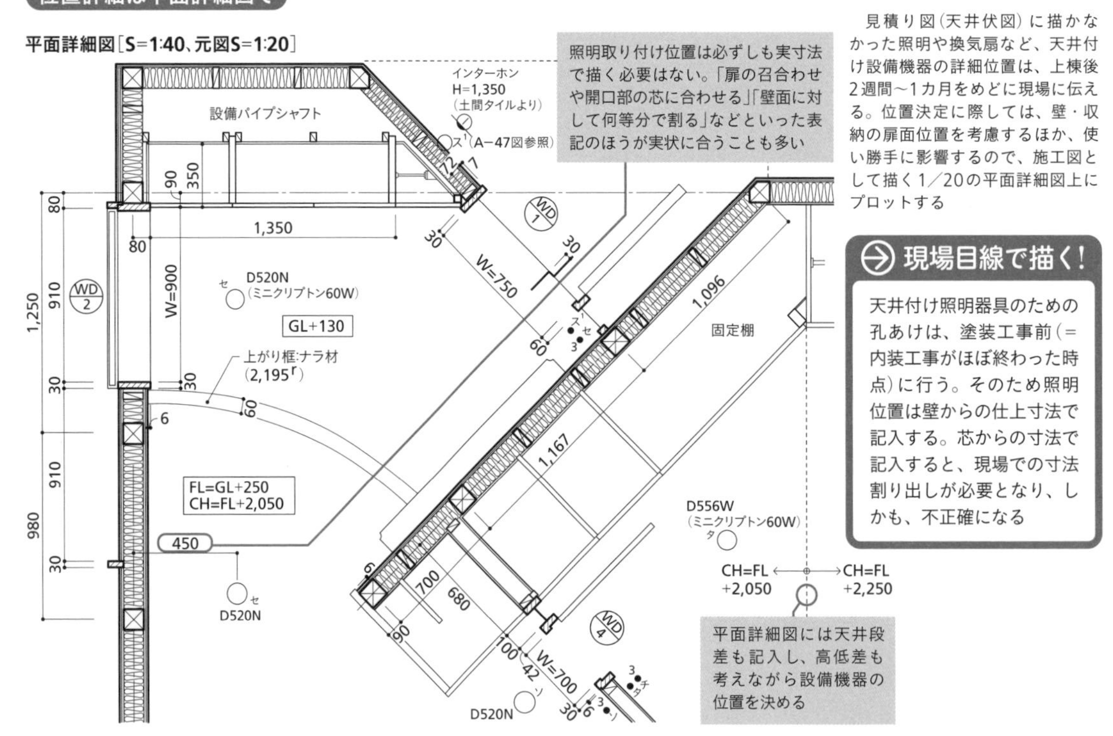

見積り図(天井伏図)に描かなかった照明や換気扇など、天井付け設備機器の詳細位置は、上棟後2週間〜1カ月をめどに現場に伝える。位置決定に際しては、壁・収納の扉面位置を考慮するほか、使い勝手に影響するので、施工図として描く1/20の平面詳細図上にプロットする

現場目線で描く!

天井付け照明器具のための孔あけは、塗装工事前(=内装工事がほぼ終わった時点)に行う。そのため照明位置は壁からの仕上寸法で記入する。芯からの寸法で記入すると、現場での寸法割り出しが必要となり、しかも、不正確になる

建具表 スムーズな見積りには不可欠

図1 建具表作成のフロー

建具にかかわる図面には「建具表」のほか、建具番号を図面に書き、取り付ける場所を表したキープラン図、建具の詳細図などがある

木製建具表、金属建具表を別々につくる

A2判サイズで縮尺が1／50程度なら、1枚を縦3×横6の18マスに分割して描くと見やすい

現場目線で描く！

建具表は建具業者のためだけの図面ではない。大工は建具表から下地補強、建具溝やレール溝といった造作情報を読み取っている。建具だけでなく開口部全体にかかわる図面として描く

キープラン図をつくる

建具記号を平面図に落とし込み、キープラン図を兼ねさせると情報が1つの図面にまとまる。ただし、建具が多い場合は煩雑になるので、下図のように平面図から不要な情報を消し、キープラン図として別図にする。また、キープラン図では開き勝手の図示を行う

キープラン図［S=1:130、元図S=1:50］

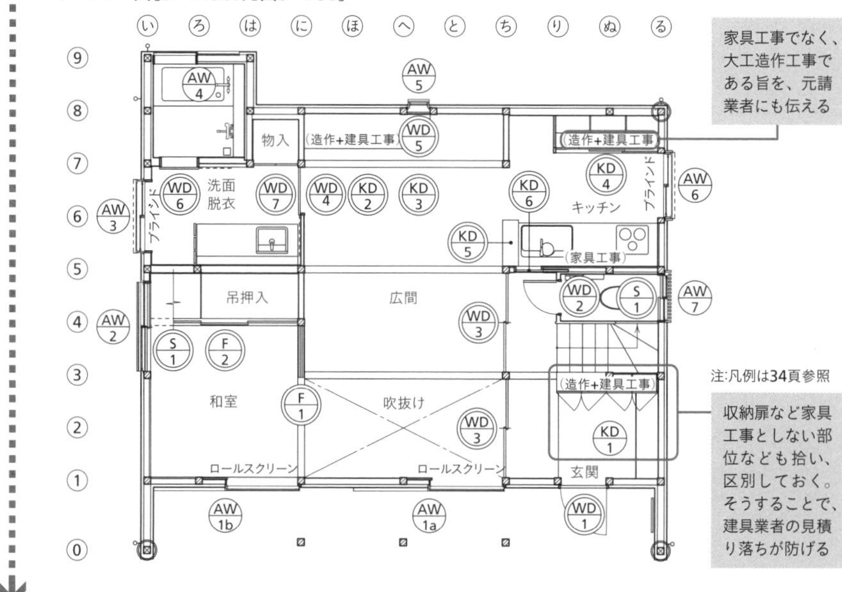

家具工事でなく、大工造作工事である旨を、元請業者にも伝える

注：凡例は34頁参照

収納扉など家具工事としない部位なども拾い、区別しておく。そうすることで、建具業者の見積り落ちが防げる

詳細図をつくる

一般的な納まりでない場合など、必要と思われる部分は詳細図を作成。見積り時に間に合わない場合は、せめて建具表でその意図を表現しておきたい

建具枠取り合いのほか、建具大手の特殊納まりや框と桟との納まり（チリあり・なし）など、設計者のこだわりがあることを伝えるために部分詳細を付ける

開口部の情報を集約

建具表は、建具の形状・仕様などをリスト化したもの。建具の数や種類が多くなければ、平面・立面・展開図中に必要情報を描き込むことで省略も可能だ。ただしスムーズで間違いのない見積りには、建具に関する情報を凝縮した「建具表」が必須といえる［図1〜3］。また、木製建具と金属製建具は見積もる業者が異なるため、図面は分けて描くことが望ましい。

建具表に描く内容は主に見積りに必要な情報だが、建具業者がフラッシュ扉などをつくる場合でも十分な内容だ［34頁表］。特殊な納まりなどがある場合は、1／20の姿図や1／5〜1／2の詳細図を添付してその意図を伝える。

一方、建具はそれが取り付く造作工事とも関連する。枠詳細など開口部に関する情報を積極的に建具表に盛り込み、現場監督や大工に伝えるようにすると、建具表はさらに有効に機能するだろう。

［福永洋一］

表 建具表に描くのはコレ

仕様を書き込む際は、意図する内容が正確に伝わることを常に意識する。戸車やVレール1つにしても金額にかかわるので、漏れのないように記載する。木製建具と金属製建具は業者が異なるため、分けて描くことが望ましい

建具表に描く項目		注意点
□建具番号	木製建具（WW、WD） 障子（S） 襖（F） 収納用建具（KD）	木製建具表の場合。煩雑に感じる場合は、WWとWDを統一してWDとしてもよい。 また、収納家具などを家具工事でなく、大工工事と建具工事で造作する場合は、建具を建具表から拾うことになる。その際は、ほかの建具と区別できる建具記号とする。エアコンルーバーなどもこれに分類される
	アルミサッシ（AW） スチール建具（SD）	金属製建具表の場合。木製サッシ（既製品）がある場合は木製建具表ではなく金属製建具表で拾い、メーカー品をこの表に集中させるようにする
□場所（部屋名）・個数	同種の建具は同じ建具番号を付ける。その際、個数を間違わないよう注意［※］	
□姿図	1／50程度、サイズ（寸法）。木製建具であれば製作実寸法、メーカー品なら規格寸法か特注寸法か分かるよう示す	
□仕様	開閉形式、材料など。既製品ならグレード（シリーズ名など）を明記	
□仕上げ	既製品なら色などのバリエーション、製作品なら塗装の有無など	
□建具枠	樹種のみ表記し、材の等級・仕上げ加工の指示は特記仕様書などに記載することが多い。木拾いをしておくと見積り手の負担も減る［column参照］。建具業者でなく、造作材の見積り・発注を行う人（現場監督や大工など）に向けて書くつもりで	
□支持金物	金額に影響があるので正確に書く。メーカー名から品番までできるだけ記載。 グレードだけを指定したい場合は「○○同等品」と書く	
□取手・錠		
□ガラス	透明・不透明の別、そのほかガラスの種類や厚みまで詳細に記載し、発注ミスを防ぐ	
□備考	オプション品の有無や法規にからむ事項、詳細図の参照先など	

※：姿図に描いたものを通常1個（1カ所）とする。引違いであれば建具は2枚だが、個数は1である

図2 金属製建具表は既製・特注品の別を明快に

金属製建具表抜粋［ノンスケール、元図S=1:50］

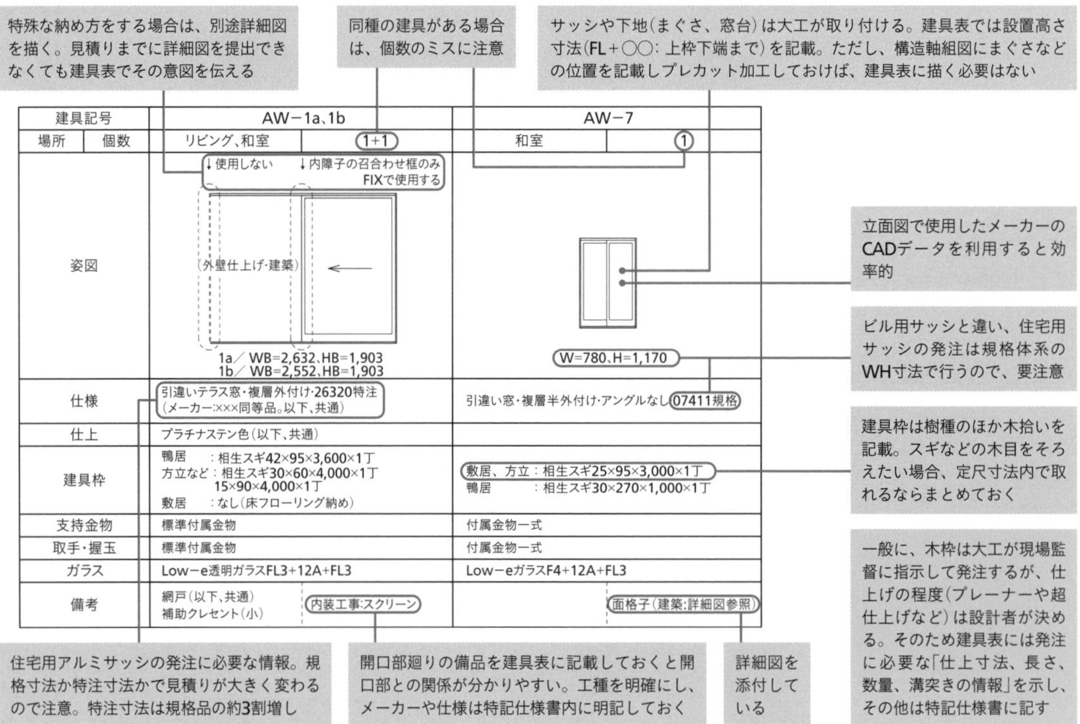

図3 木製建具表は備品まで詳細に

木製建具表抜粋［ノンスケール、元図S=1:50］

建具工事ではなく建築工事で材料を用意する旨の表記。乾燥程度のよい建具材よりコスト安になるが、反りへの対策が必要。建築材でも内部用を使うこと

建具の見込みは建具の大きさでほぼ決まる。錠を付ける場合は仕様を確認のうえ見込みを決める

框・桟の見付け寸法を記載。注記ない場合、竪框と上下桟はゾロと解釈される。面内納めにするなら、竪框30×60、上桟27×87(75＋12)などと引き出しておく

引残し代が必要なら記載する

引戸は特に造作とからむので、見込み寸法は大工にとっても必要な情報

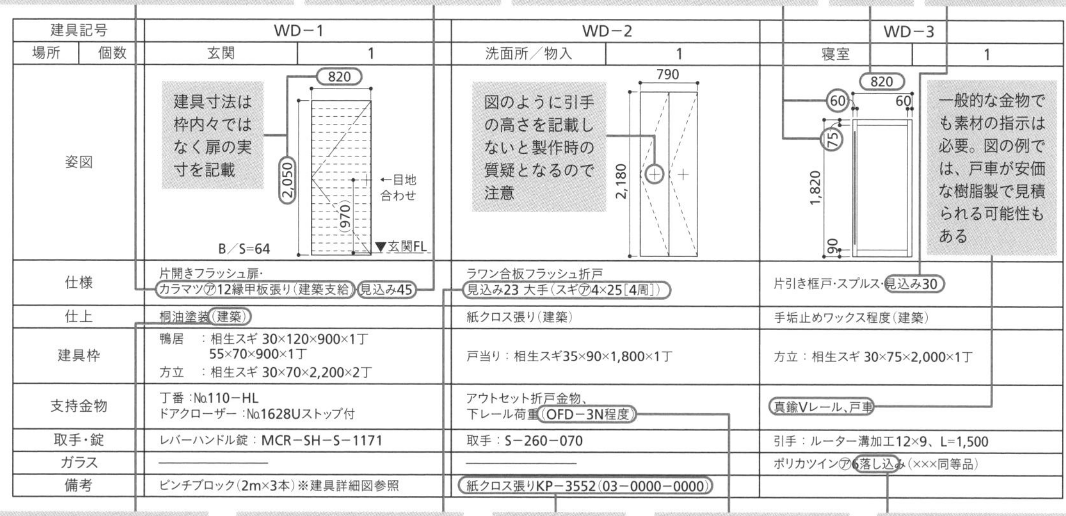

建具記号	WD−1		WD−2		WD−3	
場所／個数	玄関	1	洗面所／物入	1	寝室	1
姿図						
仕様	片開きフラッシュ扉・カラマツ㋐12縁甲板張り(建築支給)見込み45		ラワン合板フラッシュ折戸 見込み23 大手(スギ㋐4×25［4周］)		片引き框戸・スプルス・見込み30	
仕上	桐油塗装(建築)		紙クロス張り(建築)		手垢止めワックス程度(建築)	
建具枠	鴨居：相生スギ 30×120×900×1丁 55×70×900×1丁 方立：相生スギ 30×70×2,200×2丁		戸当り：相生スギ35×90×1,800×1丁		方立：相生スギ 30×75×2,000×1丁	
支持金物	丁番：№110−HL ドアクローザー：№1628Uストップ付		アウトセット折戸金物、下レール荷重(OFD−3N程度)		真鍮Vレール、戸車	
取手・錠	レバーハンドル錠：MCR−SH−S−1171		取手：S−260−070		引手：ルーター溝加工12×9、L=1,500	
ガラス	――――		――――		ポリカツイン㋐6落し込み(×××同等品)	
備考	ピンチブロック(2m×3本)※建具詳細図参照		紙クロス張りKP−3552(03−0000−0000)			

塗装は建具工事としない意図の表記。現場塗装(主に塗装工事)にすると、一般部と塗装の具合をそろえられる

扉厚さに対し大手の見付けが大きい。これはクロス張りのためチリを見込んだ寸法だということを伝えている

建具業者ではなく、クロスを見積る内装業者に向けての記載

フリーオープンか一方向開きか、レールは直付けか埋込みか、もう少し詳細に記載すべき例

押縁留めでないことを伝える。詳細図がない場合も、意図しているディテールを伝えられる

Column

建具枠「木拾い」のススメ

枠廻りスケッチ［34頁図2のAW7］

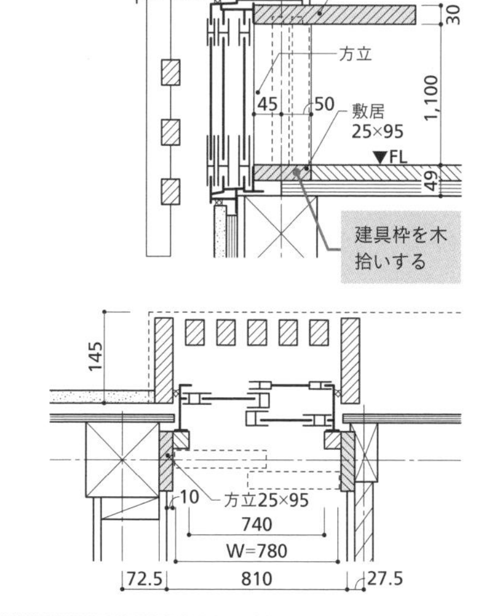

建具表で建具枠を拾う

見積りしやすい図面をつくるのは、拾い漏れを防ぐためだけではない。見積り期間が短縮でき、見積り調整もしやすくなる。これにより工事契約までの設計者の労務が短縮されるのだ。

開口部に関しては、サッシ枠、木製建具枠すべての木拾いがあれば、見積り手の負担はかなり軽くなる。筆者は建具枠の木拾いを自ら行い、建具表に記載している。不慣れなうちは、完璧な木柄（材寸）を出そうと気負う必要はなく、平面詳細図を描く際に起こした「枠廻りのスケッチ」をもとに拾う程度で十分だろう。慣れれば時間もかからない。一方、出てくる見積りは単価と数量がきっちり記載され、設計者にとってはチェックも容易。樹種による価格の知識もつくというおまけ付きである。

以上のように、建具枠の木拾いは建具表に記すとよい。漏れが防げるほか、開口部廻りの情報が集約されているので読み手も把握しやすい。

［福永洋一］

特記仕様書
仕様書としてまとめない

表1 特記仕様はそれぞれの図面中に書き込む

	特記仕様として書く項目	特記仕様を記載する図書
(1)一般事項	・見積りにかかわるルール □設計変更による工事費の考え方 □工事費外の費用など	工事概要書などに1カ所にまとめ併記する。建築主、設計者、施工者が目を通し、3者の共通認識をもつための事項
	・施工にかかわるルール □検査 □提出書類など	
	・その他（保証・保険）	見積り・施工に関するルールや保険・保証についての一般事項を記載し、責任を明確化する
(2)技術事項	・構造材に関する仕様 □構造材（樹種、等級） □土台廻り（構造用金物の仕様、防蟻・防鼠・防虫処理） □基礎（配筋・コンクリートの仕様、型枠、試験）	標準詳細図とともに構造仕様書としてまとめて見やすくする
	・仕上材などに関する仕様 □シックハウス対応材の使用 □その他（施工上、注意を促したい事項など）	仕上表中に記載すると、見積り・施工時に見落としが少なくなる
	・家具・建具に関する仕様 □シックハウス対応材の使用 □その他（見本の提出など）	家具・建具リスト中に記載するので、職方に伝えやすい
	・通気工法・断熱に関する仕様 □軒先・棟、外壁・基礎廻り（詳細図［1／10］）	建物の性能に関係する部分を抜粋した部分詳細図をつくると見やすい
	・その他（施工者に申し送りしたい事項）	適宜

工事に関連して、建築主が最も気になる事項をまとめる

技術的な事項に関しては、建設会社の監督や各職方が見ることになるので、適材適所、各々の図面に必要に応じて入れ込む

特記は各図面中に書く

一般に特記仕様書とは、建築工事共通仕様書に記載のない事項、または固有の技術的要求などを特に定める図書をいう［※］。特記仕様書に「○○共通仕様書を参考とする」と書くのは簡単だが、自身がその内容を理解していない場合も多い。各団体が出している共通仕様書は、一定規模の工事で技術力のある建設会社を想定しているが、住宅の工事の多くは小規模の建設会社が請け負う。彼らの技術レベルをはるかに超える仕様を求めても、現実と乖離する。建築主の立場からすると、共通仕様書の内容が工事契約上の前提だととらえることもでき、問題が起きた場合、実現不可能なことを書いた設計者と工事を請け負った建設会社両者の債務不履行とされるおそれもある。

設計図書は実現可能な内容で書くべきで、仕様は現実的な内容にとどめたほうがよいと筆者は考える。できないことを無理強いするよりも、打ち合わせを繰り返し、よりよいものをつくる姿勢を施工者と共有することが、建築主にとってもプラスになるだろう。つまり、木造住宅の場合、共通仕様書をベースにした特記仕様書は必要ない。図では表しにくい事柄を文字でまとめ、図書中の適所で施工者に伝えることが重要だ［表1・2、図］。　［本間至］

基礎 標準仕様

(1) **配筋の仕様**（**鉄筋 SD 295A**）
・縦筋のフーチングへの定着は35D
・コーナー部分の上下主筋の定着は40D
・ベース筋の両端部・縦筋の上端部はフックをつける
・スラブ筋への立上りへの定着は35D

(2) **コンクリートの仕様**
コンクリートの配合書を作成し、設計者の承認を得ること
・コンクリート強度 FC=21N／㎜
・スランプ　18cm
・水セメント比　60％前後
・空気層　4％前後
・型枠存置期間　3～4日（夏は1週間）
打設時、コンクリート圧縮試験を行う

(3) **打継ぎ目地、およびセパレーター部、防水止水材、および止水リング使用**

構造材に関する特記事項は、構造図中に記載。筆者は構造図の頭に構造仕様書というA2判の図面を付け、そこにまとめている。本図は抜粋だが、ほかに構造材の樹種・等級についても表にして明記している

※：施工においては、共通仕様書より特記仕様書が優先される

表2 特記すべき一般事項は1カ所にまとめる

一般事項	
疑義	本工事の設計図書に関する疑義は、工事契約前に質議応答書をもって確認することとする。 設計図書に記載がないもので、外観上、機能上、設備上、当然必要と認められるものは、工事請負契約の前に設計者に確認をとり、費用がかかるものは見積りに含めておく
優先順位	施工における優先順位 1) 打ち合わせ指示事項 2) 質議応答書 3) 施工承認図 4) 設計図書(図面・仕上表・仕様書)
軽微な変更	現場の納まり、取り合わせなどの関係で、材料の取付け位置または取付け方法・寸法を多少変更するなどの軽微な変更は、設計者の指示により工事を行うこととする。 設計図書相互間に相違のある場合は、設計者と協議のうえ決定する。また、軽微な変更の場合は、原則、請負金額の増額は行わないこととするが、増額が必要な場合は見積書を設計者に提示し、承認を受ける
設計変更	設計変更は、図書または文書にて行う。 上記図面交付後できるだけ速やかに、その該当する項目についての見積り書を設計者に提示し、承認を受けることとする
提出書類	1) 工事内訳明細書 2) 工程表　全工事を含む総合工程表 3) 施工図(設計者が必要と認める図面) 4) 設計者の必要と認める書類
立合い検査	1) 仮設工事　縄張り・遣り方時 2) 根切り工事　完了時 3) 基礎工事　完了時(配筋検査) 4) 木工事　上棟時 5) 外壁工事　塗装工事完了時 6) その他　各工事の必要な時期に行う

特記仕様は一般事項と技術事項に分けられる。これはその一般事項のすべて。建物概要、外部仕様と共にA2の図面1枚でまとめられる

一般事項	
官公庁への手続き	工事の施工・建物の使用の開始に必要な官公庁、その他への手続きは速やかに行う
工事費外の費用	特記がない場合は、次に示す費用は注文者の負担とする 1) 予想できない大規模地下埋設物の撤去に要する費用 2) 近隣との紛争解決に要する費用。ただし工事施工に起因するものは、施工者の負担とする 3) 登記に要する費用 4) 地鎮祭・上棟式などの式典費
保証	保証については、建築主と施工業者との間で交わされる工事請負契約の瑕疵の担保の条項とする
損害保険	請負者は工事中、工事の出来高部分と工事現場に搬入した工事材料などに火災保険または建設工事保険をかけることとする
検査	完成には、あらかじめ請負者により社内検査を行い、設計図書に適合していることを確認したうえで、設計者の完成検査を受けるようにする。検査の結果、不合格個所は補正し、再検査を受けることとする。 その他法律で定められている各機関の検査については、設計者と共に協力すること
竣工引渡し	竣工引渡し時に残工事がある場合は、その個所を書面にて設計者、建築主に提示する
引渡し時に建築主に渡すもの	1) 建物の登記に必要な書類 2) 機器類の保証書・取扱い説明書を、ファイルにとじて引き渡す 3) 建物に使用している錠に室名を付けて引き渡す
そのほか	工事請負費の請求書については、工事請負契約書の内容で行う。ただし最終金は竣工引渡し後に残工事を終了し、設計者の検査、承認を受けてから建築主に提出するものとする

表 特記すべき技術事項は関係図面にばらす

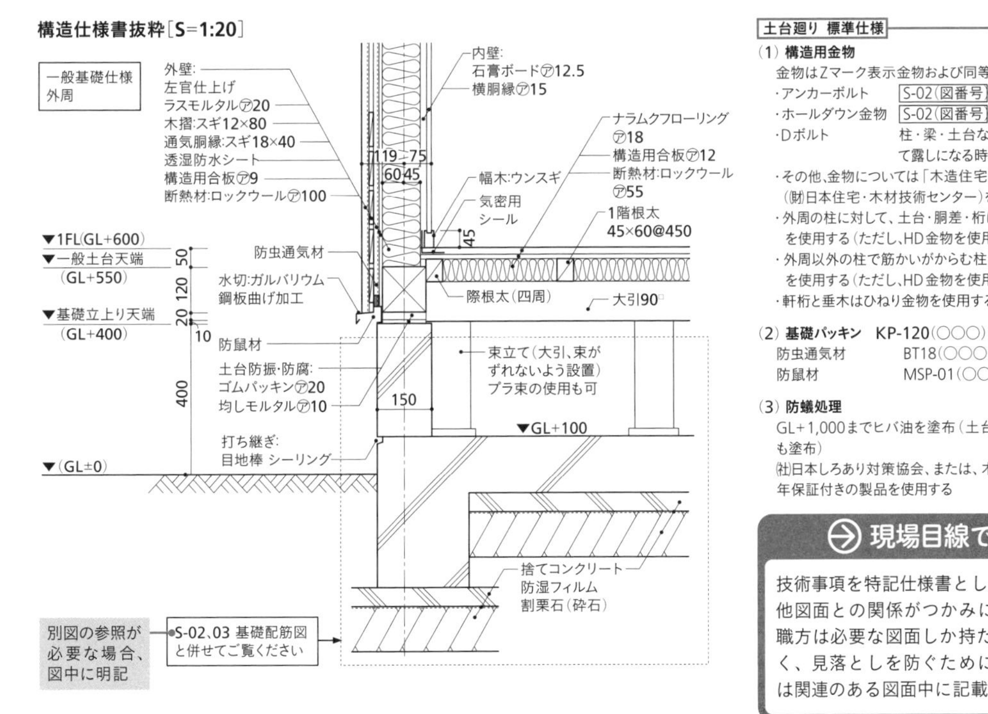

土台廻り 標準仕様

(1) **構造用金物**
金物はZマーク表示金物および同等認定金物を使用する
・アンカーボルト　S-02(図番号) に記載のとおり
・ホールダウン金物　S-02(図番号) に記載のとおり
・Dボルト　柱・梁・土台など、構造材が化粧として露しになる時に使用する
・その他、金物については「木造住宅用接合金物の使い方」(財日本住宅・木材技術センター)を参考とする
・外周の柱に対して、土台・胴差・桁は、CPまたはVP金物を使用する(ただし、HD金物を使用している場合は除外)
・外周以外の柱で筋かいがからむ柱は、CPまたはVP金物を使用する(ただし、HD金物を使用している場合は除外)
・軒桁と垂木はひねり金物を使用する

(2) **基礎パッキン**　KP-120(○○○)
防虫通気材　BT18(○○○)
防鼠材　MSP-01(○○○)

(3) **防蟻処理**
GL+1,000までヒバ油を塗布(土台設置前、土台裏側にも塗布)
㈳日本しろあり対策協会、または、木材保存協会認定の5年保証付きの製品を使用する

現場目線で描く!

技術事項を特記仕様書としてまとめると、他図面との関係がつかみにくい。また各職方は必要な図面しか持たないことが多く、見落としを防ぐためにも、技術事項は関連のある図面中に記載する

意匠設計者のための設備プランニングのコツ

コツ1 ［設備］ヒアリングを行う

設備ヒアリングリスト（一部）

建築設計は、意匠・構造・設備に分けられるが、業務の多くは意匠設計者に委ねられる。意匠設計者は、設計前には建築主にさまざまなヒアリングを行うが、意匠的な部分だけでなく、構造や設備の部分まで踏み込んで要望を聞き出しておきたい。その際、リストを用いると聞き漏らしも少なくなる。

たとえば、設備の場合は部屋ごとに何を必要とするかを、右表のような設備種別（空調・換気・暖房・冷房など）のヒアリングリストを用いて確認する。各部屋の使い方（そこで何をするのか）を把握したうえで、どのような設備が必要となるのかを検討し、求められる設備の快適性・安全性・操作性・イニシャルコスト・ランニングコストを勘案し、設備のグレードを決定するとよい

項目／室名	台所	居間	食堂	WC	
空調					
換気					
暖房					
冷房					
給水					
給湯					
ガス					
照明					
コンセント					
LAN					
TV（BS、CS、CATV）					
インターホン					
TEL					
備考					

このほかに浴室、洗面所、各個室など室ごとに項目をつくる。また「屋外・庭」についても同様に確認しておく

各項目について、何がどの程度必要かを文字・記号などで記していく

◎：必要（使用頻度高・高グレードを想定）
○：必要（一般使用を想定したレベル）
△：あってもなくてもよい　無印：不要

コツ2 設備スペースを把握しておく

建物に必要となる設備スペースは、建築計画に大きく影響する。寒冷地や大邸宅などではボイラーやポンプ、ろ過などのための設備室を独立して設ける必要がある。下水道や都市ガスが未整備の地域では、浄化槽やLPガスボンベが必要になるため、それらの設置スペースを確保する。設備スペースにはメンテナンスを考慮した配置計画が求められる。

設備機器・配管を隠蔽する場合は、サイズを確認し、建築との納まりを検討しておく。戸建住宅に給水管、給湯管、排水通気管などを納めるパイプスペースを設ける場合、奥行きは220㎜あれば十分。幅は、配管の本数で決めればよい

PSの有効寸法

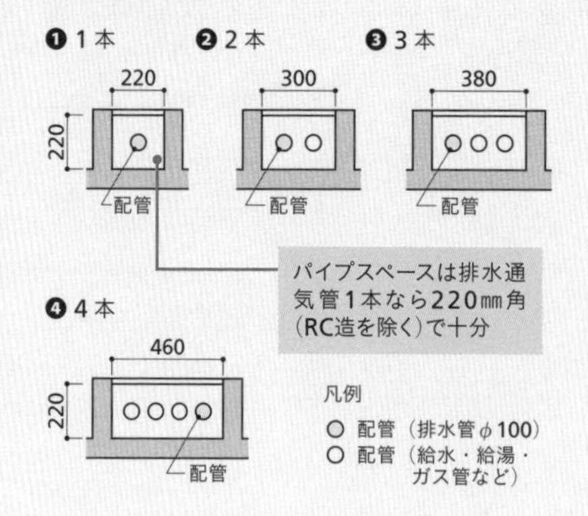

コツ3 インフラ調査で手戻りなし

意匠計画を行う前に敷地状況や気候特性を調査するように、設備計画の前にはインフラの整備状況を調査する。上下水道や電話の有無、ガス・電力の供給体制のほか、TVの受信状況などを把握し、設計に反映させる。見積り時に調査を施工者に依頼するようでは遅すぎで、設計内容に変更を余儀なくされたり、思いもよらぬ負担金が必要となったりすることがあるので、必ず設計者が事前に調査しておく

インフラ整備状況調査表

インフラ	関係部署	連絡先	その他
上水			
下水			下水合流式か分流式
ガス			ガス種
電力			
電話			
光回線			
TV			アンテナ受信またはCATV
消防			

このほかに位置・方式・引込み負担金を確認しておく

注：関係部署未記入はインフラ未整備を示す

図・解説：柿沼整三

給排水設備図
外廻りを押さえてから内部を描く

図1 ココだけ押さえれば給排水設備図が描ける

「給水」するなら「排水」も必要。「給湯」するなら「ガス」なども必要。雨水も排水しなくてはならない。これらの位置などを示したものが「給排水設備図」だ

給排水設備図にはコレを描く

記号	名称
— - —	給水管
—｜—	給湯管
— — — —·	通気管
———	排水管
—G—	ガス管
T	トラップ桝、集水桝
⊗ ⊖ T	小口径塩ビ桝 （雨水、汚水、トラップ）（鋳鉄蓋）

記号	名称
	集合管継手
	水栓、混合栓
	シャワーセット
	仕切弁、逆仕弁
	ガスコック
M	量水器
	排水目皿、掃除口

図面に描く設備機器は表のように記号化されている。このほか、ガスメーターや給湯機などを記入する

最低限ココまでは表現する

給排水設備図は給水・給湯・排水・ガスと多岐にわたるため、まとめ上げるのは大変な労力が必要だ。そこで、意匠上重要となる見え掛かりを中心に示し、「考え方」を伝えるように図の❶〜❻までを描くとよい。そのうえで、内部の配管経路などは施工者に委ねる旨を記す

給排水位置・ルート図［S＝1：100、元図 S＝1：50］

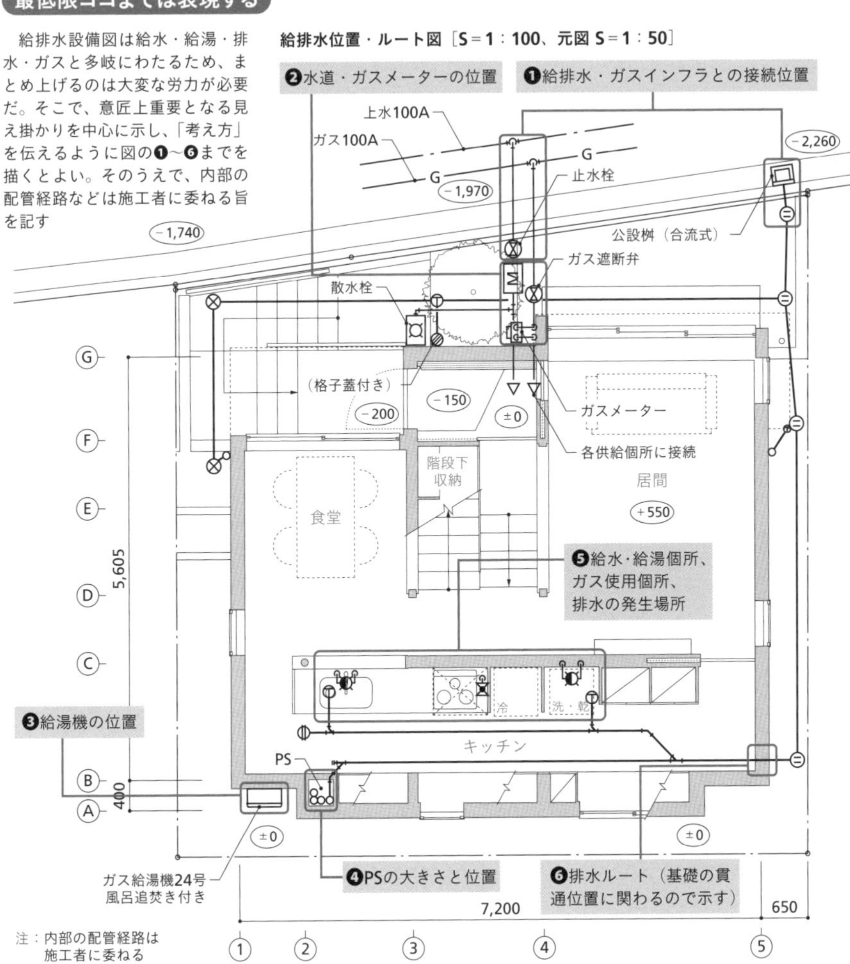

図2 配管上の注意点を押さえる

配管の選び方と防音・防露・保温対策

	戸建住宅		共同住宅
	グレード並	グレード高	
給水管	VLP、ポリブデン管、架橋ポリエチレン管、VP・HIVP	DIP、SUS	DIP、C、SGP、VLP、PLP、ポリブデン管、架橋ポリエチレン管
給湯管	ポリブデン管、架橋ポリエチレン管、VP・VU、HTVP	SUS、C	C、PLP、ポリブデン管、架橋ポリエチレン管
排水管	VP・VU・HIVP	DIP、VLP(D)	DIP、SGP、CP、VLP(D)
通気管	VP・VU	VLP(D)	SGP、CP、VLP(D)

C:銅管、CP:タールコーティング鋼管、PLP:ポリエチレンライニング鋼管、SGP:亜鉛めっき鋼管・炭素鋼鋼管、SUS:ステンレス鋼鋼管、DIP:鋳鉄管、VLP:塩ビライニング鋼管、VP・VU・HIVP:(すべて)塩ビ管、HTVP:耐熱塩ビ管、VLP(D):排水用塩ビライニング鋼管

給排水設備に用いる管には給水管、給湯管、排水管、通気管がある。管の主材料は左表のとおり。建物用途やグレードに応じて選ぶとよい。

なお、配管は適材適所に防音、防露、保温対策を施す必要がある。防音は主に給水管・排水管などの流水音対策。防露とは給水管などの配管表面の結露対策、保温は給水管や給湯管などの熱損失や熱侵入防止が目的である

配管の防音

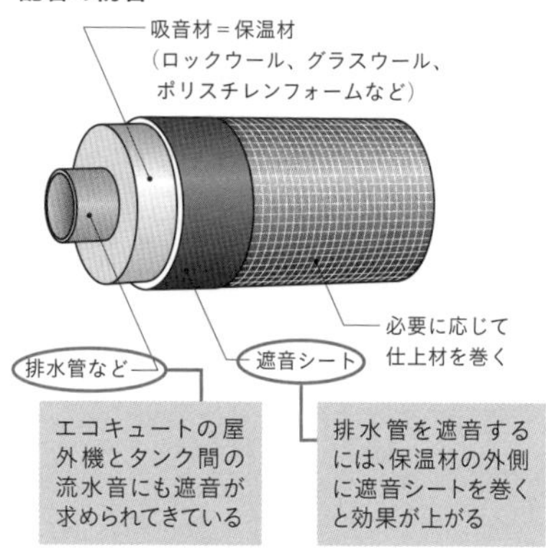

配管の防露

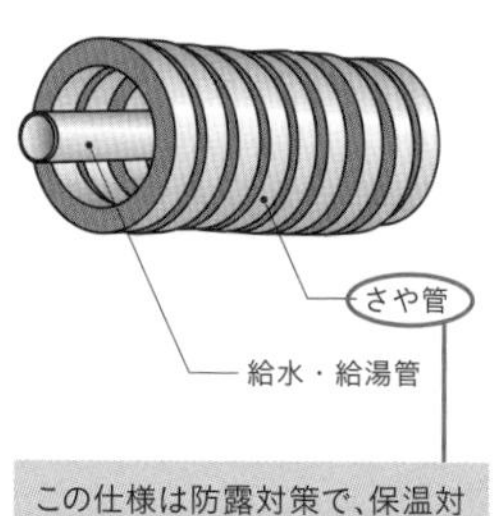

配管の保温

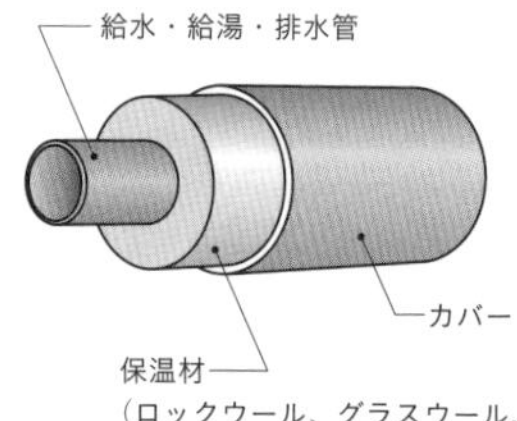

配管径・勾配を決める

❶給水管・給湯管径(㎜)

住宅規模	小・中規模	20
	大規模	25、32

管径が20㎜未満になると圧力損失が大きくなり、適正圧力流量が得られない。機器の作動不良やウォーターハンマーが発生するおそれがある

❷雨水立て管径(㎜)

許容最大屋根面積	~67㎡	50
	~135㎡	65
	~197㎡	75
	~425㎡	100
	~770㎡	125
	~1,250㎡	150
	~2,700㎡	200

❸排水管の接続口径(A)

大便器	75
小便器	50
洗面器	40
手洗器	30
浴槽(住宅用)	50
洗濯機(住宅用)	40
調理用流し(住宅用)	50
皿洗機(住宅用)	40

❹排水管の勾配

管径	40、50、65	1/50
	80、100、125	1/100

最上階(1階を除く)の排水管には、外気に開放された通気管を設ける必要があるが、通気管は排水管との接続後、先上り勾配(流入側から流出側に向けて上昇する勾配)であればよい

給水管・給湯管の径は20A以上[※1]。排水管径の決定方法は複雑だが、最低限、各設備機器に接続する配管の最小口径は知っておくとよい。大便器の場合は75Aだが、ほかの排水の合流もあるので、100Aで考えておきたい。なお雨水立て管の管径は、屋根面積で決める。

排水管は給水・給湯管とは異なり、太さと一定の勾配が必要となるので、ルートと建築との取り合いを検討しておく。管径が65A以下なら1/50、80A以上ならば1/100の勾配が必要になる

※1:Aは管材の規格寸法。管の内寸を示す20Aより小さくなると、ウォーターハンマー(水道管内の圧力の急激な変動のために生じる騒音・振動現象)が発生するおそれがある

図3 屋外給排水設備の位置決め

各種設備機器のなかでも、給排水にかかわる設備機器はスペースを大きく必要とする場合が多く、建物の全体計画に与える影響も大きい。ここでは実際の図面を使って、下記の設備機器の「設置場所の検討方法」を紹介する

排水設備―浄化槽の配置

下水道未整備地域の場合は、浄化槽が必要になる。地中に埋設されるためあまり目立たないが、大きなスペースを取られる。建物各部から排出される汚水・雑排水の横枝管がすべて接続された以降の場所で、放流個所に近い場所が適切な設置位置。浄化槽の搬入・設置の方法やメンテナンス、使用時のブロアー音、臭気なども考慮する必要がある。建物の裏手に設置したいものだが、敷地が狭い、搬入方法がないなどの場合には、図のように建物正面側に設置する

浄化槽の処理対象人員の算定

戸建住宅(延べ面積≦130㎡)	5人槽
戸建住宅(延べ面積＞130㎡)	7人槽
上記にかかわらず 2世帯住宅の場合	10人槽

戸建住宅用浄化槽の大きさの目安

	寸法(mm)		
	縦	横	深さ
5人槽	2,450	1,300	1,900
7人槽	2,450	1,600	1,900
10人槽	2,650	1,650	1,800

浄化槽・給湯機位置・ルート図［S＝1：120、元図S＝1：50］

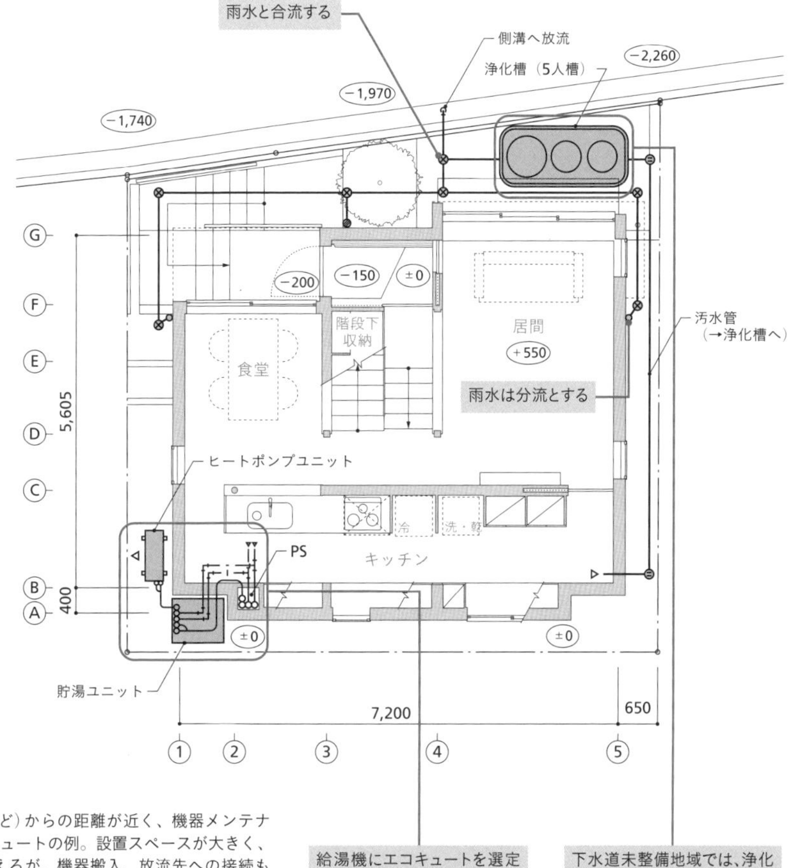

給湯機にエコキュートを選定した場合は、設置スペースが大きくなるので注意。ガス給湯機を設置する場合でも、本例ではこの位置が適当

下水道未整備地域では、浄化槽が必要。埋設するとはいえ、敷地に余裕があれば、建物裏手に設置したい

給湯設備―給湯機の配置

給湯機は、給湯個所(浴室・キッチンなど)からの距離が近く、機器メンテナンスが可能な位置に配置する。図はエコキュートの例。設置スペースが大きく、敷地から必然的に導き出された位置に見えるが、機器搬入、放流先への接続も考慮している。また玄関とは高低差があるため人目にもつかない。ガス給湯機の場合でも、同じ場所で計画するのがベストだ。なお、エコキュートは貯湯ユニットを室内に設置したほうが省エネだが、本例では建物規模が小さいので屋外に計画した

ガス設備―ボンベ置き場の配置

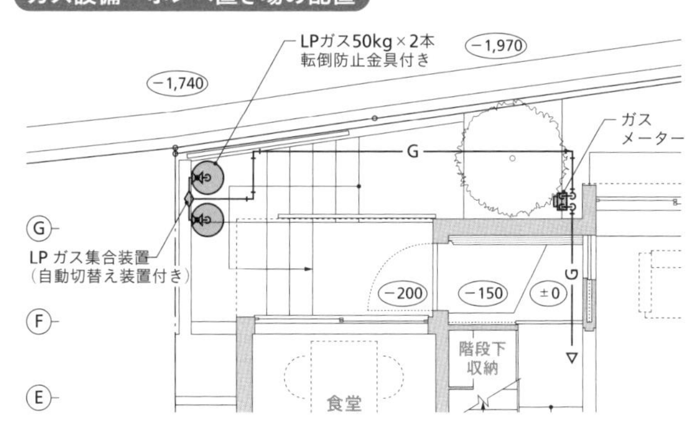

都市ガスの供給エリア外ではオール電化住宅としない限り、LPガスボンベ置き場(ガスボンベ50Kg×2台)の検討が必要になる[※2]。ボンベの配送・交換を考慮し、置き場はできるだけ道路に近い場所に設けるほうがよい。日射により容器が40℃以上に温まらないように、なるべく建物の南側を避け、風通しがよい場所を選ぶ。また給湯機やボイラーからは2m以上離さなければならない。図では、屋外階段下部のスペースを利用して配置している

※2：戸建住宅でもバルクタンク供給(ローリー車からホースを接続し、直接LPガスを充填する方法)とする場合も稀にある

42 項目を分けてラクラク。給排水設備図の描き方

設備図面を描く際は、意匠図（配置・平面図）を用い、これに各設備機器・配管などを記号で示していく。設備情報が際立つように、下敷きとなる意匠図には前もって線処理（細線化）を施し、設備図に不要な要素を削除しておく。給排水設備図では配管が多く重なり合うので、配管は「給水」「給湯」「排水」「ガス」と分けて順に描いていくと混乱しにくい

STEP 0 屋外配管・給排水位置

屋内外とも給排水位置をプロットしておく。また、屋外での配管は建築の全体計画ともからむので、先に計画・作図しておく。給水・ガスはメーター類を配置し、各インフラと結ぶ。排水のうち生活排水は、建物内から最寄りの位置で屋外に導き、公設桝に接続、放流する。分流式下水道や浄化槽使用の場合、雨水は側溝や雨水管に放流するか、または敷地内で処理する。合流式下水道であれば図のようにトラップを設けて屋外排水管に合流させることができる

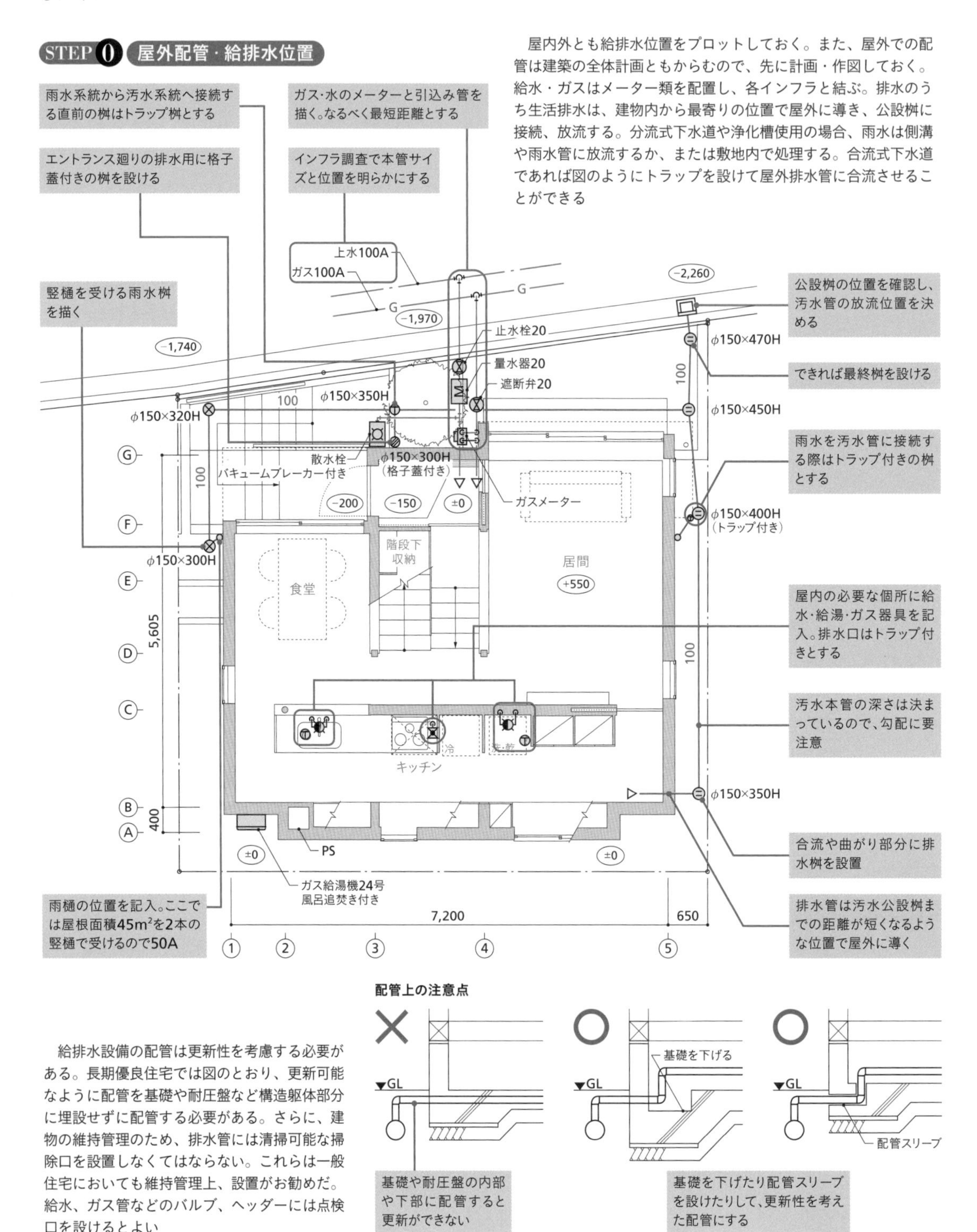

給排水設備の配管は更新性を考慮する必要がある。長期優良住宅では図のとおり、更新可能なように配管を基礎や耐圧盤など構造躯体部分に埋設せずに配管する必要がある。さらに、建物の維持管理のため、排水管には清掃可能な掃除口を設置しなくてはならない。これらは一般住宅においても維持管理上、設置がお勧めだ。給水、ガス管などのバルブ、ヘッダーには点検口を設けるとよい

設備設計のコツ 散水栓を地面に設置する際は、クロスコネクション（上水が上水以外の水と交じりあうこと）防止のためバキュームブレーカー（管内に負圧が発生した際、速やかに空気を導入し正しい圧力に保つ装置）付きとする

STEP 1 給水配管

量水器から各給水位置および給湯機まで給水管（横引き管）でつなぐ。上階への給水立て管位置を示し、立上り管を示す引出し線を加えておく

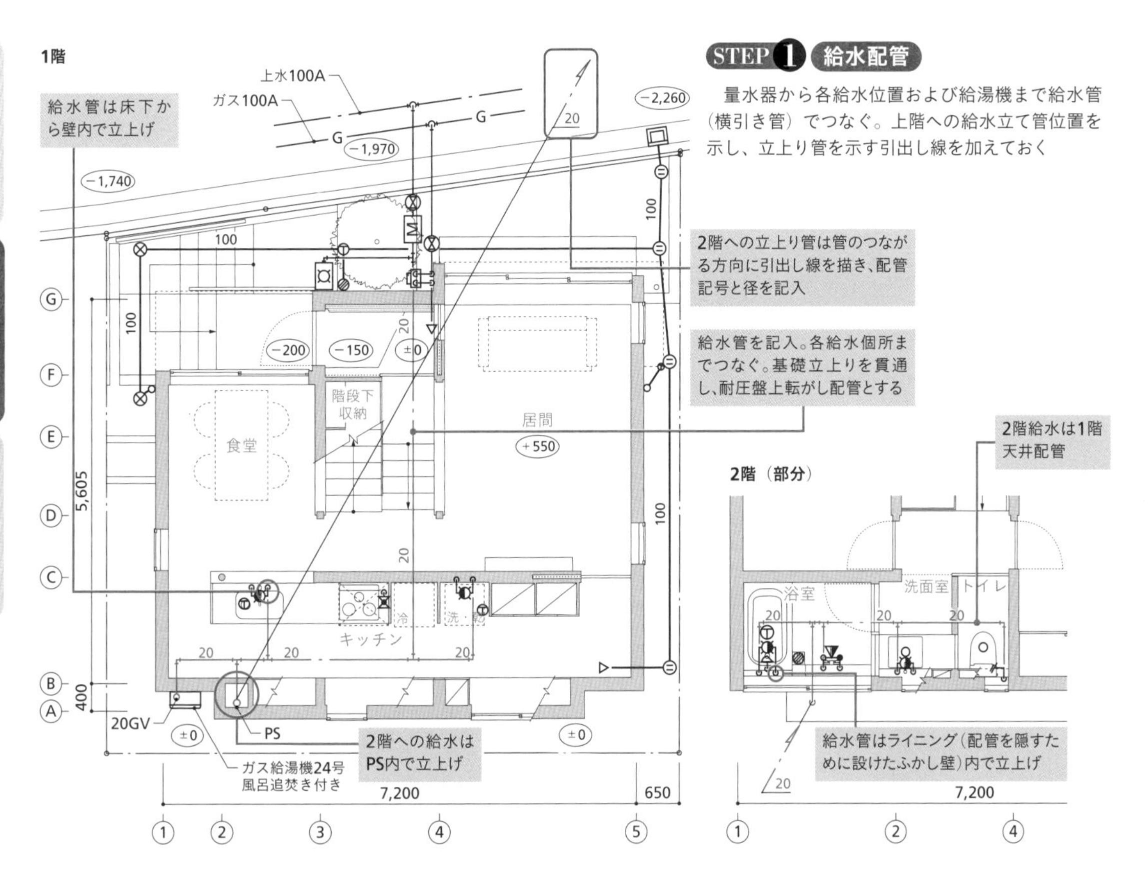

STEP 2 給湯配管

給湯機から各給湯位置まで給湯管（横引き管）でつなぐ。上階への給湯立て管位置を示し、立上り管を示す引出し線を加えておく

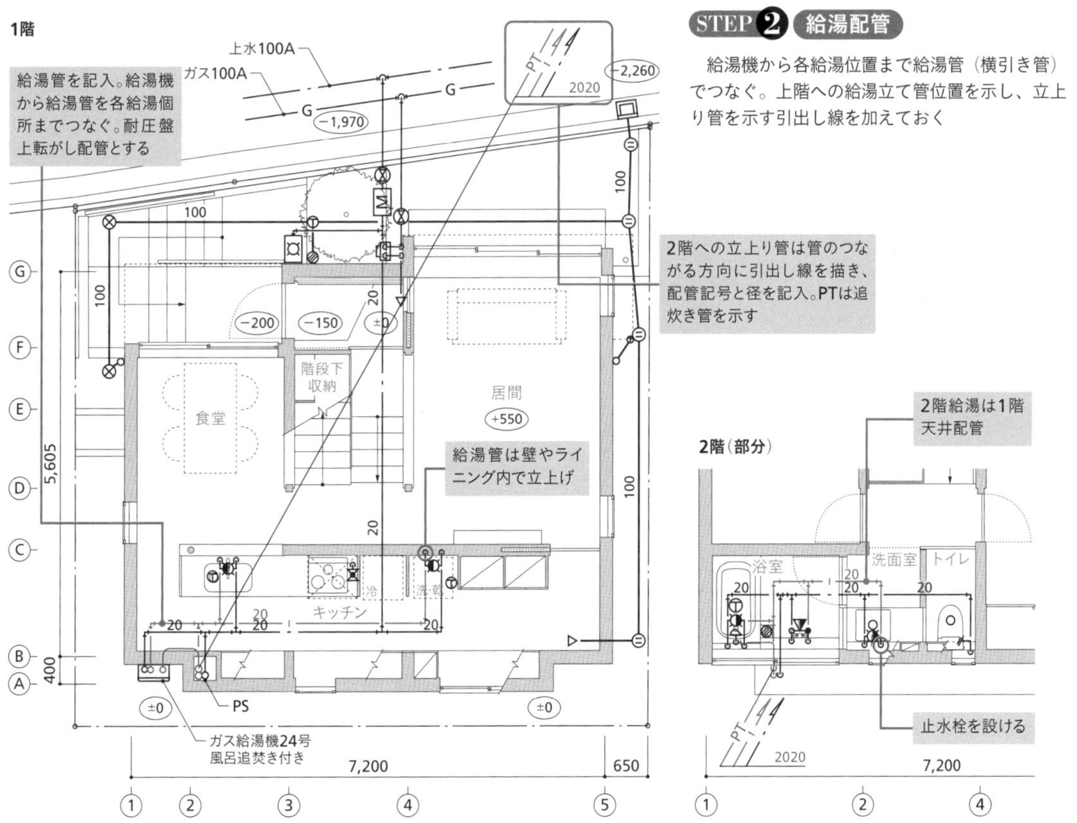

設備設計のコツ ①2階に洗浄弁内蔵便器（タンクレストイレ）を設置する場合、金属管なら20A以上、ポリエチレン管などはφ16以上で配管接続する、②給湯機に接続する給水管は仕切弁（ゲートバルブ）を設け（給湯機点検時のため）、給湯管にはバルブを設けない

STEP 3 排水配管

排水個所と排水管（横引き管）をつなぐ。上階からの排水立て管位置を示し、立下り管を示す引出し線を加えておく。排水管の上流末端には掃除口、末端の器具と次の器具の間に通気管（ループ通気）を接続する

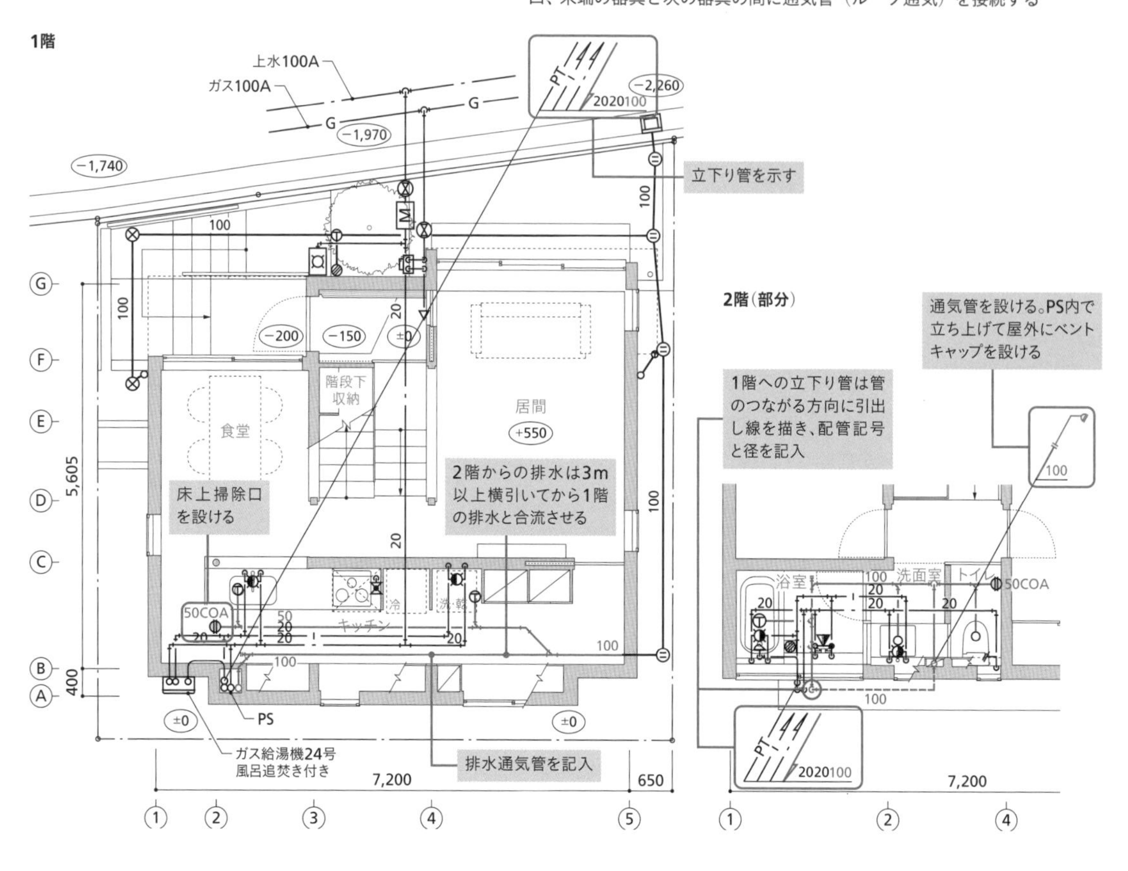

STEP 4 ガス配管

ガスメーターからガスの必要な場所（コンロ・給湯機など）までをガス管でつなぐ

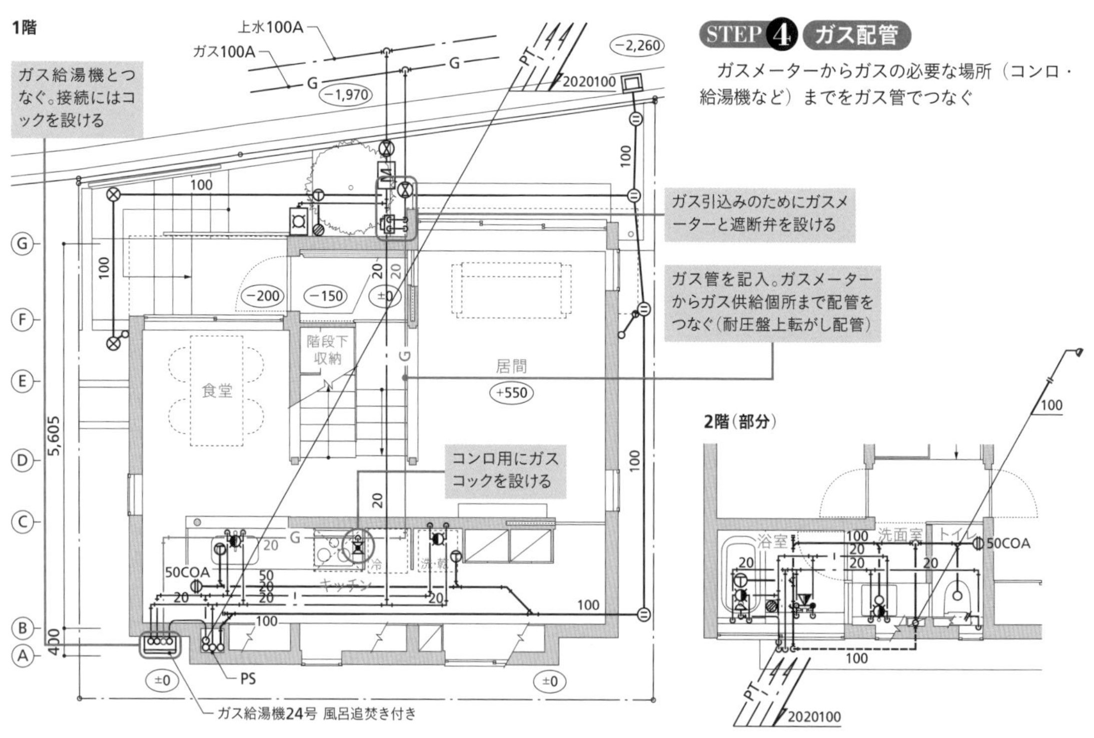

設備設計のコツ ①浴室洗い場の排水口は防水皿付きの排水トラップにする、②在来浴室の場合、浴槽排水は直排水が難しいので、真下に排水トラップを設けるか洗い場と兼用する、③2階に排水が多くある場合はループ通気（排水横枝管の最上流部の器具と2番目の器具の間から通気管を立ち上げて、通気立て管と接続させる通気方式）をとる。通気立て管は2階以上の場合のみ設置する

図・解説：柿沼整三、図面協力：プライシュティフト

換気設備図

換気と冷暖房設備を分ければ簡単

図1 ココだけ押さえれば換気設備図が描ける

「換気設備図」は「空調・換気設備図」ともいい、住宅では主に換気設備と冷暖房設備について示す図面である。換気とは、送風機（換気扇）とダクト（風道）を用いて、室内の汚染空気を新鮮な空気と入れ換えることをいう。一方、室内の温度などの調整は空調機（冷暖房設備）で行う

換気設備図にはコレを描く

記号	名称
(換気扇記号)	換気扇（壁・天井付け）
(レンジフード記号)	レンジフード
(ベントキャップ記号)	ベントキャップ（Vent Cap）
FD	FD（Fire Damper）
(エアコン記号)	エアコン（Air Conditioner）
(ダクト角記号)	ダクト（角）
(ダクト丸記号)	ダクト（丸）

記号	名称
—— SA ——	送気（Supply Air）ダクト
—— RA ——	還気（Return Air）ダクト
—— OA ——	外気（Out of Air）ダクト
—— EA ——	排気（Exhaust Air）ダクト
—— R ——	冷媒管（Refrigerant）
—— D ——	ドレン管（Drain）

注：住宅で使うダクトはφ100かφ150、ドレン管はφ25が一般的。冷媒管はカタログによる

一般に換気設備図に描くべきものは上記のとおり。換気設備としては、換気扇、ダクトも描くほか排気口や給気口（換気口）の位置を示す必要がある。ダクト径は100㎜以上になるため、建築との取り合いを検討しておく。冷暖房設備として主にエアコンを記載する。室内機と屋外機とが冷媒管で結ばれるエアコンは、結露水などを排出するため、室内機をドレン管に接続する必要がある。

意匠設計者にお勧めの作図法は、換気図の場合、❶ダクトをシングルラインで描き、❷換気口は空気の流れを矢印で示してその役目（給気・排気）を表現する、というもの。図面の見た目よりも、伝わりやすさを重視したうえで作図を省力化するとよい。換気量の算出が困難であれば、「適合風量とすること」と記載しておく。確認申請図では数値も必須となるが、法令値を満足する数値を示せばよい。空調図の場合、壁掛け式であれば、室内機と屋外機の位置を示し、配管ルートは「現場指示」とする。天井埋込み型でダクト式の場合は、ルートを検討したうえで「こうしたい」という意思を図面上で示しておく。空調機能力についても、「適正値にて選定すること」として形式のみを示せば十分だ

各室に必要な換気量をチェックする

<table>
<tr><th rowspan="2"></th><th colspan="4">換気の目的</th></tr>
<tr><th>居室の換気（法定）</th><th>火気使用室の換気（法定）</th><th>シックハウス（法定）</th><th>水蒸気、臭いの除去（任意）[※1]</th></tr>
<tr><td rowspan="2">自然換気</td><td rowspan="2">□換気に有効な部分の面積が床面積の1／20以上である居室（法28条2項）</td><td colspan="2">原則として機械換気設備を設置するが、次に該当する場合は機械換気設備を省略することができる</td><td rowspan="2">換気扇は換気する場所とその目的に合わせて設置する。この表は、換気の目的ごとに自然換気とした場合の必要開口面積と機械換気とした場合の必要換気量との関係を表したものである</td></tr>
<tr><td>□下記のいずれかに該当する室（令20条の3第1項）
・密閉式燃焼器具のみ使用する室
・100㎡以内の住宅、住戸の調理室の12kW以下の器具を使用する室で、調理室の1／10以上の換気上有効な開口部を有する室
・調理室以外の室で6kW以下の器具を設けた室で換気上有効な開口部を有する室</td><td>□外気に常時開放された開口部等の換気上有効な面積の合計が床面積の0.15％以上の場合（平15国交告273号第2二）
□真壁造の建築物の居室で、天井・床に合板類など板状に成形した建築材料を用いないもの、または外壁の開口部に設ける建具に木製枠を用いるもの（平15国交告273号第2四）</td></tr>
<tr><td rowspan="2">機械換気設備</td><td colspan="4">機械換気設備によって換気を行う場合は、次の式によって計算した数値以上の換気量とする</td></tr>
<tr><td>□換気上の無窓居室に設ける機械換気設備の有効換気量（令20条の2）
$V=20Af/N$
V：有効換気量（㎥／H）
Af：居室の床面積（㎡）
N：実状に応じた1人当たりの占有面積（㎡）</td><td>□火気使用室に設ける機械換気設備の有効換気量（昭45建告1826号）[※2]
$V=NKQ$
V：有効換気量（㎥／H）
N：排気フード等の種類ごとの係数
K：燃料の単位燃焼量当たりの理論廃ガス量（㎥）
Q：火を使用する設備または器具の実況に応じた燃料消費量（kWまたはkg／時）</td><td>□シックハウス対策を機械換気で行う際の必要有効換気量（令20条の8）
$Vr=nAh$
Vr：必要有効換気量（㎥／H）
n：住宅等0.5、その他0.3
A：居室の床面積（㎡）
h：居室の天井の高さ（m）</td><td>□水蒸気の除去を目的とする際の必要換気量
$V=\omega/\rho(\chi a-\chi s)$
V：必要換気量（㎥／H）
ω：水蒸気発生量（kg／H）
ρ：空気の比重（kg／㎥）
χa：許容室内絶対湿度（kg／kg[DA]）
χs：外気絶対湿度（kg／kg［DA］）
□喫煙の除去を目的とする際の必要換気量
$V=W/35.3$
V：必要換気量（㎥／H）
W：喫煙量（mg／H）</td></tr>
</table>

※1：水蒸気や喫煙の除去を目的として換気を行う場合は、機械設備換気を設ける
※2：原則として、火を使用する設備・器具には煙突を設けるか、近くに排気フードを有する排気筒を設ける

図2 空調・換気計画はココに気をつける

効果最大! 給排気・空調設備の配置法

1｜給気口と排気口の位置

室内と屋外の空気をうまく入れ換えるには、給気と排気の位置関係がポイントだ。室内での給排気を効果的に行うには、それぞれを対角線上に配置するとよい。ただし、キッチンなど火気使用室の換気は、火を使用する直近で給気および排気することが望ましく、同時給排気型の換気扇（レンジフード）が最良だ。

一般には右図のように、排気口近くに給気口を設けないようにすることが肝要で、計画建物内だけでなく近接した建物の排気口にも注意が必要である

2｜空調機の配置で負荷除去

居室にはシックハウス対策の換気が必要になるが、第3種換気方式として便所や浴室の換気と兼用する場合が多い。このため居室に給気口が設けられ、室内へ外気が流入することで不快な状況となることが多い。そこで下図のように侵入負荷[※3]が大きい部分を目指して空調吹出しを行うとよい。これにより侵入負荷による室内温度分布差を緩和することができる。もちろん空調機は、建物の負荷低減（断熱や建物緑化など）をしたうえで設置することが重要である

❶給排気口配置のマルとバツ

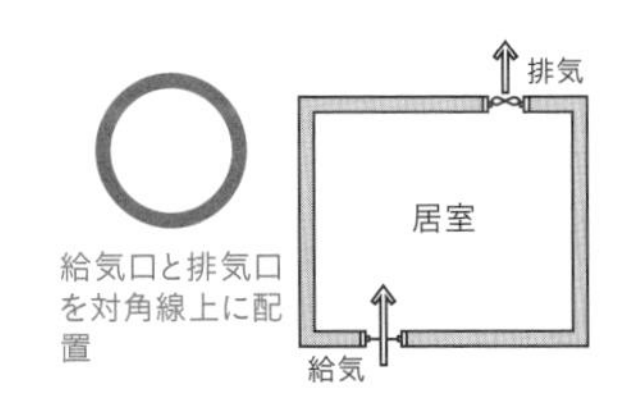

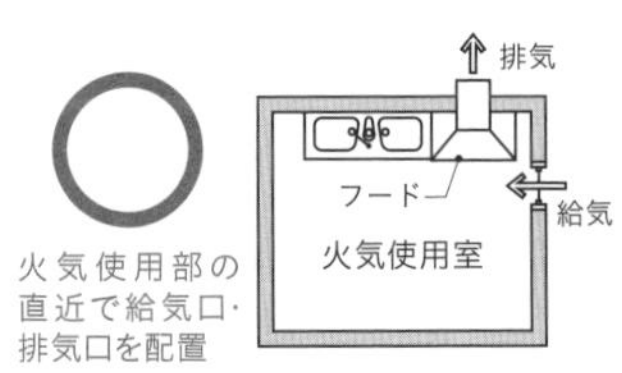

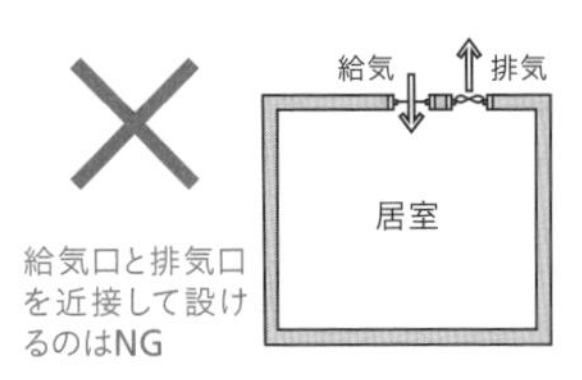

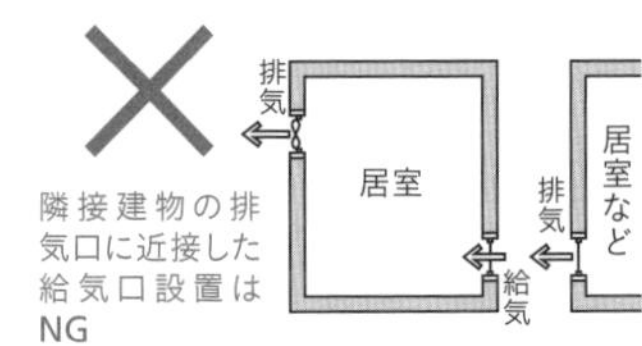

❷空調機による外気負荷除去

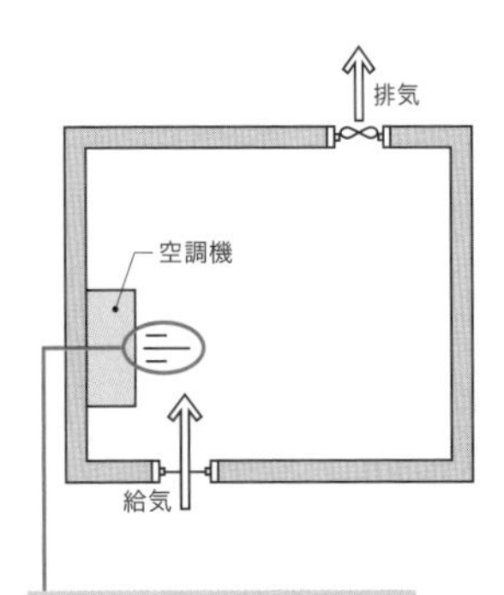

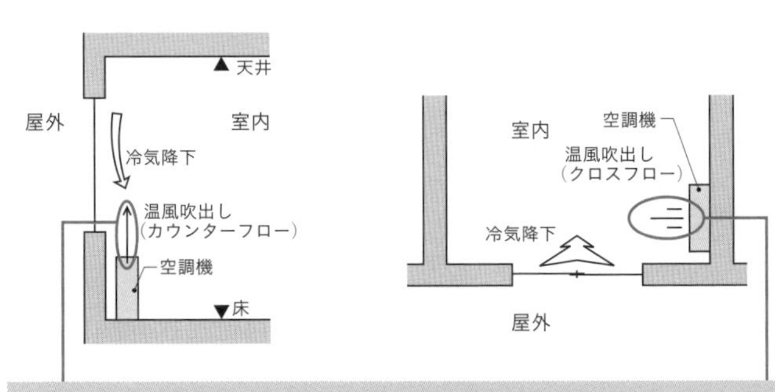

給気口から侵入する外気に向けて、空調機から吹き出すようにする

冬季暖房時に床置き空調機を窓下に設置するのは、コールドドラフト（冷気降下）防止を第一に考えるため。窓は断熱を施した壁に比べて熱の出入りが10倍以上あるため、冷気が足元に侵入する前に食い止めている。このように侵入負荷に対してカウンターフロー（左）かクロスフロー（右）で侵入負荷を防止をするように空調機を設置するとよい

IHコンロは排気捕集がキモ

近年、キッチンにIHコンロを採用する例が増えている。IHコンロはガスコンロと比べ、熱源温度が低く、昇気流速度も小さい。そのためアイランドキッチンなどでは排気の捕集が十分なされないおそれがある。コンロの一辺にガラス板を立てフードまで立ち上げると、コアンダ効果[※4]によりフードでの捕集がより確実になる

アイランドキッチンの排気のため、ガラスをフードまで立ち上げる。2面のうち1面でも設置すると効果がある

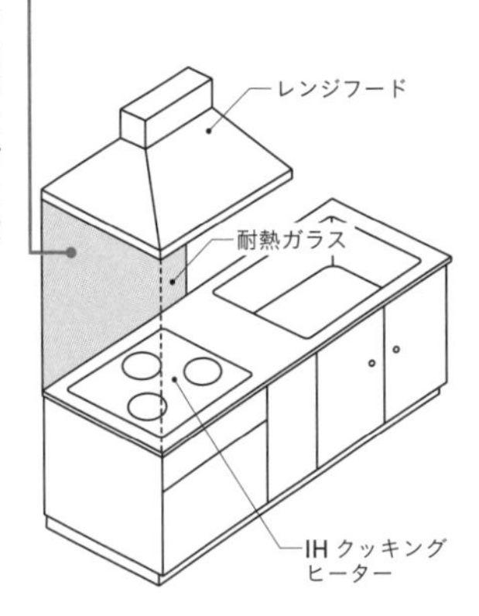

ガラリで隠すエアコンはココに注意

壁掛け型エアコンを壁内に設置しガラリなどで隠蔽する場合は、ショートサーキットを防ぐ必要がある。図のように壁を造作し、前面ガラリを水平ルーバーではなく垂直ルーバーにすると効果的である。エアコンの吹出口の下は十分に空けることが必要

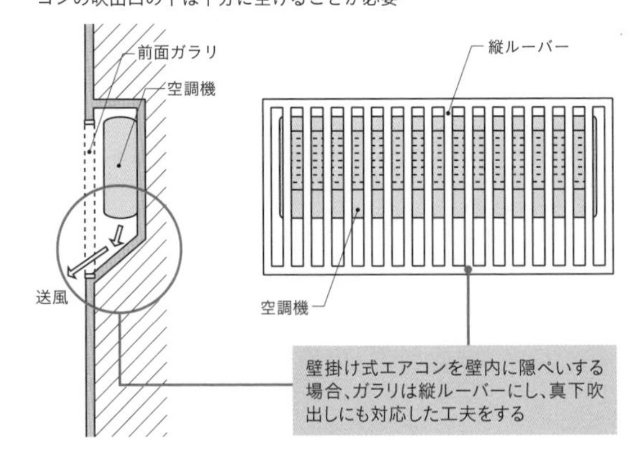

壁掛け式エアコンを壁内に隠ぺいする場合、ガラリは縦ルーバーにし、真下吹出しにも対応した工夫をする

※3：侵入負荷となる外部負荷には伝導負荷、直達輻射負荷、隙間風などがある

※4：「噴流（空気流、水など）を面に沿って吹き付けると、噴流の出口や下流の面が曲面であっても面噴流はかなりの範囲にわたって面に沿って流れる」という噴流の性質効果

図3 項目を分けてラクラク。換気設備図の描き方

換気設備図を描く際には、「換気設備」「空調設備（冷暖房設備）」の2つのレイヤに分けて描いていくとよい。最後にその2つを合わせて1枚の換気設備図とする

STEP 1 換気図を描く

計画 シックハウス対策として、2階浴室の換気扇で排気、各居室には給気口を設置（第3種換気方式）する。この場合はキッチンのガスコンロに同時給排気型のレンジフードを使用し、シックハウス換気用給気口から予定外の給気が入らないようにするとよい

作図 換気扇と排気口の位置をプロットし、ダクトで結んでいく。ダクトは2本線で描く（レンジフード：φ150、その他：φ100）。縮尺が1／100〜1／200の場合はシングル線でも十分。換気機器に風量を併記し、見積り手に機器能力を伝える。さらに「換気扇の静圧については50Pa以上とすること」と注記を入れるとよい

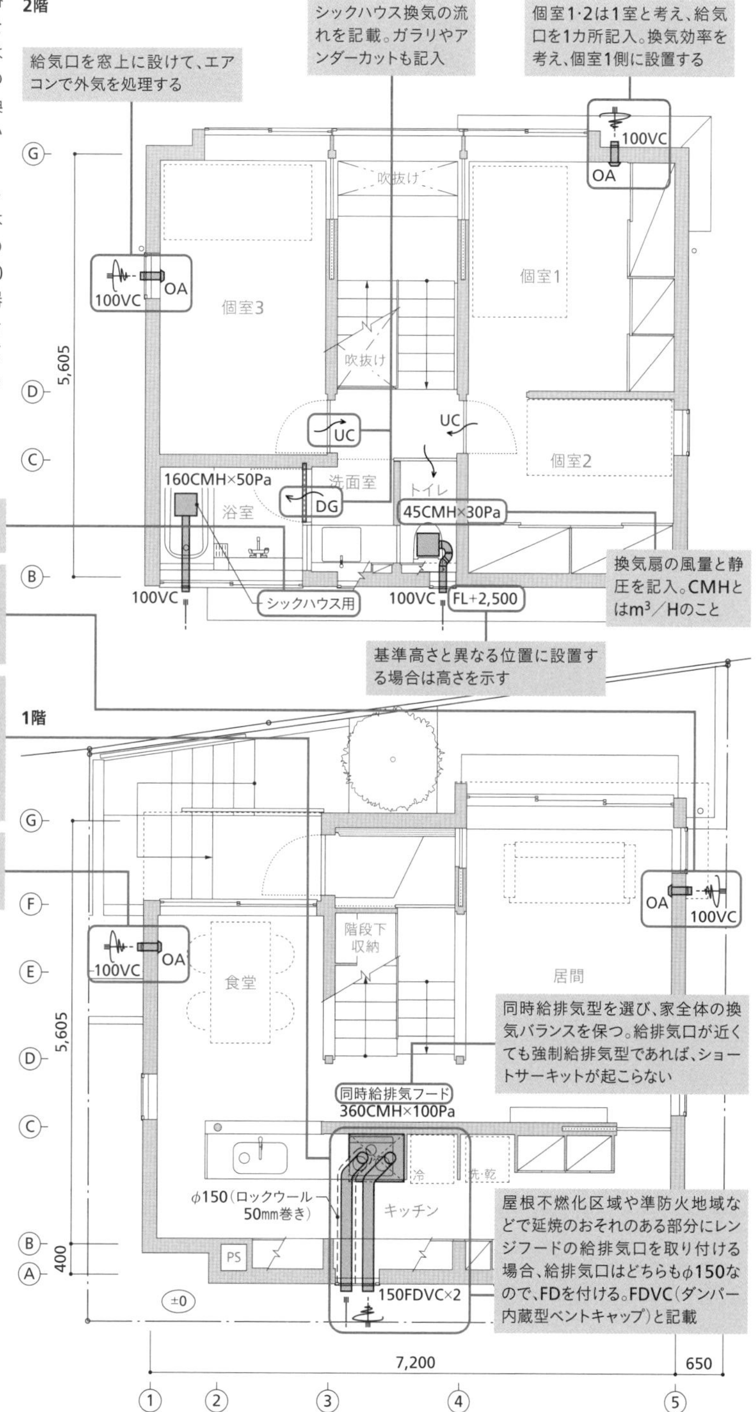

浴室に家全体のシックハウス換気設備を設置する旨を記載。浴室のカビ発生も防止できる

シックハウス対策のため、給気口φ100を設ける。屋外側にはベントキャップを設け、空気が中に吸い込まれることを示す記号を付け加える。矢印での表現も可

換気設備、給排気口をプロットし、換気ダクト（φ150）でつなぐ。排気ダクトは保温のため、ロックウールを巻く旨を記載。全体でφ250の外径となるので建築との取り合い部分は注意を要する。給気ダクトは防露対策のため、保温材20mm程度を巻く

食堂·居間は間仕切のない一体空間だが、それぞれに給気口を設置して換気バランスを確保する

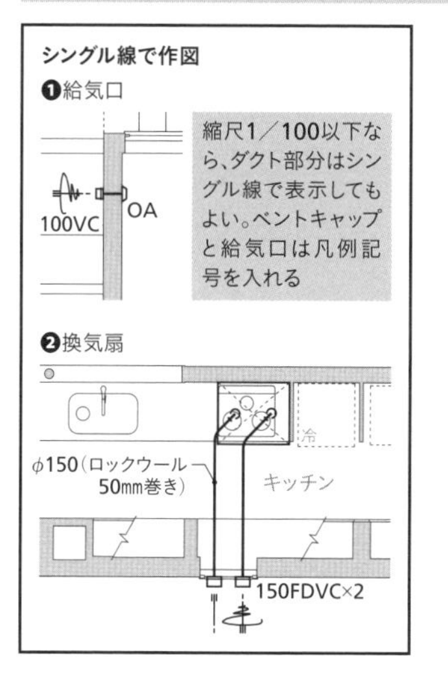

STEP 2 空調図を描く

計画 敷地が狭いなど屋外機のスペースが限られる場合、空調機はマルチタイプ[※5]がお勧め。ここでは、階段で居室が左右に分かれているので、1・2階をまとめて左右2系統にした

作図 室内機と屋外機をプロットし、冷媒管でつなぐ。室内機から屋外へ排水を導くドレン管には勾配が必要なので注意する。見積りに必要な「仕様」は室内機の形式と能力を示して伝える。配管図面を省いても、見積り・施工とも支障をきたさない

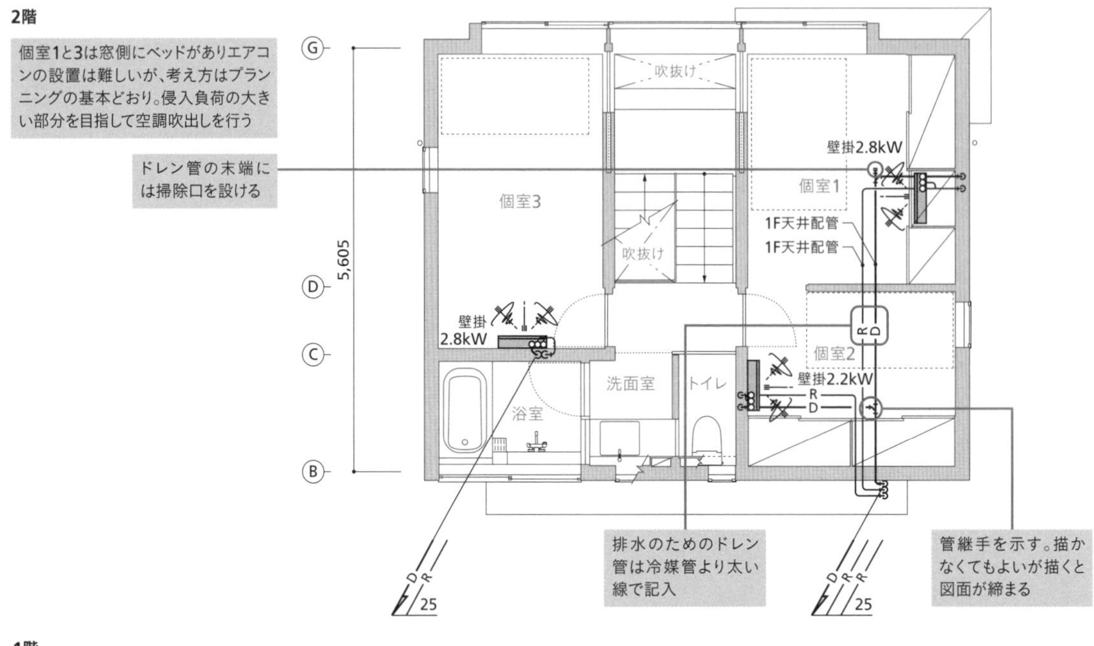

1階

屋内機の排水(ドレン)は最寄りの排水桝などにつなぐことが一般的。ここでは屋外機で放流(フィンに落として、エネルギー回収)することを考えている

エアコン室内機と屋外機を記入し、冷媒管でつなぐ

2階から下りてくるドレン管(立下げ管)であることを表示し、管径も記入

壁内で立ち下げ床下配管とする旨を記入

壁内で立ち上げ天井配管とする旨を記入

シングルエアコンの場合

屋外機
壁掛2.8kW
食堂
屋外機
天井配管
天井配管

エアコンをマルチタイプでなくシングルタイプにした場合、上図のようになる。屋外機1台と1台の室内機を冷媒管でつなげばよい

マルチ屋外機
4.5kW
壁掛2.8kW
食堂
天井配管
天井配管
階段下収納
居間
床下配管
天井配管
壁掛2.8kW
壁掛2.2kW
キッチン
PS
マルチ屋外機9.0kW
5,605
400
650

マルチタイプエアコンなので、屋外機と2階にあるもう1台のエアコンを冷媒管でつなぐ

※5：1台の室外機に対して複数の室内機が接続できるエアコン
図・解説：柿沼整三、図面協力：プライシュティフト

電気設備図 使用法と回路分けを示す

図1 ココだけ押さえれば電気設備図が描ける

電気設備図は電力を供給・分配・使用する個所、そして点滅方法を示す図面である。作図の際は、完璧な図面表現を目指す必要はない。「使い方」や「仕様」を見積り手・施工者に示すことに注力したい

配線表現は不要! 描くものは最小限に

記号	名称
Wh	電力量計
(分電盤記号)	分電盤
(弱電盤記号)	弱電盤
(蛍光灯記号)	蛍光灯天井付け
○	白熱灯など(天井・壁付け)
⊘ ◎	シーリング、ダウンライト
(ブラケット記号)	ブラケット
(換気扇記号)	換気扇
(熱感知器記号)	住宅用火災報知器 差動式熱感知器2種
S	住宅用火災報知器 煙感知器2種
(t) (t)	インターホン(子機、親機)
D	ドアホン
(リモコンスイッチ記号)	リモコンスイッチ

記号	名称
(コンセント記号)	壁付けコンセント 2P15A×2
●	タンブラスイッチ 1P15A×1
●3	タンブラスイッチ 3W15A×1
(テレビ端子記号)	1端子型テレビ端子
(電話記号)	電話用アウトレット
(L)	LANアウトレット
――――	天井隠蔽配管配線
- - - - - -	床埋込み配管配線
-・-・-・-	地中埋設配管配線
――――	配線 VVF1.6－2C
―//―	配線 VVF2.0－2C
―///―	配線 VVF1.6－3C
―////―	配線 VVF1.6－2C×2
(接地記号)	接地

電線は一般にVVF(ビニル絶縁ケーブル、Fケーブル)を使う。斜線はケーブルの本数を示す。電気を供給するには少なくとも＋側と－側の2本(芯)の電線が必要なるため、「――」でも2芯を表している

一般に電気設備図中に描くべきものは左図のとおり。記号で表現されるため、記号と仕様をまとめた凡例表を図中に入れておく。

更新性などを考慮し、電線類の配管にはCD管などの電線管を使う[※1]。一般住宅の場合、管径は16～28㎜、給排水配管に比べかなり細い。木造であれば壁体内に、RC造であれば躯体内に埋設することができるため、建築との取り合いをそれほど気にする必要はない。

電気設備図を描く場合は、配線の記載などは不要。引き込みと分電盤の位置、コンセント位置や電灯とスイッチの関係が示されれば十分といえる。スイッチと電灯の関係は、コンセントに特定の用途があれば記号に「○○用」と追記して、使い方が分かるようにする[50頁図2参照]

一般的な配線図

正しい配線図の表示。しかし、意匠設計者には作図が難しい

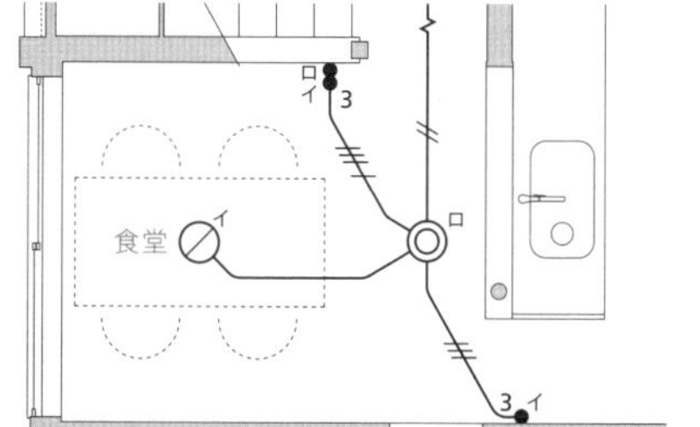

プロット図

配線図というよりも、使い方(照明とスイッチの位置と関係)が分かる図面を描く

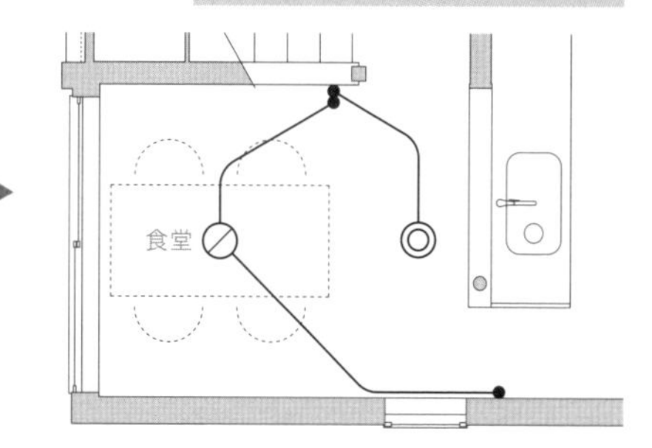

系統分け(回路)はコレで十分

電力は分電盤でいくつかの回路に分かれて住宅内各所へと分配される。回路には「一般回路」と「専用回路」がある。一般回路には漏電を防ぐため各回路に20Aのブレーカーが付いている[※2]。そのため1回路当たり1,200Wほどの電力負荷になるように回路分け(系統分け)する必要がある。その場合、照明回路とコンセント回路を分けて考えると、回路構成しやすい。電子レンジやエアコン、IHコンロなど1,000W以上の電力容量を必要とする機器は専用回路とする。各回路には番号を振り、図中に示すだけでなく、表にまとめるとよい

照明回路の分け方

簡単なのは各階で回路を分ける方法。詳細に検討する場合は、使用する照明器具の電力量を確認し、回路負荷を基準電気容量値内で分ける

コンセント回路の分け方

コンセントは用途が不明な場合は7カ所以内で1回路と考える。コンセントの電力負荷が明らかな場合は、その電力容量から回路分けをする

※1：一般電灯回路のほか、弱電(TV、TEL、LANなど)も更新できるよう電線管を使うことが増えている
※2：漏電遮断機。20A以上の電気が流れると、ブレーカーが落ちる。専用回路には専用の漏電遮断機を付ける

図2 項目を分けてラクラク。電気設備図の描き方

電気設備図を描く場合には、「コンセント」「照明・スイッチ」「インフラ接続」の3つのレイヤに分けて描いていくとよい。最後にはその3つを合わせて1枚の電気設備図とする

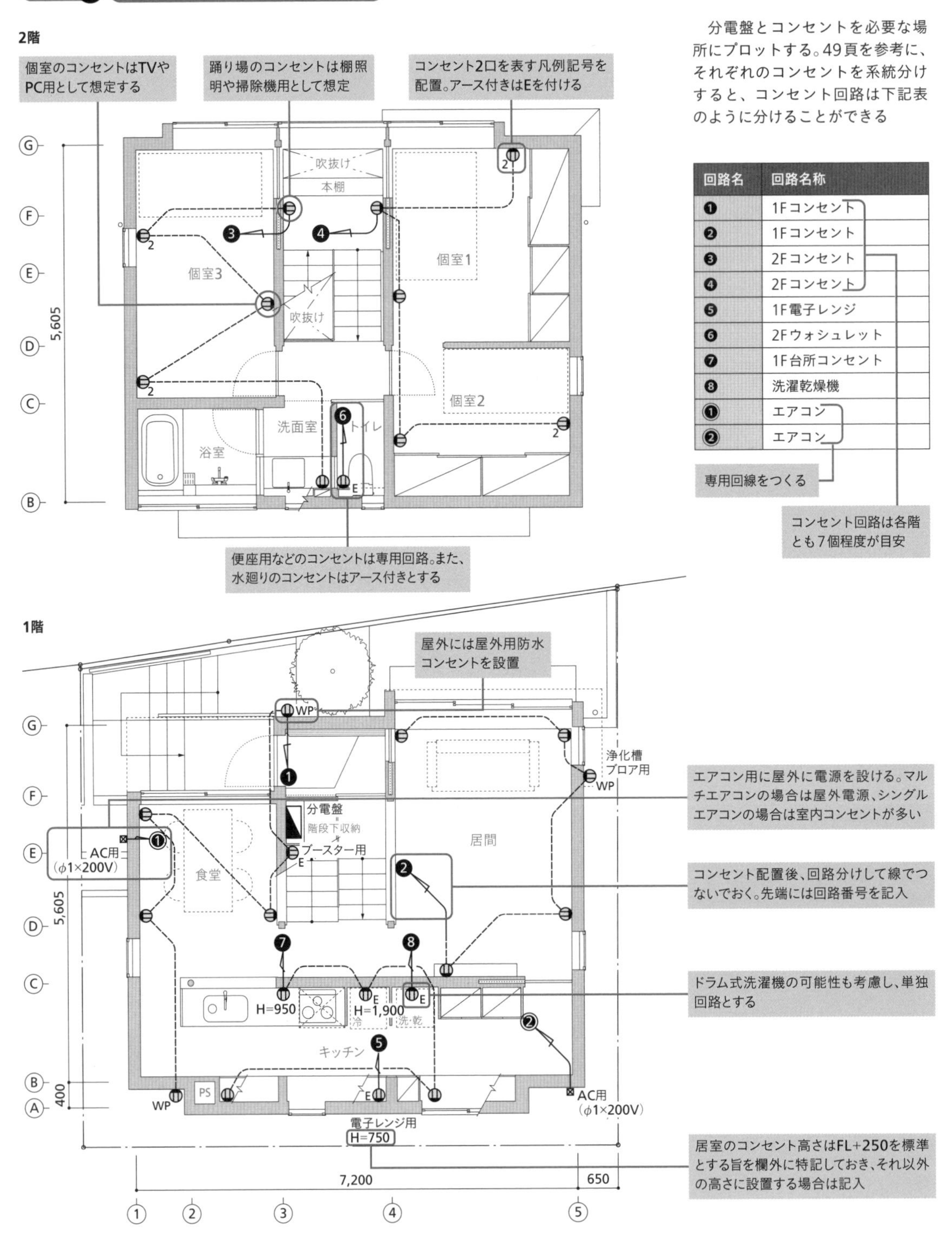

回路名	回路名称
❶	1Fコンセント
❷	1Fコンセント
❸	2Fコンセント
❹	2Fコンセント
❺	1F電子レンジ
❻	2Fウォシュレット
❼	1F台所コンセント
❽	洗濯乾燥機
➊	エアコン
➋	エアコン

設備設計のコツ ①照明器具は、LEDなどの省電力型器具を用いる。LEDは輝度が高く間接照明に向く、②浴室の窓が大きい場合などは、照明器具を窓側に設けると映り込みが防げる、③洗面室のダウンライトは、化粧鏡芯、かつ、洗面台の上部となるように設置すると鏡映りがよい、④個室の照明は入口とベッドサイドでの点滅ができるよう3路スイッチにしておく

STEP 2 照明とスイッチを配置し、回路を結ぶ

1階

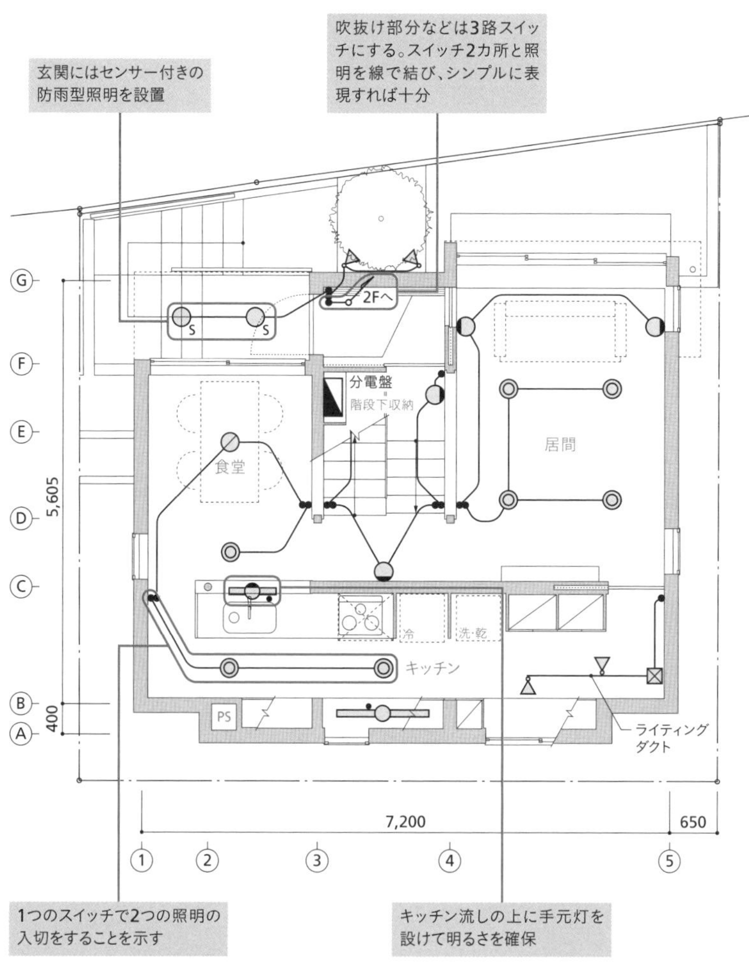

照明器具を選定し、レイアウトする。選んだ照明器具に記号を付け、器具表としてまとめておく。次に、照明器具を点灯（点滅）させるスイッチの位置を記し、線で結ぶ。これは簡略した図面表記だが、照明器具とスイッチの関係が表現できるため、現場ではこの図面で見積り・施工が可能になる。意匠設計者が描く図面に、配線本数まで記した複雑な配線図は不要だ。

照明は各階ごとに系統分けしておく

回路名	回路名称	
❾	1F電灯	電灯回路は各階で分ける
❿	2F電灯	

2階（階段廻り）

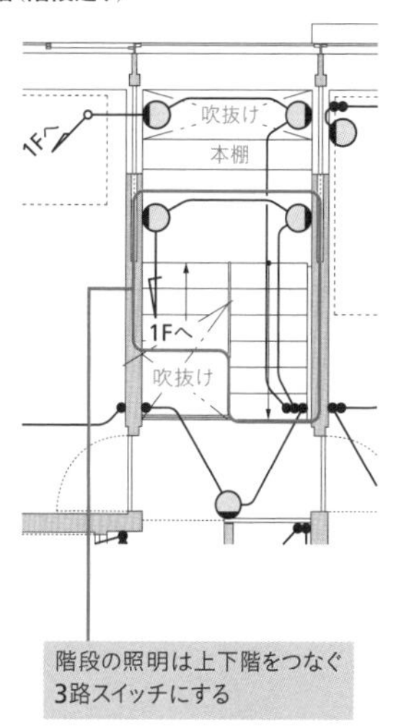

STEP 3 インフラと結ぶ

1階（部分）

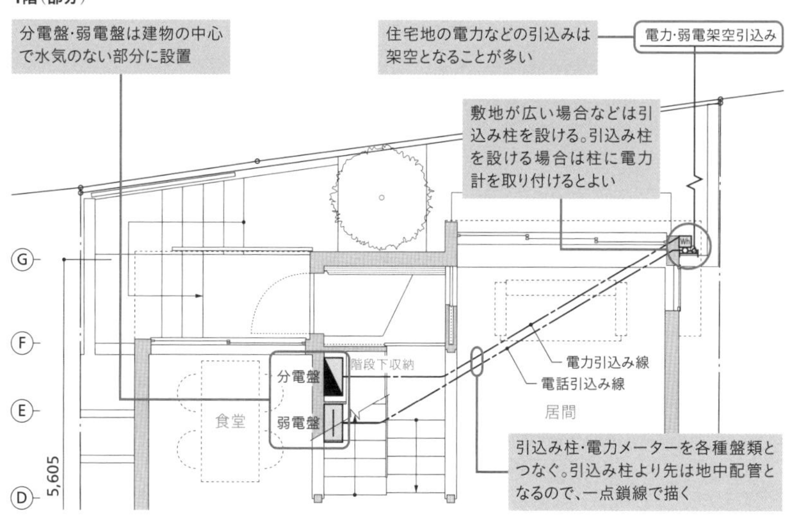

電気は通常、電柱から引込み線で引き込む。建物外壁に直接引き込む方法が一般的だが、前面道路から遠い場合やデザイン上の理由から、敷地内に引込み柱を設けて土中を通し、分電盤へと引き込む方法もある。

図面では、電力メーターの位置（引込み位置）を示し、分電盤まで線でつないでおけば十分だ。電線のサイズについては分電盤容量に合わせ「電力会社との打ち合わせにて決定とすること」と記載しておく。

以上が「意匠設計者が設備図をまとめる手法」であるが、内容によっては設備設計者への設計依頼が必要となる。このとき意匠設計者は全体総括者として設備の基本方針を決める必要があることを知っておいてほしい

設備設計のコツ 意匠設計者が設備図をまとめる場合、でき上がった図面のチェックだけを設備設計者に依頼してもよい。設備設計者に基本設計を依頼し、意匠設計者が実施設計をまとめてもよい

図・解説：伊藤教子、図面協力：プライシュティフト

意匠設計者のための構造プランニングのコツ

架構と間取りを一致させる

❶上･下階の壁の位置が同じ

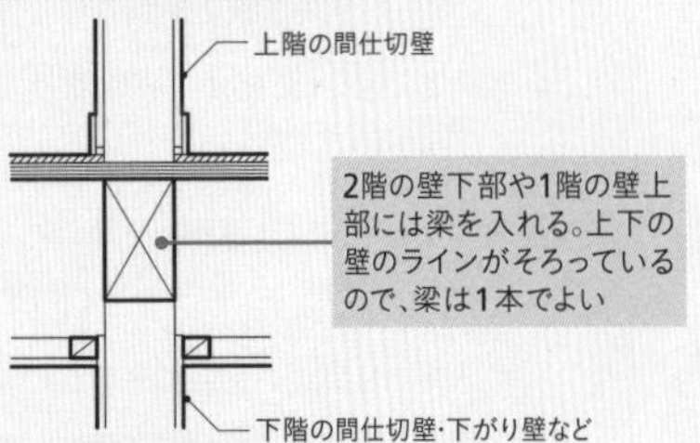

❷上･下階の壁の位置が異なる

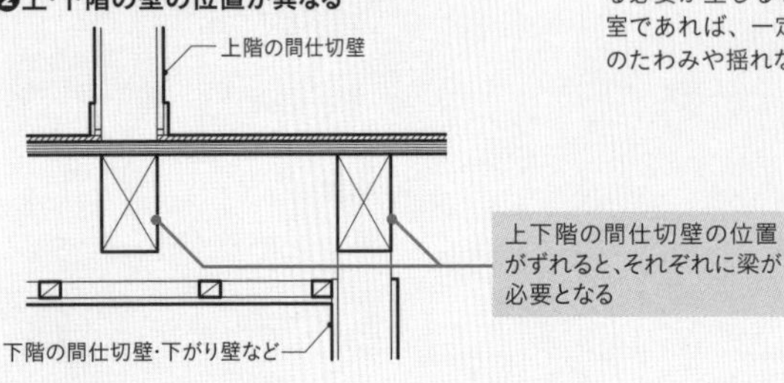

柱には「荷重を支える」「筋かいなどと一体になり水平力を支える」ほか「壁を固定する」などの役割がある。それぞれの役割を別々の柱で担うと本数も増え、ランダムな柱配置になってしまう。役割を分担させず1本の柱に極力集中させるようにすれば、整然とした無駄のない設計が可能になる。そのために、平面計画と構造計画は同時に行うことが望ましい。

具体的には、上下階の壁位置をできるだけそろえたり、梁スパンを3,640㎜（梁材の一般流通長さ）以下となるような平面計画を基本としたい。特に梁スパンはこれ以上の長さになると材料調達が困難になることに加え、梁せいが大きくなるため下階の天井高を下げる必要が生じる場合が多い。3,640㎜スパン程度の居室であれば、一定の天井高が確保でき、また、上階床のたわみや揺れなどのクレームも発生しにくい［※1］

コツ2

架構の基本は梁通し

❶柱勝ちと梁勝ち

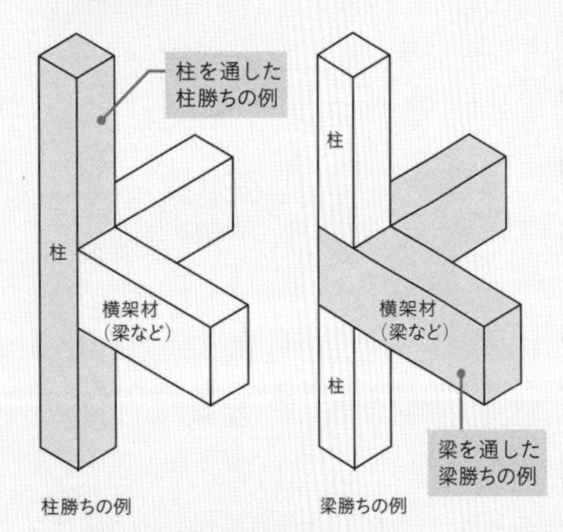

横架材と柱の関係は、通し柱を除き、横架材を優先して通す「梁勝ち」が基本である。梁は床荷重をその両端にある柱に流すため、端部に大きな力が作用する。この力を下階の柱に確実に流すには、下階の柱の上に梁をそのまま載せるほうがよい。一方、土台は、柱を流れてくる荷重が直接基礎へと流れるよう、柱を通す「柱通し（柱勝ち）」にしても構わない。ただし1階耐力壁（面材や筋かい）の下部は土台に留め付ける必要があるため、土台そのものは省略できない。そのため土台も「梁勝ち」とするのが現実的な納まりである［※2］。

スキップフロアなどでは、柱をすべて梁勝ちにすると一部の柱は短くぶつ切りになる。この場合、水平力に対して建物の抵抗力が低下するため、基準階の胴差高さまで通した柱とし、スキップ部分の床を支える梁は柱に大入れとする

❷柱の長さは梁せいで異なる

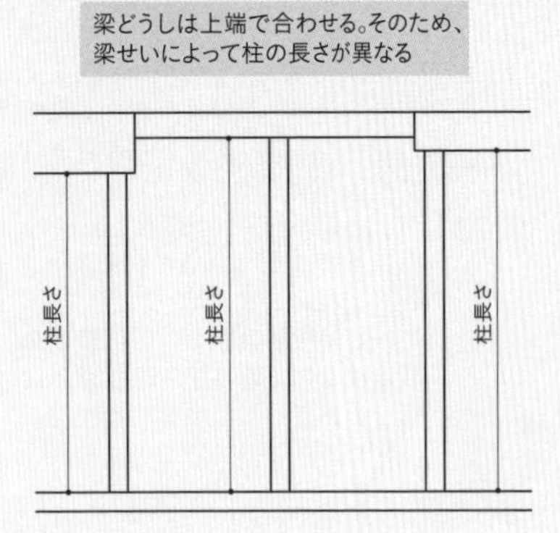

❸スキップフロアの場合は要注意

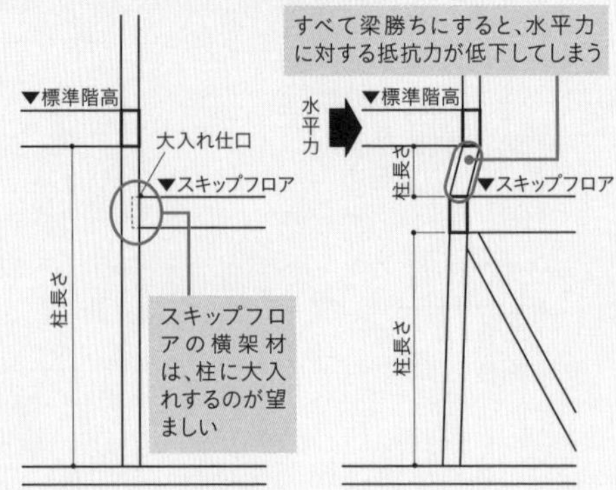

※1：梁は大スパンになるほどたわみやすい。しかし一般に梁せいも増加するため、たわみはある程度抑制される。ただし、せいの増加によるたわみの抑制効果は、スパンの増大による変異量の割合と比べればはるかに小さい
※2：土台を柱通しにすると、柱間にぶつ切りした土台を並べることになり、土台両端に固定のためのアンカーボルトが相当数必要になってしまう

コツ3 耐力壁はバランスよく配置

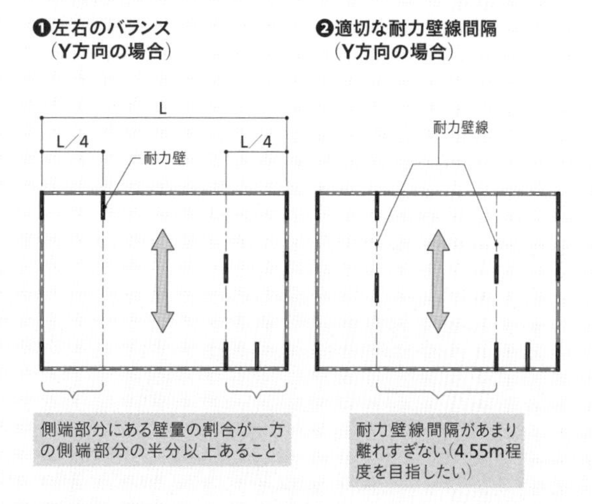

耐力壁は、方向ごとにバランスよく配置する。告示では4分割法または偏心率での確認が定められている。プランニング時点では、両側端部に配置する耐力壁の壁長（壁倍率×壁長さの合計）が、一方の半分以上取れるように計画する。長期優良住宅の場合は、耐力壁線［※3］どうしの間隔チェックも必要になる。プランニング時には4.55m以内となるよう、耐力壁を配置しておくとよい［※4］

コツ4 筋かいは左右で一対

❶筋かいの種類

1対の片筋かい

たすき掛け

❷隅柱と筋かい

隅柱（通し柱）

通し柱の断面欠損が大

Ⓐ Ⓑ Ⓒ

隅柱に取り付く筋かいの向きはどれでも構わないが、通し柱の負担が大きいⒸは避けたい

筋かいは原則として左右1対で考えるのが望ましい。たすき状に配置しても、また、個別に1対となるよう片筋かいを配置しても、どちらでもよい［※5］。

上下の関係では、片筋かいを隅角部に配置する場合の筋かいの向きは、原則としてどれでもよいが、上図Ⓒの場合には通し柱の中央に胴差の仕口加工と筋かいの金物留めビスなどが集中するため、できるだけ避けたい

コツ5 床の剛性を高める

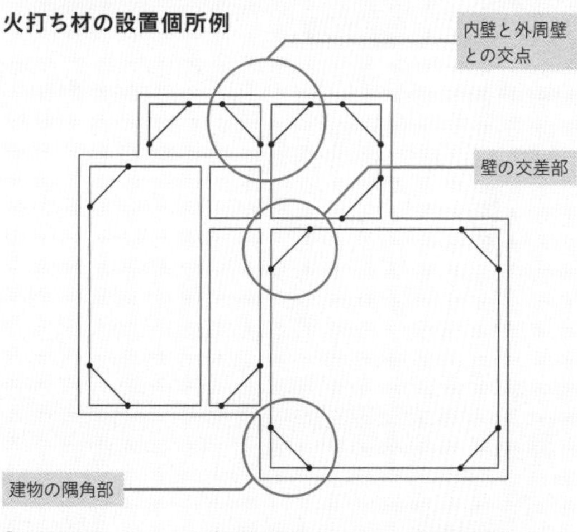

❶火打ち土台
建物外周の出隅・入隅部
土台と土台の交差部

❷2階床火打ち
建物外周の出隅・入隅部
1階壁上の梁の交差部
1階内壁と外壁の交差部

❸小屋火打ち
建物外周の出隅・入隅部
2階壁上の梁の交差部
2階内壁と外壁の交差部

建築基準法の仕様規定では、床の強度・剛性に関する定めは少なく、「隅角部に火打ちを設けること」という程度である。火打ち材は上図のようにバランスよく設置することが必要だ。

ただし、床の強度・剛性は木造住宅の耐震性能に大きく影響する。火打ち材と同等と見なせる仕様として、構造用合板などを横架材の隅角部に直接釘打ちする方法もある。床に剛性を持たせることが重要である

コツ6 スケッチは上から

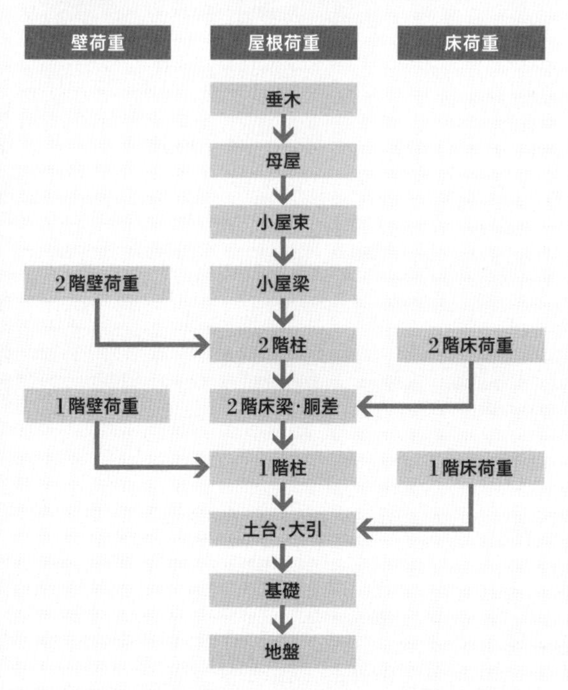

伏図を作成するにあたっては、まず下図を作成する。実際の施工は基礎→土台→1階柱…といった具合に下から部材を組み上げるが、重さや力は上から下に流れるため、下図は上のフローのように上部から順に考え、作成する

※3：耐力壁のある通りで壁長が4m以上またはその通りの奥行き長さの60％以上あるもの　※4：耐力壁線間距離が長いほど、高い床倍率が必要になる。床の奥行きにもよるが、床倍率3程度の仕様で耐力壁線間距離が4.55mを超えると、床倍率や外周横架材の継手接合部倍率が不足するおそれがある　※5：平12建告1460号で筋かい端部と取り付く柱の接合方法が例示され、片筋かいでも圧縮・引張り双方に抵抗できる仕様となった。そのため、必ずしも1対である必要はない　図・解説：齊藤年男

基礎伏図
基礎工事はこの1枚で決まる

図1 基礎伏図にはコレを描く

施工・見積り時に必要な記載

描く事項（S＝1：50程度）	誰がいつ見る？
□基礎立上り・人通口位置	積算担当者：コンクリート数量拾い時
	鉄筋加工業者：鉄筋量算定時、鉄筋加工時
	基礎工：基礎位置出し時、根切り工事時
□基礎標準断面［※1］	積算担当者：鉄筋数量拾い時
	鉄筋加工業者：鉄筋量算定時、鉄筋加工時
□アンカーボルト位置	積算担当者：数量拾い時
	基礎工：アンカーボルト設置時
□補強筋位置［※2］	積算担当者：鉄筋数量拾い時
	鉄筋加工業者：鉄筋量算定時、鉄筋加工時
	基礎工：鉄筋組立て時
□土間高さ	積算担当者：数量拾い時
	現場監督：墨出し時
	基礎工：コンクリート打設時

※1：基礎リストとして別図にしてもよい　※2：補強の仕様についても特記しておく

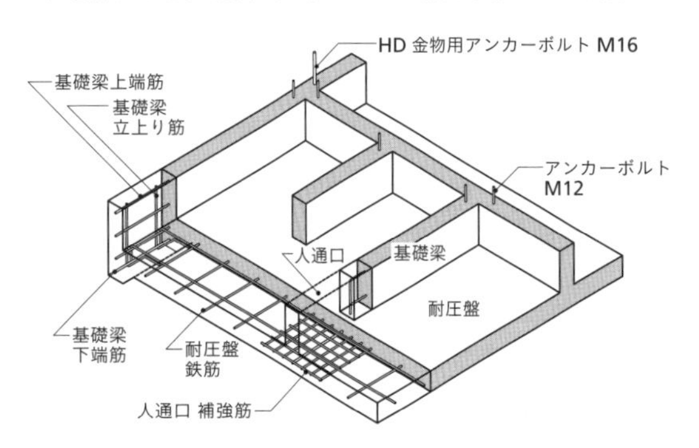

現場目線で描く！

現場ではベンチマークを基点に基礎天端を定め、基礎工が遣り方を設置する。よって基礎伏図の高さの基準は基礎天端。その後は根切り→割栗敷き込み→捨てコン打ち→墨出し→耐圧盤配筋・コンクリート打ち→立上り配筋・コンクリート打ちと進む。基礎工はこの工程を基礎伏図だけを頼りに行う

基礎廻りの寸法の押さえ方

❶布基礎の場合（平12建告1347号）

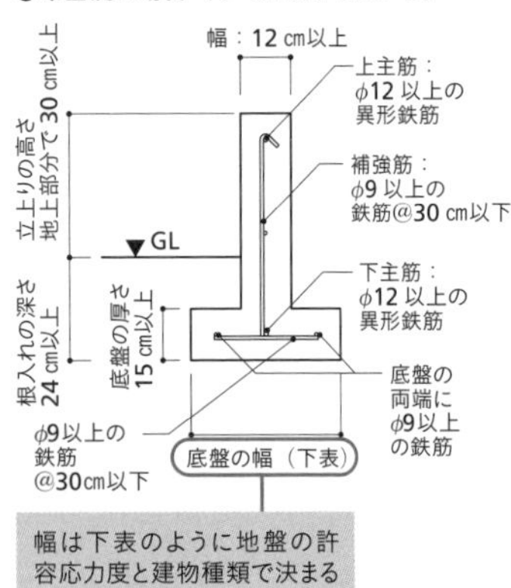

幅は下表のように地盤の許容応力度と建物種類で決まる

長期に生ずる力に対する地盤の許容応力度	底盤の幅（単位：㎝）		
	木造など		その他の建物
	平屋	2階建て	
30kN／㎡以上 50kN／㎡未満	30	45	60
50kN／㎡以上 70kN／㎡未満	24	36	45
70kN／㎡以上	18	24	30

❷ベタ基礎の場合（平12建告1347号）

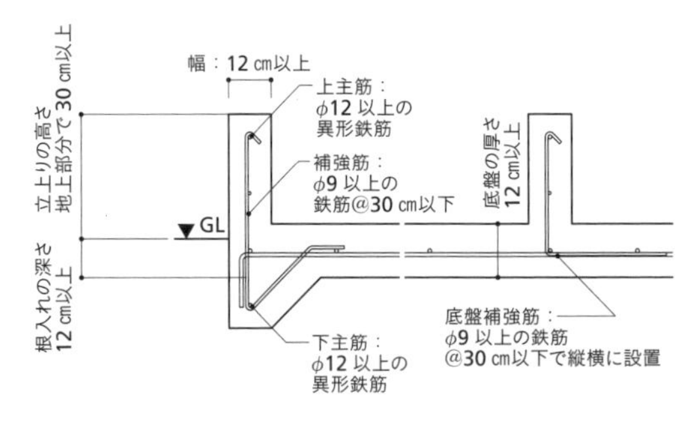

❸壁・土台芯と基礎芯

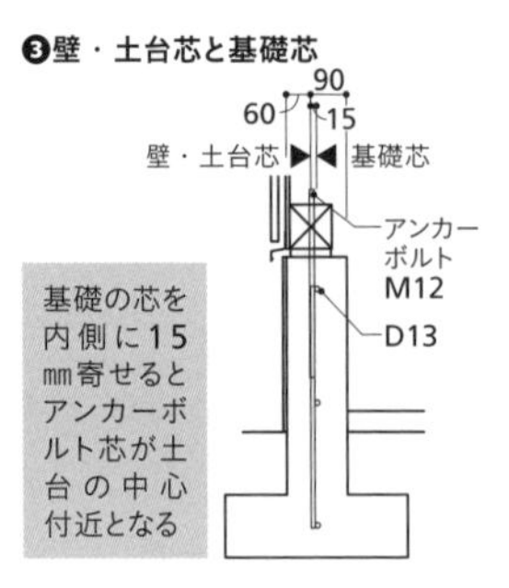

基礎の芯を内側に15㎜寄せるとアンカーボルト芯が土台の中心付近となる

基礎の立上りは1階壁の直下に配置する。標準的な土台や柱は105㎜角だが、基礎立上り幅は150㎜が多い。基礎立上りの芯と外壁・土台の芯を合わせると、アンカーボルト芯は土台芯から12.5㎜外側になる。基礎の外面が外壁面近くまで出るのを避ける場合は基礎を内側にずらす（外周部の基礎芯は外壁芯に合わせない）。そうするとアンカーボルト芯と土台芯を合わせることもできる

図2 基礎の仕様を決める

ほとんどの木造2階建ては構造計算が不要なこともあり、1つの建物で数多くの基礎断面をもつことは少ない。別紙で基礎リストを添付する必要もないため、基礎伏図の余白に右図のような基準断面を記入する程度で十分である。
なお、開口部直下の基礎などは補強を行う必要がある。補強筋の仕様は下図を参考に特記すればよい。許容応力度計算、いわゆる構造計算を行う場合には、補強筋の種類が増えるので、基礎リストとして別紙に記載したほうが分かりやすいだろう

建築基準法による基礎断面の仕様

❶外周基礎

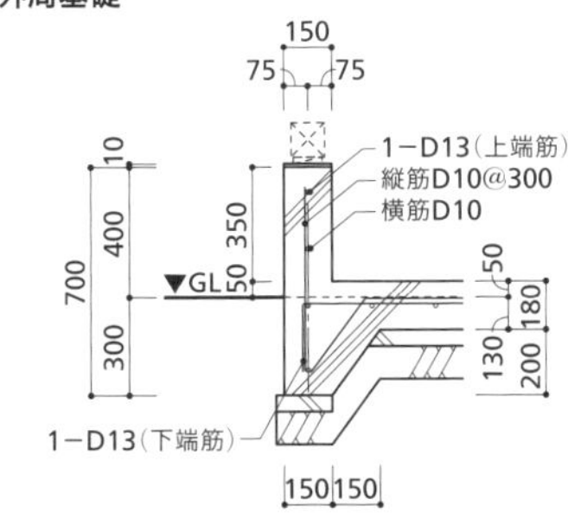

❷内部地中梁基礎

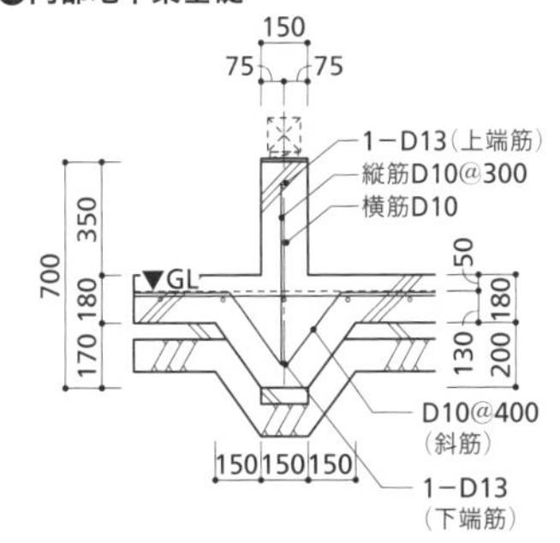

❸内部基礎

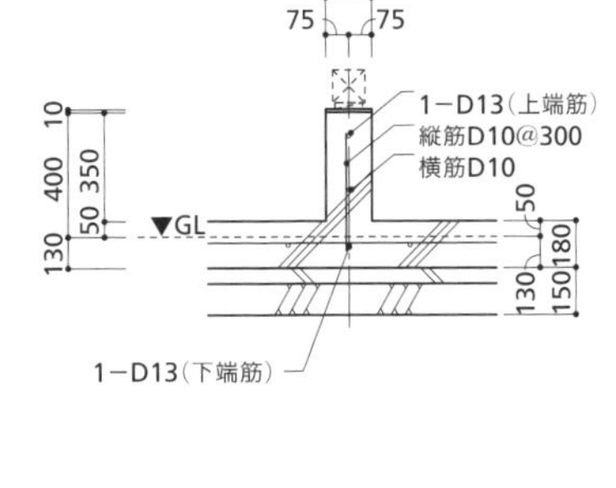

❹耐圧盤

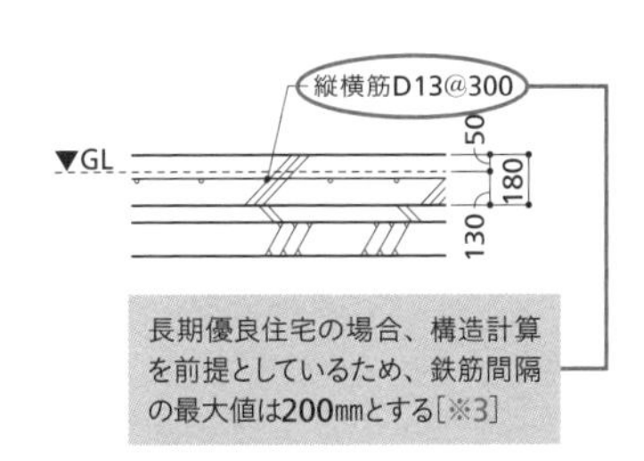

長期優良住宅の場合、構造計算を前提としているため、鉄筋間隔の最大値は200mmとする[※3]

補強の必要な個所と補強法

❶開口部直下の基礎梁補強

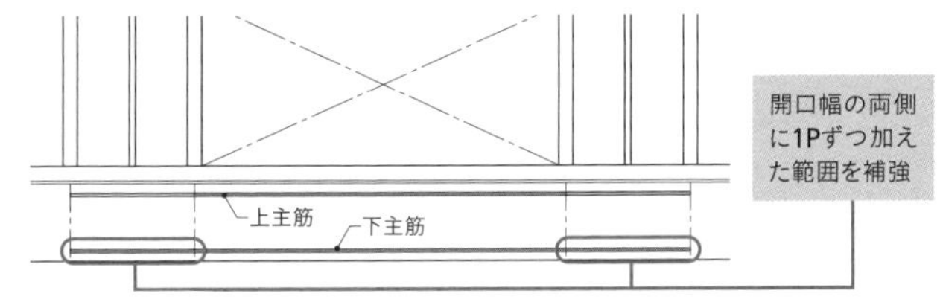

開口幅の両側に1Pずつ加えた範囲を補強

外部掃出し開口、内部引戸などの大開口がある場合は、開口スパンに応じて基礎梁を補強する。補強する範囲は、左図のとおり。上側主筋の補強は開口両側の柱間であればよいが、納まりの関係上、下端筋の補強と合わせて伸ばすとよい。開口端部が基礎端部となり伸ばせない場合は、下側補強筋を90°折り曲げて定着する

❷基礎梁の貫通補強

スリーブのかぶり厚は40mm以上を確保する。腹筋を切断する場合はD10(L=800)で補強する

❸人通口補強

人通口の補強は、基礎梁の形状をD×H=450×150mmとした場合に、標準基礎断面と同様の許容耐力となるための鉄筋を配置する

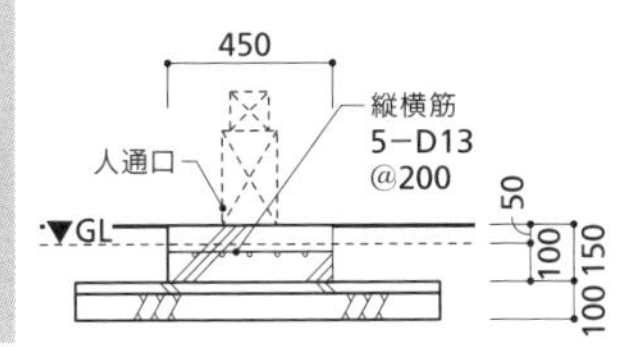

❹長期優良住宅仕様における補強筋の仕様

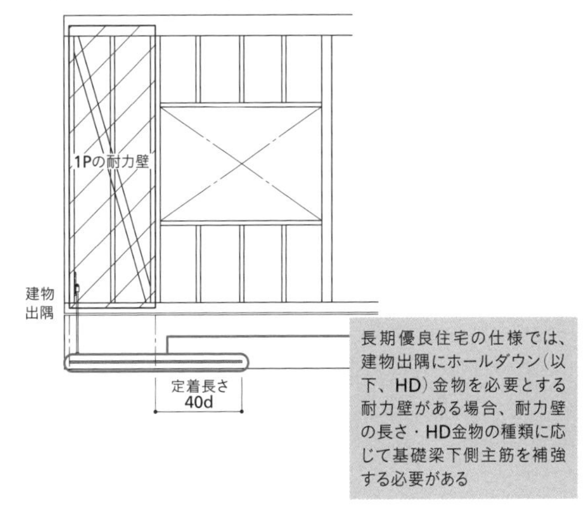

長期優良住宅の仕様では、建物出隅にホールダウン(以下、HD)金物を必要とする耐力壁がある場合、耐力壁の長さ・HD金物の種類に応じて基礎梁下側主筋を補強する必要がある

※3：長期優良住宅では構造計算か構造計算されたスパン表による。構造計算は建築基準法施行令6節の鉄筋コンクリート造に準拠する必要があり、令77条の2によれば鉄筋の間隔は短辺方向20mm以下、長辺方向30mm以下との記載がある。そのことから、ここでは施工性を考慮したうえで、両辺とも20mm以下で統一すると記した

図3 4STEPで分かる！ 基礎伏図の描き方

ここでは、68頁の木造2階建て戸建住宅を例に、基礎伏図の描き方を手順に沿って解説する。
基礎断面については、基礎リストとして別図にするか、伏図中に標準基礎断面などを追記しておく［55頁参照］

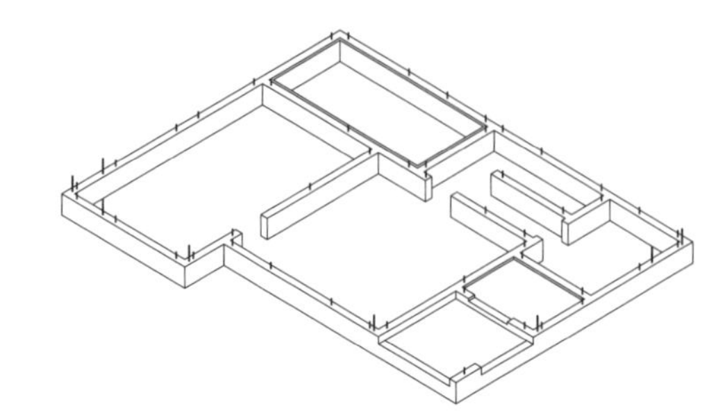

本稿で描く基礎アイソメ。基礎立上りと人通口の位置、アンカーボルトの位置、各部分の高さを示していく

STEP 1 通り芯に沿って基礎を記入

基礎の役割は、建物荷重を受け止め、地盤に伝達すること。建物荷重は柱を伝って流れてくる。したがって、1階の柱や耐力壁の直下には原則として基礎が必要となる。

そのため、まず1階の壁芯（外周部・間仕切壁）を記入する。外周基礎などの納まりで、基礎芯を建物の柱芯（通り芯）からずらす場合には、その位置を分かるようにしておく。

次に、基礎立上り部分の輪郭線（断面線）を引く

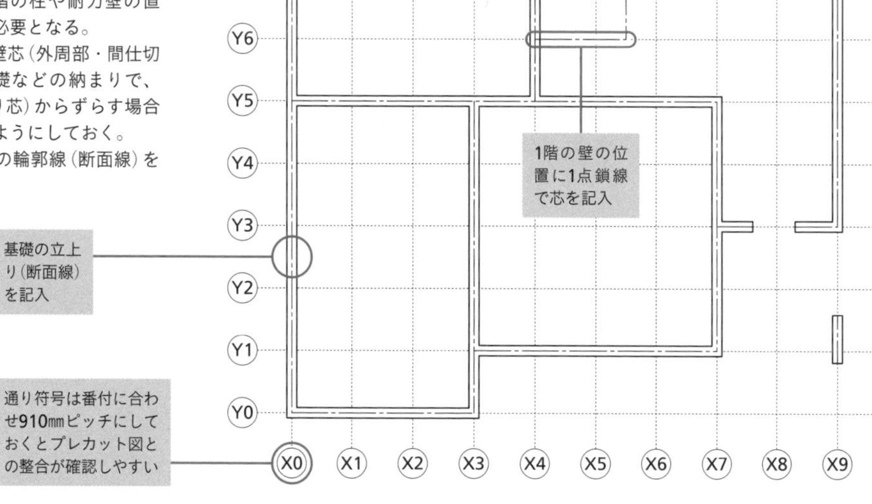

STEP 2 基礎立上りを閉じる

基礎立上りが閉じた区画になるよう、必要に応じて立上りを追加する。

ベタ基礎における耐圧盤は、基礎の立上りで囲まれた範囲を1区画として考える。その際、1辺が4.55m以上となるケースでは、耐圧盤の鉄筋量が不足することがあるため、構造計算により確認する必要がある。

また、床下点検口からすべての区画内に行けるよう、人通口を設ける。人通口は基礎梁に作用する応力（曲げモーメント）が最も小さい位置周辺に設置することが望ましい［※4］

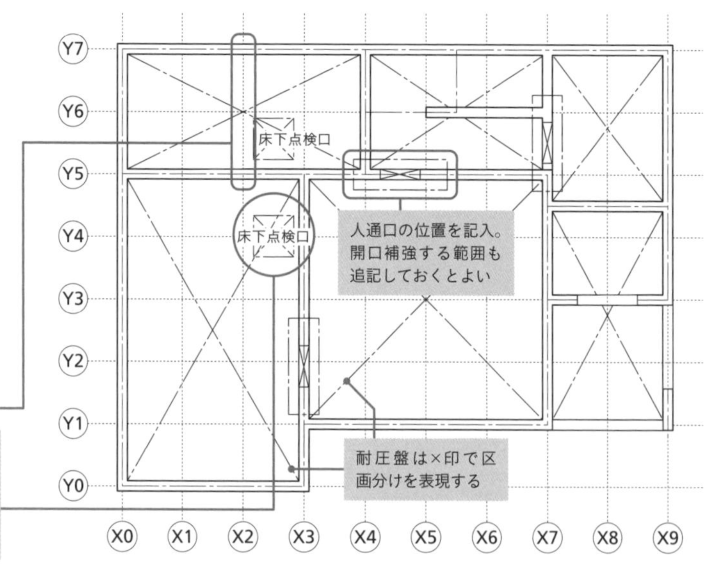

※4：曲げモーメントの大きい「基礎梁の中央付近」には人通口を設けないようにする

STEP 3 アンカーボルト位置と高さの記入

1階柱位置を示し、アンカーボルト位置を記入。アンカーボルトは耐力壁端部柱や土台（継手）端部のほか、アンカーボルト間隔が2.7m以下となるような位置に設置する。10kNを超えるHD金物を使用する場合にはHD金物用のアンカーボルトが必要で、正確に位置を割り出して、アンカーボルトとは区別して表示。次に、外周基礎の切り下げ部分と各部分の高さ（基準となる基礎の天端からの高さ）を記入する

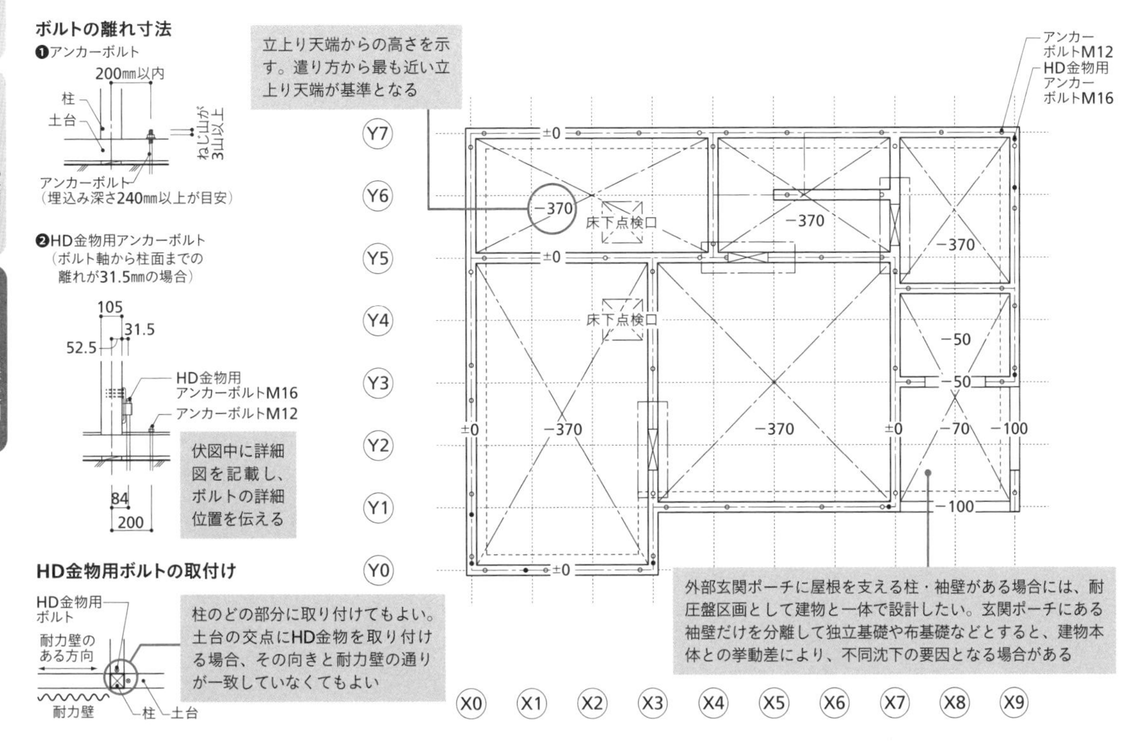

STEP 4 図面の仕上げ

外周の柱位置を示す寸法を入れる。最後にハッチや文字などを描き加え、図面を仕上げる

基礎伏図［S=1:110、元図S=1:50］

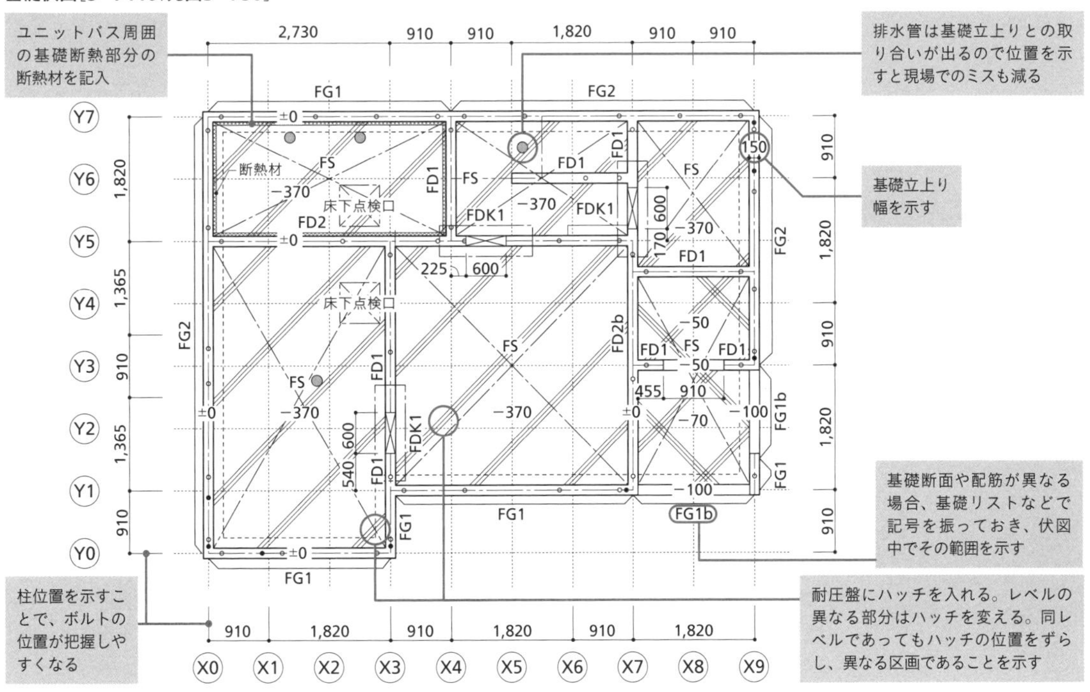

図・解説：齊藤年男

床伏図 部材加工のための情報も入れる

図1 床伏図にはコレを描く

伏図は、構造材（横架材）を加工するために必要となる図面である。したがって、横架材（胴差や梁など）に取り付く部材の位置と加工内容を示す必要がある。特に2階床梁には、部材の前後左右だけでなく、上下にも柱などが取り付くためのホゾ加工が必要になる。これらを分かりやすく表現するため、伏図は1／50程度で描くのがよい

必要な記載は1階と2階で異なる

1階床伏図（土台伏図）	2階床伏図
□土台・大引の位置、方向	□胴差・床梁など横架材の位置、方向、サイズ
□床根太または合板受け材の位置、方向	□床根太または合板受け材の位置、方向
□火打ち材の位置	□火打ち材の位置
□1階柱位置	□1階柱位置、2階柱位置
□アンカーボルトの位置	□下屋（1階屋根）の母屋・小屋束・垂木
□外廻り寸法（1階柱間寸法など）、間崩れ寸法	□外廻り寸法（胴差芯々長さ）、間崩れ寸法、下屋の出寸法
入れるとよいもの ・土台継手位置（アンカーボルトとの取り合いを確認するため。流通寸法より、土台は1本3.64m程度となるように配置） ・床下点検口	入れるとよいもの ・横架材継手位置（金物の仕様を表すとよい）

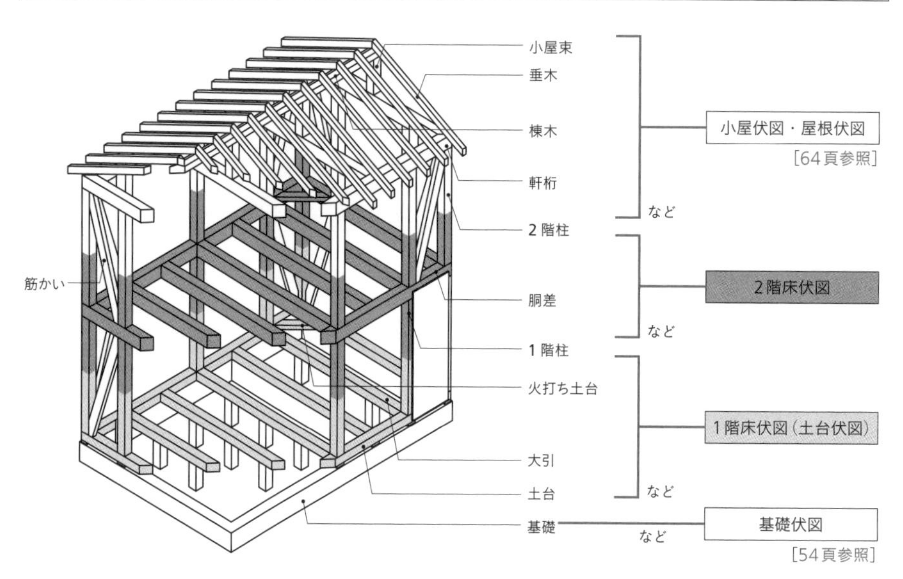

部材は芯々で押さえる

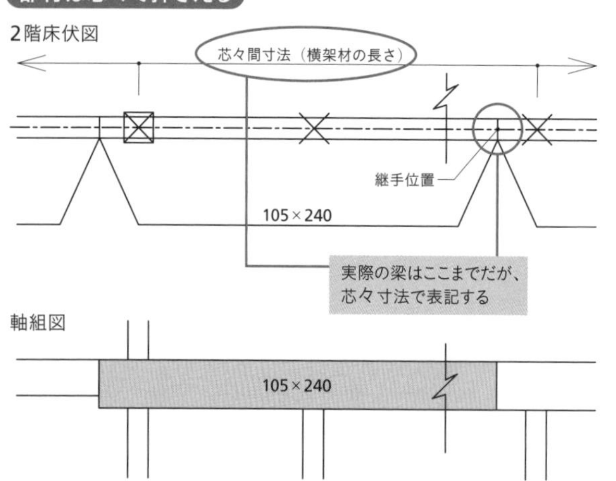

1階床伏図には1階外周に位置する柱間寸法のほか、間崩れ寸法（モジュールを部分的に崩した部分の寸法）を入れる。一方、2階床伏図には外周に設置した胴差の長さが分かるよう芯々間の寸法を記入するとよい。胴差など横架材は、下階柱の直上ではなくずらして継手を設け接合するので、実際の長さは芯々寸法と異なり、部材端部の加工代を含んだ寸法となる。ただし継手位置はプレカット工場や大工によって異なるうえ、木拾いなども芯々で行うため、材寸を芯々で記入しても問題はない

図2 床組みを決める

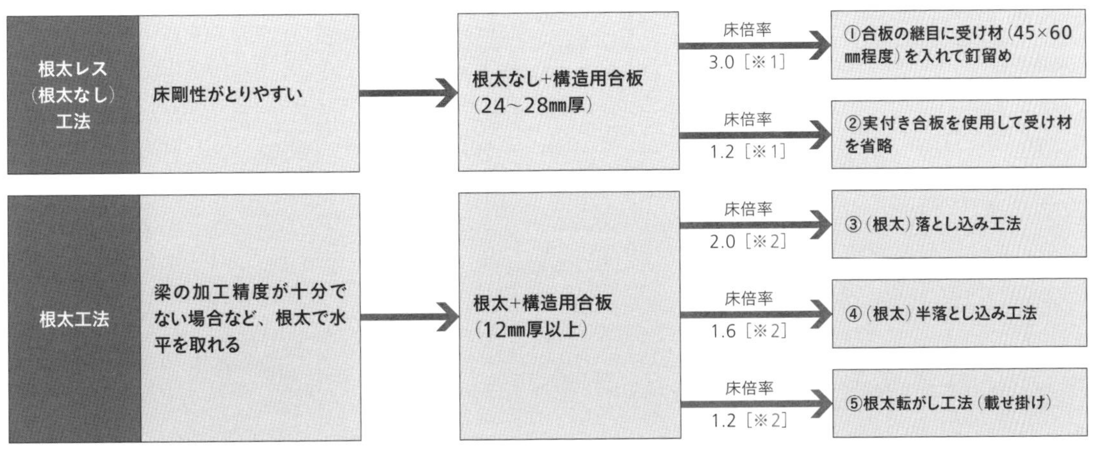

※1：構造用合板24㎜厚を使用した場合
※2：構造用合板12㎜厚以上を使用し、根太間隔303㎜の場合

根太レス工法

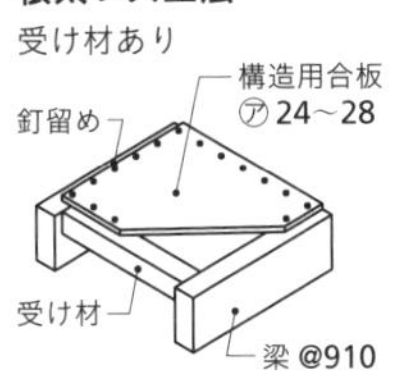

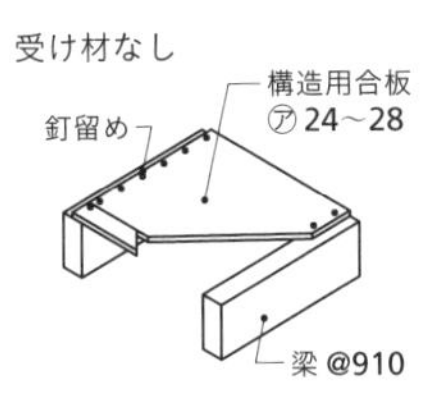

根太工法のなかでも、落とし込み、半落とし込み工法はプレカット手間がかかる

根太工法

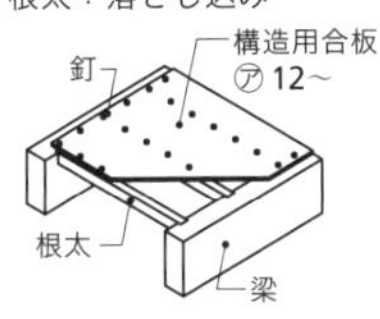

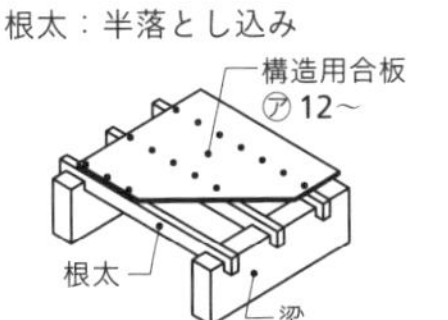

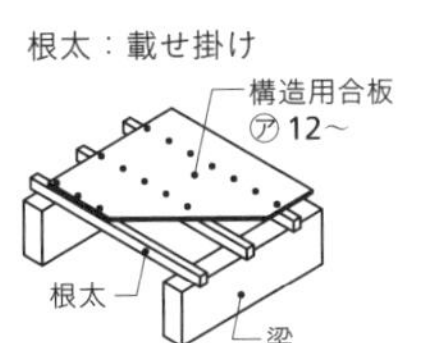

床組みの工法には大別して、根太レス（根太なし）工法と根太工法の2種類がある。根太レス工法では、床の構造用合板を厚く（24〜28㎜）することで根太を省略する（梁間隔は910〜1,000㎜程度が限度）。合板の継目に受け材を入れて釘留めする工法と実付き合板を用いて受け材を省略する工法がある。他方、根太工法では、根太を梁の上に転がして床合板を張る根太転がし工法（載せ掛け）から、根太を梁に半分ほど埋め込む半落とし込み工法、根太と梁の上端をそろえて合板を梁に直接釘留めする根太落とし込み工法がある。これらは水平構面としての床倍率がそれぞれ異なる

図3 継手・仕口の形状を知っておく

プレカット加工の場合の代表的な仕口・継手

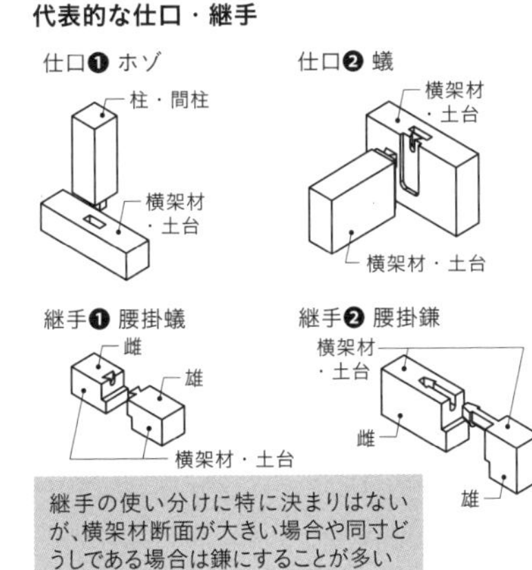

継手の使い分けに特に決まりはないが、横架材断面が大きい場合や同寸どうしである場合は鎌にすることが多い

土台廻りの継手・仕口例

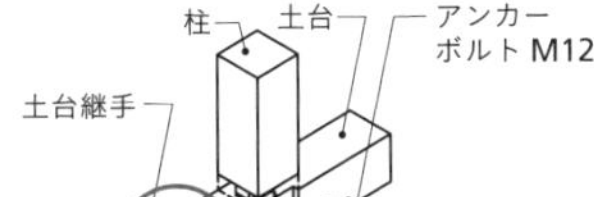
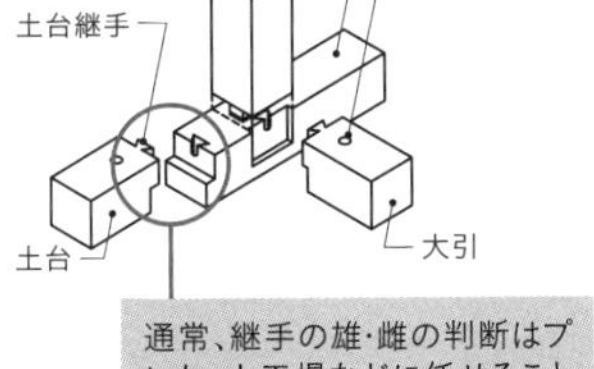

通常、継手の雄・雌の判断はプレカット工場などに任せることも多いが、特に要望がある場合は図面中に記し「こうしたい」という意図を伝えたい

これらのほか伝統的な継手・仕口の加工形状は多数ある

部材の接合は通常、継手・仕口と呼ばれる端部の加工と補強金物で行う。木材を加工する業者（大工やプレカット工場）にとって、設計図書に加工の指示（継手・仕口の位置・種類）は必ずしも必要ない。ただし、よく使う加工断面形状や、勝ち負けの使い分けなどは設計者も理解したうえで、なるべく図中で指示しておきたい。そうすることで設計意図が表現でき、また、プレカット図のチェックも容易になる［73頁参照］

表 部材の寸法・材料を決める

	部位	一般的に用いられる樹種	寸法（㎜）
軸組	土台	ヒノキ、ベイヒ、ヒバ、ベイヒバ、コウヤマキ、クリ、ケヤキ、保存処理製材、土台用加圧式防腐処理土台	105□、120□
	火打ち土台	スギ、ベイマツ、ベイツガ、ヒノキ、ヒバ、カラマツ	90□
	柱	ヒノキ、スギ、ベイツガ、化粧梁構造用集成柱	105□、120□
	胴差	アカマツ、クロマツ、ベイマツ、ベイツガ、スギ、カラマツ	105（120）×150～330
	桁	アカマツ、クロマツ、ベイマツ、ベイツガ、スギ、カラマツ	
	筋かい	スギ、ベイツガ	45（30）×90
床組	梁	アカマツ、クロマツ、ベイマツ、カラマツ、ベイツガ	105（120）×150～330
	大引	ヒノキ、スギ、アカマツ、クロマツ、ベイマツ、カラマツ、ベイツガ	90□
	根太	スギ、アカマツ、クロマツ、ベイマツ、ベイツガ、カラマツ	45×60～105
	火打ち梁	スギ、ベイマツ、ベイツガ	90□

土台や柱・梁などの構造上主要な軸組材のうち、柱の太さについては、柱の長さと建物の重さ、使用する階との関係により建築基準法上最低寸法が決められている。それを満たしたうえで、地域の状況、補助金要件、金利優遇要件などと照らし合わせて、太さを決める。一般には柱・土台などの幅は105㎜または120㎜が多い

図4 3STEPで分かる！ 床伏図の描き方

ここでは、68頁の木造2階建て戸建住宅を例に、1階床伏図（土台伏図）・2階床伏図の描き方を手順に沿って紹介する

STEP❶ 土台・大引の配置

カラーで示した基礎立上り部分に土台（105㎜角）を敷いていく［56頁基礎伏図参照］。1階柱は■印でプロットし、柱の下に土台がきていることを確認する。

大引は継手を設けないよう方向に注意して設置する。間隔は、根太工法の場合は根太の断面寸法により、根太レス工法の場合は構造用合板の厚みによりそれぞれ決まるが、通常は1P（910㎜）が基準。大引のサイズは土台と同寸とすると、床下断熱材の加工・施工がしやすい［※1］

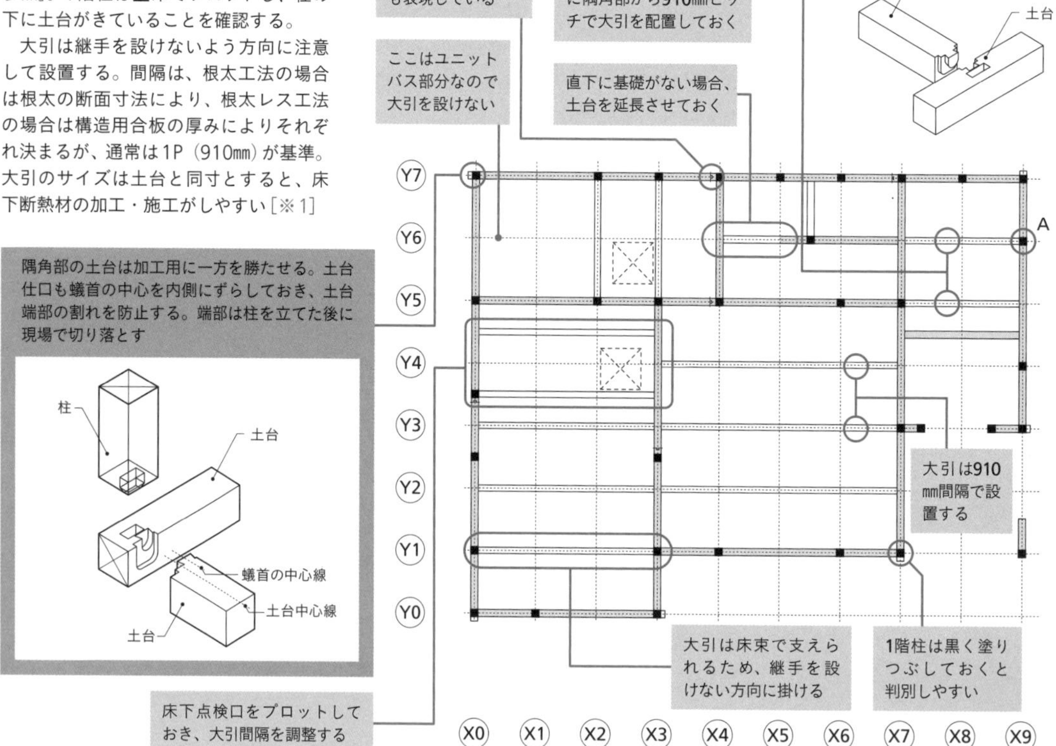

※1：根太工法で根太を落とし込みにした場合や、根太レス工法の場合

STEP 2 火打ち土台・アンカーボルトの記入

隅角部や、土台と土台の交点を中心に火打ち土台（90×45㎜）を記入［※2］。

また土台にアンカーボルトを記入。土台端部および耐力壁端部柱付近とアンカーボルト間隔が2.7m以内になるよう設置する。ホールダウン（以下、HD）用アンカーボルトは区別できるようにしておく。

根太レス工法の場合は構造用合板の受け材（45×60㎜程度）を大引と垂直方向に入れる

ユニットバス部分には火打ち土台を入れない

構造用合板の張り方

構造用合板 ㋐24以上
910
大引
土台
受け材: 45×60程度
合板長手方向が大引に対して直角になるように張る

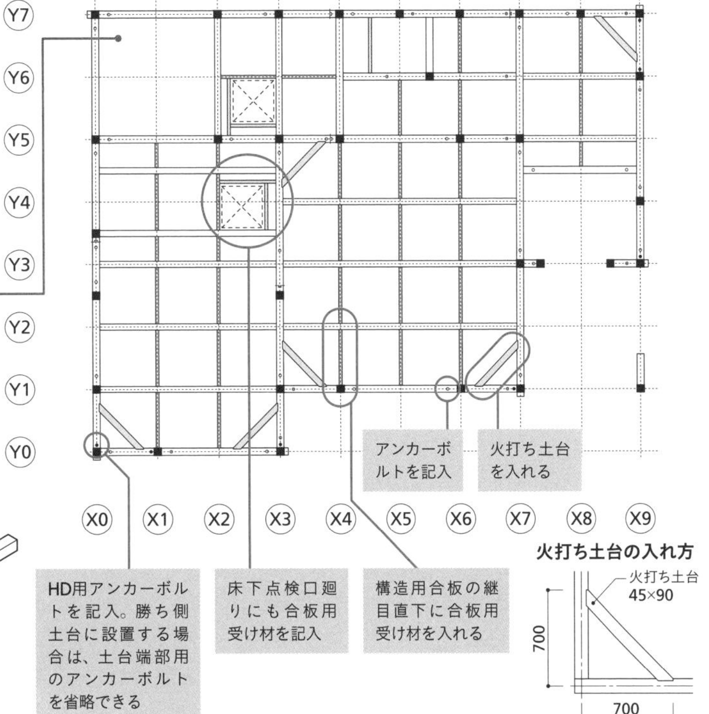

STEP 3 図面を仕上げる

寸法線（1階外周部柱芯）や間崩れしている部分の寸法を入れ、部材リストなどを記入して図面を仕上げる

部位	材種	寸法（㎜）	
		幅	せい
土台	ヒノキ	105	105
大引	ヒノキ	105	105
合板受け材	ベイマツ	45	60

特記：JAS構造用製材とする

凡例
- ■ 1階柱
- ◦ アンカーボルト
- • HD用アンカーボルト
- ═ 土台・大引
- ═ 合板用受け材

土台アイソメ

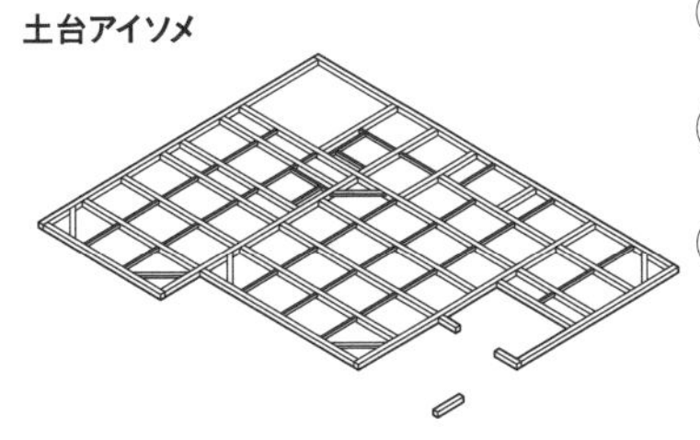

1階床伏図［S=1:110、元図S=1:50］

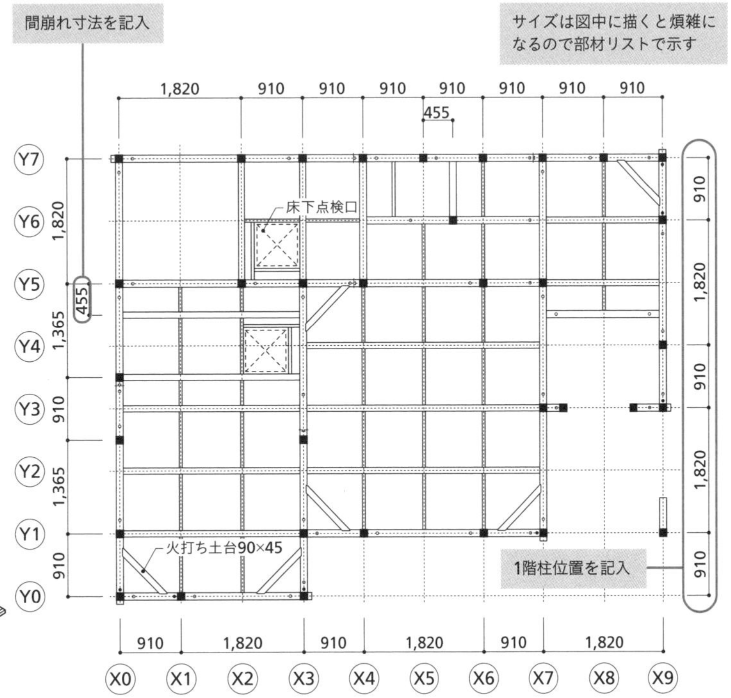

※2：根太レス工法の場合、隅角部の火打ち材は省略することができる

図5 4STEPで分かる！ 2階床伏図の描き方

STEP 1 1・2階の壁・柱位置の記入

はじめに1階柱の位置（×印）をプロットし、1点鎖線で1階の外壁・間仕切壁のラインを記入する。次に2階の柱の位置（□印）でプロットし、外壁・間仕切壁のラインを破線で記入する。バルコニー手摺壁の位置も表現しておく

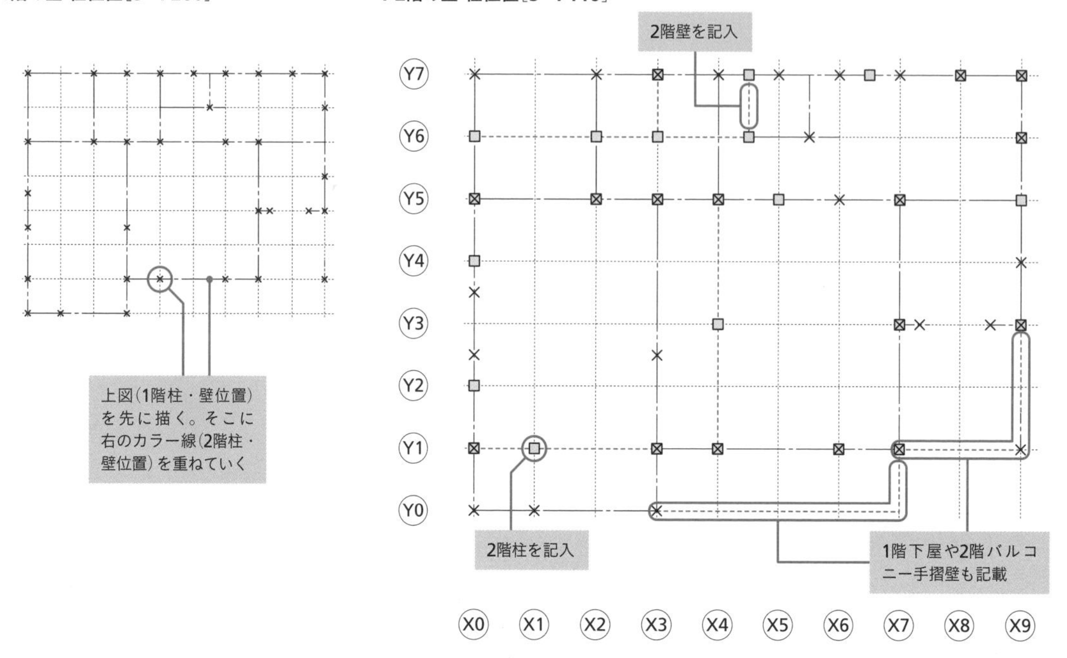

STEP 2 横架材の記入

STEP1で描いた1・2階外壁・間仕切壁のラインに沿って横架材を記入（1階壁上部、2階壁下部に梁などの横架材を入れていく）。梁サイズはその梁が負担する鉛直荷重による曲げとたわみを考慮して決める

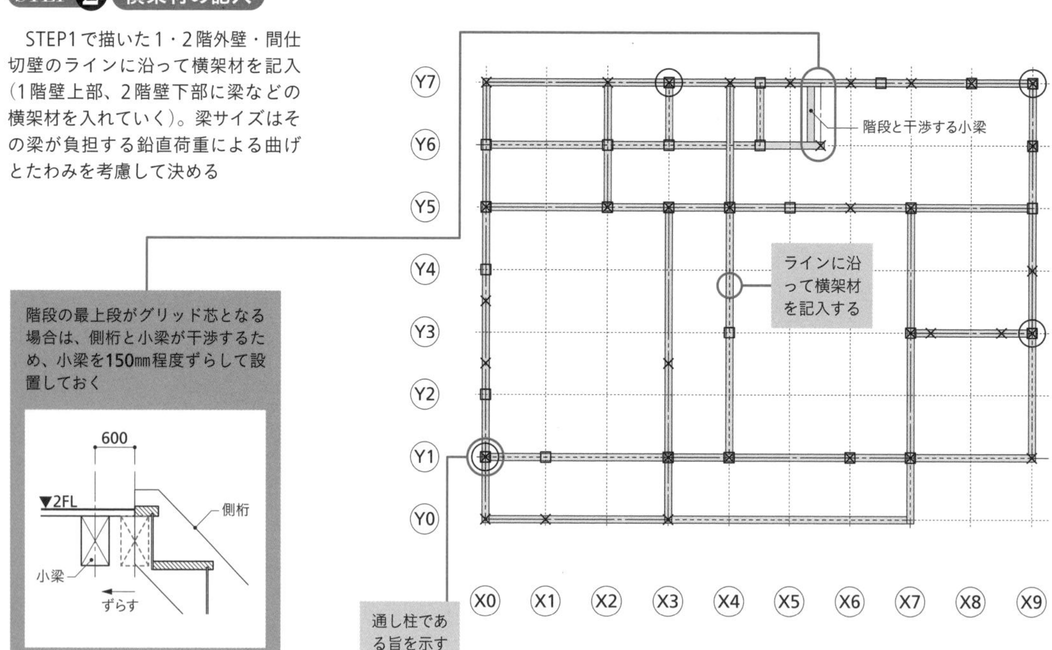

STEP 3 床梁の追加

横架材間隔が910㎜以下となるように、床梁を追加する。また、隅角部に火打ち材を入れる［※3］。根太レス工法の場合は床合板の継目直下に受け材（45×60㎜程度）を記入する。

下屋がある場合は、母屋や隅木を記入。垂木は破線で示す

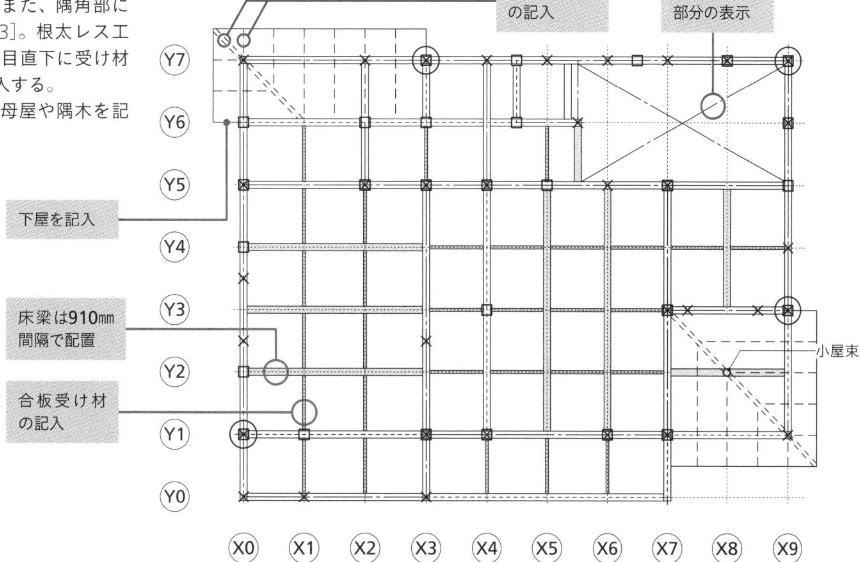

STEP 4 図面を仕上げる

横架材の継手位置を入れ、梁サイズ（せい）を記入。継手や仕口の受け梁が架け梁と同サイズ以上になっているか確認しておく［※4］。

次に、外周部の梁長さを示すための寸法線を入れる。間崩れ部分、垂木の出の寸法も記入する。最後に部材リストなどを記入して図面を仕上げる（長期優良住宅の場合は、横架材の接合部の検討が必要になるので、継手の金物仕様について特記しておく）

部位	材種・サイズ（㎜）
梁・桁［※］	105□以上
合板用受け材	45×60 カナダツガ

※：構造用集成材、上記以外のサイズは特記による

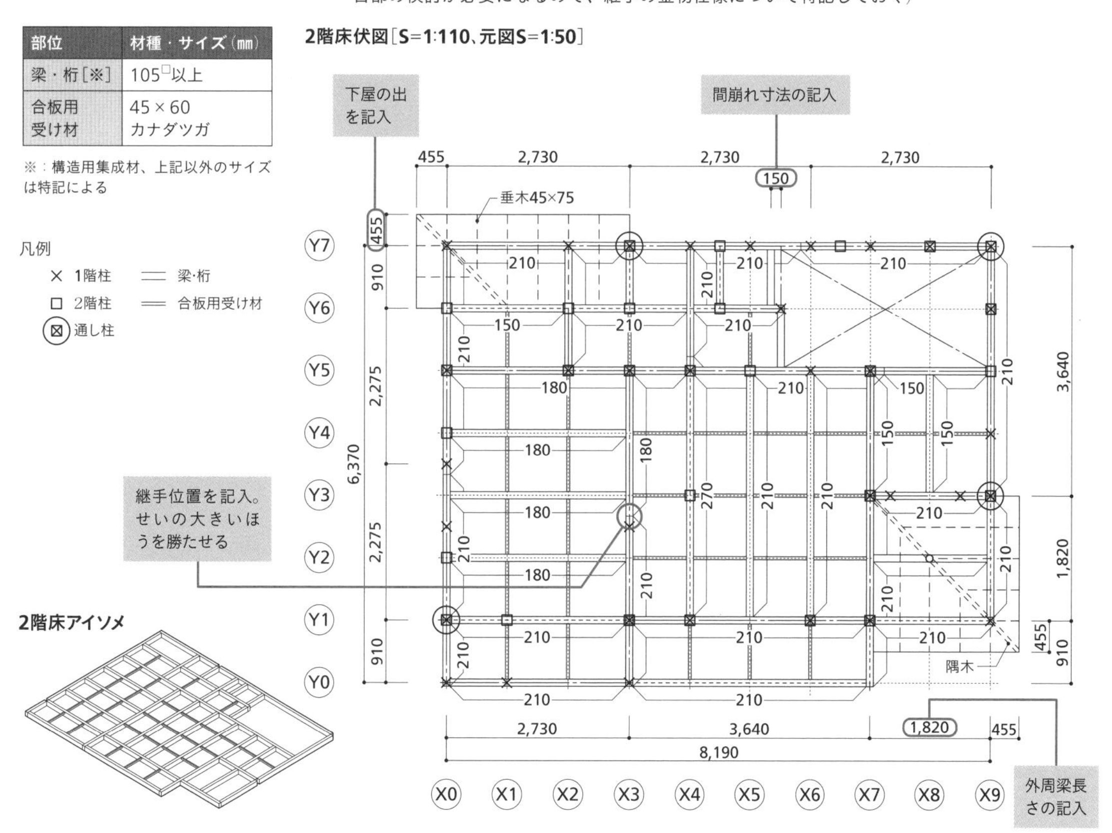

※3：根太レス工法の場合、隅角部の火打ち材（90㎜角程度）は省略することができる
※4：ただし受け梁直下に柱がある場合は、柱が架け梁を受けることができる
図・解説：齊藤年男

小屋伏図 異なるレベルに気を付ける

図1 小屋伏図にはコレを描く

小屋伏図は屋根のかたち・仕組みを示す図面。一般に軒桁や小屋梁などの横架材、小屋束、垂木などの小屋組の構成部材を示す。高さが異なる部材が水平投影されるため、煩雑になりやすい。部材を記号化するなどの工夫が必要なほか、複雑な屋根型の場合は小屋梁伏図と屋根伏図に分けて作図すると読みやすくなる［※］

小屋伏図・屋根伏図にはコレを描く

小屋伏図（縮尺1：50程度）	小屋梁伏図・屋根伏図に分ける場合
□軒桁・小屋梁など横架材の位置、方向、サイズ、高さ（母屋下がりなど）	小屋梁伏図
□小屋裏収納の床組（床根太または合板受け材の位置、方向）	小屋梁伏図
□火打ち材の位置	小屋梁伏図
□2階柱の位置	小屋梁伏図
□横架材長さ寸法、軒の出寸法、間崩れ寸法	屋根伏図
□軒先ライン、棟木・隅木・谷木の位置、方向、サイズ	屋根伏図
□母屋・小屋束・垂木の位置、方向、サイズ	屋根伏図
□横架材継手位置	小屋梁伏図

現場目線で描く！

軒桁や小屋梁などの横架材には部材が上下左右から取り付くので、「加工」に必要な情報（継手の位置、梁の通し方、母屋下がりなど）を表現する

小屋組形式を決める

和小屋（小屋束形式）

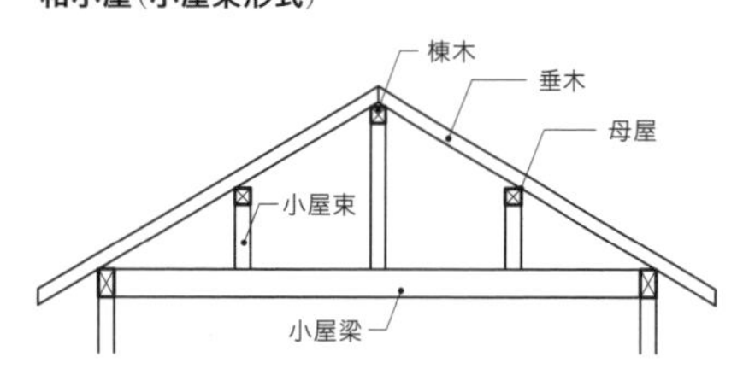

和小屋（小屋束形式）

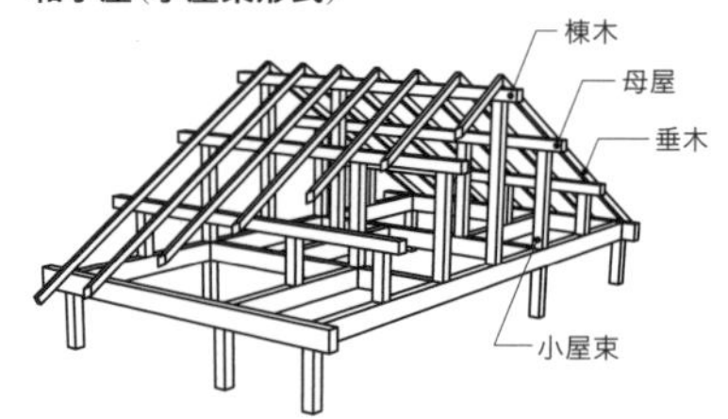

登り梁形式（左半分）と母屋梁形式

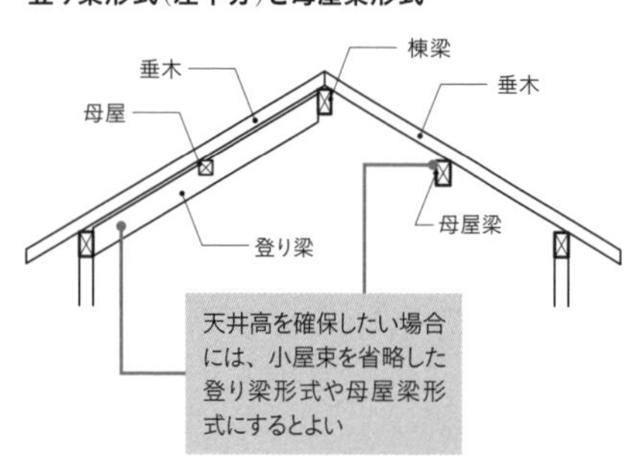

登り梁形式

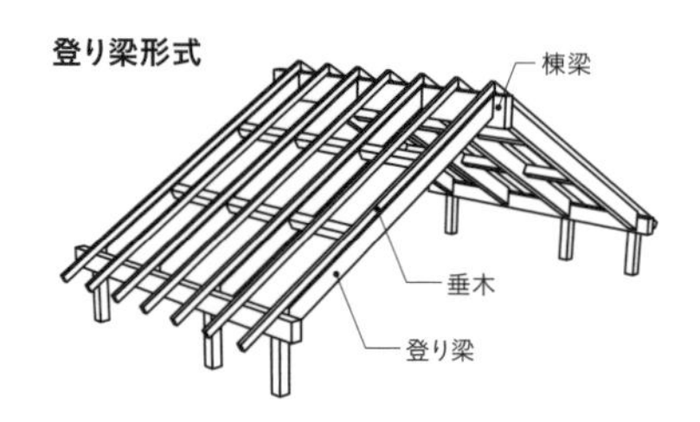

母屋梁形式

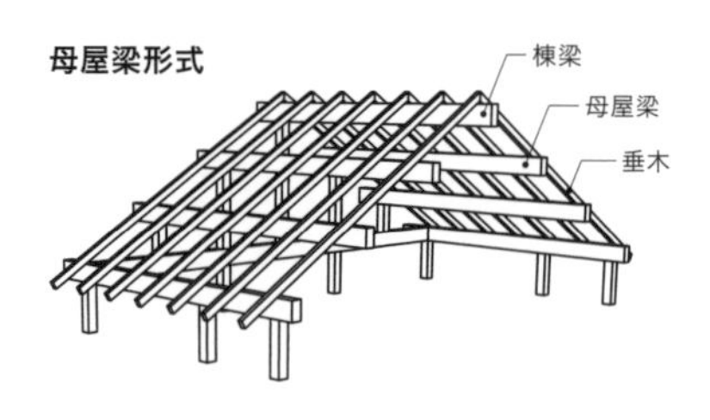

屋根や積雪の重量を下部に伝える「小屋組」は、和小屋と洋小屋に大別される。洋小屋はプレカットの機械では加工しにくくコストがかさむため、和小屋が主流である。和小屋は垂木、母屋、小屋束、小屋梁で構成される

※：登り梁形式の場合は、水平材と斜め材が平面上の同位置に配置されることもあり、小屋伏図と屋根伏図をまとめてしまうと、梁の高さや大きさが区別しにくい

表 小屋組の部材を決定する

①一般に使われる小屋組の構成部材

部位	樹種	寸法（mm）
垂木	スギ、アカマツ、クロマツ、ベイマツ、ベイツガ、カラマツ	45×75（母屋間隔≒1m）
		45×90（母屋間隔≒1.5m）
母屋		90□、105□（小屋束間隔≒2m）
小屋束		90□、105□
小屋梁		105×180～300
登り梁		105×180～300

②材料による小屋梁サイズの違い

使用材料	小屋梁サイズ（mm）		
	1,820mmスパン	2,730mmスパン	3,640mmスパン
構造用集成材［※1］	105×105	105×180	105×180
スギ［※2］	105×105	105×180	105×210
設定条件：一般地域、瓦屋根、屋根勾配5寸、小屋梁間隔1.82m、母屋間隔0.91m			

※1：105mm角は同一等級構成集成材（E95-F315）、それ以外は異等級構成集成材（対象構成）（E105-F300）
※2：E＝7,000N／mm²
注：たわみ制限は特に規定はないが、（長期）変形増大係数2を考慮してL／250以下（長期）を推奨（L＝スパン）

使用する部材の種類に決まりはないが、一般には左表にあるような材料のなかから、建築主の要望や木材納入業者またはプレカット工場との相談により決める。最近は国産材の需要が増え、スギやカラマツ、ヒノキ、ヒバなどが多く使われている。

部材寸法はスパンとピッチによって異なるので、一定の設定条件のもと割り出したスパン表をつくっておくと便利だ。また上表のように同じ樹種でも製材（ムク材）か集成材かによって強度が異なるので、注意したい

図2 4STEPで分かる！ 小屋床伏図の描き方

ここでは、68頁の木造2階建て戸建住宅を例に、小屋伏図の描き方を手順に沿って紹介する。解説する事例は、切妻＋寄棟形式で一部分を母屋下がりとしている［64頁参照］

STEP 1 2階・屋根ラインを描く

はじめに2階柱の位置（×印）をプロットし、1点鎖線（短）で2階の外壁・間仕切壁のラインを記入する。

次に屋根の軒先ラインを実線で、棟木・隅木を破線で描き、屋根形状を示す（カラー部分）

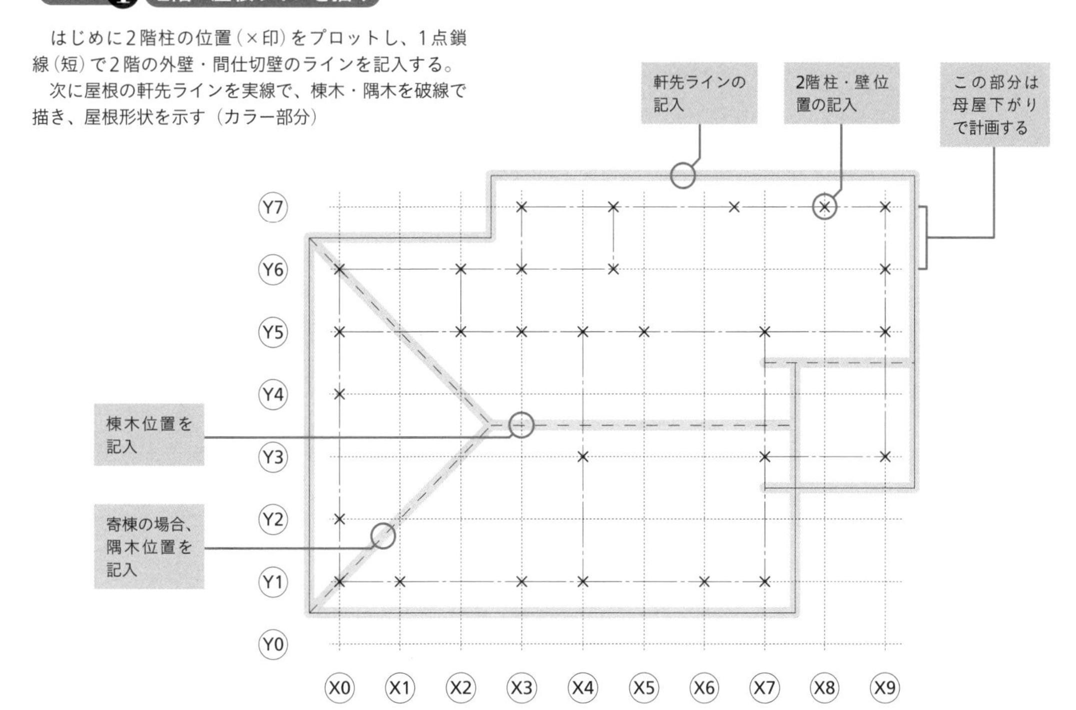

STEP 2 屋根部材の配置

母屋ラインを1点鎖線(長)で記入。桁・胴差から910㎜以下の等間隔で配置する。次に母屋・棟木上に小屋束(90㎜角)を○印で記入。1,820㎜間隔以下となるように配置する

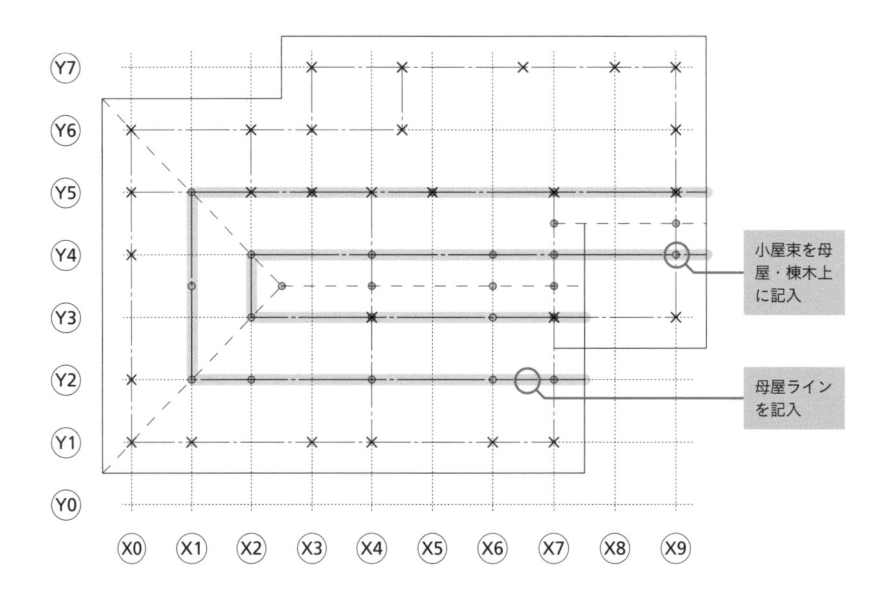

STEP 3 2階壁位置に横架材を記入

2階壁ラインに沿って横架材(幅105㎜)を記入(2階壁上部に横架材を配置する)。母屋下がり部分や束の下部に横架材がない部分には小屋梁を追加する

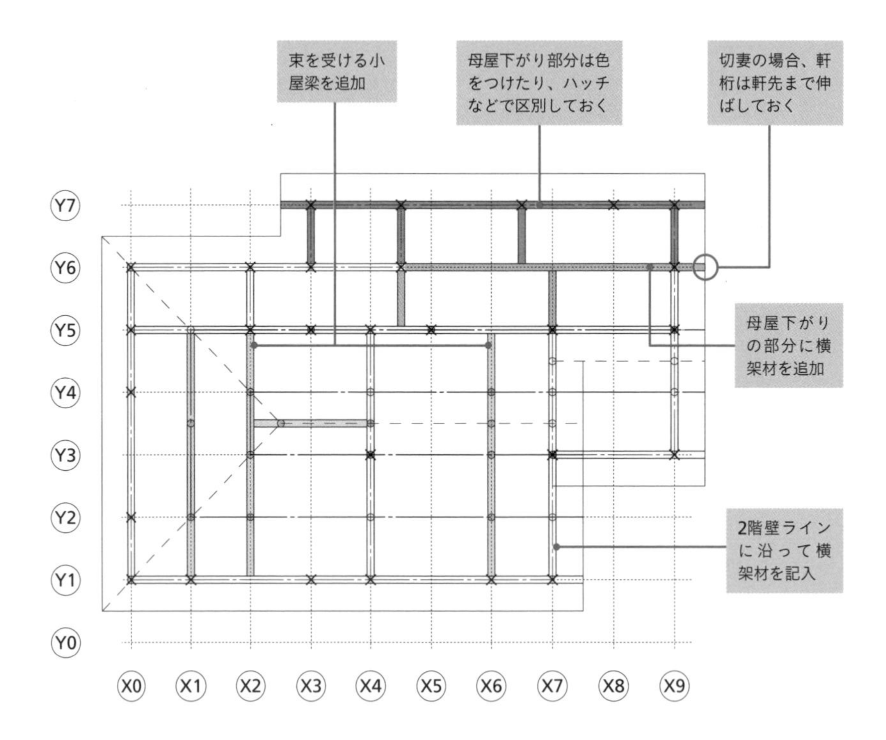

図・解説:齊藤年男

STEP 4 図面を仕上げる

横架材の継手位置を入れ、梁サイズ（せい）を記入。屋根伏図を兼用させる場合は、部分的に垂木・隅木などを表現する。次に、外周部の梁長さを示すよう寸法線を入れ、部材リストなどを記入して図面を仕上げる

部位	材種	寸法（mm）
母屋	構造用製材（ベイツガ）	90□
束	構造用製材（ベイツガ）	90□
軒桁・小屋梁	構造用集成材 E105−F300	105□以上

注：上記以外は特記による

凡例
× 2階柱　—·— 棟木・隅木
○ 小屋束　- - - 母屋

小屋伏図［S＝1：110、元図S＝1：50］

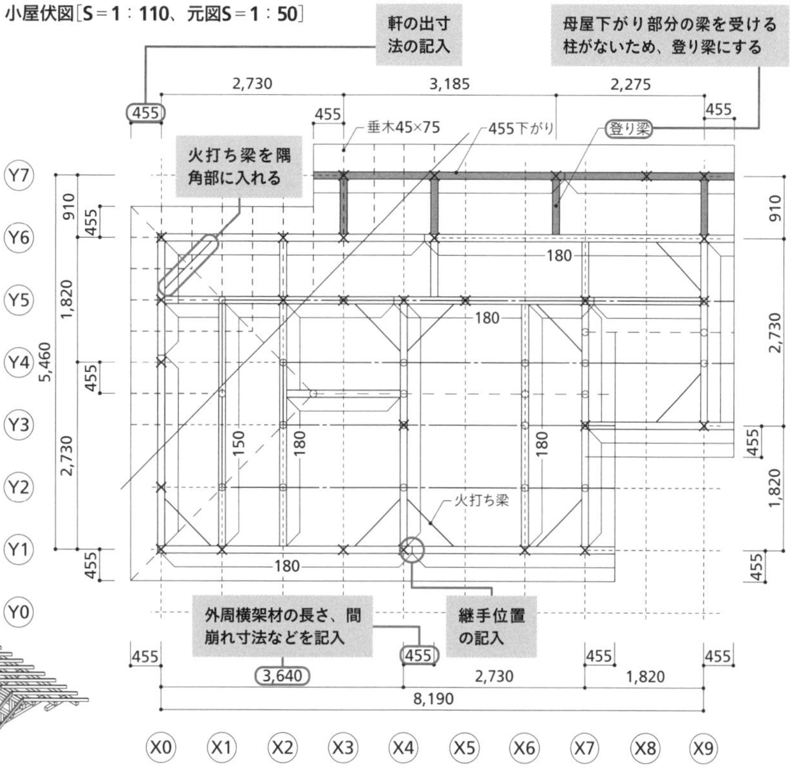

軒の出寸法の記入

母屋下がり部分の梁を受ける柱がないため、登り梁にする

火打ち梁を隅角部に入れる

外周横架材の長さ、間崩れ寸法などを記入

継手位置の記入

小屋組アイソメ

Column

現場が欲しいのはこんな実施図面

大工が欲しい情報

木造戸建住宅の場合、工事の主体は大工工事である。したがって図面は、大工の欲しい情報が網羅された図面であることが前提となる。ポイントは以下のとおり。

1｜斜め寸法はXY座標で

斜めの寸法はCADでは簡単に計測できるが、現場でそのラインを出すのは難しい。XY軸に分け始点と終点を指示したうえで実長を併記する。

2｜見えない部分も示す

床下や天井裏の納まりは、矩計図でのみ表現することが標準だが、展開図などにアウトライン程度でも表現されていれば、構造材や金物の納まり、設備配管の経路などを検討しやすい。

3｜図面はA2まで

図面はA3かA2判とする。A1判以上になると、現場で作業をしながら図面を見るのに不都合だ。納まらない場合は分割してA2サイズ以下にしたい。

4｜「取り付け」記載は重要

造作家具や備品などは、仕上表の備考欄に記載するだけでなく、大工のよく見る平面図や展開図にも落とし込んでおく。「何かを取り付ける」情報は重要だ。たとえば事前に合板下地の取り付けが必要なことが現場に伝われば、発注漏れを防ぎ、施工待ちによる工期の遅れも防止できる。

5｜職種の違いを考えて

意匠図と構造図の整合は必ずとっておきたい。基礎工事は基礎工事業者、それ以降の工事は大工やそのほかの職方が受け持つ。工程的に基礎工事だけは単独で先行するため、連携をうまく行うためには基礎工事業者が読む構造図（主に基礎伏図）とその他の図面との整合がとれている必要がある。ここで連携がうまくいかないと現場は混乱し、工期が大きく遅れてしまう。構造図を構造設計者に発注する場合などは特に、意匠設計者が図面間の整合をとるよう気をつけたい。

［河合孝］

ラクラク構造チェック

構造図を描いたら、次に建築基準法上の構造チェックを行う

耐力壁の量・配置・金物を確認する

54～67頁まで描いてきた図面は図1のモデル住宅の伏図である。伏図や軸組図など構造図を描き終えたら、建築基準法に適合しているかチェックを行う。

一定規模以上［※1］の木造建物には、地震力と風圧力に対して必要な「耐力壁の量」が定められている［表］。また耐力壁は各階の梁間・桁行方向に釣り合いよく配置しなければならない。そのため、まず壁量を確認し［壁量計算、図2］、次にそれらの壁がバランスよく配置されているかをチェックする［4分割法、70頁図3］。また耐力壁の柱脚・柱頭の接合金物や筋かい金物は平12建告1460号にもとづいて選択する［N値計算、71頁図4］。

ここではモデル住宅を例に、チェックの方法を順を追って解説していく。

［齊藤年男］

図1 モデル住宅の概要

平面（左：1階、右：2階）［S=1:200］

立面（左：南側、右：東側）［S=1:200］

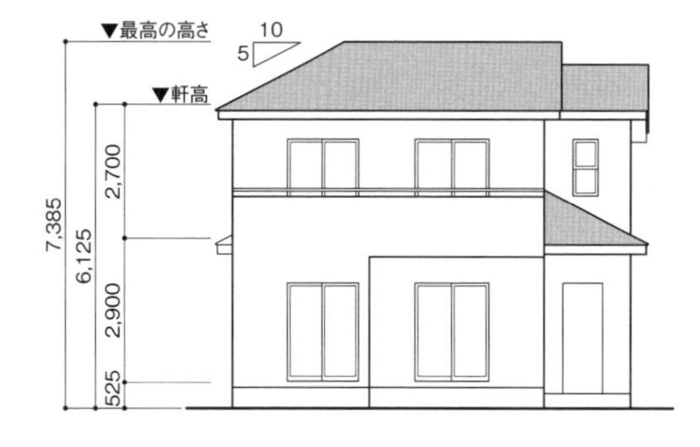

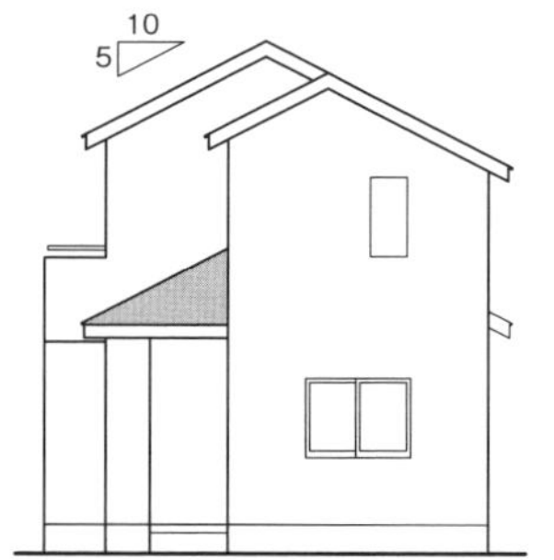

表 必要となる耐力壁の量（必要壁量）

❶地震力に対する必要壁量

建物の種類	床面積に乗ずる値（㎝／㎡）		
瓦葺きなどの重い屋根	15	21 33	24 39 50
金属板、スレート葺きなどの軽い屋根	11	15 29	18 34 46

❷風圧力に対する必要壁量

	見付け面積に乗ずる値（㎝／㎡）
特定行政庁が指定する強風区域	50を超え75以下の範囲内で特定行政庁が定めた数値
一般の区域	50

地震力によって建物に生じる力は建物重量と床面積に比例する

※1：2階以上または延べ面積が50㎡を超える木造建物には壁量計算が義務付けられている（ただし、一定規模以上になると構造計算が求められる）

図2 壁量が足りているかをチェック（壁量計算）

以下の手順で、耐力壁の量（存在壁量：長さ×壁倍率）が地震力に対して必要な壁量（床面積に応じた壁量）や、風圧力に対して必要な壁量（見付け面積に応じた壁量）よりも、不足していないことを確認する

❶壁量計算の手順

床面積とX·Y方向の見付け面積を求める → 見付け面積は垂直投影面積。各階ともFL≦1.35m部分を除く［※2］ → **必要壁量と存在壁量を求める** → 地震力・風圧力に対する必要壁量は、「床面積×床面積に乗ずる値」、「見付け面積×見付け面積に乗ずる値」で算出［68頁表］ → **存在壁量≧必要壁量を確認**

❷モデル住宅での検証

平面（左:1階、右:2階）

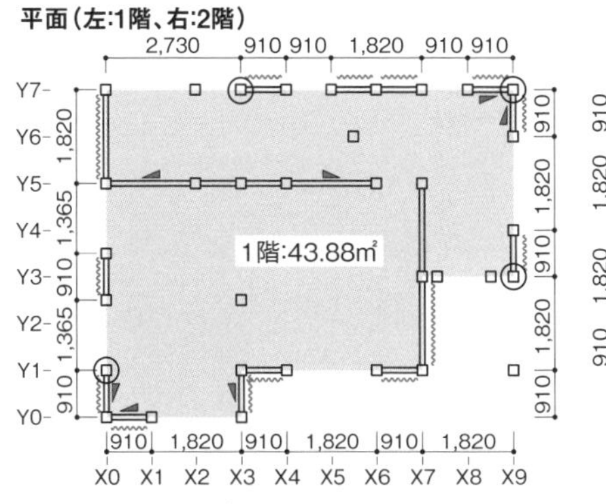

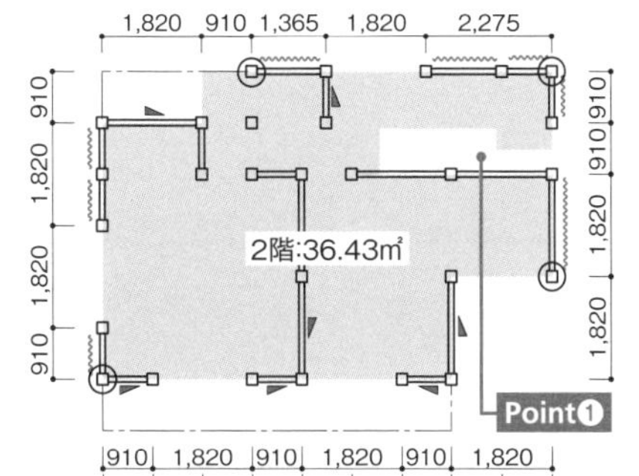

モデル住宅を例にチェックする。平面図から壁だけを抜き出し、耐力壁の位置・長さと壁倍率が分かるようにしておき、床面積を算出する。また垂直投影面積が分かる図をつくり、見付け面積を算出しておく。チェックに必要な数値を順に算出できるよう（地震力に対する必要壁量→風圧力に対する必要壁量→存在壁量）、下表のようなものを使うと便利だ

見付け面積計算表（左:南北面、右:東西面）

南北面：20.18㎡、44.72㎡、1,350 ▼2FL、1,350 ▼1FL、8,390

東西面：10.67㎡、29.49㎡、1,350 ▼2FL、1,350 ▼1FL、6,570、Point❷

凡例
(2.0)片筋かい45×90
(2.0)片筋かい45×90
(2.5)面材耐力壁

令46条関係
屋根:軽い屋根（金属板葺き）
風圧力に関する指定:なし（一般区域）

ポイント

❶壁量計算用の床面積には吹抜け、ポーチなどは含まない
❷見付け面積には仕上げ厚やバルコニー・庇を含む
❸地震力に対する必要壁量と風圧量に対する必要壁量のいずれも上回ること

階	方向	必要壁量（cm）（地震力）	必要壁量（cm）（風圧力）	存在壁量（cm）	判定
1	X	1階床面積（43.88㎡） × 床面積当たり必要壁量（29） ＝1273 床面積、見付け面積の求積は別紙などに記載しておく	Y（西）面見付け面積（29.49㎡） × 見付け面積当たり必要壁量（50） ＝1475	Y0 4.5×91cm＝409 Y1 2.5×182cm＝455 Y5 2.0×364cm＝728 Y7 2.5×273cm＋4.5×91cm＝1092 **合計2684cm**	OK Point❸
	Y		X（南）面見付け面積（44.72㎡） × 見付け面積当たり必要壁量（50） ＝2236	X0 4.5×91cm＋2.5×273cm＝1092 X3 4.5×91cm＝409 X7 2.5×182cm＝455 X9 2.5×91cm＋4.5×91cm＝637 **合計2593cm**	OK
2	X	2階床面積（36.43㎡） × 床面積当たり必要壁量（15） ＝547 階数、屋根仕上げによって異なる［68頁表］ 階数、区域によって異なる［68頁表］	Y（西）面見付け面積（10.67㎡） × 見付け面積当たり必要壁量（50） ＝534	Y1 2.0×273cm＝546 Y6 2.0×182cm＝364 Y7 2.5×364cm＝910 **合計1820cm**	OK
	Y		X（南）面見付け面積（20.18㎡） × 見付け面積当たり必要壁量（50） ＝1009	X0 2.5×273cm＝682 X4 2.0×182cm＝364 X4.5 2.0×91cm＝182 X7 2.0×182cm＝364 X9 2.5×273cm＝682 **合計2274cm**	OK

※2：令46条4項による。これは、階の下半分（床面よりおよそ1.35mまで）にかかる風圧力は下階の壁が負担することとしているため

図3 壁がバランスよく配置されているかをチェック（4分割法）

以下の手順で各階の各方向で両側端部から1／4の範囲内の壁が釣り合いよく配置されているかどうかを確認する。壁量充足率が1を超えれば、建物の耐力壁は釣り合いよく配置されていることとなる［※3］

❶4分割法の手順

各階・各方向の側端1／4部分に線を引く → 各側端部分の床面積を求める → **各側端部分の存在壁量と必要壁量を求める** → 必要壁量は「側端部分床面積×床面積当たりの必要壁量」［68頁表］で算出する → **壁量充足率（存在壁量／必要壁量）＞1を確認**

❷モデル住宅での検証

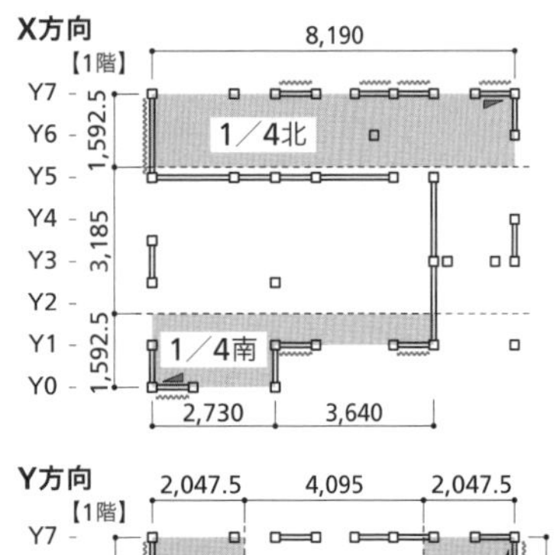

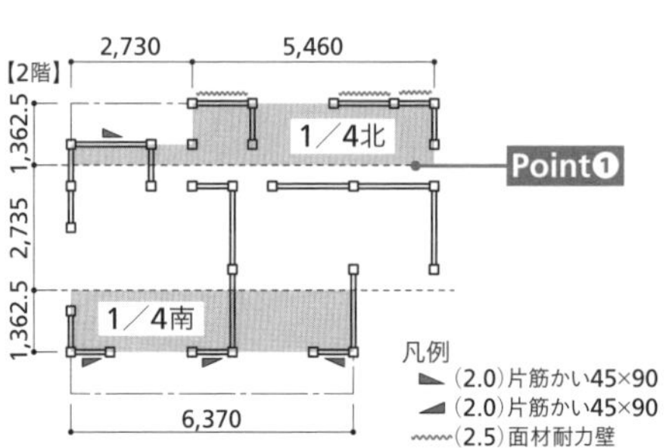

モデル住宅を例にチェックする。図面は壁だけを抜き出し、耐力壁の位置・長さと壁倍率が分かるようにしておく。各側端部の床面積→必要壁量→存在壁量→壁量充足率→壁率比と順に算出し、表に記載する

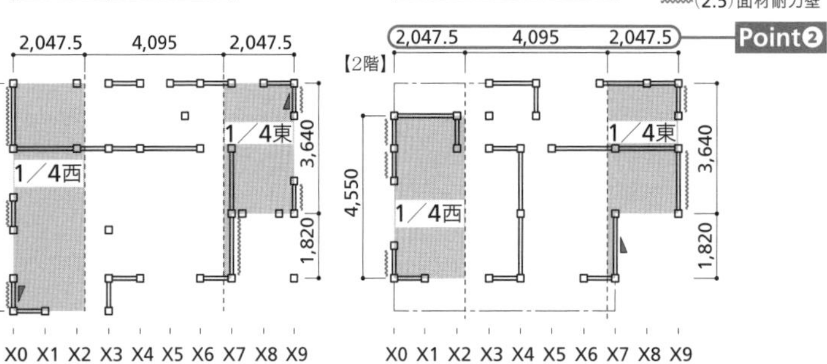

ポイント

❶耐力壁が4分割線に重なる場合は側端部範囲内にカウント
❷4分割の寸法を記入
❸必要壁量は1、2階で異なる［68頁表］
❹側端部分が下屋の場合は平屋として算出

階	方向	側端部 床面積（㎡）	必要壁量（cm）：A	存在壁量（cm）：B	壁量充足率：B／A	壁率比
1	X	1／4北 ＝1.5925×8.19 ＝13.05	床面積（13.05㎡）× 床面積当たり必要壁量（29） ＝379	2.5×273cm ＋4.5×91cm ＝1092	1092／379 ＝2.88	壁量充足率がともに1を超えているため省略
		1／4南 ＝1.5925×2.73＋0.6825×3.64 ＝6.84	床面積（6.84㎡）× 床面積当たり必要壁量（29） ＝199	4.5×91cm ＋2.5×182cm ＝864	864／199 ＝4.34	
	Y	1／4西 ＝6.37×2.0475 ＝13.05	床面積（13.05㎡）× 床面積当たり必要壁量（29） ＝379	4.5×91cm ＋2.5×273cm ＝1092	1092／379 ＝2.88	壁量充足率がともに1を超えているため省略
		1／4東 ＝3.64×2.0475＋1.82×0.2275 ＝7.87	床面積（7.87㎡）× 床面積当たり必要壁量（29） ＝229	4.5×91cm ＋2.5×91cm ＝637	637／229 ＝2.78	
2	X	1／4北 ＝0.4525×2.73＋1.3625×5.46 ＝8.68	床面積（8.68㎡）× 床面積当たり必要壁量（15） ＝131	2.5×364cm ＝910 (Point❸)	910／131 ＝6.94	壁量充足率がともに1を超えているため省略
		1／4南 ＝1.3625×6.37 ＝8.68	床面積（8.68㎡）× 床面積当たり必要壁量（15） ＝131	2.0×273cm ＝546	546／131 ＝4.16	
	Y	1／4西 ＝4.55×2.0475 ＝9.32	床面積（9.32㎡）× 床面積当たり必要壁量（15） ＝140	2.5×273cm ＝682	682／140 ＝4.87	壁量充足率がともに1を超えているため省略
		1／4東 ＝3.64×2.0475＋1.82×0.2275 ＝7.87	床面積（7.87㎡）× 床面積当たり必要壁量（15） ＝118	2.5×273cm ＋2.0×182cm ＝1046	1046／118 ＝8.86	

※3：壁量充足率≦1の場合は、各階の側端部分の上下・左右に配置された耐力壁のバランス（壁率比）を求め、壁率比が0.5以上であればOKである

図4 柱脚・柱頭金物を適切に選ぶ（N値計算）

柱脚・柱頭金物は平12建告1460号2号表1・2から選ぶとやや過剰設計になりがち。ここでは同号ただし書きで規定されるN値計算法でN値を算出し金物を選ぶ方法を紹介する

❶接合部チェックの手順

N値を算出する

平屋部分および、最上階の柱

$$N = A1 \times B1 - L1$$

平屋部分および、最上階の柱

$$N = A1 \times B1 + A2 \times B2 - L2$$

A1：当該柱の左右壁倍率差＋筋かいによる補正値[※4]
A2：当該柱上の2階柱の左右壁倍率差＋筋かいによる補正値[※4]
B1、B2：出隅＝0.8、その他＝0.5
L1：出隅＝0.4、その他＝0.6
L2：出隅＝1、その他＝1.6

接合部の仕様を選ぶ

N値	告示表3	必要耐力	継手・仕口の仕様
≦0.0	(い)	0kN	短ホゾ差しまたはかすがい打ち
≦0.65	(ろ)	3.4kN	長ホゾ差し込み栓またはかど金物CP・L
≦1.0	(は)	5.1kN	かど金物CP・Tまたは山形プレートVP
≦1.4	(に)	7.5kN	羽子板ボルトまたは短冊金物（ZS釘なし）
≦1.6	(ほ)	8.5kN	羽子板ボルトまたは短冊金物（ZS釘あり）
≦1.8	(へ)	10kN	引寄せ金物HD-B10（S-HD10）
≦2.8	(と)	15kN	引寄せ金物HD-B15（S-HD15）
≦3.7	(ち)	20kN	引寄せ金物HD-B20（S-HD20）
≦4.7	(り)	25kN	引寄せ金物HD-B25（S-HD25）
≦5.6	(ぬ)	30kN	引寄せ金物HD-B15（S-HD15）×2個
＞5.6	−	N×5.3kN	引寄せ金物HD-B20（S-HD20）×2個

❷モデル住宅での検証

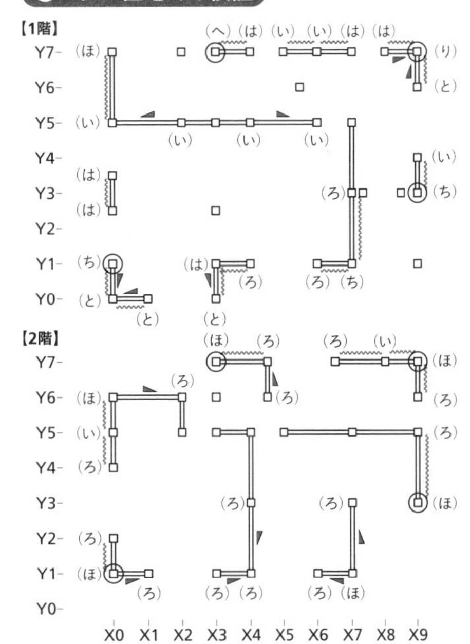

凡例
(2.0)片筋かい45×90　(2.5)面材耐力壁
(2.0)片筋かい45×90

❸N値計算による接合部の仕様

耐力壁端部の柱		1階 N値計算 X方向	Y方向	仕様
X0	Y0	4×0.8−0.4＝2.8	4×0.8−0.4＝2.8	(と)
X0	Y1	—	5×0.5＋2.5×0.8−1.6＝2.9	(ち)
X0	Y2.5	—	2.5×0.5＋2.5×0.5−1.6＝0.9	(は)
X0	Y3.5	—	2.5×0.5＋2.5×0.5−1.6＝0.9	(は)
X0	Y5	1.5×0.5−1.6＝−0.85	2.5×0.5＋0×0.5−1.6＝−0.35	(い)
X0	Y7	—	2.5×0.8−0.4＝1.6	(ほ)
X1	Y0	5×0.5−0.4＝2.1	—	(と)
X2	Y5	2.5×0.5−1.6＝−0.35	—	(い)
X3	Y0	—	4×0.8−0.4＝2.8	(と)
X3	Y1	2.5×0.5＋2.5×0.5−1.6＝0.9	5×0.5−1.6＝0.9	(は)
X3	Y7	2.5×0.5＋2.5×0.8−1.6＝1.65	—	(へ)
X4	Y1	2.5×0.5＋1.5×0.5−1.6＝0.4	0×0＋1.5×0.5−1.6＝−0.85	(ろ)
X4	Y5	2.5×0.5−1.6＝−0.35	—	(い)
X4	Y7	2.5×0.5＋2.5×0.5−1.6＝0.9	0×0＋1.5×0.5−1.6＝−0.85	(は)
X5	Y7	2.5×0.5−1.6＝−0.35	—	(い)
X6	Y1	2.5×0.5＋1.5×0.5−1.6＝0.4	—	(ろ)
X6	Y5	1.5×0.5−1.6＝−0.85	—	(い)
X6	Y7	0.0×0.5＋2.5×0,5−1.6＝−0.35	—	(い)
X7	Y1	2.5×0.8＋2.5×0.8−1＝3.0	2.5×0.8＋2.5×0.8−1＝3.0	(ち)
X7	Y3	2.5×0.5＋1.5×0.5−1.6＝0.4	—	(ろ)
X7	Y7	2.5×0.5＋2.5×0.5−1.6＝0.9	—	(は)
X8	Y7	5×0.5＋0×0.5−1.6＝0.9	—	(は)
X9	Y3	—	2.5×0.8＋2.5×0.8−1＝3.0	(ち)
X9	Y4	—	2.5×0.5−1.6＝−0.35	(い)
X9	Y6	—	5×0.5＋2.5×0.5−1.6＝2.15	(と)
X9	Y7	4×0.8＋2.5×0.8−1＝4.2	4×0.8＋2.5×0.8−1＝4.2	(り)

耐力壁端部の柱		2階 N値計算 X方向	Y方向	仕様
X0	Y1	2.5×0.8−0.4＝1.6	2.5×0.8−0.4＝1.6	(ほ)
X0	Y2	—	2.5×0.5−0.6＝0.65	(ろ)
X0	Y4	—	2.5×0.5−0.6＝0.65	(ろ)
X0	Y5	—	0.0×0.5−0.6＝−0.6	(い)
X0	Y6	2.5×0.8−0.4＝1.6	2.5×0.8−0.4＝1.6	(ほ)
X1	Y1	1.5×0.5−0.6＝0.15	—	(ろ)
X2	Y6	1.5×0.5−0.6＝0.15	—	(ろ)
X3	Y1	2.5×0.5−0.6＝0.65	—	(ろ)
X3	Y7	2.5×0.8−0.4＝1.6	—	(ほ)
X4	Y1	1.5×0.5−0.6＝0.15	1.5×0.5−0.6＝0.15	(ろ)
X4	Y3	—	2.5×0.5−0.6＝0.65	(ろ)
X4.5	Y6	—	2.5×0.5−0.6＝0.65	(ろ)
X4.5	Y7	2.5×0.5−0.6＝0.65	1.5×0.5−0.6＝0.15	(ろ)
X6	Y1	1.5×0.5−0.6＝0.15	—	(ろ)
X6.5	Y7	2.5×0.5−0.6＝0.65	—	(ろ)
X7	Y1	2.5×0.8−0.4＝1.6	2.5×0.8−0.4＝1.6	(ほ)
X7	Y3	—	1.5×0.5−0.6＝0.15	(ろ)
X8	Y7	0.0×0.5−0.6＝−0.6	—	(い)
X9	Y3	—	2.5×0.8−0.4＝1.6	(ほ)
X9	Y5	—	2.5×0.5−0.6＝0.65	(ろ)
X9	Y6	—	2.5×0.5−0.6＝0.65	(ろ)
X9	Y7	2.5×0.8−0.4＝1.6	2.5×0.8−0.4＝1.6	(ほ)

注：1階X6Y7柱の上部には、X方向に455㎜ずれた位置に耐力壁端部の2階柱が存在する。この柱の引抜き力を当該柱がすべて受け持つよう安全側で判断すると、N値計算式は表で示したとおりになる。このような場合の例は告示で示されておらず、2階柱の引抜き力を考慮するかどうかは構造設計者の判断に委ねられている

※4：モデル事例のように45×90の筋かいを使用する際の補正値は以下のとおり。片筋かいが片側から柱頭に取り付く場合は＋0.5、柱脚に取り付く場合は−0.5。たすき掛けが片側から取り付く場合は0。片筋かいが両側から取り付く場合は＋1.0、ただし両方柱脚に取り付く場合は0。片筋かいとたすき掛けが両側から取り付く場合は＋0.5。たすき掛けが両側から取り付く場合は0

Column

知らないと描けない材木・面材の基本寸法

規格寸法を押さえる

一般流通材に比べ、特注材の価格は高い。作図の際には、流通材の種類や規格寸法を押さえておかないとコストに大きく影響する［表］。

木材の種類は、構造用材、下地木材、造作材、合板などの面材に大きく分けられる。このうち構造材はほぼ呼称どおりの寸法で納品されるが、下地材に分類される根太や垂木は幅にばらつきがある（せいは仕上り高さに影響が出ないようほぼ呼称どおり）。壁通気用の加工胴縁は、標準通気層厚さの指針が18㎜以上なので20㎜厚が標準だ。

枠材などの造作材は、塗装しやすいベイツガ・スプルスなどが和室・洋室共用で流通している（見付け仕上り寸法25・30・45㎜）。それ以外の寸法・材種で造作材を製作する場合は原盤をもとに仕上げる。材種によっては反りや曲がりで厚みが確保できないこともあるので要注意だ。

面材には合板（普通合板・シナ合板・化粧合板など）のほか、構造用合板や床構造用厚合板などがある。なお、合板の規格サイズはさまざまだが、最も多く流通しているものが3×6版。それより少し大きめのサイズが必要になった場合は、その次に流通量が多い4×8版を使うとよい。3×7版や3×8版などは規格としては存在するものの、流通量とコストを考えれば4×8版をカットしたほうが安い場合が多い。［河合孝］

表 材木・面材規格表

①構造材・下地材

部位	材料	断面寸法（㎜）	長さ（m）
土台	ヒノキ・ヒバ	105□、120□	4
	防腐土台	105□、120□	6
梁・桁	ベイマツ・集成材	105□、105×120（150、180、210、240、270、300、330、360）、120□、120×150（180、210、240、270、300、330、360）	3・4・5・6
柱	ヒノキ・ヒバ・ベイツガ・集成材	105□、120□	3・4・5・6
間柱	ベイツガ・スギ・ベイマツ	90×30（45）、105×45	3・4
	集成材	60（72、90、105、120）×30	3・4
筋かい	ベイツガ・スギ・ベイマツ	90×30、105×45	3・4
根太	ヒノキ・ベイツガ	45×40、60（90、105、120）×45	3・4
垂木	ベイツガなど	40×30	3・4
胴縁	ベイツガなど	20×40	4

②造作材

部位	材料	原盤厚み（㎜）	見付け仕上り厚（㎜）
枠材	ベイツガ・スプルスなど	—	25、30、45
枠材・甲板	ナラ・タモ・ベイマツ・ベイツガ	27（9分）	25
		33（1寸1分）	30
		39（1寸3分）	35〜36
		45（1寸5分）	40〜42

③面材（普通合板と構造用合板）

部位		サイズ［※3］	厚み（㎜） 4	5.5	9	12	15	18	21	24	28	30
合板［※1］	ラワン	3×6	●	●	●	●	●	●	●	●	—	●
		4×8	●	●	●	●	●	●	●	●	—	—
	シナ	3×6	●	●	●	●	—	—	—	—	—	—
		4×8	●	●	●	●	—	—	—	—	—	—
	シナランバー	3×6	—	—	—	●	●	●	●	●	—	●
		4×8	—	—	—	●	●	●	●	●	—	●
構造用合板		3×7（8・9・10）	—	—	●	●	●	—	—	—	—	—
		1m×7（8・9・10）	—	—	●	●	●	—	—	—	—	—
床構造用厚合板［※2］		3×6、1m×2m版	—	—	—	—	—	—	—	●	●	—

※1：そのほか1×2m版がある
※2：床構造用厚合板には、床倍率の関係上、実付きのものとないものがある　※3：単位のない数字は尺

Topics

これでラクラク！「プレカット図」チェック法

木造建築に使う構造材の大半は、プレカット工場で加工される。加工のために描かれる「プレカット図」のチェック方法を解説する

加工前にミスを防ぐ

着工後まもなく、プレカット図［※］が現場から提出される。設計者は構造図と照合し、意匠的にも問題がないかをチェックする。納まり上、原設計からの変更は少なからず発生するので、意匠・設備との整合もとっておく。チェック図をもとに打ち合わせした後、材料発注・プレカット加工と進むため、チェックは迅速に行いたい。

構造図では構造材の位置・サイズなどが示される。プレカット図ではそれに加え、継手や仕口、金物の詳細まで記載される。各図のチェック項目とそのポイントは図1、75頁図2のとおり。そのほか注意すべきは矩計寸法だ。プレカット図では「土台天端〜2階床梁天端」「2階床梁天端〜小屋梁天端」が階高となる。構造図でも土台と各階梁天端からのレベル表記にすると、加工業者と意思疎通しやすいのでお勧めだ。［小田切博志］

図1 プレカット図（1階床伏図［土台伏図］）のチェック

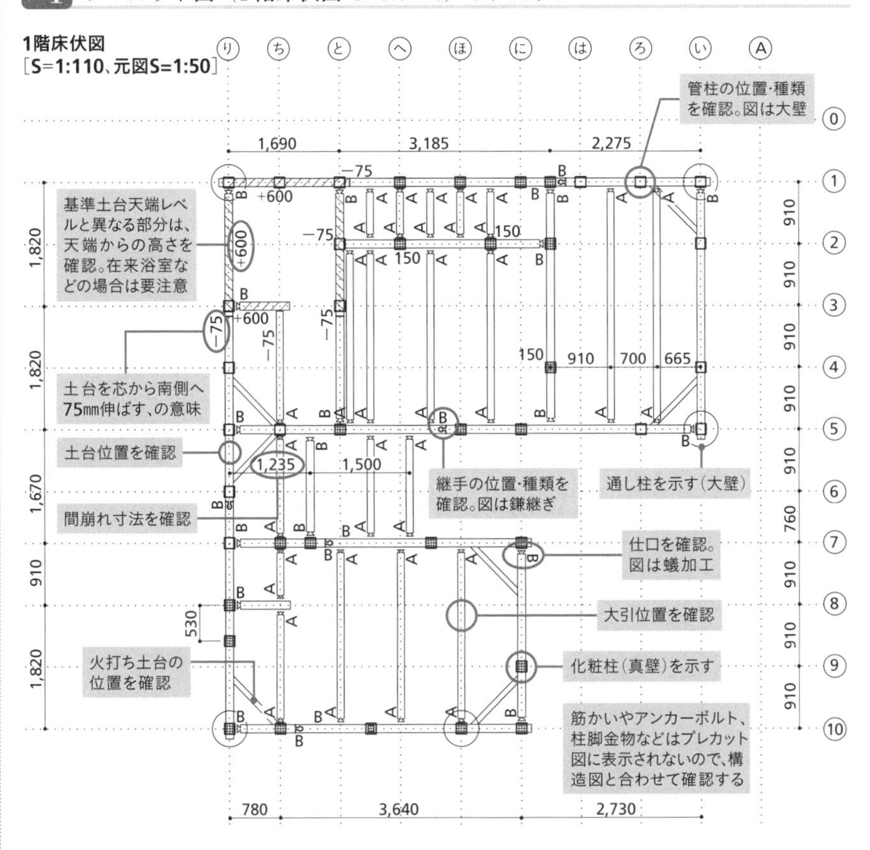

チェック項目	ポイント
□構造図との整合性	主に基礎伏図との整合性を確認。意匠図・設備図との整合性もチェック
□土台・大引・床束・柱の位置、種類	樹種、材寸、大壁・真壁の別、化粧材などを確認。サイズの違う柱など、芯ずれも確認しておく
□間崩れ寸法	平面図も併せて確認しておく
□継手の位置、種類	機械の設定上、土台の継手が雄雌逆になることがあるので、アンカーボルト位置に注意する
□仕口の位置、種類	換気口や人通口などの位置に仕口がないか注意する
□筋かいとの取り合い	構造図で筋かいの位置を確認し、土台継手と干渉しないかを確認
□火打ち土台との取り合い	土台継手と干渉しないかを確認
□レベル	❶基礎上端に高低差がある場合、土台などのレベルを記載 ❷畳敷きなど部分的に床仕上材の厚みが異なる場合、大引などのレベルを調整
□構造金物との取り合い	袖壁にホールダウン金物は2つつけられないので注意
□設備配管との取り合い	火打ち土台や大引が排水管と干渉しないかなど設備図と整合を取る
□床下収納との取り合い	下部に大引などがないか確認

※：プレカット図は構造図をもとにプレカット業者が作成する、「構造材を加工する」ための図面。施工図的な役割をもち、一般に各階床伏図、小屋伏図、母屋（屋根）伏図、軸組図からなる。一方、プレカット図作成のため工場に提出する主な図面は構造図のほか、配置図・平面図・立面図・矩計図など。提出時には、全体に関わる共通事項（①モジュール寸法、②階高、③屋根勾配、④柱の小径や梁幅、⑤各階床の仕上げ高さなど）をまとめ、渡しておくと、大きなミスを防ぐことができる

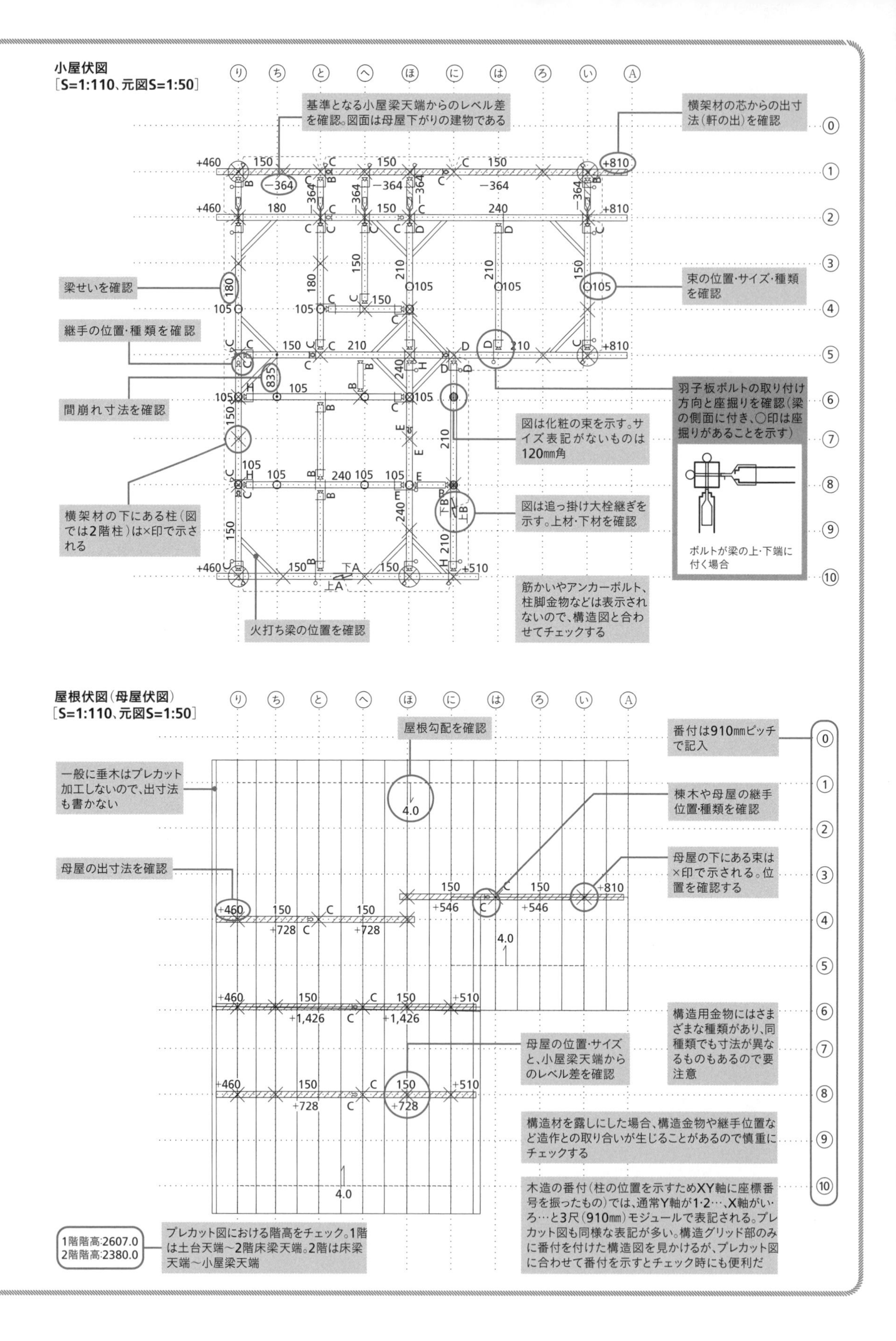
小屋伏図
[S=1:110、元図S=1:50]
基準となる小屋梁天端からのレベル差を確認。図面は母屋下がりの建物である
横架材の芯からの出寸法(軒の出)を確認
梁せいを確認
束の位置・サイズ・種類を確認
継手の位置・種類を確認
間崩れ寸法を確認
羽子板ボルトの取り付け方向と座掘りを確認(梁の側面に付き、○印は座掘りがあることを示す)
ボルトが梁の上・下端に付く場合
図は化粧の束を示す。サイズ表記がないものは120㎜角
横架材の下にある柱(図では2階柱)は×印で示される
図は追っ掛け大栓継ぎを示す。上材・下材を確認
筋かいやアンカーボルト、柱脚金物などは表示されないので、構造図と合わせてチェックする
火打ち梁の位置を確認
屋根伏図(母屋伏図)
[S=1:110、元図S=1:50]
屋根勾配を確認
番付は910㎜ピッチで記入
一般に垂木はプレカット加工しないので、出寸法も書かない
棟木や母屋の継手位置・種類を確認
母屋の出寸法を確認
母屋の下にある束は×印で示される。位置を確認する
構造用金物にはさまざまな種類があり、同種類でも寸法が異なるものもあるので要注意
母屋の位置・サイズと、小屋梁天端からのレベル差を確認
構造材を露しにした場合、構造金物や継手位置など造作との取り合いが生じることがあるので慎重にチェックする
木造の番付(柱の位置を示すためXY軸に座標番号を振ったもの)では、通常Y軸が1・2…、X軸がい・ろ…と3尺(910㎜)モジュールで表記される。プレカット図も同様な表記が多い。構造グリッド部のみに番付を付けた構造図を見かけるが、プレカット図に合わせて番付を示すとチェック時にも便利だ
1階階高:2607.0
2階階高:2380.0
プレカット図における階高をチェック。1階は土台天端〜2階床梁天端。2階は床梁天端〜小屋梁天端

図2 プレカット図（2階床伏図・小屋伏図・屋根伏図）のチェック

❶2階床伏図

チェック項目	ポイント
□柱・梁の位置	意匠図、設備図、各構造図との整合性を確認。階段の降り口の梁はずらしておく
□柱・梁の種類	樹種、材寸、大壁・真壁の別、化粧材などを確認。特に梁の配置とサイズは原設計と異なる場合も多く、意匠や設備に影響するので要注意
□間崩れ寸法	平面図も合わせて確認しておく
□継手の位置、種類	受け材サイズを確認（同寸以上）。上部に柱が載る付近に継手があれば、ずらす。吹抜けや階段室に面する梁にはなるべく設けない。また露し部分は継手種類の検討を要する
□仕口の位置、種類	受け材が同寸以上あるかを確認し、同寸以下の場合は柱で受けるようになっているかをチェック。跳出し梁などが断面欠損していないか仕口を確認する。また露し部分は仕口種類の検討を要する
□座彫り加工の位置	外壁部や階段室、吹抜け部などは特に要注意
□筋かいとの取り合い	構造図で筋かいの位置を確認し、梁継手と干渉しないかを確認
□火打ち梁との取り合い	梁継手と干渉しないかを確認
□レベル	❶高低差がある場合、梁などのレベルを記載（スキップフロア、上階が浴室の場合など） ❷畳敷きなど部分的に床仕上材の厚みが異なる場合、梁レベルを調整する
□構造金物との取り合い	羽子板ボルトの位置や取り付け方向などに注意する。特に真壁柱との取り合いは要注意。露し部分は隠し金物を使うなどの検討を要する

❷小屋伏図

チェック項目	ポイント
□梁・束の位置	意匠図、各構造図との整合性を確認。特に屋根形状が複雑な場合など、配置やサイズが変更になる場合が多いので意匠図と整合させておく。振れ止めが追加されている場合もあるので要注意
□梁・束の種類	樹種、材寸、大壁・真壁の別、化粧材などの確認。特に梁の配置とサイズは原設計と異なる場合も多く、意匠や設備に影響するので要注意
□間崩れ寸法	平面図も併せて確認しておく
□継手の位置、種類	受け材が同寸以上あるかを確認。上部に柱が載る付近に継手があれば、ずらす。また露し部分は継手種類を検討する
□仕口の位置、種類	受け材が同寸以上あるかを確認し、同寸以下の場合は柱で受けるようになっているかをチェック。また露し部分は仕口種類を検討する
□座彫り加工の位置	外壁部や階段室、吹抜け部など要注意
□筋かいとの取り合い	構造図で筋かいの位置を確認し、梁継手と干渉しないかを確認
□火打ち梁との取り合い	梁継手と干渉しないかを確認
□レベル	❶高低差がある場合、梁などのレベルを記載（母屋下がり位置など） ❷部分的に床仕上材の厚みが異なる場合、梁レベルを調整する
□構造金物との取り合い	羽子板ボルトの位置や取り付け方向などに注意する。特に真壁柱との取り合いは要注意。露し部分は隠し金物を使うなどの検討を要する
□小屋裏収納との取り合い	4周に小屋梁が入っているか、はしごなどを収納する部分に梁を架けていないかを確認。不要な小屋束があれば抜く

❸屋根伏図（母屋伏図）

チェック項目	ポイント
□棟木、母屋、束の位置	意匠図、各構造図との整合性を確認。特に屋根形状が複雑な場合など、配置やサイズが変更になる場合が多いので、意匠図との整合性に注意する
□棟木、母屋、束の種類	樹種、材寸、化粧材などの確認
□間崩れ寸法	平面図も併せて確認しておく
□継手の位置、種類	受け材が同寸以上あるかを確認。継手位置はそろわないようにずらす。継手方向は天秤にならないよう確認。また露し部分は継手種類を検討する
□仕口の位置、種類	受け材が同寸以上あるかを確認し、同寸以下の場合は束で受けるようになっているかチェックする。また、露し部分は仕口種類を検討する
□垂木彫り	垂木彫りの有無、深さと間隔を確認
□レベル	高低差がある場合、梁などのレベルを記載（母屋下がり位置など）
□軒の出・けらばの出寸法	納まりを考慮したうえで寸法決定する。斜線制限などが厳しい場合には要注意
□屋根の形状・勾配	立面図と合わせてチェックする
□その他	構造金物との取り合いを確認する

プレカット情報 ①規格サイズ以外のものや大断面（梁せい270mm以上）のものはコストが割高になる。計画時はもちろん、プレカットチェック時も注意しておく。管柱の場合は105mmか120mm角、長さ3m。通し柱は120mm角、長さ6m。梁は長さ4m、②プレカットは全自動加工機が一般的。追っ掛け大栓継ぎ、渡り腮などの伝統構法や隠し金物加工対応の機械は少ないため、手加工する場合が多い。登り梁の場合も同様で、3万円／本前後の加工代が追加されるので覚えておきたい

Check!

プレカットのチェックポイント

プレカット工場に渡す図面

近年、プレカットが急速に普及し、都市部では木造軸組構法による建築物の9割超がこれを利用しているといわれている。その加工技術は年々精度を増し、また、一定レベル以上の木造の知識を持つプレカットキャドオペレーターも育成されてきたことで、平面図と立面図さえあれば、伏図がなくても発注可能になっている。

しかし、キャドオペレーターは設計や施工の技術者ではない。それゆえ設計意図に沿った構造を設計者が考えたうえで伏図を描くべきであり、オペレーターに構造設計をゆだねるべきではない。設計者が構造を考え、意匠との整合性を踏まえてデザインすれば、意匠や設備の納まりをオペレーターに読み取ってもらう必要はなくなる。加工図を作成するための指示書は、必要最小限の図面と資料にとどめることが望ましい。

工場に渡す図面は、平面詳細図、立面図、矩計図、天井伏図、屋根伏図、そして構造伏図。展開図は、その一部を補足資料として示す程度でよい。これらの図面とは別に、平面図で分かりにくい部分の情報や、樹種・等級、化粧材の加工の指示など、別途資料を用意したほうがよい場合もある。あらゆる情報を図面に盛り込むよりも、目的別の資料をつくるほうが設計者自身のチェックが楽になる。

設計意図が正確に伝わる資料

設計者が描く図面は、誰が見ても分かりやすいことが重要で、そのうえで図面情報や補足資料を用意するとよい。加工図を作るうえでの判断材料やルールが構造伏図に記載されていると相手にも伝わり、チェック時にも役立つ。

たとえば、土台伏図にアンカーボルトの位置を記載し、ホールダウン金物の位置および筋かいの位置をすべての伏図に記入しておくと、継手があると好ましくない個所が読み取れる。羽子板ボルトについては、吹抜け部、勾配天井部分の横架材を超える部分、階段部分など干渉する部分を伏図に分かりやすくマークする。さらに天井伏図には化粧梁の露出する寸法が記載されていると、ボルト類の露出に対してのチェックが楽になる。

すべての情報を図面に無理矢理詰め込むと、情報が込み合って見落としの原因にもなる。内容ごとに作成した別の資料を添付するほうが、分かりやすくて望ましい。

❶レベルの情報：高さ方向に変化をつけた建物や、上下階の間崩れが多い建物は伏図が複雑になり、情報を読み落としがちになってしまう。特に読み取りにくいのは、水平材のレベル違いや2重桁の部分、屋根が層をまたいで下がっているところなど。これらについては、当該部分の軸組図があるとよい

❷材種と仕上げ：化粧で露す材が複数ある場合や、真壁と大壁が混在する場合には、材種や等級と仕上げの指示を書いた資料をつくると確認しやすくなり、間違いが減る

❸加工の詳細な指示：継手などの加工ルールは工場ごとに異なるが、通常と違う納まりを計画している場合や、特殊な加工を必要とする個所がある場合は、その部分の詳細図を渡しておく

右記の資料については、無理にプレカット図に歩み寄って描く必要はない。あくまでも設計者の描き方、指示書として、設計意図と伝えたい目的を書き、直接打ち合わせを行うのが望ましい。

プレカット図面の見方

プレカット工場は、渡された図面と資料にもとづいて、加工図を作成する。このプレカット図面にはある程度の記号性があるため、柱や梁などの図寸法が実際の縮尺とは一致しない。したがって、設計者にとってはまず見慣れることが大切だ。記号や図の形状の意味をしっかり理解したうえで後述する各ポイントをチェックしたい。

ここでは図1のSG邸の事例について見ていく。図3の土

図1 SG邸平面詳細図1階［原図をS＝1：50をS＝1：200に縮小］

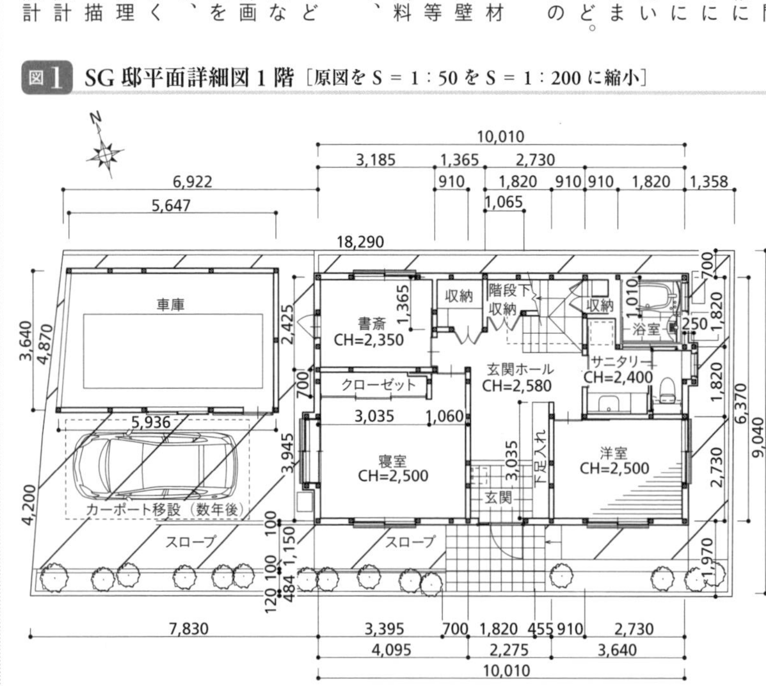

台伏図には、太さが異なる材が示されている。これで土台か大引きかを判別してチェックする。継手も形状で判断できるようになっている。ここでは、矢印形の鎌継ぎ、三角形の蟻継ぎ、凸形のホゾ差し、四角形の大入れが描かれている。

この住宅では土台と通し柱が4寸角、その他の材は3.5寸角であるため、土台を内側に寄せて外面合わせで納めている。図上の表示でもずれているのが分かる。また、通し柱の四角が大きいのでやや分かりにくいが、寄せ方向の矢印が書かれている。

2階床伏図［図4］では、畳の厚み分の下がりとバルコニーの下がりのレベルが、斜線と数字で記載され、そこに入る2重桁が梁記号でなんとなく重なっているのだろう、という程度に記載されている。これは、別のレイヤーに2重梁の記載があると判断し、その図面をチェックするべき個所である。柱の描き方で上下階の柱の有無が区別でき、また、和室の化粧柱は斜線で描かれている。この図面では×が下階の柱で□が上階の柱だ。梁の仕口部分には、羽子板ボルトの記号、梁接合金物の記号、それらの型番が書き込まれる。

このように、2階床伏図はかなり情報要素が多い。設計者はまず記号や図面のルールなどをキャドオペレーターに聞き、何が記されているのかをすべて把握しなければならない。そしてチェック漏れを起さないためのルールを自分なりに確立しておくことが必要だ。

プレカット図のチェックポイント

プレカット図の具体的なチェックポイントを以下に並べる。

〈土台伏図［図3］〉

❶柱の位置。伏図だけではなく平面図との整合性も確認

❷土台と大引、根太方向。フローリングの張り方向や、トイレなどの排水管の干渉の有無も確認

❹間崩れや複雑な部位の寸法と、玄関框の納まり。寸法が未記入の個所があったら必ず確認する

❺玄関や勝手口の開口部など、土台が通らない部位

❻柱寄せ、土台寄せなどの芯ずれ

❼間仕切りと間柱欠きの整合性

❽継手に対する、アンカーボルト、ホールダウン金物、筋かいの位置の適・不適

❾材種などの特記と階高

〈2階床伏図［図4］〉

❶柱の位置

❷梁・根太の位置と、梁せいなどの断面寸面：加工上の都合や、通常の納まりと合わないなどの理由で、工場の見解として修正してくる場合がある。修正の理由を確認し、修正を検討する

図2 土台伏図［原図をS＝1：50をS＝1：150に縮小］

図3 プレカット土台伏図［原図をS＝1：50をS＝1：150に縮小］

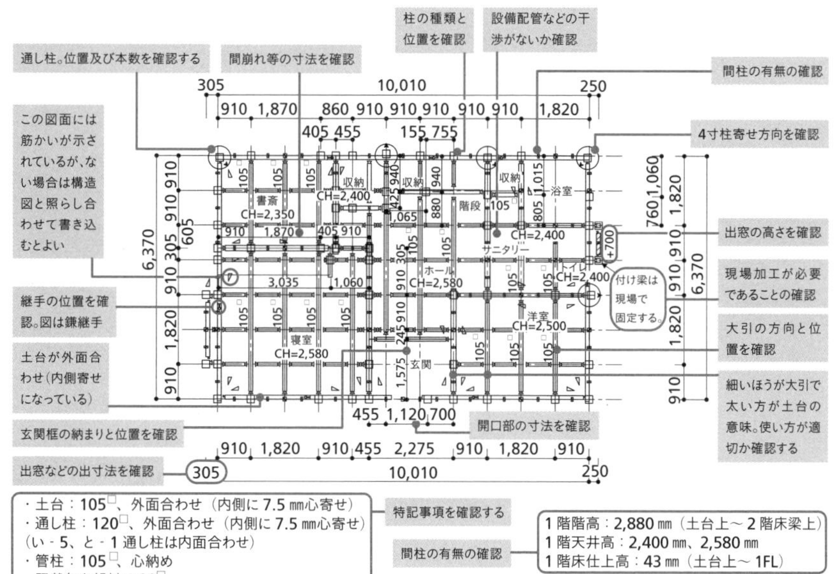

図4 2階床伏図プレカット［原図をS＝1：50をS＝1：150に縮小］

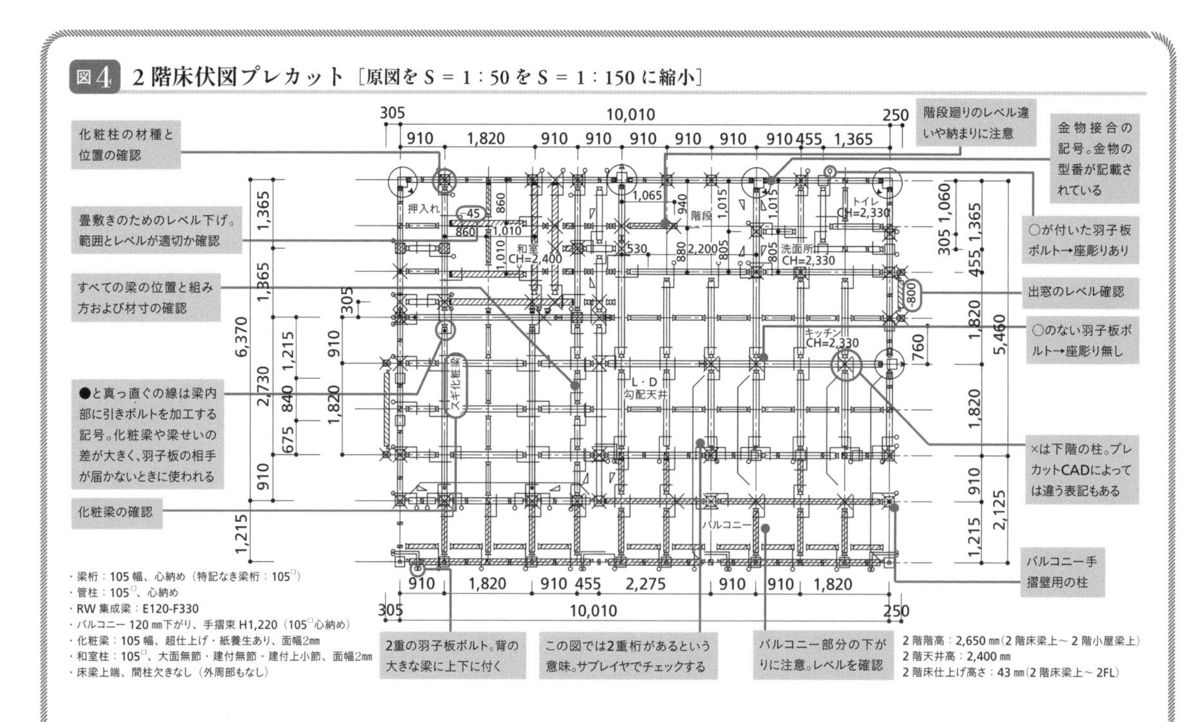

図5 2階床伏図プレカットサブレイヤー［原図をS＝1：50をS＝1：150に縮小］

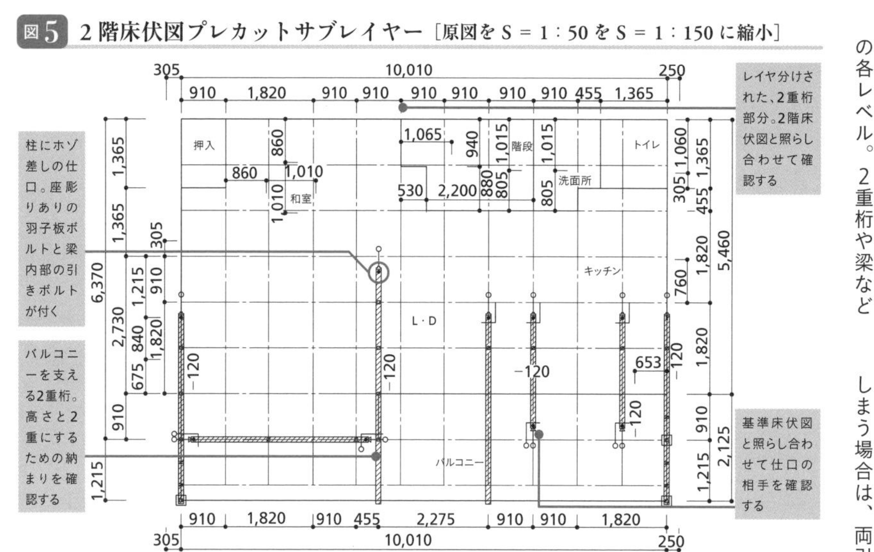

❸間崩れや複雑な部位の寸法
❹和室の化粧柱。背割りがある材は向きを確認する
❺間仕切と間柱欠きの整合性
❻継手に対するホールダウン金物、筋かいの位置の適・不適
❼和室や出窓、バルコニーなどの各レベル。2重桁や梁などのレベルも確認
❽バルコニーや階段の手摺壁用柱
❾吹抜け、階段室、化粧で露す梁。各部で羽子板ボルトの向きや座彫りなどが適当であるかを確認。意匠上支障が出てしまう場合は、両引きボルトやDボルトなど、目立たない方法に変えるか検討する
❿材種などの特記と階高

〈2階床伏図・サブレイヤー［図5］〉

❶レイヤー分けされているので、基準伏図との照合が必要。サブレイヤーの梁の相手材は基準レイヤーに描かれているので、照らし合わせる
❷梁のレベルと位置、材寸
❸2重の梁どうしの納まり。ダボで直接つなぐやり方や、束立て、また柱に差して接合する場合がある。指定の材寸より大きくなってしまう場合は、下階の天井高さや設備配管に支障が出ないか再確認する

〈小屋伏図［図6］〉

❶小屋束の位置
❷梁の位置と梁せいなど断面寸法。工場側が修正してくる場合、その理由を確認し、検討する
❸間崩れや複雑な部位の寸法
❹吹抜け廻りは入念にチェックする。化粧梁、化粧火打ち、化粧小屋束の位置、断面寸法、継手の有無。羽子板ボルト類の見え方や座彫りの有無も確認
❺梁のレベル違い
❻小屋裏収納部分の床組
❼材種などの特記と階高

〈その他の図面のチェック〉

❶母屋伏図［図7］では、母屋位置、材寸、屋根勾配、母屋や桁の出寸法を確認する

❷二重桁・梁や、レベルが大きく変化する部位が発生する場合は、下屋部分に閉じて別のレイヤの図面が存在するので、基準床伏図と照らし合わせながらチェックする。基準梁との取合いが、束やダボなどになっているので確認する。レイヤー分けのルールはプレカット工場によって異なるので、必ず打ち合わせなどで確認する

❸工場ごとのプレカット指示書が存在する。指示書には材種の指定や垂木欠き、ボード決り（しゃくり）など加工の共通ルールが書いてあるので、一通りチェックする必要がある。特に標準ルールではない加工を指定する場合は、打ち合わせによって再確認する

❹登り梁がある場合は、梁と母屋の高さ関係を確認する

❺隅木加工がある場合、その位置と母屋との高さ関係を確認する

❻手加工指示図面がある場合、特に複雑な加工が要求されている継手などの加工図面を提出してもらい、打ち合わせで確認する

❼このほか、CADに反映する際に出る質疑をまとめてくるオペレーターもいるので、回答し、その結果を必ず確認する

プレカットに「ここを押さえておけばチェックは完璧」という素晴らしい秘訣などない。すべてを完璧にチェックするには、少なくとも目視だけのチェックは避け、何色ものマーカーを使用し、チェックした個所一つひとつマークでつぶしていくなどして、漏れを防ぐ。色分けしておくと、見直しや再確認時に間違いが減り、チェックの時間短縮につながる。そういった工夫を行なうことがミスを防ぐコツだろう。また、チェック後にプレカット工場とのやりとりが発生することがあるので、前回のチェック項目をまとめておくことも大事だ。

筆者はこれまで、何十棟ものプレカットのチェックを行ってきたが、経験があっても、忙しさや気分などによってミスすることはあった。そうしたミスを踏まえた反省点と対策を、本稿では開陳したつもりである。参考にしていただければと思う。

［鈴木晴之］

図6　2階小屋伏図プレカット［原図をS＝1：50をS＝1：150に縮小］

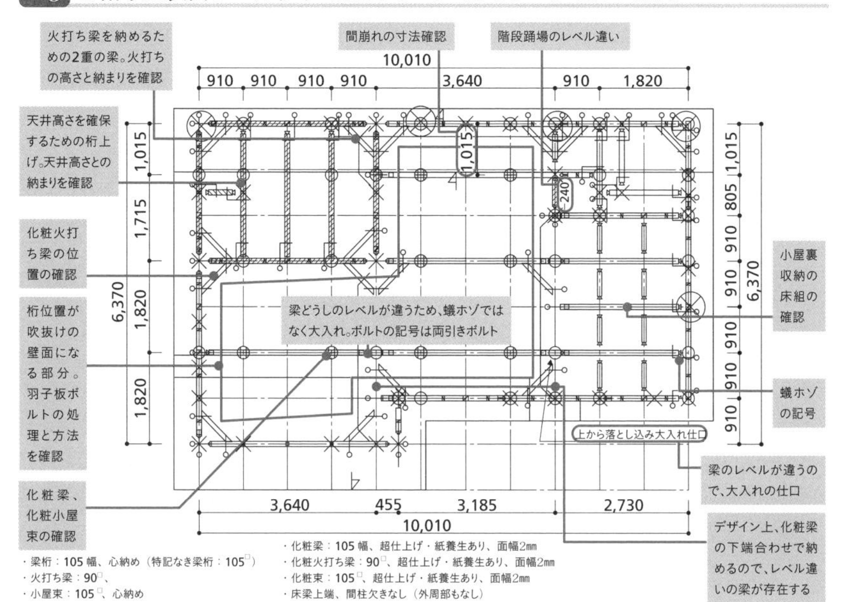

図7　2階母屋伏図［原図をS＝1：50をS＝1：150に縮小］

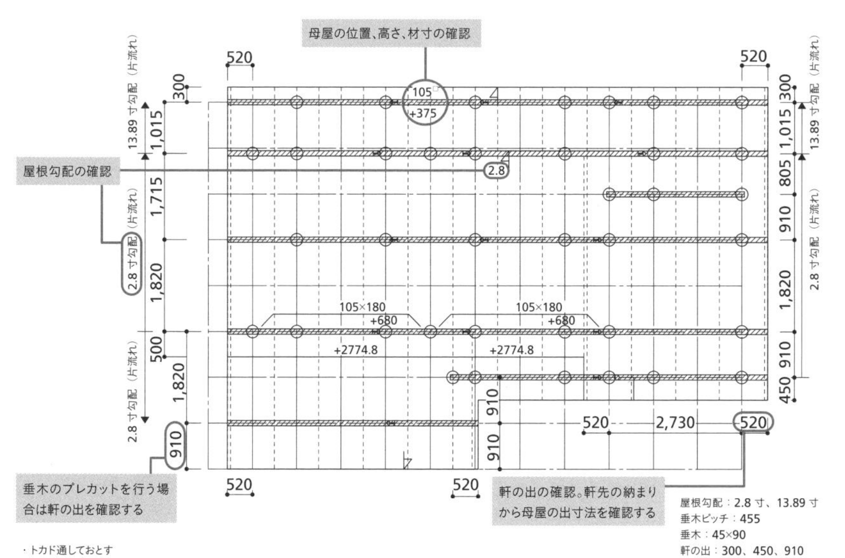

Column

本書の図面ルール

図面が「伝えるため」のツールならば、本書も知識を伝えるという意味で、まったく同じ目的をもっている。さまざまな執筆者から図面資料を提供していただく本書では、掲載図面の統一ルールが必須である。ルールを決めておくことで全体的な統一感がとれ、より見やすく伝わりやすい図面になる。ことさら説明するようなことではないが、本書の主旨を踏まえ、ここでは掲載上のルールを紹介する。読者各位なりのルールを決めるうえで、ご参考になれば幸いである。

図面中の解説

本書の特徴は、実際の図面に直接解説を入れていることだ。直接解説を入れると分かりやすくなる反面、本来入らない情報が表示されるため、図面としては見づらくなる。それを避けるため、解説はできるだけ図面に干渉しないように配置している。これは、解説だけでなく、部材名の表示も同様である［図］。

表記や線の統一

当然だが、書籍として、用字用語の統一ルールがある。主なものは表1のとおり。

文字の大きさ・フォントはもちろん、図面の線の太さや線種も統一している［表2］。

なお、色はあまり使わないようにしている。元の図面には色がついておらず、それに見慣れている設計者にとっては、色は邪魔なものになりかねないからだ。

掲載サイズ

そもそも図面はA2判が標準である。一方、本書の判型はB5判なので、そのまま再現するのは不可能だ。ただ、図面の一部を抜粋することで、原図と同じ縮尺で表示できることも多い。

スケールダウンする場合、三角スケールで当たれる縮尺にするのが原則だ［表3］。［編集部］

表1 本書の用語統一（抜粋）

統一のルールは、送り仮名の付け方に関するものと、かな・カナ・漢字表記がある用語の表記に関するものに大別できる。表記統一は、内容の正誤とは別に、「どちらの表記でもよいもの」をどちらかに決めることで、全体の統一感を出す狙いがある。ある用語の表記がバラバラの場合と統一されている場合とでは、全体の読みやすさの印象が違ってくる

○	×	読み方	備考
ⓐ 送り仮名に関する統一			
打放し	打ち放し	うちはなし	
仕上げ	仕上	しあげ	
仕上材	仕上げ材	しあげざい	
立上り	立ち上がり	たちあがり	
垂壁	垂れ壁	たれかべ	
継手	継ぎ手	つぎて	
吹付け	吹き付け	ふきつけ	
目透し	目透かし	めすかし	
ⓑ かな、カナ、漢字の統一			
露し	現し	あらわし	
金鏝	金コテ	かなこて	
給気口	給気孔	きゅうきこう	
釘	くぎ、クギ	くぎ	
心（柱心、梁心）	芯	しん	中心または中心線、壁・柱などの中心面
チリ	ちり、散り	ちり	壁チリ
手摺	手摺り、手すり	てすり	
張る	貼る	はる	タイル張り、石張り、クロス張り、和紙張り、板張りなどすべて「張り」で統一
ベタ基礎	べた基礎	べたきそ	
鉋	かんな、カンナ	かんな	日本の伝統工具は基本的に漢字で表記する。読みにくい場合はルビをふる
鋸	のこぎり、ノコギリ	のこぎり	
鑿	のみ、ノミ	のみ	
ⓒ その他の統一			
引寄せ金物	引き寄せ金物	ひきよせかなもの	
見付け	見付	みつけ	正しくは「見付き」なのでそれと区別するため
枠組壁工法	枠組み壁工法	わくぐみかべこうほう	原則として全体の構造にかかわる場合は「構法」だが、この語に限り、㈳ツーバイフォー協会の表記に従う

・商品名は原則として一般名に言い換える　・材種はカタカナ表記。ただし銘木はもとの表記に従う

注：これらの表記統一は原則であり、用語の使われ方などでこの限りではない場合がある

表2 線の太さと線種

■太さ
主に以下の3種類を用いている

線名称	内容	線の太さ	線
ハッチ・寸法線	ハッチ、寸法線、心など、見え掛かり線（平面上）	0.07㎜	
細線	断面線（建具、枠、面材）	0.10㎜	
中線	断面線（外形線、構造材［柱・大梁・スラブなど］）	0.17㎜	

■線種
実線以外では以下の2種類。
太さ同様、あまり種類を増やさないようにしている

線名称	内容	備考
一点鎖線	通り心、敷地境界線、吹抜けを示す線など	それぞれでピッチを変えている
点線	隠れ線、シート系など	シートはピッチを変えている

表3 縮尺のルール

・原則として、三角スケールで当たれる縮尺としている
・スケールダウンに合わせ、適宜、一部の寸法や壁内部の表現などを省略する

1／2、1／3、1／4、1／5、1／6、1／10、1／15、1／20、1／25、1／50、1／60、1／100、1／120、1／150、1／200

図 図面掲載上のルール

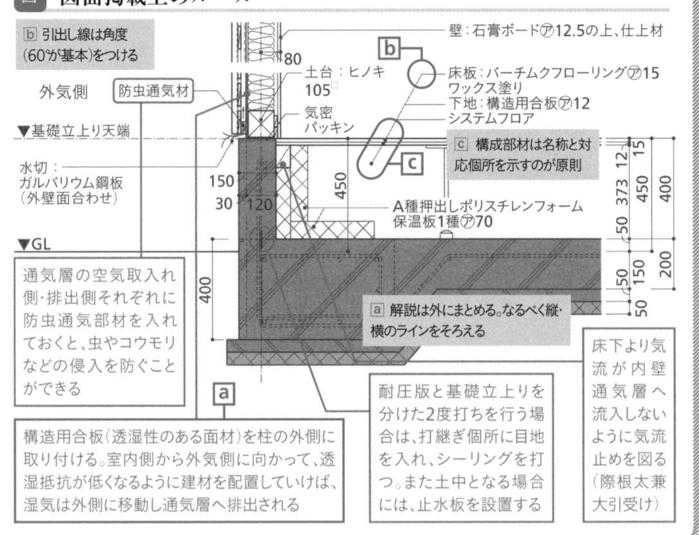

Part 2

実例から学ぶ

過不足なしの
実施図面の描き方

［瀬野和広＋設計アトリエ］

実例写真で理解する実施図面

全体が一つの空間となるよう設計された家

1階は玄関土間から台所板土間へと繋がり、そのまま小上り座敷居間へと一続きになっている。平面図からは、その概要を把握することができる。また、間口2間での動線と居場所を交錯させつつも、空間に余裕のある間取りであることがわかる

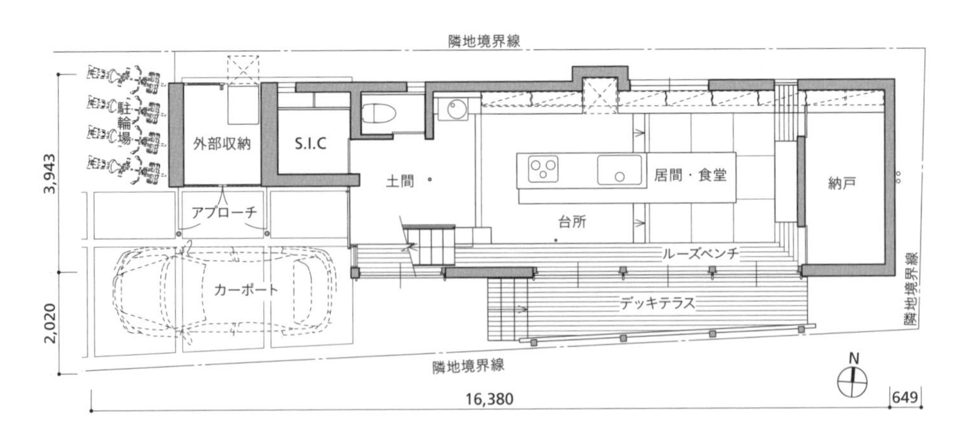

1階平面図[S＝1：150]　※詳細は96頁参照

矩形図で見る、土間から台所、居間への繋がりと高さ

玄関引き戸を開けると玄関土間、板土間台所から小上り座敷へと繋がり、そしてテレビの背に初めての壁が現れる。妻側を切断面とし、必要な部位の高さや詳細を押さえる。床レベルの異なる土間から台所、居間までの高さ方向の詳細がわかる。台所のワークトップが、同じ高さのまま居間のテーブルへと続き、より空間に繋がりを持たせている

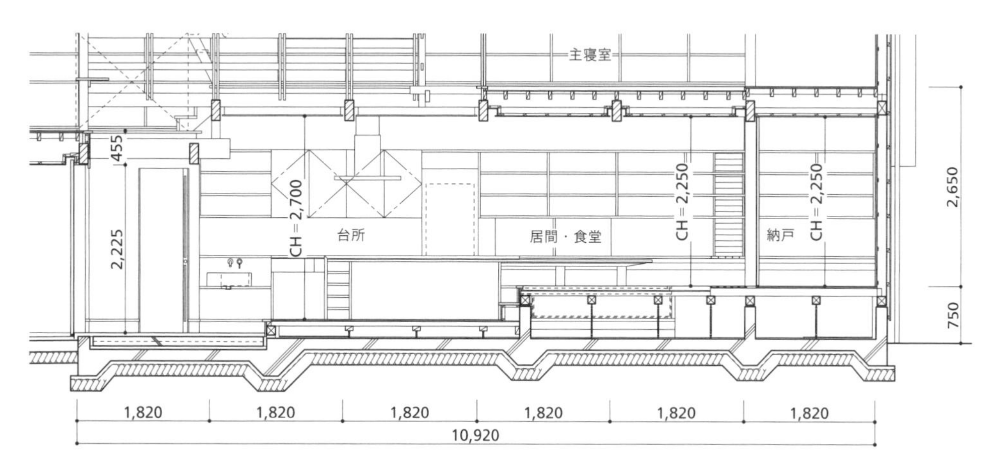

1階矩計図［S＝1：100］ ※詳細は104頁参照

子供を中心に考えた間取りの2階

吹抜けを介した2階は、通路のワークスペースから子供の身支度部屋を兼ねた畳座敷の寝室へと続く。最上部東西面に設けた開口部がこの家の主採光窓となっており、越屋根上部からの主採光を極力1階まで落とすように、動線の一部を簀の子床にしている

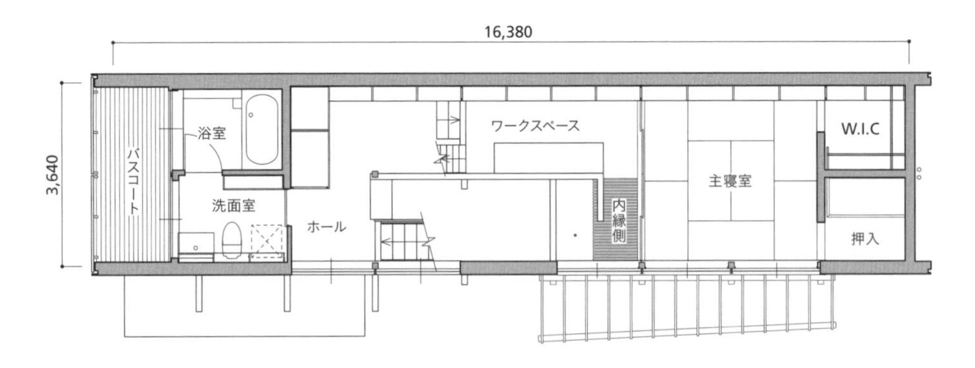

2階平面図［S＝1：150］ ※詳細は100頁参照

矩計図で2階の高さ寸法を見る

見え掛かり部分や造作家具の高さ情報を記載することにより、周囲の空間との位置関係がわかる。主要構造材は全て、葉枯らし天然乾燥を施した天竜杉[129頁]を使用。造作材はさらに硬さを求め、雲杉材を加工している

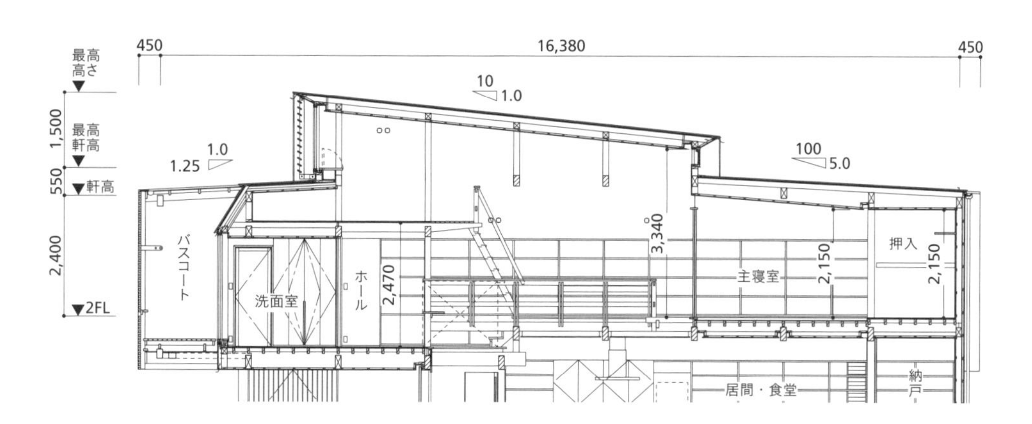

2階矩計図[S＝1：150] ※詳細は104頁参照

台所･居間の造作を詳細図で見る

造作は専用の詳細図を用意して設計意図を伝える。写真は、台所から居間へ続く造作。雲杉製の固定された食卓は、床框が少し入り込むようにし、かかとがぶつからないよう側面は框より30㎜蹴込みを設けている

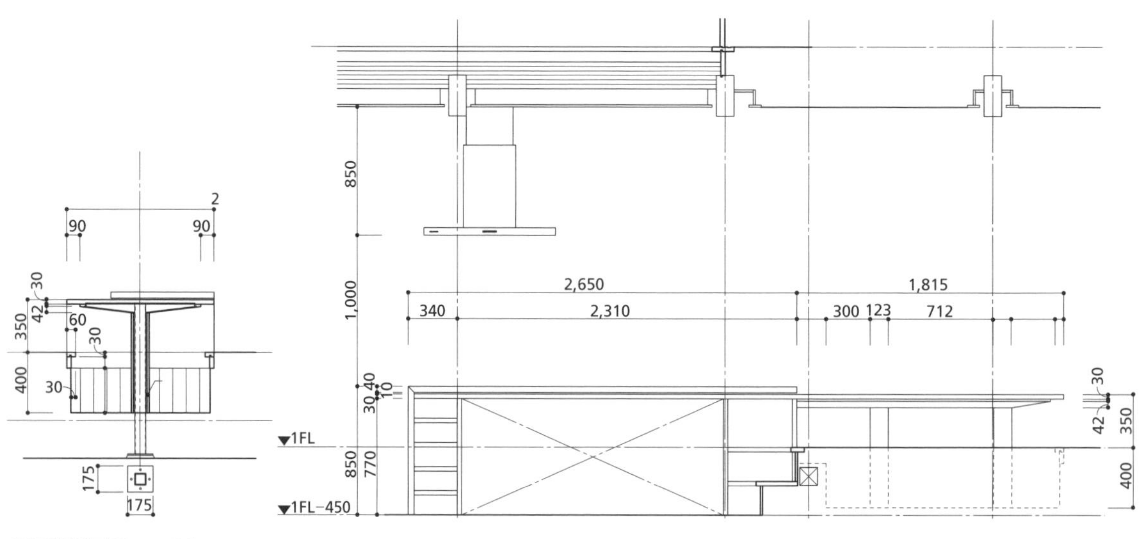

居間断面図［S＝1：50］
※詳細は125頁参照

台所・居間立面図［S＝1：50］ ※詳細は125頁参照

階段を詳細図で見る

階段は、鉄筋φ19×3本をササラ・力桁母材とし、φ9mm鉄筋の斜材と水平t6mmスチールプレートでトライアングルを形成しながら、そこにw750mmのJパネルを載せて段板構成とした。手摺はスチールパイプφ34を曲げ加工とし、途中t9mmスチール板手摺子で押さえた。

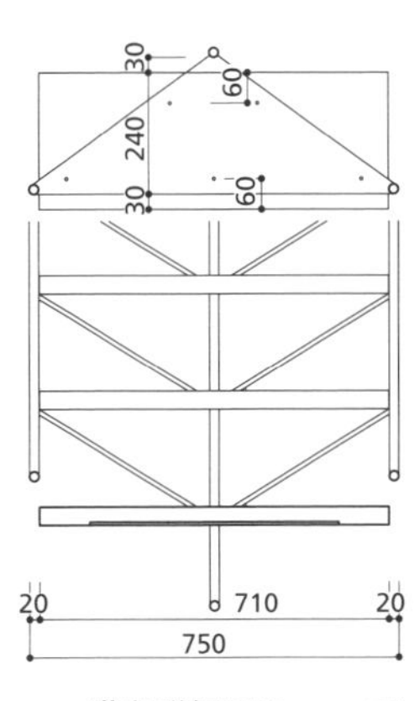

階段詳細図[S＝1：25]
※詳細は124頁参照

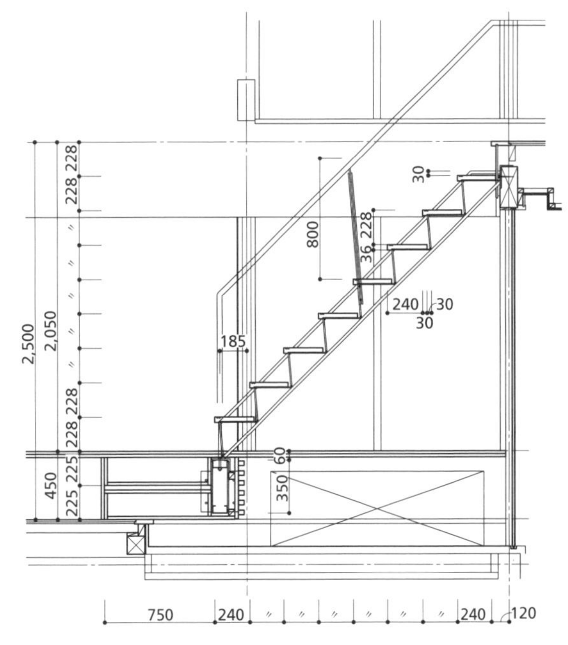

階段断面図[S＝1：50] ※詳細は124頁参照

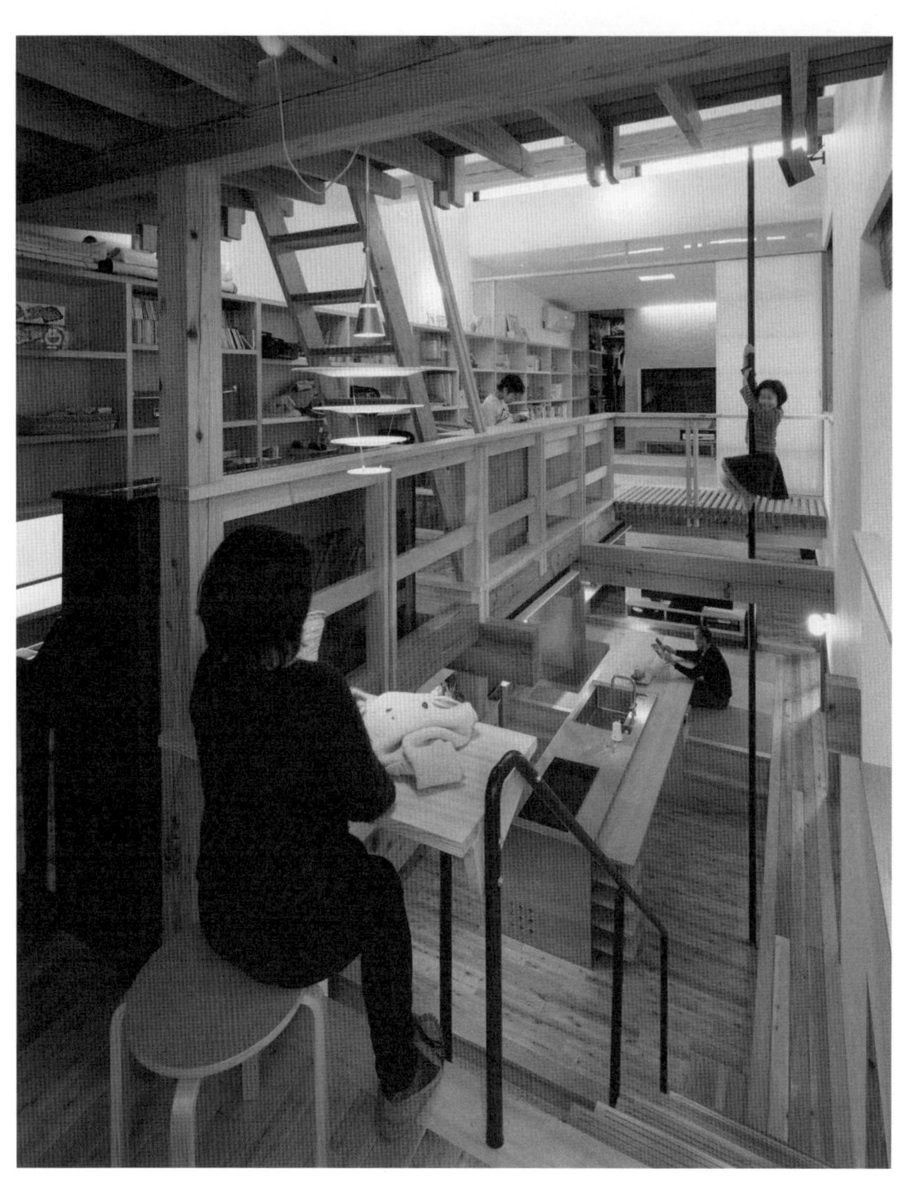

吹き抜けを介し、1,2階の家事空間を俯瞰する

間口2間の半分を3間分吹き抜けとしており、家全体の矩形図では高さ方向の空間の繋がりが伝わる。ホールの床はスキップフロアレベルで、2階までは3段（600㎜）残したいわゆる踊り場階に間取りした。2階レベルは奥の寝室への動線で、子供たちの学習スペースを兼ねた有効的間取りとなっている

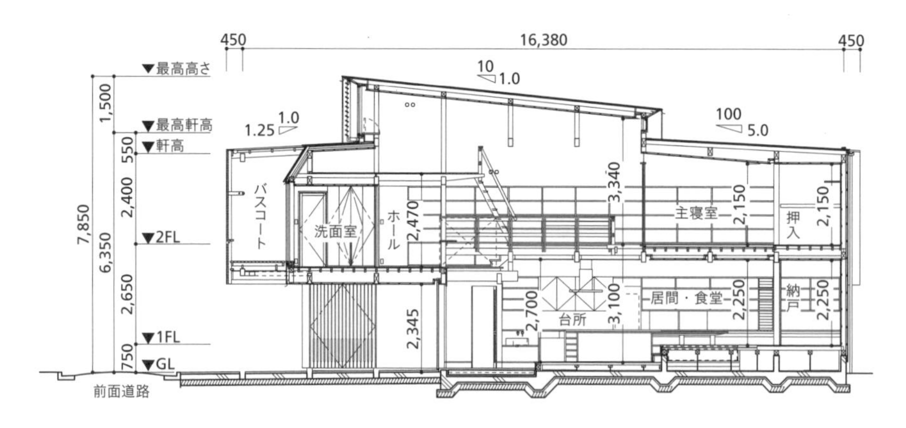

全体矩計図［S＝1：200］ ※詳細は104頁参照

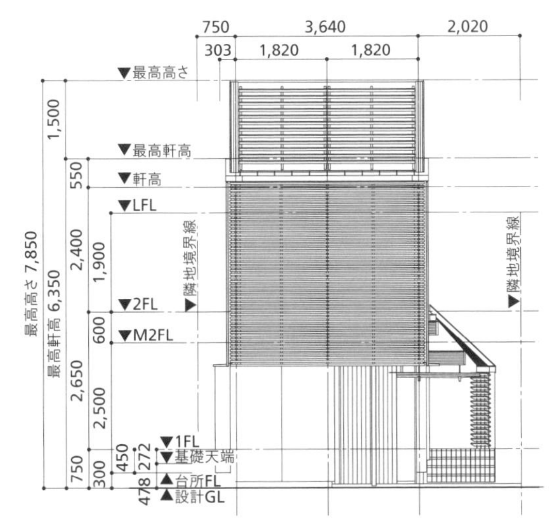

西側立面図[S＝1：150]
※詳細は104頁参照

西側ファサードを立面図で見る

立面図で建物のかたちや外壁仕上げの情報を示す。西側は2階部全面をカナダスギをまとった簀の子壁としている。南北の両壁は金属サイディングで覆い、エッジを際立たせる納まりにしている。1階のボリューム外部は、2階跳ね出しを庇代わりに利用しながら、玄関ポーチとカーポートに割り当てた

実施図面はスケッチから

Part2では、全編にわたり1つの実例「浦和の家」の設計図書をもとに、実施図面で設計意図を施工者に伝えるコツを解説する。「浦和の家」は、都市部の細長い敷地（約30坪）に建つ、在来木造2階建ての住宅だ。

デジタル化が進んでも まずは手描きから！

どんな案件でも、設計は手描きのスケッチ（エスキース）から始まる。敷地条件や建築主の意向などを踏まえたうえで、頭の中でイメージをふくらませてスケッチする。何枚もスケッチを重ねてプランを固めていく。

図面作成時にもスケッチは欠かせない。CADでの製図は、スケッチで固めた結果を清書しているに過ぎないと考えている。

筆者は、講義を受け持っている大学で、「落描きグセ」をつけるように指導している。思いついたらすぐ描く。手で描いて、考える。思考と連動してスケッチする。絵の得手不得手は関係ない。トレーニングを重ねることが重要なのだ。「今日は描く気がしない」と思う日でも描く。描く場所も時間も

本事例のスケッチ

設計者の紹介会社（ザ・ハウス）を通じて依頼がきて、契約に至った。面談前に送られた資料をもとにプランを検討。1枚目は、資料のなかに入っていた敷地図の上にスケッチを描いたもので、これを面談時に依頼者に見せた。

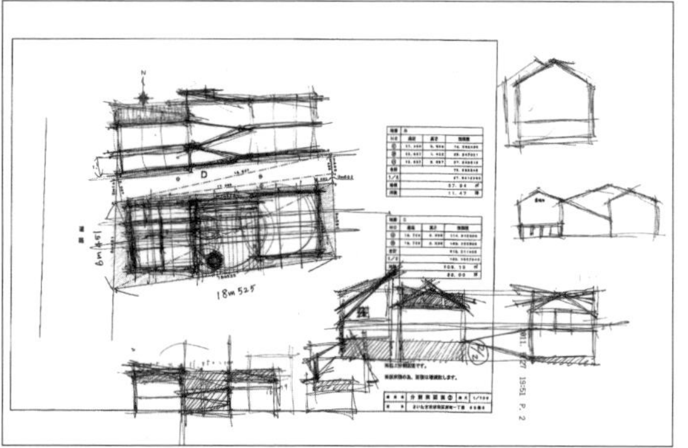

1：敷地図と建築主の話をもとに、敷地図の上にスケッチを描き込む（先に敷地に出向いてその場でスケッチすることもある）

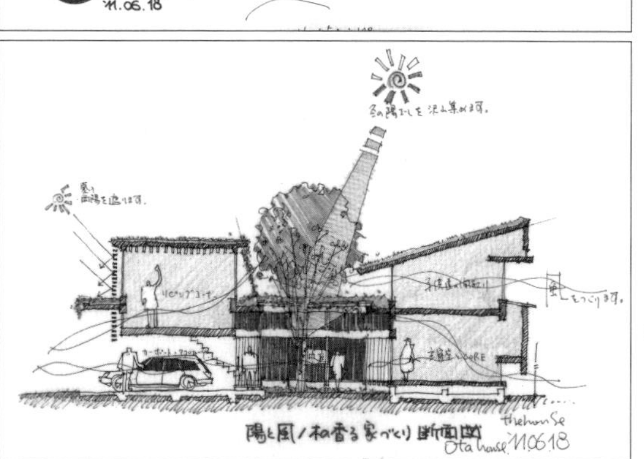

2：資料から、南側の光はそれほど期待できないと想定し、採光の目的で中庭を設けた。また屋上緑化は、夏場の暑さを緩和する断熱の意図で設けた。ところが、正式な依頼を受けて現地調査に行くと、南面の隣地に3階建の住宅が横たわり、予想以上に南面から光が入らないことが判明。中庭を中心としたプランが白紙に

3：再検討を始めた段階のスケッチ。南から北へ視線が抜けるようなイメージを示す矢印が入っている

問わない。裏紙や飲食店の紙ナプキン、コースターなどにも描くことがある。

さらに大事なのは、それらのスケッチを履歴として残しておくことだ。常に直前のスケッチを受けて次を描く。積み重ねることで、着実にプランが深化していく。

また筆者は、どれだけ経験を積んでも、1つの事例にしっかり時間をかけ、何枚もスケッチを重ねなければいけないと思っている。さまざまなスタディを積み重ね、「これだけやった」という達成感をもつくらいプランを練れば、「強度のある」プランができあがる。逆に、時間をかけないで提出したプランは、経験上、よい結果を招かない。

もちろん、スケッチ以前に常に考えておくことが前提である。普段から考えていることはいうまでもない。

本事例では、図のような流れでプランを詰めていった。このようにしてプランを固めたうえで、基本設計、実施設計へと進んでいく。このあとも、設計、施工の各段階で適宜修正が入るものの、プランの骨子は基本的には変わらない。

［瀬野和広］

4：メモ帳にスケッチを繰り返してイメージを固めていく

5：基本設計に直結する最初の下絵とパーススケッチ。これらが設計図のもとになる。なお、この時点ではペントハウスを設け4面の頂側窓から採光しようとしていたが、予算削減のため、東西の頂側窓のみにした

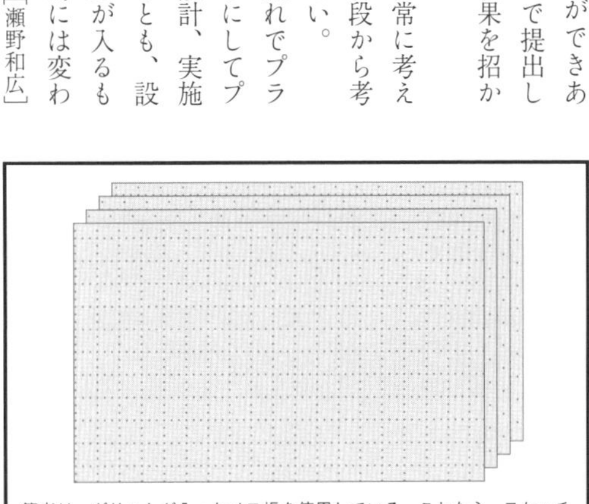

筆者は、グリットが入ったメモ帳を使用している。これなら、スケッチでもモジュールを意識した作画ができるため、図面に落としこみやすいスケッチを描くことができる。サイズはB6判。本来はA2判が理想だが、携帯性がよく、その場ですぐ描けるので、このサイズを愛用している

跳出しのバスコート

駐車スペースを確保するための中2階を設けた

片流れ屋根で東西方向の頂側窓

上下の区切りをやわらげる吹抜け

本事例の模型。主に建築主へのプレゼン用として作成する

■建物概要

「浦和の家」
所在地：埼玉県さいたま市
敷地面積：109㎡（32坪）
構造：木造軸組構法　2階建て
建築面積：56.2㎡
延床面積：95.4㎡
1階：46.6㎡
2階：48.7㎡
用途地域：第1種住居地域
建ぺい率：51.5％（限度は60％［指定］）
容積率：87.4％（限度は200％［指定］、前面道路4mにより160％）
防火地域：法22条地域

設計仕様・概要書

設計仕様・概要書は、すべての図面のベースとなる書類。構造・設備など、図面で説明される情報の概要が網羅されていて、ここからほかの図面にリンクする、目次のような役割を担う。

「仕上」の項は、外部仕上げだけが書かれている。これは内部仕上表のほうは分量が多いため、「仕上表」として別掲するためである。「共通仕様」の項は本事例全体の共通事項をまとめている。なお、本来はこのほかに「敷地概要」「建物概要」があるが、これらは27頁に記載している。［瀬野和広］

■構造概要

構造種別：木造軸組構法
杭・地業：地盤調査後、決定とする（別途工事）
基礎：鉄筋コンクリート造　ベタ基礎

■設備概要

1.給排水衛生設備	給排水設備工事、給湯設備工事［エコキュート／三菱電機］、器具取付工事
2.空調設備	換気扇設備工事、エアコン用スリーブ取付工事（器具本体は別途工事）
3.電気設備	東京電力より受電（容量計算のうえ決定）⇒受電・引込、配管・配線工事一式、照明器具取付工事、住宅用火災報知器（連動型電池式）取付工事
4.暖房設備	蓄熱暖房器［エルサーマット／日本スティーベル］取付工事
5.電話設備	電話線引込（NTT）⇒引込、配管・配線工事一式
6.TV設備	CATV対応配線工事⇒引込、配管・配線工事一式
7.インターホン設備	TVインターホン配線・取付工事
8.インターネット設備	LAN配線（Cat6）・配管工事一式

＊：詳細は各設備・電気図を参照

■床面積表

階	各階床面積	坪	工事対象面積（B）	坪
			33.12㎡	10.02坪
2	48.78㎡	14.75坪	12.66㎡	3.83坪
1	46.64㎡	14.11坪	21.81㎡	6.59坪
合計	95.42㎡	28.86坪	67.59㎡	20.44坪
	うち内縁側の床面積1.82㎡	0.55坪		
A	93.60㎡	28.31坪	B×1／2＝33.79㎡（10.22坪）＝C	

＊：工事対象床面積の施工床面積への参入は、係数1／2とする

●**施工床面積**＝A＋C＝**93.60＋33.79＝127.39㎡（38.53坪）**

床面積には含まれないが、実際には施工するデッキや吹抜け、ロフトの床面積の1／2を延床面積に加えた値を施工床面積としている。施工会社は、この面積に坪単価を掛け、大工手間などを提示する。施工床面積に含まれているものに対して見積項目が重複する場合があるので、しっかり見積を査定する

■その他

「住宅の品質確保の促進等に関する法律」および「住宅瑕疵担保責任の履行の確保等に関する法律」における設計・施工基準に適合し、住宅瑕疵担保責任保険に加入すること。また、保証期間の指定業者により地盤調査、必要にあっては地盤改良を実施し、地盤保証に加入することとする。

瑕疵担保責任保険加入と設計施工基準への適合はもとより、筆者の事務所では保険取扱会社などによる地盤保証への加入も原則としている

■屋外

外構工事の仕様を明記。外構図で別添することもある

	敷地造成・整地・舗装・道路・造園・植樹・解体・移設
1.カーポート	コンクリート刷毛引き仕上げ、一部目地切W150砂利敷込み 【下地】土間コンクリート㋖150（ワイヤーメッシュφ6×100×100敷込）＋再生砕石㋖150 屋根：波型ポリカーボネート板㋖0.7［ポリカナミ（鉄板小波）／住友ベークライト］ 垂木：カナダスギ'2×'4@303 WP 垂木受：カナダスギ3-'2×'4 WP 吊ボルト：St φ13@910 溶融亜鉛めっき処理
2.駐輪スペース	砂利㋖100敷込
3.アプローチ	モルタル豆砂利洗出し仕上げ㋖50、一部目地切W150砂利敷込み　【下地】土間コンクリート㋖150（ワイヤーメッシュφ6×100×100敷込）＋再生砕石㋖150
4.隣地境界塀	カナダスギ'1×'4@90 WP（支柱）天竜ヒノキ120×120WP（控え）　カナダスギ'2×'4@455 WP
5.外部収納	床は耐圧コンクリート金鏝仕上げとし、壁は外壁2に、天井は軒裏に、それぞれ準ずることとする

＊：位置などの詳細は「配置図、1階平面図」を参照

■別途工事

持ち込み家具など、建築工事には含まれない事項

・図中記載なき家具および電化製品
・その他、カーテン・カーテンレール・ブラインドなど 図中記載なきもの

■外部仕上

屋根・パラペット笠木・外壁・軒裏・庇・バルコニー・ピロティ・車寄せ・ドライエリア・犬走り・屋外階段・建具・ガラス・面格子・ルーバーなど	
1. 屋根	アルミ亜鉛合金めっき鋼板［JFEカラーAT／JFE鋼板］㋐0.35　立はぜ葺@333［S&W／セキノ興産］【下地】改質アスファルトルーフィング＋構造用合板（ラーチ）㋐12＋12（2重張）＋垂木45×105@455 ＋特殊中空ポリエステル断熱材㋐105＋105（2重）一部フェノールフォーム断熱材㋐45＋45（2重）雪止め金物：ＡＩ　Ｌ-50×50×3.0
2. バスコート屋根	波型ポリカーボネート板㋐0.7［ポリカナミ（鉄板小波）／住友ベークライト］ （垂木）カナダスギ 3-'2×'4 WP
3. バスコート	カナダスギ'2×'4 アキ≒6㎜　WP（根太）カナダスギ'2×'4@455加工 WP （台輪）カナダスギ'2×'4（'6）@910 WP
4. 軒樋	（東側）塩ビ製H120（既製品）［アートフェイスT120／積水化学工業］ （西側）塩ビ製φ120（既製品）［丸トップ120／積水化学工業］
5. 竪樋	塩ビ製φ60バンドレスタイプ［ユニシェイプURT60BL／積水化学工業］
6. 軒裏	ケイ酸カルシウム板㋐6＋6（千鳥張り）目地処理の上UP
7. ベネシャンルーバー	カナダスギ'1×'4@125 WP（ルーバー受）カナダスギ'2×'4@910 WP （吊金物）St PL-4.5加工 溶融亜鉛めっき処理
8. 木製ルーバー	カナダスギ'2×'4／2@70 WP（縦桟）カナダスギ'2×'4@910 WP
9. 外壁1	金属系サイディング㋐15［ガルステージZERO-Jシャインストライプ／アイジー工業］横張り【下地】通気用縦胴縁60×45@455＋透湿防水シート張り［タイベック／旭デュポン］＋（耐力壁：［モイスTM㋐9.5／三菱マテリアル建材］） ＋間柱30（45）×120@455＋特殊中空ポリエステル断熱材 ㋐105＋（室内側）横胴縁㋐15×45@455（間柱欠込）
10. 外壁2	弾性アクリルリシン吹付け［ソフトリシンジュラク／エスケー化研］ サイディング㋐14［モエンサイディングM14 MHX100／ニチハ］＋通気用横 455 ート張り［タイベック／旭デュポン］＋（耐力壁：［モイスTM㋐9.5／三菱マテリ 間柱30（45）×120@455 ＋特殊中空ポリエステル断熱材 ㋐105＋（室内側）横胴縁㋐15×45@455（間柱欠込）
11. 外壁3	金属系サイディング㋐15［ガルスパン15i／アイジー工業］縦張り 【下地】通気用横胴縁18×45@455＋透湿防水シート張り［タイベック／旭デュポン］＋（耐力壁：［モイスTM㋐9.5／三菱マテリアル建材］） ＋間柱30（45）×120@455＋特殊中空ポリエステル断熱材 ㋐105＋（室内側）横胴縁㋐15×45@455（間柱欠込）
12.笠木　水切	アルミ亜鉛合金メッキ鋼板［JFEカラーAT／JFE鋼板］㋐0.4　折曲加工
13. 化粧梁 木口カバー	4方唐草（アルミ亜鉛合金めっき鋼板㋐0.4）角出しの上、アルミ亜鉛合金めっき鋼板［JFEカラーAT／JFE鋼板］㋐0.4巻
14.小庇	アルミ亜鉛合金めっき鋼板［JFEカラーAT／JFE鋼板］㋐0.4 折曲加工　【下地】耐水合板㋐24 WP
15. デッキテラス	カナダスギ'2×'4アキ≒6㎜　WP　（根太）カナダスギ'2×'4@455　WP （大引・束）カナダスギ'4×'4@910 WP
16. 基礎	コンクリート打放し仕上げ
17. 外部建具	アルミサッシ［デュオPG／LIXIL］、木製建具（製作）（建具表参照）［120頁］
18. 表札／インターホンパネル	表札：SUS PL-3.0切欠加工（文字：シルク印刷）　ポストロ［631／ハッピー金属工業］
19. ベントキャップ	SUS製丸型フラットフード 横ガラリタイプ［SXU100RS（SXUD-RSCN）／西邦工業］（φ150はFD付き）指定色焼付塗装

仕上げの表記は、一般名称（素材名）［商品名／メーカー名］で統一している

軒天を目地なしで納める場合は2重張（2枚目は1枚目のジョイントをまたぐ千鳥張り）とし、割れ防止を試みる

部位の呼称はすべての図面で統一し、拾いもれや重複のないよう、見積書でも統一させる

下地構成は、外部から室内側に向かって断熱材まで、もれなく表記する

外部に露出する梁は、浸透性木材保護塗料のうえ、板金で天端、小口、外壁との取合い部を保護する

既製品（材）を使用する場合は、コストに影響するので、加工や仕上りまで表記する

メーカー協議のうえ筆者の事務所特有としている仕様もあるので、問い合わせができるようメーカー名（必要に応じて担当者名も）を記載する

〈記号凡例〉
・WP：木材保護塗料［ノンロット／三井化学産資］
・UP：ウレタンペイント［ファインウレタンU100／日本ペイント］

材種と林産地の指定をする

断熱材の仕様は、次世代省エネ基準（省エネ等級4）を標準とする

■共通仕様

構造材や断熱材など、複数の図面にまたがる情報をここでまとめて表記する

●構造用木材
・土台・大引・火打土台は天竜ヒノキ、柱・横架材・間柱は天竜杉とする［T.S.ドライ］

●断熱材
・屋根：特殊中空ポリエステル断熱材［パワーマックスタイプB／コスモプロジェクト］最小厚さ保証値㋐105＋105（2重）一部フェノールフォーム断熱材［ネオマフォーム／旭化成建材］㋐45＋45（2重）
・外壁：特殊中空ポリエステル断熱材［パワーマックスタイプB／コスモプロジェクト］最小厚さ保証値㋐105
・階床下：特殊中空ポリエステル断熱材［パワーマックスタイプB／コスモプロジェクト］最小厚さ保証値㋐105＋105（2重）
・基礎：新フェノールウレタン現場発泡断熱材［ゼロフロンER／旭有機材工業］㋐50（スラブW1000においては、同材㋐20吹付けとする）ただし、土間・S.I.C・WC内の基礎立上りにおいては、フェノールフォーム断熱材［ネオマフォーム／旭化成建材］㋐20張りとする

■メーカーリスト

・T.S.ドライ	・ハッピー金属工業
・JFE鋼板	・マグ・イゾベール
・稲垣商事	・旭化成建材
・積水化学工業	・旭有機材工業
・アイジー工業	・新東北化学工業
・旭デュポン	・三井化学産資
・西邦工業	・日本ペイント
・エスケー化研	・日新製鋼
・ニチハ	・コスモプロジェクト
・LIXIL	

＊：隙間処理／発砲ウレタンスプレーにて完全密封（断熱材加工部、ダクト廻りなど）
＊：断熱補強／基礎立上りにより現場発泡断熱材が連続されない個所においては、同材にて1,000㎜以上折り返すこととする
＊：屋根断熱において、小屋裏が充分に確保されない場合は、屋根断熱通気層用スペーサー［通気くん／マグ・イゾベール］を用いて、通気層を確保することとする
＊：床下調湿材／天然ゼオライト㋐20［ユカドライ／新東北化学工業］（40kg／坪）敷込（基礎パッキン部 発泡ウレタン吹付け）
＊：断熱材・透湿防水シートのジョイント部分は、気密テープ張りとする
＊：透湿防水シートは、タイベック／旭デュポン同等品とする
＊：サッシ開口部廻りには、防水テープブチルゴム系張りとする
＊：構造材などに使用する 金物（ボルト・釘など）は、すべて「Zマーク」認定金物（亜鉛メッキ品）を使用とする
＊：外部鉄部は、溶融亜鉛メッキ処理仕上とする。ただし、アプローチSt丸柱は、溶融亜鉛めっきの上リン酸処理とする

伝えるための共通事項

作図の書式として参考になるのは日本工業規格（JIS）だ。ここではJIS建築製図通則や各規格などをベースにしつつ、当事務所独自の作図方法も交え、木造戸建て住宅の設計に必要な基本的な項目をまとめた。

縮尺

JIS推奨尺度は、1／2、1／5、1／10、1／20、1／50、1／100、1／200などで、1／10の以下は分母の10に整数を乗じて得られる。やむをえず推奨尺度を適用できない場合には、1／6や1／8、1／12など中間の尺度を選んでもよいとされている。

当事務所の場合、ほぼすべての図面を1／50で描く。図面に採用しているA2用紙に納まり、取合いや仕上げを施工者が確認するのにちょうどよいサイズになる。

1／200など小さな縮尺を採用するのは、敷地の形状、隣地や道路から建物までの距離、道路の幅などが入る配置図などに限られる。施工者がサッシ廻りの納まりを確認するための枠図は1／6で描いている。

表1 実施図面の標準尺度

JIS推奨尺度	1:2 1:5 1:10 1:20 1:50 1:100 1:200
設計アトリエの仕様	1:50 1:100（配置図のみ） 1:6（枠図） 1:30（矩形図） 1:20（部分詳細図）

線

JISでは、線の太さは3種類、4：2：1の太さを使い分けるよう規定されているが、当事務所では太線・中線・細線・極細線の4種類を使い分けている。それぞれの太さは0・3、0・18、0・09、0・05㎜［表2］。太線は躯体断面、中線は壁断面などを表現する。細線は主に下地を描くときに使用し、最も細い極細線は奥に見える線やハッチングなどを表現するときに使用すると図面にメリハリがついて見やすくなる。

戸建住宅の図面に必要な線の種類は表2の6種類で十分だ。通り心は一点鎖線、吹抜け部分は破線、隣地境界線は二点鎖線というように、特に注意が必要な線は描き分ける。

寸法線は中線の実線で書き、寸法の引出し線はハッチングの線と区別できるように、形体に対して60°とする［図1］。そのほか、直径や厚さ、ピッチの記号、寸法の示し方の決まりは表3のとおり。

表2 線の太さ・線形の種類

線の太さ	線の基本形（線形）	呼び方
太線 0.3㎜		実線
		破線
中線 0.18㎜		跳び破線
細線 0.09㎜		一点鎖線
		二点鎖線
極細線 0.05㎜		点線

図1 寸法線の角度

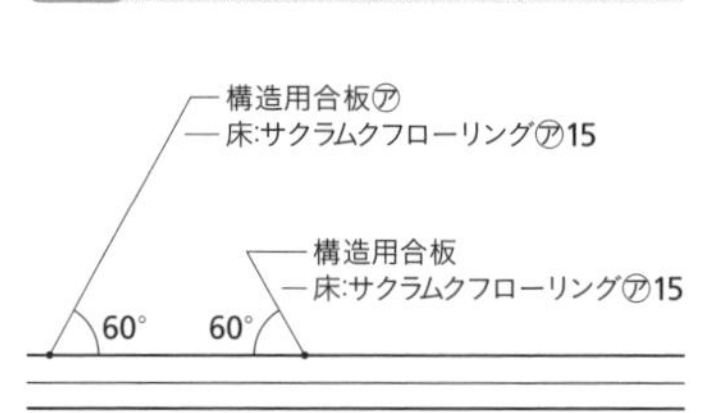

表3 寸法記号

W	幅
L	長さ
H(h)	高さ
φ	直径
R(r)	半径
@	ピッチ
t	厚さ

作図一般

階段は細い実線で描き、階段下を表

現するため、平面図上、階を分ける高さに破断線を用いて階段の描写を省略する。その上から上り始めを示す白丸と最上部の段鼻まで矢印を描く。矢印は上り方向で統一する。また、回り階段の場合は図2のような表現としている。

戸と窓は太い実線または細い実線で描く。戸の開閉は表示し、開き戸は円弧を伴う90°の角度にある扉によって表示する［表4］。

断面や見える部分の孔・開口については、細い一点鎖線で描かれた2本の対角線で、くぼみは1本の対角線でそれぞれ表現する［図3］。表示記号にないものは尺度に応じた実形を描き、所要の説明を加える。［瀬野和広］

表4 平面表示記号

表示事項	表示事項
出入口一般	片開き窓
両開き扉	シャッター
引違い窓	引違い戸
はめ殺し窓　突出し窓 回転窓　上げ下げ窓 辷り出し窓	

注：上記以外の場合も開閉方法を記入する

図3 開口・くぼみの記号

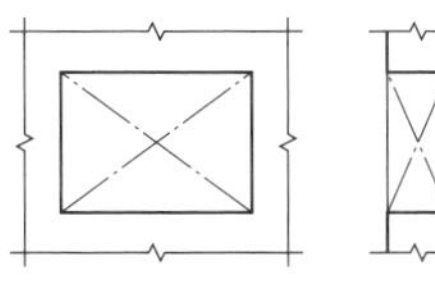
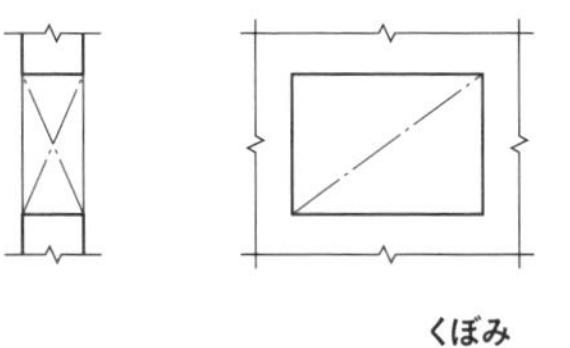
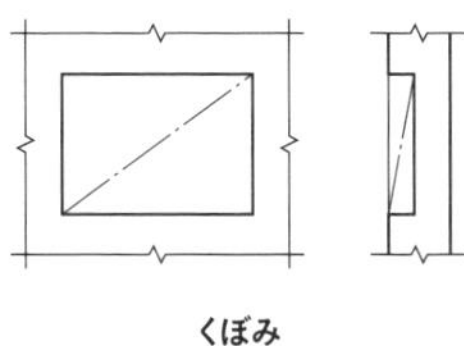

開口および孔　　くぼみ

図2 開口・くぼみの記号

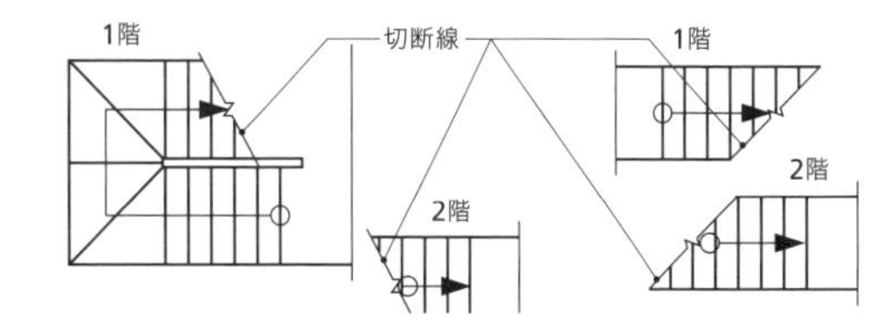

表5 材料構造表示記号

縮尺程度別による区分／表示事項	縮尺1/100または1/200程度の場合	縮尺1/20または1/50程度の場合（縮尺1/100または1/200程度でも用いてよい）	現寸および縮尺1/2または1/5程度の場合（縮尺1/20、1/50、1/100または1/200程度でも用いてよい）
壁一般			
コンクリートおよび鉄筋コンクリート			
普通ブロック壁 軽量ブロック壁			実形を描いて材料名を記入する
鉄骨			
木材および木造壁	真壁 管柱 通し柱 片ふた柱 真壁 管柱 通し柱 片ふた柱 大壁 管柱 通し柱 間柱 柱を区別しない場合	化粧材 構造材 補助構造材	化粧材（年輪または木目を記入する） 構造材　補助構造材 合板
地盤			
割栗			
砂利砂		材料名を記入する	材料名を記入する

縮尺程度別による区分／表示事項	縮尺1/100または1/200程度の場合	縮尺1/20または1/50程度の場合（縮尺1/100または1/200程度でも用いてよい）	現寸および縮尺1/2または1/5程度の場合（縮尺1/20、1/50、1/100または1/200程度でも用いてよい）
軽量壁一般			
石材または擬石		石材名または擬石名を記入する	石材名または擬石名を記入する
左官仕上げ		材料名および仕上げの種類を記入する	材料名および仕上げの種類を記入する
畳			
保温吸音材		材料名を記入する	材料名を記入する
網		材料名を記入する	メタルラスの場合 ワイヤラスの場合 リブラスの場合
板ガラス			
タイルまたはテラコッタ		材料名を記入する 材料名を記入する	
その他の材料		輪郭を描いて材料名を記入する	輪郭または実形を描いて材料名を記入する

※：表2・4・5、図2はJIS A0150をもとに作成

意匠図❶

平面図

あらゆる図面情報の発信源

描くものリスト

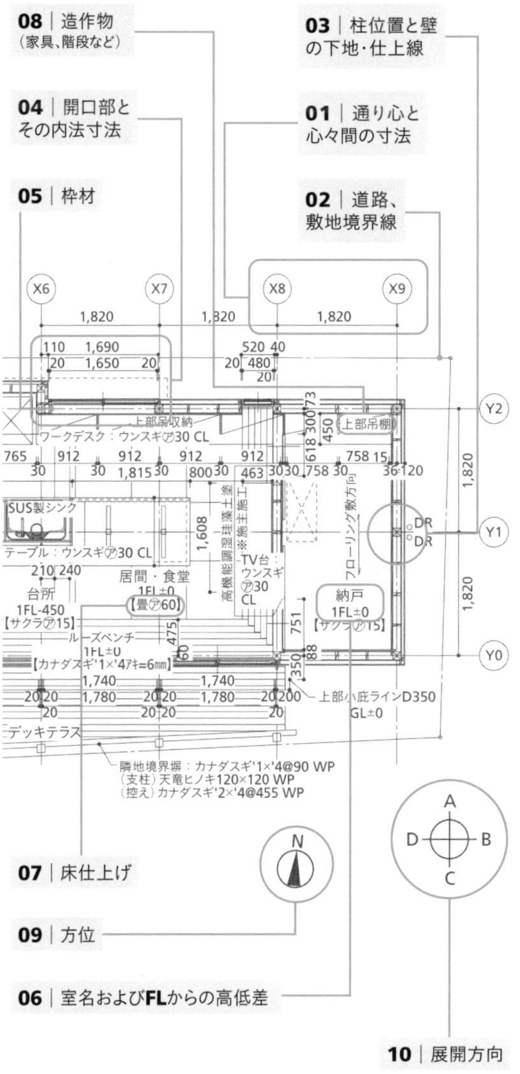

08｜造作物（家具、階段など）

03｜柱位置と壁の下地・仕上線

04｜開口部とその内法寸法

01｜通り心と心々間の寸法

05｜枠材

02｜道路、敷地境界線

07｜床仕上げ

09｜方位

06｜室名およびFLからの高低差

10｜展開方向

CHECK LIST

- 01 □ 通り心と心々間の寸法
- 02 □ 道路、敷地境界線
- 03 □ 柱位置と壁の下地・仕上線
- 04 □ 開口部とその内法寸法
- 05 □ 枠材
- 06 □ 室名、およびFLからの高低差
- 07 □ 床仕上げ
- 08 □ 造作物（家具、階段など）
- 09 □ 方位
- 10 □ 展開方向

STANDARD SCALE

1/50

配置図・外構図も兼ねる

基本設計で描く平面図と、実施設計で描く平面詳細図は役割が異なる。前者は「建築主とコミュニケーションを図るため」のツール、後者は「施工者がつくるため」のツールである（積算でも使う）。ここでは後者、実施設計時の平面詳細図について説明する。

平面詳細図は、設計図書全体の要でありキープランである。ほかの図面の作成や施工の過程で加えられた変更は、平面詳細図に反映される。極端にいえば、すべての設計情報を平面詳細図で網羅するのが理想である。

木造住宅程度の規模では、工務店から施工図をもらえないことが少なくな

図1 描く順序

図面枠を描いたうえで、以下の順序で描いていく

❶通り心（壁の中心線）

❷壁厚の線

❸柱幅と開口部の位置

このあと、設備機器や家具、床仕上げ面のハッチなどを描き込む

X8　X9　Y2

いという事情もあり、筆者の事務所では、平面詳細図を施工図レベルの精度で描くようにしている。

住宅規模での縮尺は1／50を基本としている。これに道路・敷地境界線を記入すれば配置図も兼ねられ、使い勝手がよい。さらに塀や垣根も描き込めば外構図も兼ねられる。また、建具や設備のキープランのベースにもなる。CADで作図する際には、ほかの図面にも転用できるようにレイヤーを分けるとよい［表］。また、CADデータなので、1／50で出力するものでも1／20、1／10レベルの精度で描き込む［図2］。なお、平面詳細図を含めほとんどの図は、A2サイズで出力し、施工者に提出している。

平面図は枠取り図

建物とは、原則的に開口部も含む壁などの「面」で閉じられた空間だ。したがって、建築図面のうえでも閉じている必要がある。図面上、この壁の「線」でかたちづくられる枠をしっかり描写することが、平面図を描く最大の目的だ。柱と外壁仕上げ、開口部と間柱など、部材どうしがぶつかったり取り付いたりする個所を、できるだけ正確に示したい。

そのうえで、家具などの造作物は枠に付随するものと考え、外形寸法と仕上材程度の情報を記載している。これらの情報は造作物と周囲の部材との関係を示すほか、その後作成する展開図や家具図などへのつながりも示唆する。このように、1つの図面をほかの図面と関連付けることは、建物をつくり上げるうえで重要である。［瀬野和広］

表 レイヤー分けの例

筆者の事務所では、各素材の実際のテクスチュアや色を線の色に設定している（植栽はgreenなど）ため、レイヤーごとに線種、色、線の太さを設定し、部位ごとにレイヤー分けを行っている。レイヤー名は「線の太さ＋部位名」としている。こうした設定をしたうえで、たとえば建具キープランや設備図では、平面図の「0.05通芯」「0.1寸法」「0.1寸法2」「細・HGPゴシックM」のレイヤーを非表示または消すと、室名と図形のみが残り、それに建具記号や照明・コンセントをプロットするだけで作図完了となる（線の太さの調整は必要）

レイヤー名	説明
0.05 通心	各図面で、基準線となる通り心を表現するのに使用
0.05 仕上	各図面で、奥に見えるものの見え掛かりを表現するのに使用
0.05 ハッチ	平面図、矩計図、展開図などで、木材や構造材の化粧仕上げなどのテクスチュアを表現するのに使用
0.05 窓	平面図、矩計図、展開図などで、既製アルミサッシの断面線を表現するのに使用している。極細に設定しているが、つぶれないように間引きする必要がある
0.05 断熱材	矩計図、詳細図で、断熱材の表現に使用
0.1［＊］ 仕上	各図面で、手前に見えているものの見え掛かりを表現するのに使用
0.1 枠ハッチ	平面図、矩計図、展開図などで、構造材や造作材の材種、化粧仕上げを示す断面記号を表現するのに使用
0.1 窓ハッチ	展開図、建具表にて、ガラスのテクスチュアを表現するのに使用している。ガラス記号ではなく、ハッチングにより面を落として見えるような表現としている
0.1 寸法	各図面で、寸法、寸法線を表現するのに使用
0.1 寸法2	各図面で、引出し線を表現するのに使用
0.1 設備	各図面で、設備機器の姿図を表現するのに使用
0.1 壁	平面図、矩計図で、壁下地の断面線を表現するのに使用
0.1 間柱	平面図、矩計図で、下地材の材種を示す断面記号を表現するのに使用
0.1 点線	各図面で、断面線よりも手前にあるものや建具の開閉方法を表現するのに使用
0.1	線の太さ0.1で設定している部位以外で使用しているフリーのレイヤー
0.2［＊］ 壁	平面図、矩計図の壁の断面線に使用するほか、立面図の外壁の輪郭にも使用
0.2 間柱	平面図、矩計図などで、間柱や木下地の断面線を表現するのに使用
0.2 枠	平面図、矩計図などで、造作材の断面線を表現するのに使用
0.2 建具	平面図、矩計図、展開図などにて、建具の断面線を表現するのに使用している
0.2	線の太さ0.2で設定している部位以外で使用しているフリーのレイヤー
0.3 柱	平面図、天井伏図などで、躯体断面を表現するのに使用
0.3 梁	矩計図、展開図などで、躯体断面を表現するのに使用
0.3 壁	天井伏図、展開図で、壁の断面線を強調して表現するのに使用
細・HGP ゴシックM	各図面で、引出し線にて引出した仕様を記載する文字を表現するのに使用
中・MSP ゴシック	各図面で、室名や部位名を記載する文字を表現するのに使用

注：これらは作図におけるレイヤー分けであり、その他図面枠などフォーマットに使用しているものは別レイヤーで構成している

図2 細部も描き込む

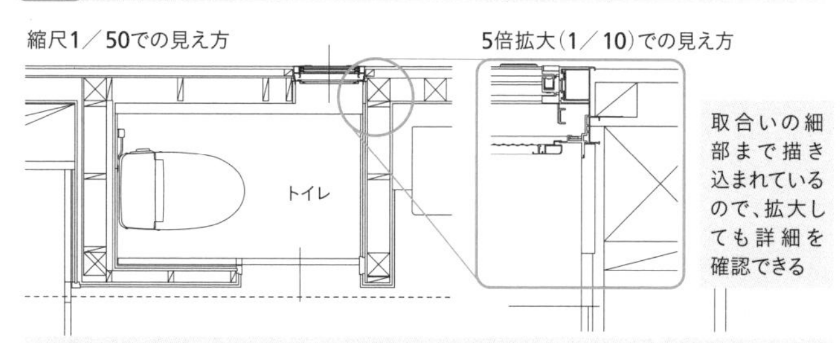

CADデータは、1／50で出力するものでも、詳細な描き込みが可能。平面図をベースにほかの図面への転用をしていくのが合理的なので、枠廻りをはじめとする詳細な納まりが必要な個所は、できるだけ細部を描き込んでおきたい

＊：94頁で「線の太さは0.3、0.18、0.09、0.05㎜の4種類を使い分けている」と述べたが、CADソフトのフォーマット上、0.09㎜と0.18㎜の設定はないため、それぞれ近似値である「0.1」「0.2」としている

意匠図❶

平面詳細図1階

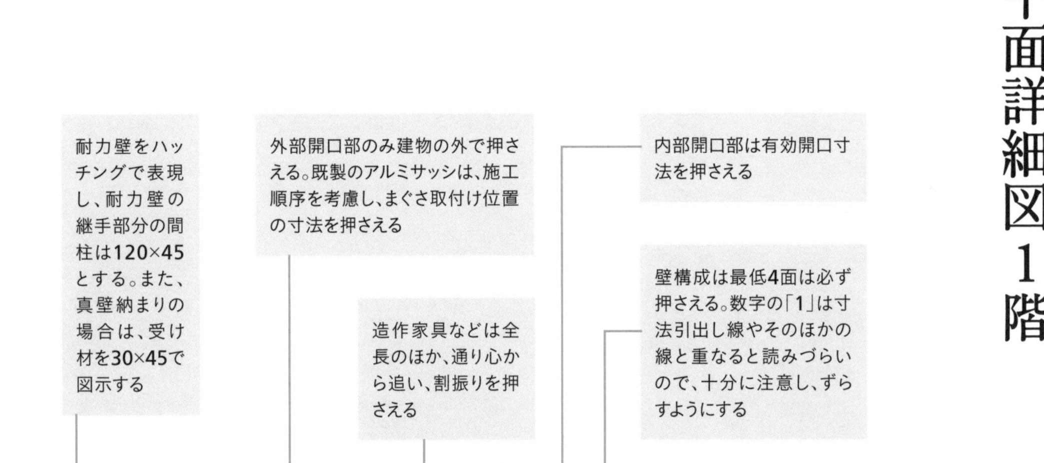

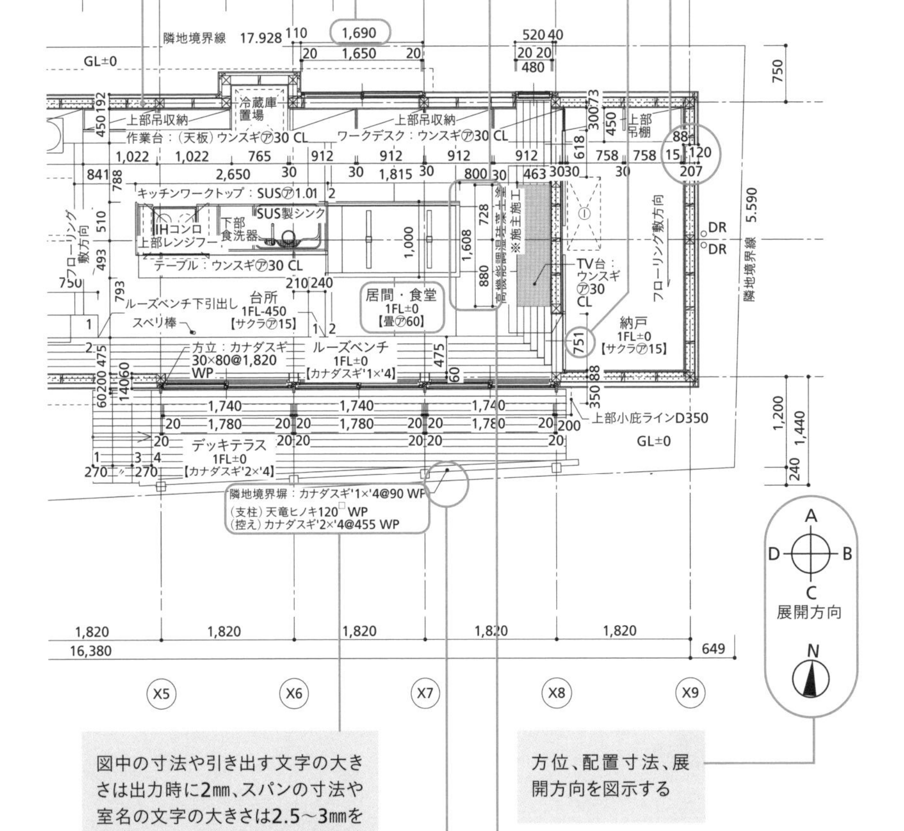

図中の寸法や引き出す文字の大きさは出力時に2㎜、スパンの寸法や室名の文字の大きさは2.5〜3㎜を標準とする。そのほかに設定する場合は、原寸で出力し確認する

方位、配置寸法、展開方向を図示する

引出し線は60°で描き、原則として長さも統一する。ほかの部分と重なってしまう場合は、60°の長さで調整し、水平部分の長さは変えない。CAD専用のコマンドを使用すると、自由に引き出せてしまうので、コマンドは使用していない

室名、床レベル、床仕上げを明記し、ハッチングで床仕上げを描き分けるなど、分かりやすさを心掛ける。 筆者の場合、フローリングはハッチングなしとし、敷き方向を図示している。特に、縁なし畳の場合、畳割りの線がほかの線と混同しやすいので注意する

[S＝1：100]、元図[S＝1：50]

監理時に各境界からの離れを確認するため、4面の寸法を押さえ、配置を追う寸法は、丸で囲み明記する

線の太さは断面線を太くし（間柱などの壁下地、壁、柱の順）、見え掛かりは床に近づくほど細くしていく。段差を表す線はワンランク太い線にすると見やいが、適宜、原寸で出力し、つぶれないかなどを確認する

エコキュートなどの設備機器を、隣地境界線に沿って配置する場合、メンテナンススペースが確保されているか図示し確認する。また、搬入経路が確保されているかも併せて確認する

スパンごとに通り符号を設け、寸法を押さえる。間崩れしている個所は行を落として寸法を押さえ、通り符号は設定しない

土間床のため、基礎+基礎断熱分ふけるので、その分を考慮する。平断面を切った面だけでなく、切った面の手前、その先の納まりを含めて作図する（40〜43頁矩形図参照）

給水湯ヘッダーを壁付けにするため、PSを広く確保する

寸法は極力同じ行で押さえる

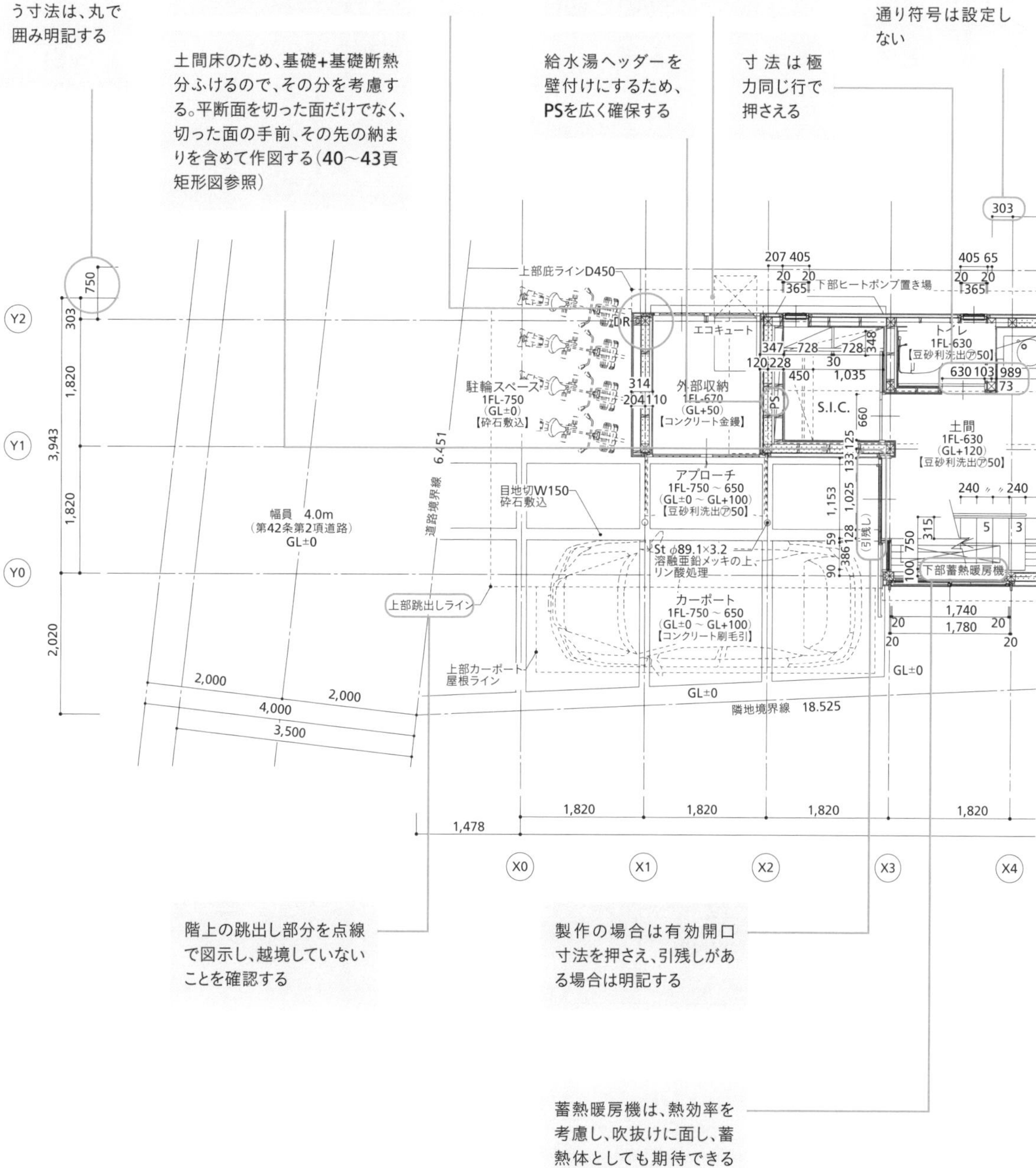

階上の跳出し部分を点線で図示し、越境していないことを確認する

製作の場合は有効開口寸法を押さえ、引残しがある場合は明記する

蓄熱暖房機は、熱効率を考慮し、吹抜けに面し、蓄熱体としても期待できる土間部分に設置する

Part2 意匠図
Part2 構造図
Part2 設備図

意匠図❶

平面詳細図2階

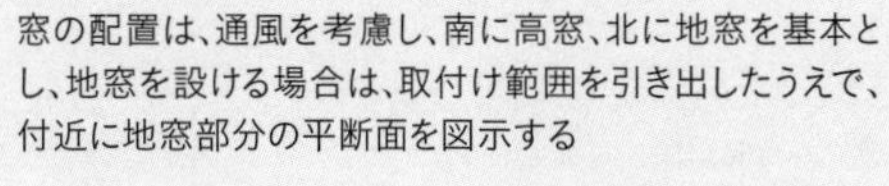

窓の配置は、通風を考慮し、南に高窓、北に地窓を基本とし、地窓を設ける場合は、取付け範囲を引き出したうえで、付近に地窓部分の平断面を図示する

中段は、布団を載せる可能性が高いため、通気性を考慮し、スノコ張りとする

壁面収納を設ける場合、壁にスイッチやコンセントを取り付けられないため、収納の方立をシナ合板の太鼓張りとし、挟み金物で収める

上部に取り付く吊収納や天棚は点線表記し、範囲を図示する

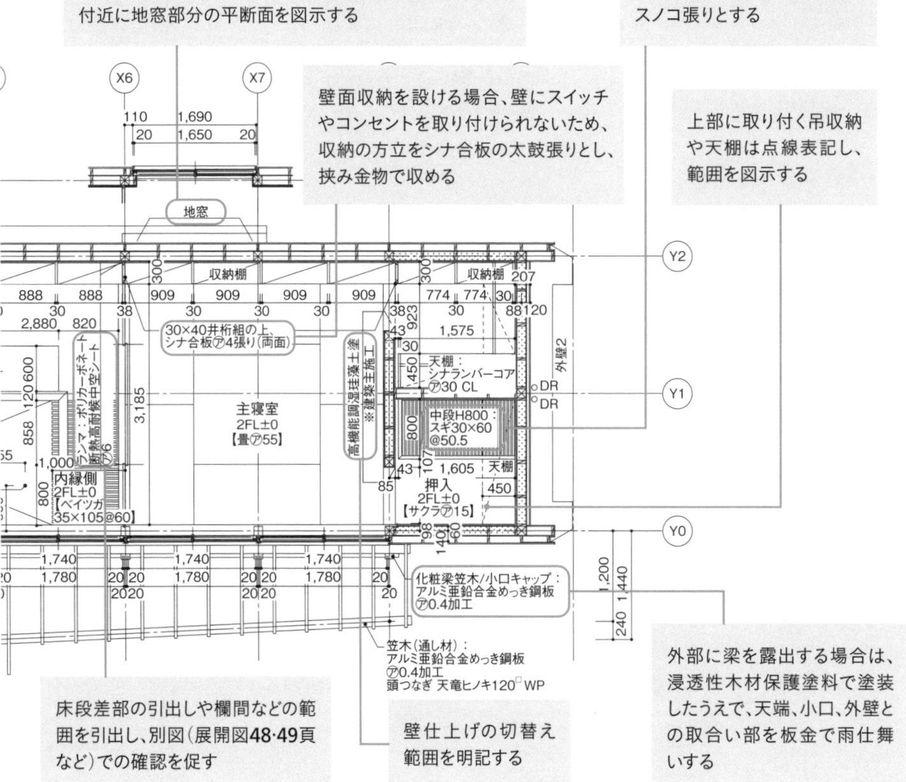

床段差部の引出しや欄間などの範囲を引出し、別図(展開図48·49頁など)での確認を促す

壁仕上げの切替え範囲を明記する

外部に梁を露出する場合は、浸透性木材保護塗料で塗装したうえで、天端、小口、外壁との取合い部を板金で雨仕舞いする

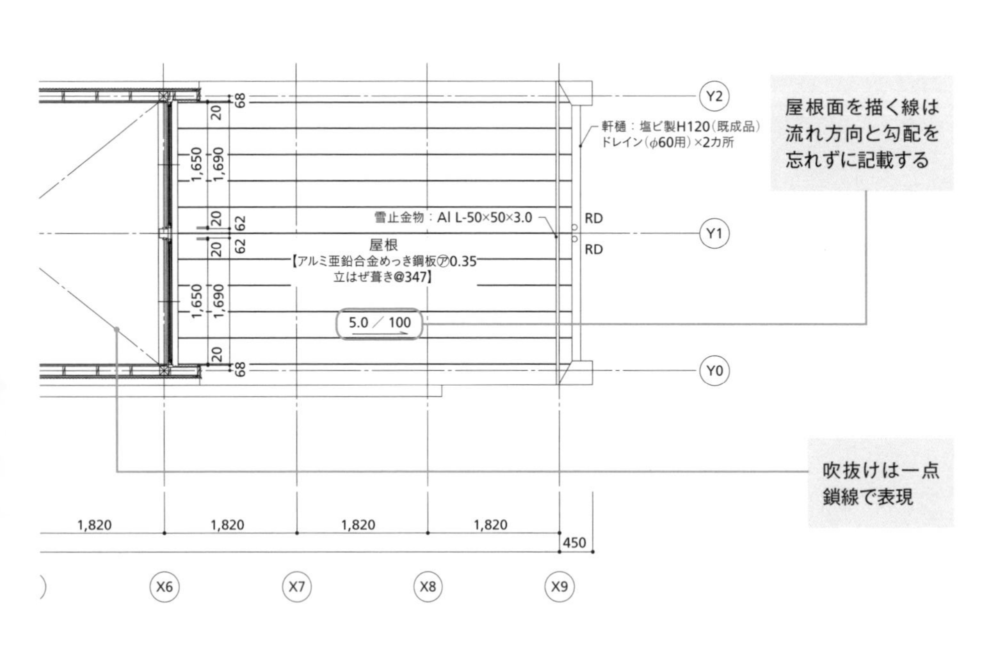

屋根面を描く線は流れ方向と勾配を忘れずに記載する

吹抜けは一点鎖線で表現

[S＝1:100]、元図[S＝1:50]

■2階平面詳細図

図面の分かりやすさは、文字の配置と線の強弱によって決まる。現場には紙媒体でしか伝えられないので、画面ではなく、適宜、原寸での確認と見直しを心掛ける。また必要に応じて、ハッチングなどにより補足する

開口部の開き勝手を図示する。出入り可能な開口部の場合、開口部を長く（500㎜程度）、腰までの場合は短く（300㎜程度）表現する

建築主持込み家具も、点線表記で図示しておく

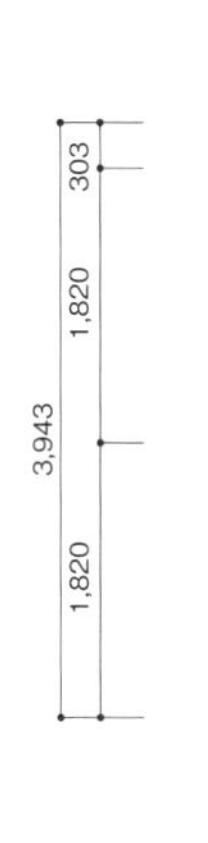

小庇：アルミ亜鉛合金めっき鋼板㋐0.4
地窓
浴室
1FL-20
【ハーフバスルーム
PYP1670CJK】
収納
収納棚
ワークスペース
2FL±0
【サクラ㋐15】
ワーク
デスク：ウンスギ㋐30 CL
手摺：ウンスギ㋐30 CL
木製ルーバー：
カナダスギ
'2×'4/2@70 WP
縦桟：カナダスギ
'2×'4@910 WP
バスコート
2FL-450
【カナダスギ'2×'4】
外壁2
ホール
2FL-600
【サクラ㋐15】
吹抜け
洗面室
2FL-600
【サクラ㋐15】
吊収納
洗濯パン
スベリ棒：
St φ42.7×3.2
UP
小庇：
アルミ亜鉛合金
めっき鋼板㋐0.4
カーポート屋根
【波型ポリカーボネート板㋐0.7】
控え：カナダスギ'2×'4@455 WP
笠木：アルミ亜鉛合金めっき鋼板
㋐0.4加工
5,020

衛生設備の取付け心寸法を押さえる

■小屋裏平面詳細図

ベネシャンルーバー：カナダスギ'1×'4@125 WP
ルーバー受け：カナダスギ'2×'4@910 WP
吊金物：St ℞-4.5加工 溶融亜鉛めっき処理
軒樋：塩ビ製φ120（既製品）
ドレイン（φ60用）×1カ所
バスコート屋根
【波型ポリカーボネート板㋐0.7】
屋根
【アルミ亜鉛合金めっき鋼板
㋐0.35 立はぜ葺き@347】
5.0／100
笠木：アルミ亜鉛合金めっき鋼板
㋐0.4加工
窓台：
スギ3層クロス
パネル㋐36
（片面化粧）CL
小屋裏
2FL+1,900
【サクラ㋐15】
フローリング敷方向
手摺：ウンスギ㋐30 CL
吹抜け
2FL+1,850
【カナダスギ'2×'4】
120×270・化
(軒高+413)
3,640
16,380

床仕上げ材の張り方向を示す

意匠図❷

矩計図

垂直方向の詳細情報

矩計は高さ方向の詳細図である。高さに関する寸法はすべて入れる。さらに、見え掛かり部分はもちろん、その奥にあって実際には隠れてしまう部位でも、高さ情報が必要な造作物などは、見え掛かり部分と同様に描き入れる。

ただし、高さ寸法を書き込みすぎると見づらくなる。そこでたとえば、造作家具のカウンター高さは示すが、引出しの高さは示さない。矩形図では、家具をつくるための寸法ではなく、配置した家具と周囲の空間との位置関係を把握するための寸法が求められるからだ。

さまざまな高さのうち、構造材を基準とする最高軒高、軒高、桁高、基礎高などの寸法は、軸組図など構造図とのつながりを示唆する。一方、最高高さ、階高、天井高、床高は仕上面でとった高さだ。これらが両方明示されていることで、施工者は構造と仕上げの位置関係を関連付けてイメージしやすくなる。［瀬野和広］

描くものリスト

05｜寸法
構造関係:最高軒高、軒高、桁高、基礎高
仕上げ関係:最高高さ、階高、天井高、床高、屋根勾配

01｜通り心
（垂直方向のみ）

Y0 Y1 Y2
3,640
1,820 1,820
最高高さ
1,500
最高軒高
550
▼軒高
▼LFL
2,400
1,900
最高高さ7,850
最高軒高6,350
2FL
600
M2FL
2,650
2,500
1FL
750
300
設計GL
3,340〜4,080
デッキテラス
1,700
2,700
350

04｜家具や収納棚などの造作

道路・敷地境界線

02｜道路・敷地境界線・斜線［*］

03｜断熱材など、壁内の構成材

*斜線制限は確認申請用の図面で検討済みなので、必ずしも記載しなくてよい。ただし道路や境界線と同様、枠組を示す目安として描き込む意味はある

CHECK LIST

01□通り心

02□道路・敷地境界線・斜線［※］

03□断熱材など壁内を構成する材

04□家具や収納棚などの造作

05□寸法
構造関係:最高軒高、軒高、桁高、基礎高
仕上げ関係:最高高さ、階高、天井高、床高、屋根勾配

STANDARD SCALE
1/30

図1 平面のここを切断する

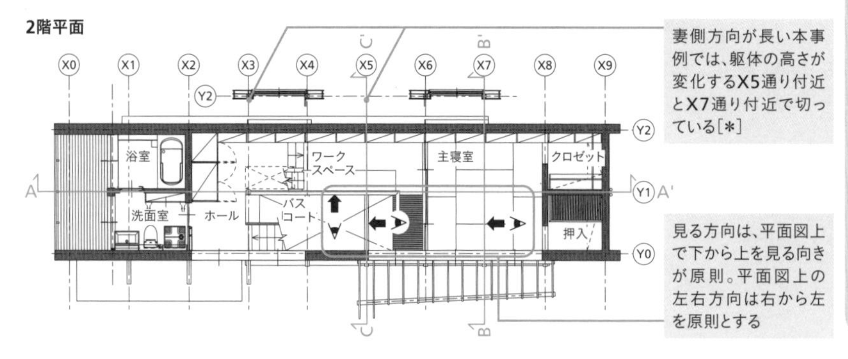

※：矩計図で求められる切断面は、小屋組を正面から見た妻側（本事例ではY通り）と、桁行側（本事例ではX通り）の2つ。必ず両方作図する。図にする切断面の選び方（どこで切るか）にはセオリーがある。スキップフロアやロフトのように高さの変化があったり、高さ方向での納まりが難しい部分があったりする位置で、開口部を含む面を選ぶとよい

図2 構造材の取合い

桁行側(X通り)断面[S=1:60]

妻側(Y通り)断面[S=1:60]

同じ梁。2方向から見ることで、取り合う部材との位置関係が分かる

矩計図は、最初に妻側断面(三角形が見える側)を作図する。必要な部位の高さや形状の詳細は、妻側断面でほぼ押さえられるので、桁行方向の各部の高さもそこから割り出せる。妻側と桁行側両方の切断面を見ると、横架材などの部材どうしの取合いも確認できる

意匠図3 立面図 建物外部の施工・積算に不可欠

立体物を図面という2次元で表現するには、3面の図が必須となる。すなわち、平面図、その内容を立ち上げた立面図、その姿を切った断面図である。

この3面図の一翼を担う立面図は、建物のかたちや外壁仕上げの情報を示す。外壁廻りに関する施工や積算をするうえで、最も重要な図面である。

東西南北の各面を時計回りに描いていくと、同一コーナーが隣り合い、各立面図の関係を把握しやすい[※]。[瀬野和広]

描くものリスト

- 01 | 通り心
- 02 | 敷地境界線・道路境界線
- 03 | 外形(外壁、屋根、庇、樋など)
- 04 | 外部開口部
- 05 | 外部仕上げ(相番を振る)
- 06 | 設備機器類
- 07 | 寸法:最高高さ、軒高、階高、床高、基礎高
- 08 | 外部仕上表

CHECK LIST

- 01 □通り心
- 02 □敷地境界線・道路境界線
- 03 □外形
- 04 □外部開口部
- 05 □外部仕上げ
- 06 □設備機器類

STANDARD SCALE 1/50

※:筆者の事務所では東南西北の順に描くことを基本としているが、本事例は西側が接道しており、西南に設備機器や外部造作が多いため、西を起点としている。ただその場合でも、必ず同一コーナーが隣り合うようにすることは変わりない

意匠図❷

矩計図1

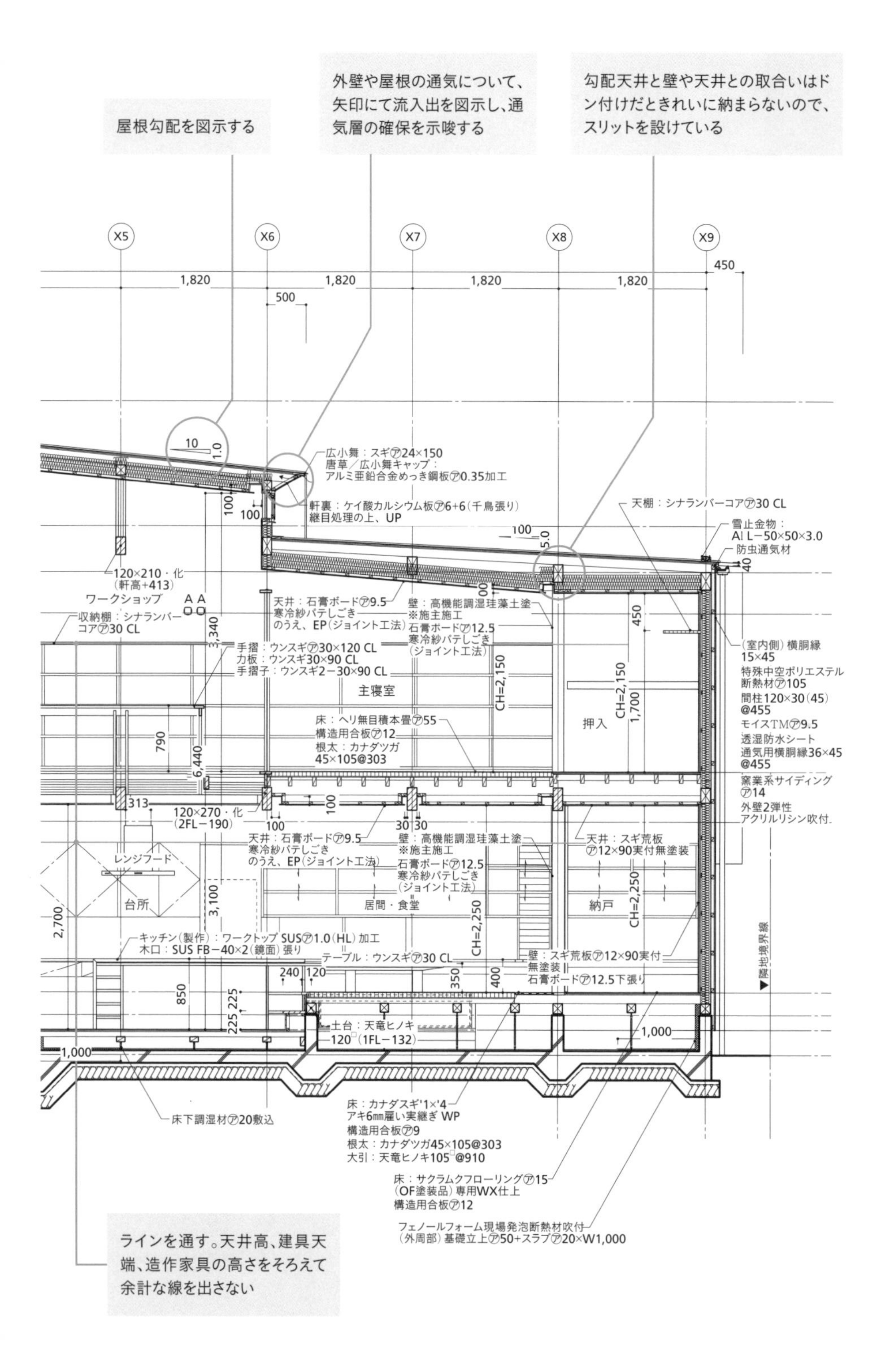
屋根勾配を図示する
外壁や屋根の通気について、矢印にて流入出を図示し、通気層の確保を示唆する
勾配天井と壁や天井との取合いはドン付けだときれいに納まらないので、スリットを設けている
X5
X6
X7
X8
X9
1,820
1,820
1,820
1,820
450
500
10
1.0
広小舞：スギ㋐24×150
唐草／広小舞キャップ：
アルミ亜鉛合金めっき鋼板㋐0.35加工
軒裏：ケイ酸カルシウム板㋐6+6（千鳥張り）
継目処理の上、UP
天棚：シナランバーコア㋐30 CL
雪止金物：
Al L−50×50×3.0
防虫通気材
100
5.0
120×210・化
（軒高+413）
ワークショップ
収納棚：シナランバーコア㋐30 CL
天井：石膏ボード㋐9.5
寒冷紗パテしごき
のうえ、EP（ジョイント工法）
壁：高機能調湿珪藻土塗
※施主施工
石膏ボード㋐12.5
寒冷紗パテしごき
（ジョイント工法）
手摺：ウンスギ㋐30×120 CL
力板：ウンスギ30×90 CL
手摺子：ウンスギ2−30×90 CL
主寝室
CH=2,150
押入
CH=2,150
1,700
450
（室内側）横胴縁
15×45
特殊中空ポリエステル
断熱材㋐105
間柱120×30（45）
@455
モイスTM㋐9.5
透湿防水シート
通気用横胴縁36×45
@455
窯業系サイディング
㋐14
外壁2弾性
アクリルリシン吹付
床：ヘリ無目積本畳㋐55
構造用合板㋐12
根太：カナダツガ
45×105@303
3,340
790
6,440
313
120×270・化
（2FL−190）
100
100
30 30
天井：石膏ボード㋐9.5
寒冷紗パテしごき
のうえ、EP（ジョイント工法）
壁：高機能調湿珪藻土塗
※施主施工
石膏ボード㋐12.5
寒冷紗パテしごき
（ジョイント工法）
天井：スギ荒板
㋐12×90実付無塗装
レンジフード
台所
居間・食堂
納戸
CH=2,250
CH=2,250
3,100
2,700
キッチン（製作）：ワークトップ SUS㋐1.0（HL）加工
木口：SUS FB−40×2（鏡面）張り
テーブル：ウンスギ㋐30 CL
壁：スギ荒板㋐12×90実付
無塗装
石膏ボード㋐12.5下張り
隣地境界線
240
120
350
400
850
225
225
土台：天竜ヒノキ
120□（1FL−132）
1,000
1,000
床下調湿材㋐20敷込
床：カナダスギ1×4
アキ6㎜雇い実継ぎ WP
構造用合板㋐9
根太：カナダツガ45×105@303
大引：天竜ヒノキ105□@910
床：サクラムクフローリング㋐15
（OF塗装品）専用WX仕上
構造用合板㋐12
フェノールフォーム現場発泡断熱材吹付
（外周部）基礎立上㋐50+スラブ㋐20×W1,000
ラインを通す。天井高、建具天端、造作家具の高さをそろえて余計な線を出さない

A-A'断面[S＝1:80]、元図[S＝1:30]

見積り落としや重複がないよう、仕上表と統一する

ベネシャンルーバーは、日射を取り込みたい冬至の日射角度に合わせて取付け、夏期の西日は遮るようにする

高さ制限が厳しいため、詳細な納まりを検討した上で確認するために、矩計図にも斜線を図示する

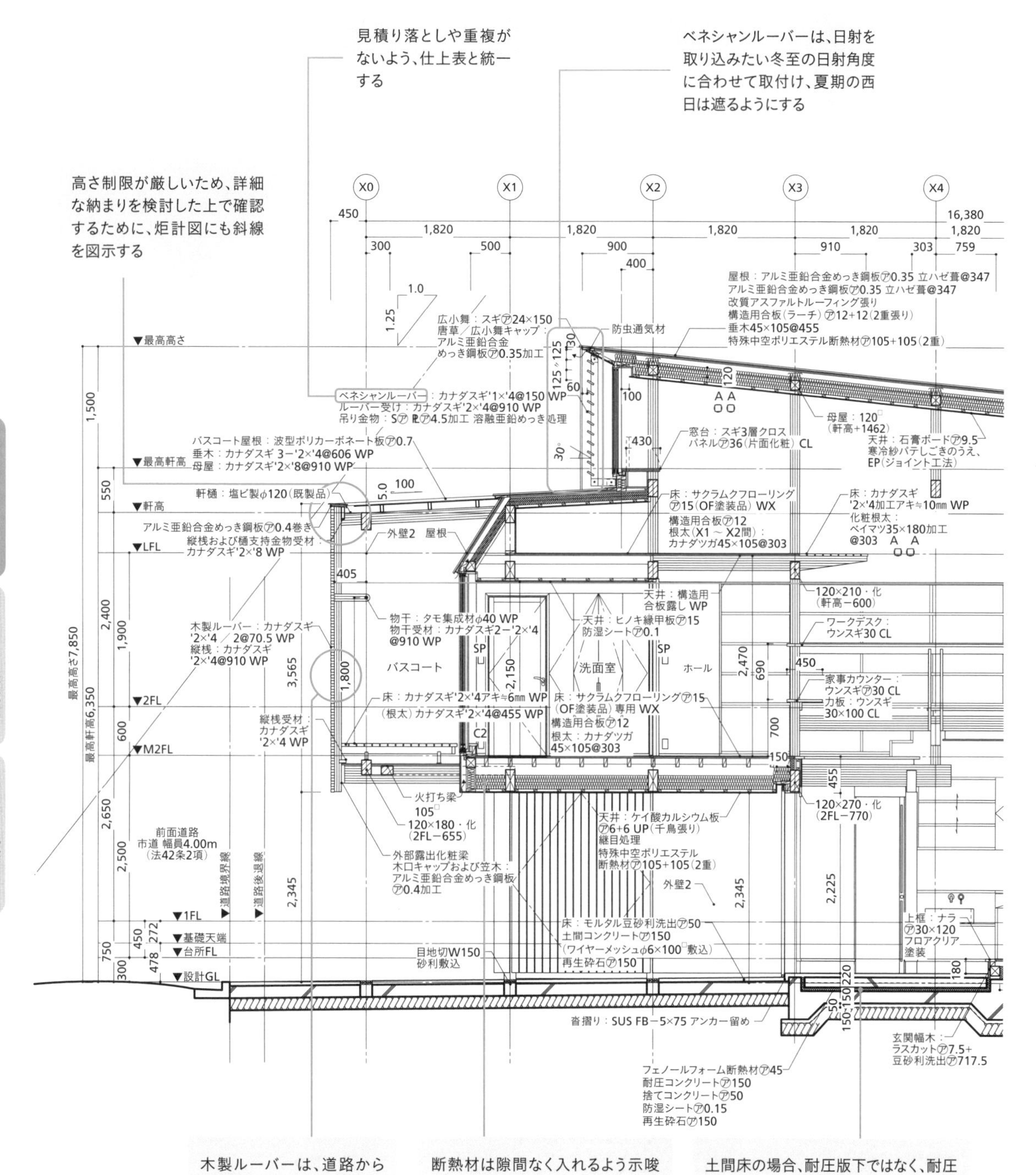

木製ルーバーは、道路からの視線を遮るため横ルーバーとする

断熱材は隙間なく入れるよう示唆するため、決して省略せず、開口部以外途切れないよう図示する

土間床の場合、耐圧版下ではなく、耐圧版レベルを下げて、断熱材敷込の上、増打ちコンクリートを打設する

B-B'断面[S＝1:50]、元図[S＝1:30]

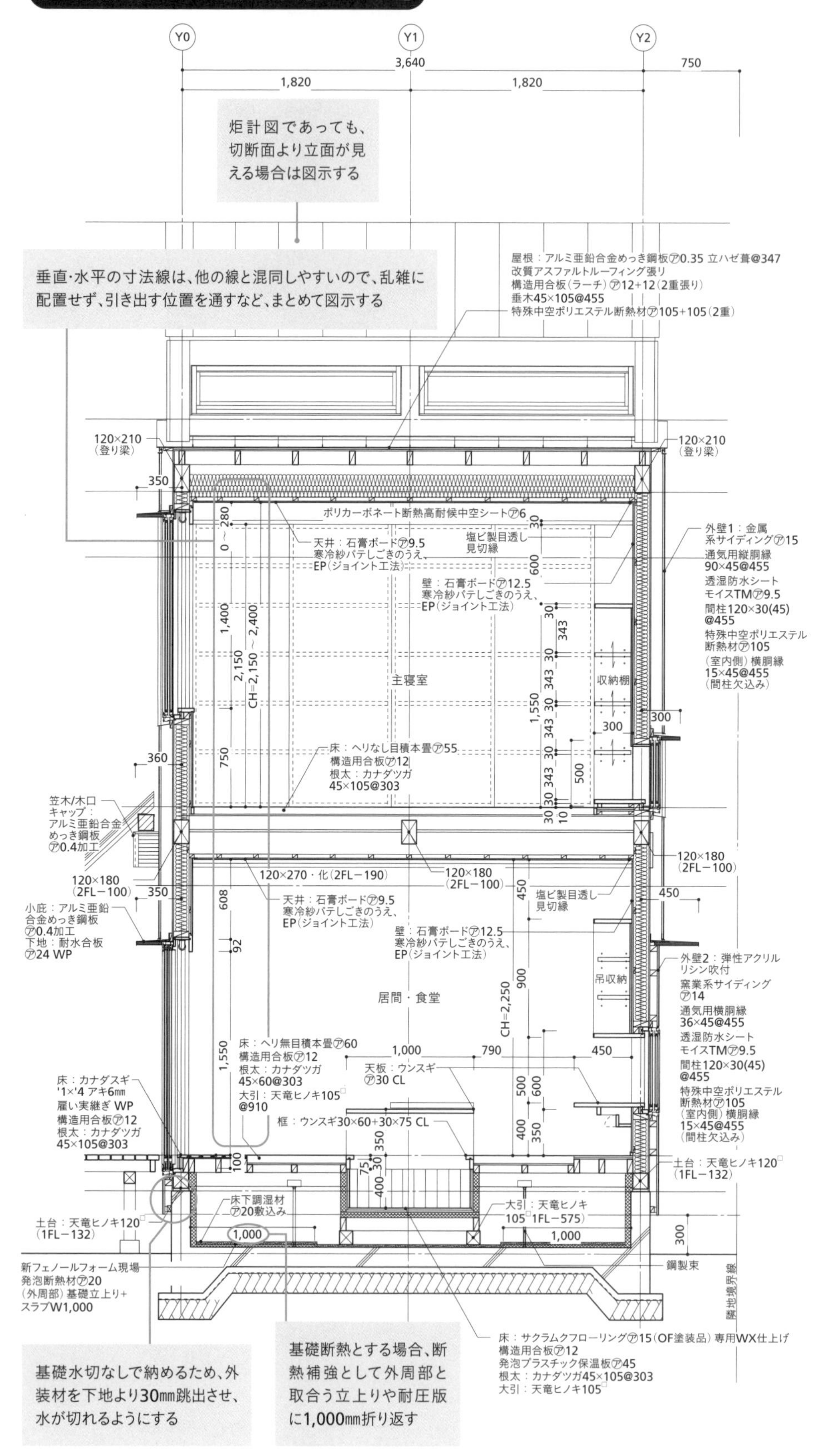

C-C'断面[S＝1:50]、元図[S＝1:30]

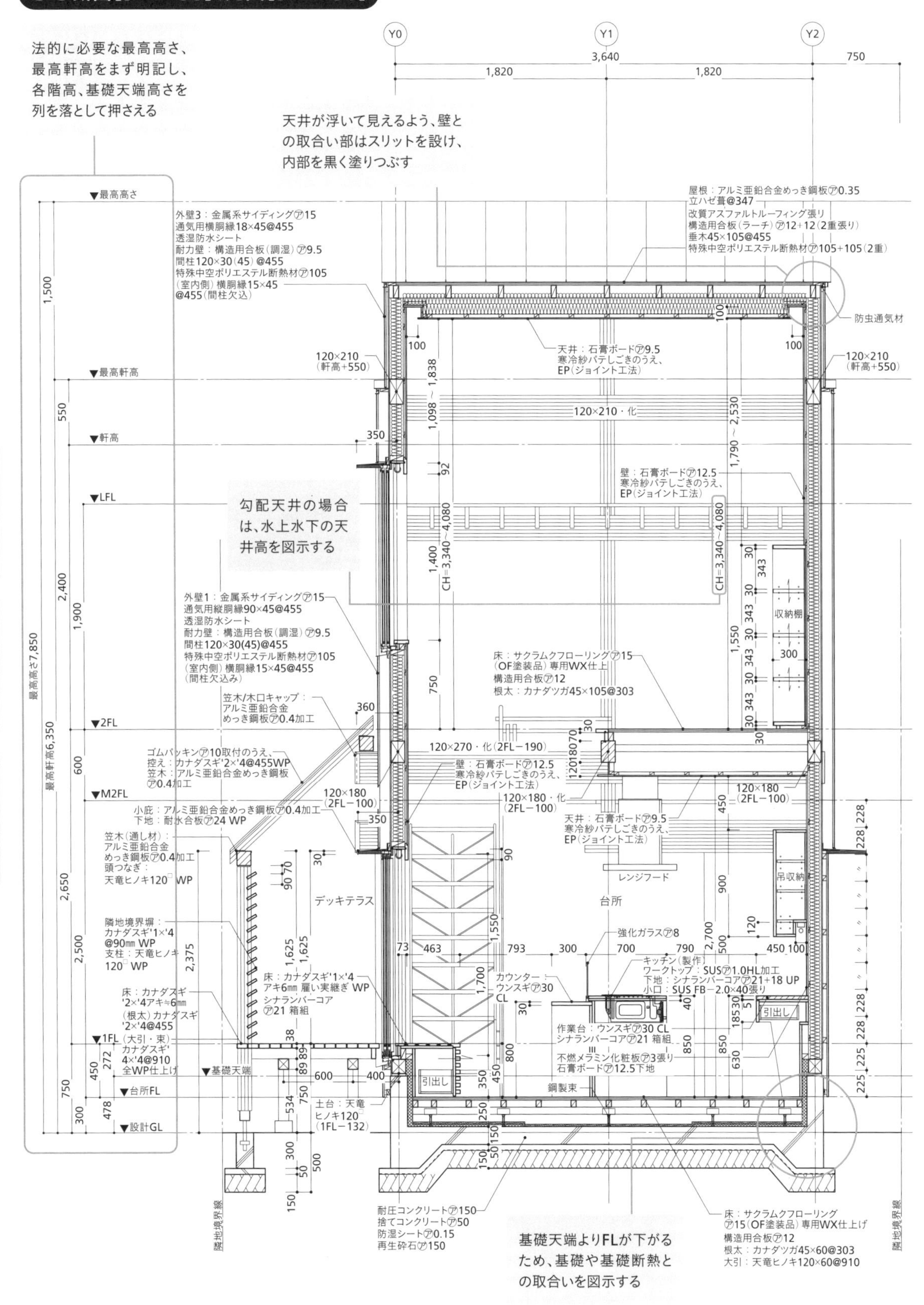

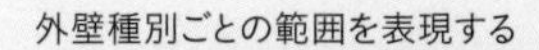

外壁種別ごとの範囲を表現する

ウォークインクロゼットやトイレなど、常時換気したい個所には、ダブルガラスルーバー窓などを設ける

■東側立面図

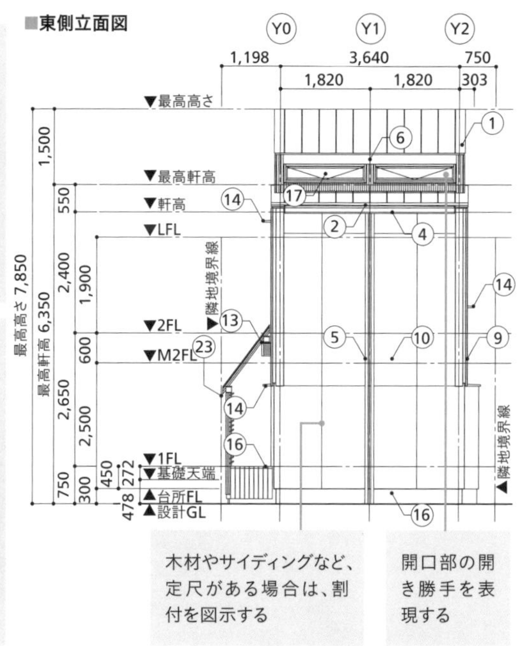

木材やサイディングなど、定尺がある場合は、割付を図示する

開口部の開き勝手を表現する

軒の出が小さかったりなかったりすると、引違い窓や縦すべり出し窓などは開けると雨が入ってしまう。多少の雨でも換気で開けられるよう直上に小庇を設ける

■西側立面図

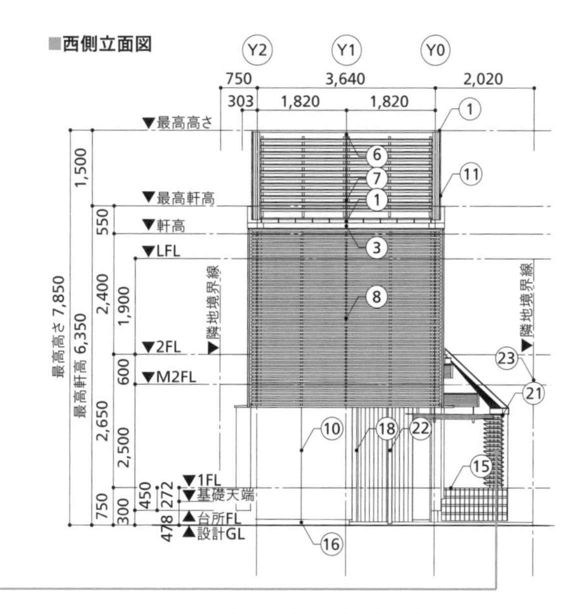

隣地境界線など工作物も立面図に図示し、広範囲にわたって建物と重なってしまう場合は破断線により途中省略する

[S＝1：150]、元図[S＝1：50]

⑯	基礎	コンクリート打放し
⑰	外部建具	アルミサッシ
⑱	外部建具	木製建具（製作）
⑲	表札／インターフォンパネル	表札：SUS PL-3.0切欠加工ポスト□
⑳	ベンドキャップ	SUS製丸型フラットフード横ガラリタイプ（φ150：防火ダンパー付）指定職焼付塗装
㉑	カーポート屋根	波型ポリカーボネイト板㋐0.7
㉒	丸柱	Stφ89.1×3.2溶融亜鉛合金めっきリン酸処理
㉓	隣地境界線	カナダスギ1×4@90WP

■北側立面図

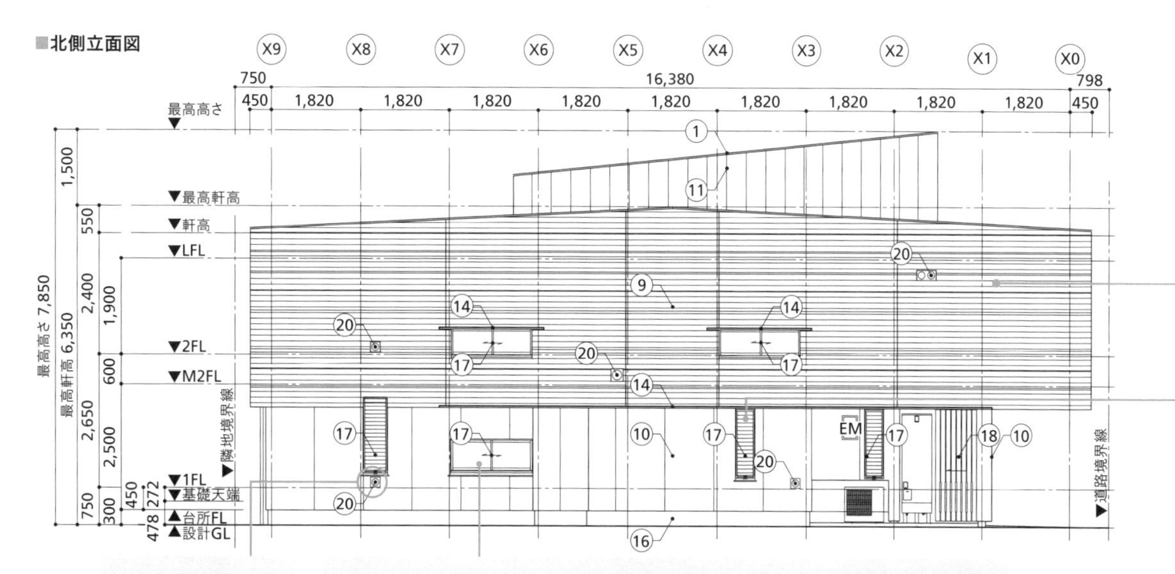

ベントキャップなど建物に取り付く設備機器も必ず表現する

アルミサッシと外壁を同面で納めるのを標準としている。その場合、雨垂れによる汚れが懸念されるため、サッシ水切は必ず設ける。また、サッシ廻りのシーリングの仕方によっても、雨垂れが生じてしまうので、監理時に注意が必要

■南側立面図

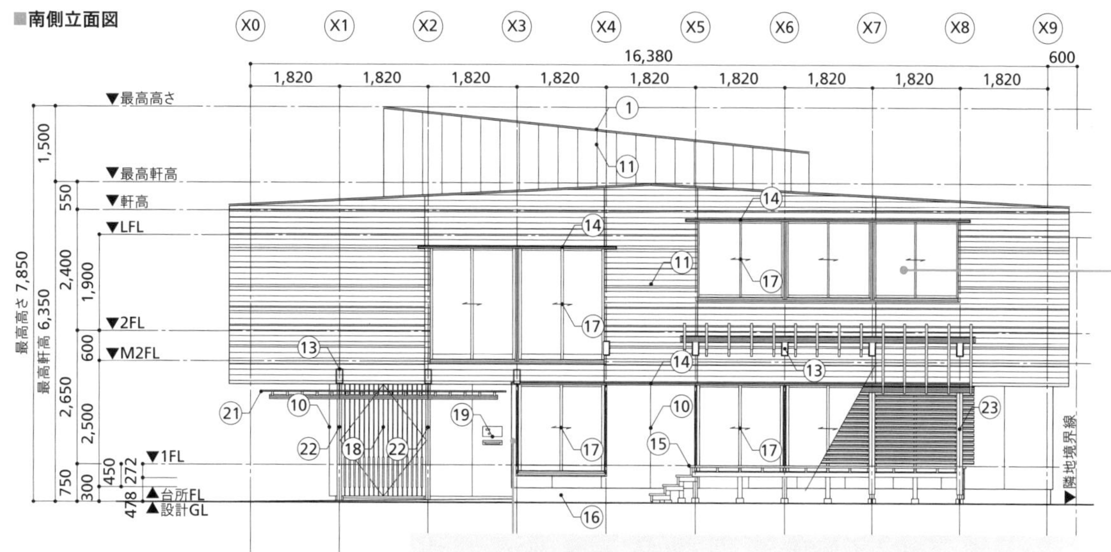

アルミサッシの存在をできるだけ消したいと常々考えている。1階南面は外額縁を外壁面より60㎜出し、視線をそらして2階は外装材でラップするようにしている。ただし、サッシ廻りに造作を施す場合は網戸の納まりに注意する

■記号判例

・WR+OSM:	ウォーターペイント+ワンコートオンリー
・XD:	キシラデコール［日本エンバイロケミカルズ］
・WP:	木材保護塗料［ノンロット／三井化学産資］
・UP:	ウレタンペイント
・SOP:	合成樹脂調合ペイント

*:外部鉄部は、すべて「溶融亜鉛めっき処理」仕上とする。ただし、アプローチSt丸柱は、溶融亜鉛めっきのうえリン酸処理とする

■外部仕上表

①	屋根	アルミ亜鉛合金鍍金鋼板 ㋐0.35立ハゼ葺@347	⑧	木製ルーバー	カナダスギ2×4／2@70WP
②	雪止め	Al L-50×50×3	⑨	外壁1	金属系サイディング㋐15
③	バスコート屋根	波型ポリカーボネイト板㋐0.7	⑩	外壁2	弾性アクリルリシン吹付
④	軒樋	(東側)塩ビ製H120(既製品)	⑪	外壁3	金属系サイディング㋐15
		(西側)塩ビ製半丸φ120(既製品)	⑫	笠木／水切	アルミ亜鉛合金めっき鋼板㋐0.4
⑤	竪樋	塩ビ製φ60 バンドレスタイプ	⑬	化粧梁 木口カバー	4周唐草角出しの上、アルミ亜鉛合金めっき鋼板
⑥	軒裏	ケイ酸カルシウム板㋐6+6	⑭	小庇	アルミ亜鉛合金めっき鋼板㋐0.4
⑦	ベネシャンルーバー	カナダスギ1×4@125WP	⑮	デッキテラス	カナダスギ2×4材張WP

*:(支柱)天竜ヒノキ120□WP (控え)カナダ杉2×4@455WP

意匠図 4

展開図

内部空間の姿や高さ、仕上げを伝える

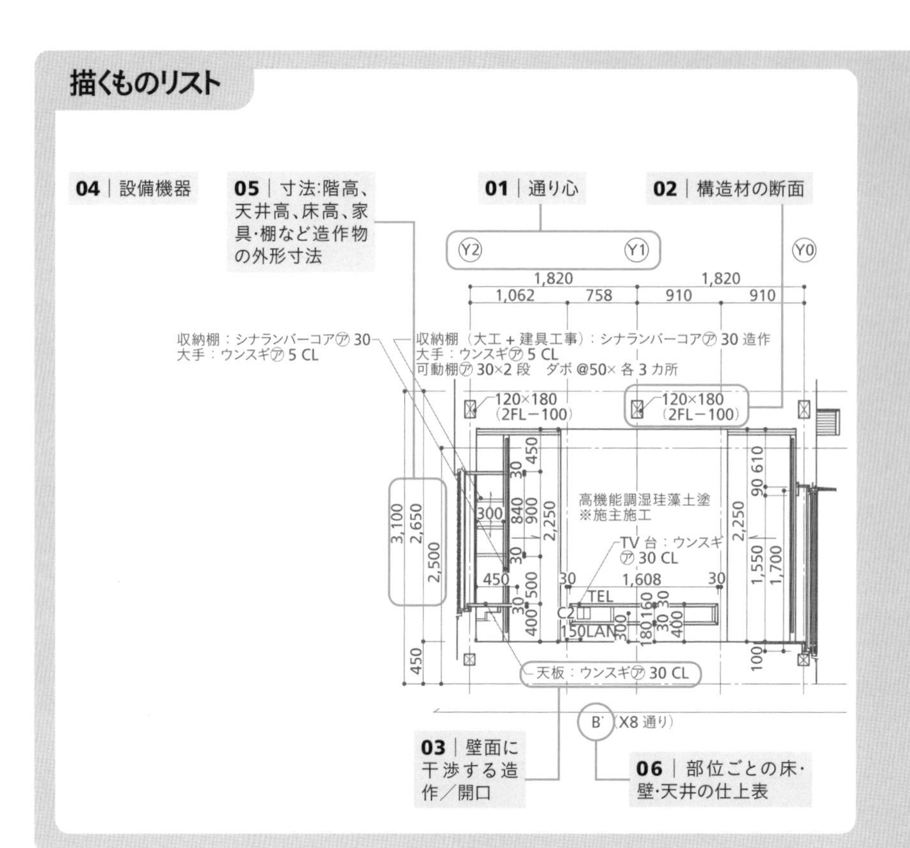

展開図は矩計図の「各論」

展開図は、内部空間の壁面を図面化したものだ。したがって、内部壁の形状、仕上げ、高さの情報が網羅されている。単に壁面の仕上げを見せるだけではない。壁面のエッジのラインがほかの部位・部材とどう取り合っているかを明確にする。いわば建物全体の納まりを示した矩計図の「各論」のようなものである。

展開図中に記載されているA〜Dの記号は、平面図に記載された展開方向と対応している。本事例ではAが北向き、Bが東向き、Cが南向き、Dが西向きである。建物形状が矩形であれば、原則として四方の壁面4枚で事足りる。しかし本事例のように細長い形状だったり小壁があったりして4面だけで表しきれない場合は、それらを網羅するために追加の図が必要になる。そういった部分を、ここでは「B'」などとして別に示している。B方向では、最大6枚（「B'''''」まで）描いている。平面図をベースに、この事例で描き出されている展開図の対応個所を示す［図］。

取合いの情報を確実に伝えるため、筆者の事務所では、すべての部屋や部位を展開図に起こしている。そして、展開図はできるだけ切らないでつなげて描く。部屋や部位どうしのつながり方やかかわり方をより分かりやすく見せたいからである。

家具詳細図につながる描き方

展開図に、床・壁・天井の部位ごとの仕上表を入れておくと、別紙の内部仕上表といちいち照らし合わせる必要がなくなり、施工者にとって便利になる。そのほか造作家具などについても、大まかな仕様や、家具詳細図に導

CHECK LIST

- 01 □ 通り心
- 02 □ 構造材の断面
- 03 □ 壁面に干渉する造作／開口
- 04 □ 設備機器
- 05 □ 寸法:階高、天井高、床高、家具・棚など造作物の外形寸法
- 06 □ 部位ごとの床・壁・天井の仕上表

STANDARD SCALE

1/50

くために必要な寸法を書き込んでおくと、伝わりやすい図面となる。これは、図面を見る側だけでなく描く側にとっても、後で家具詳細図を作成する際の作業上の参考になる。
　設備工事の参考になる情報も入れる。たとえば照明やスイッチ、コンセントの位置。また、天井裏・床下の構造部材の断面情報は、配管ルートなどを検討する際に役立つ。［瀬野和広］

図 展開図で見ている個所

土間　台所　居間・食堂　納戸　A　B　C　D

展開図の視点は、四方を同じ所から見ている

意匠図 5

天井伏図

天井面の仕上げを部位ごとに

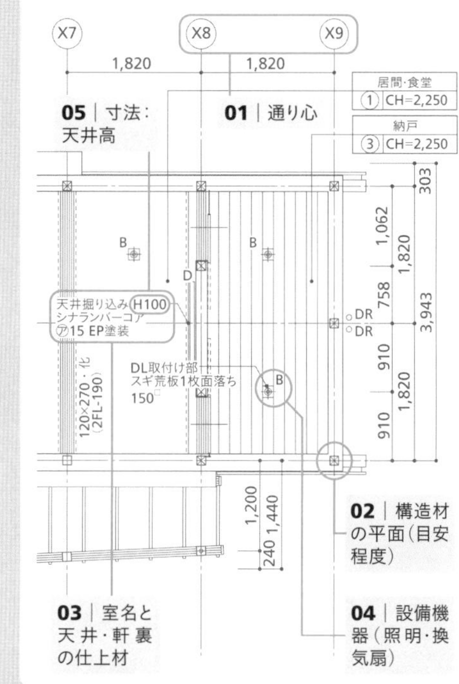

CHECK LIST

- 01 □ 通り心
- 02 □ 構造材の平面（目安程度）
- 03 □ 室名と天井・軒裏の仕上材
- 04 □ 設備機器（照明・換気扇）
- 05 □ 寸法：天井高

STANDARD SCALE
1/50

天井伏図は、天井面の見え掛かりを見下ろした状態に描き出した意匠図の1つである［図］。見え掛かりの仕上げを見せるという意味では、役割的には展開図に近い。天井や軒裏の仕上げ、割付け、目地も表現し、仕上げに関する情報を集約する。
　また、設備図に連動した照明器具や空調設備機器の種類も書き入れる。室ごとに仕上げと天井高（CH）を記すのは、施工図の慣習に則ったものだ。
　天井伏図のポイントは、線を描き込みすぎないことである。CADで作成した平面図をもとに天井の輪郭を描き出すが、余計な線が入りすぎると見づらくなってしまう。天井伏図に必要な情報は、天井の枠より内側だけ。そのため、柱は目安程度とし、外壁の構成などの線は省略している。［瀬野和広］

図 天井伏図はこう見ている

鏡

天井を鏡に映したときの見え方をそのまま図にしている

展開図

意匠図④

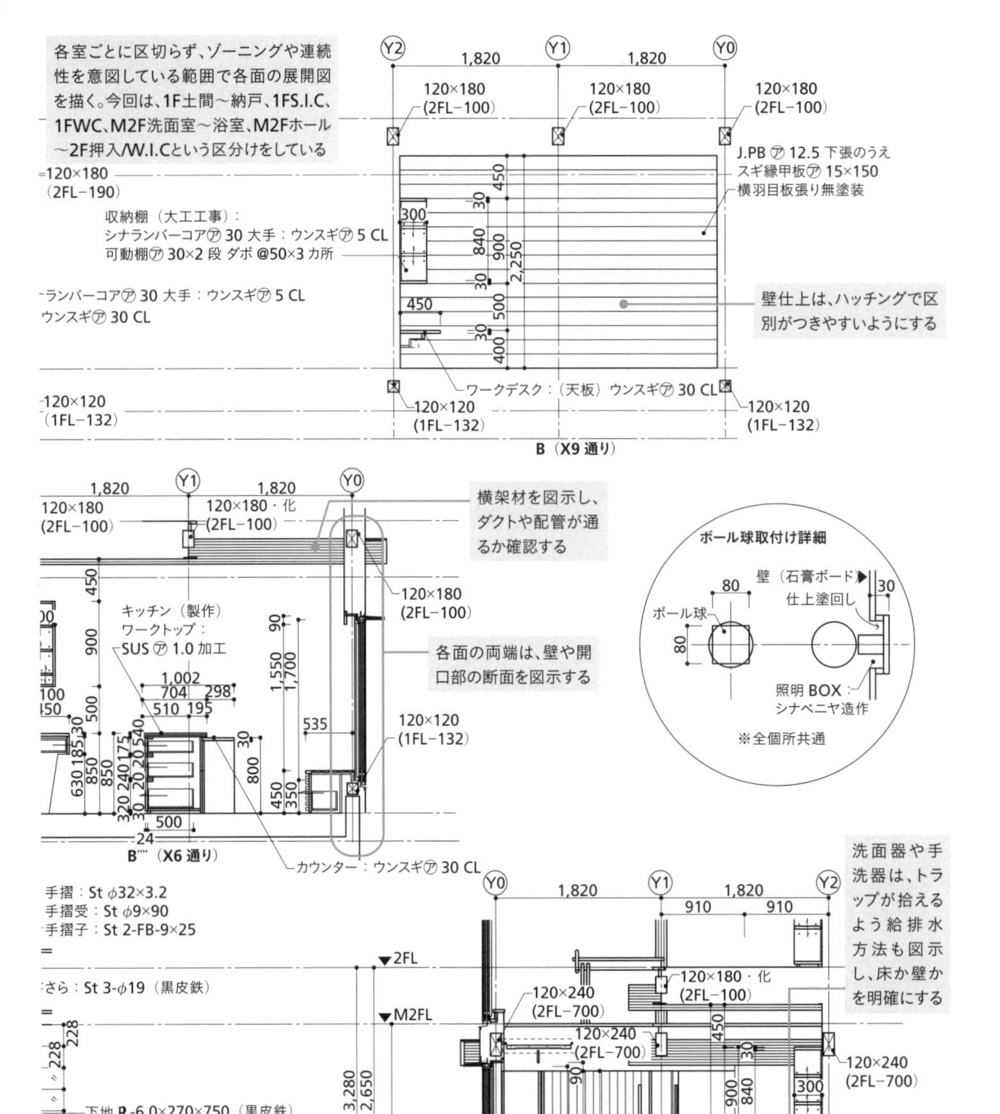

室名	土間
天井	J.PB㋐9.5 寒冷紗パテしごき EP塗装
壁	J.PB㋐12.5 寒冷紗パテしごき EP塗装
幅木	モルタル豆砂利洗出し仕上げ
床	モルタル豆砂利洗出し仕上げ㋐50
備考	上り框：ナラ30×120 フロアCL 洗面カウンター：ウンスギ ㋐30 CL 吊収納：シナランバーコア ㋐21 CL 衛生器具、アクセサリー類は設備姿図参照

■凡例（全展開図共通）

J.PB：ジョイント石膏ボード［ハイクリンボード／吉野石膏］
OSM：ワンコートオンリー［日本オスモ］
CL：　ノーマルクリア#3101［日本オスモ］
EP：　水性エマルションペイント［エコフラット70／日本ペイント］
UP：　水性ウレタンペイント［ファインウレタンU100／日本ペイント］

＊：全共通　アルミサッシ取付けにあたっては、サッシアングルの厚さ分、枠を決り取付けとする
＊：アルファベットは照明器具番号
＊：記載なきスイッチ・コンセント取付高は、
　スイッチ=FL+1,200　コンセント=FL+150

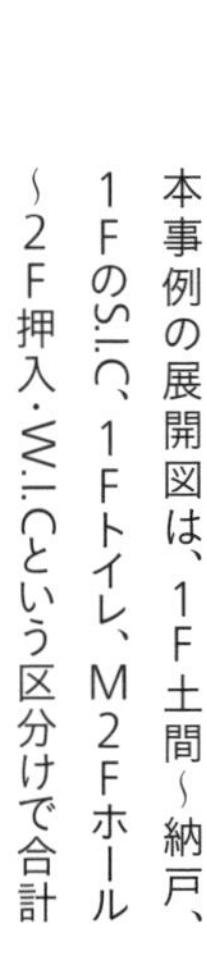
本事例の展開図は、1F土間～納戸、1FのS.I.C、1Fトイレ、M2Fホール～2F押入・W.I.Cという区分けで合計40面分、すべての面を網羅している。本項ではそのなかから6面を抜粋した

[S=1:80]、元図[S=1:50]

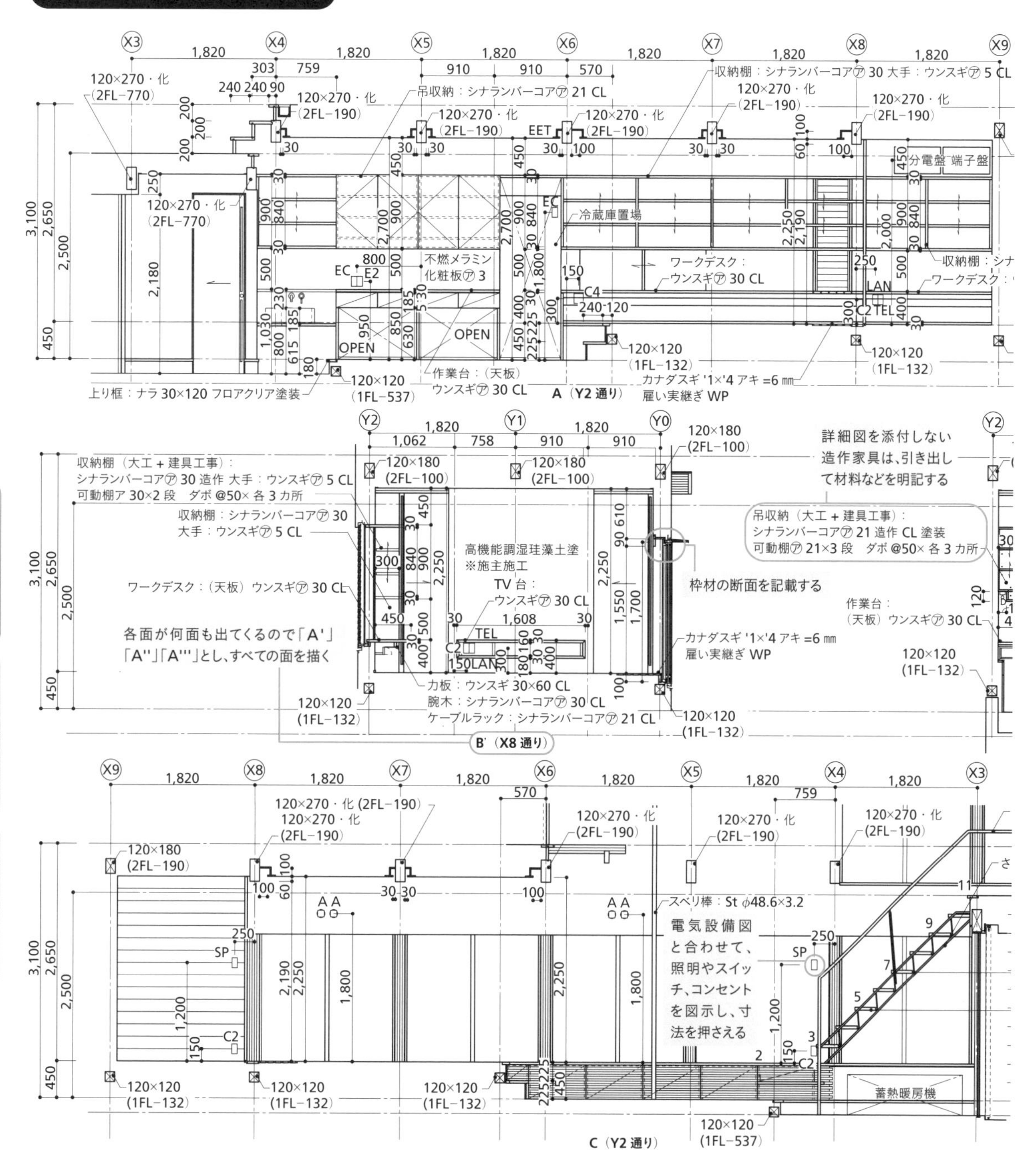

■仕上表

室名	居間·食堂
天井	J.PB㋐9.5 寒冷紗パテしごき EP塗装
壁	J.PB㋐12.5 寒冷紗パテしごき EP塗装　高機能調湿珪藻土塗り
幅木	ウンスギH30 CL
床	縁なし目積本畳㋐60（半畳物） サクラムクフローリング　㋐15×90（OF塗装品）専用WX仕上げ 一部 カナダスギ'1×'4 アキ=6㎜　雇い実継ぎWP
備考	TV台:ウンスギ ㋐30 CL　テーブル:（天板）ウンスギ ㋐30 CL 作業台:（天板）ウンスギ ㋐30 CL　他シナランバーコア ㋐21 CL 吊収納:シナランバーコア ㋐21 CL

室名	台所
天井	J.PB㋐9.5 寒冷紗パテしごき　EP塗装
壁	J.PB㋐12.5 寒冷紗パテしごき EP塗装　一部 不燃メラミン化粧板㋐3張り
幅木	ウンスギH30 CL
床	サクラムクフローリング　㋐15×90　(OF塗装㋐品）専用WX仕上げ
備考	キッチン:（ワークトップ）SUS ㋐1.0 HL加工　他シナランバーコア㋐21 UP 作業台:（天板）ウンスギ ㋐30 CL　他シナランバーコア㋐21 UP 吊収納:シナランバーコア　㋐21 CL 衛生器具、アクセサリー類は設備姿図 参照

天井伏図1階

意匠図5

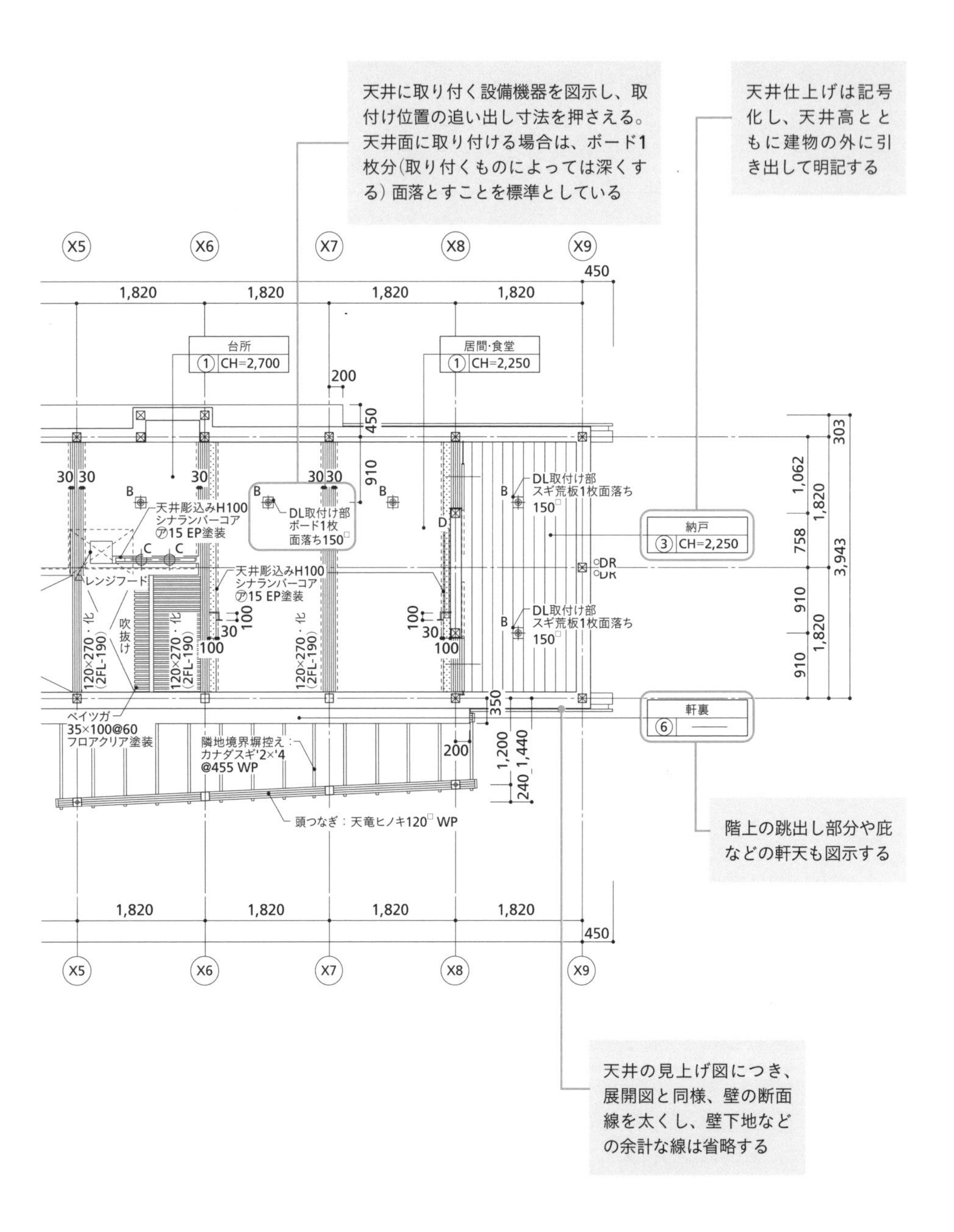

■特記事項

*:天井-壁/化粧梁の取合い部において、仕上げ①・②については、塩ビ製目透し見切を使用し、目透し部も塗装すること

■記号判例

- ・EP: エマルジョンペイント
- ・UP: ウレタンペイント
- ・CL: クリアラッカー
- ・OSM: ワンコートオンリー[日本オスモ]
- ・WP: 木材保護塗料[ノンロット/三井化学産資]

■外部仕上表

①	EP塗装　石膏ボード㋐9.5寒冷紗パテしごき(ジョイント工法)
②	EP塗装　石膏ボード㋐9.5(耐水)寒冷紗パテしごき(ジョイント工法)
③	スギ荒板㋐12×150実付き　無塗装
④	構造用合板㋐12露し
⑤	ヒノキ縁甲板㋐15×120(上小節)羽目板張り無塗装
⑥	ケイ酸カルシウム板㋐6+6継目処理のうえUP
⑧	波型ポリカーボネート板㋐0.7

[S＝1:100]、元図[S＝1:50]

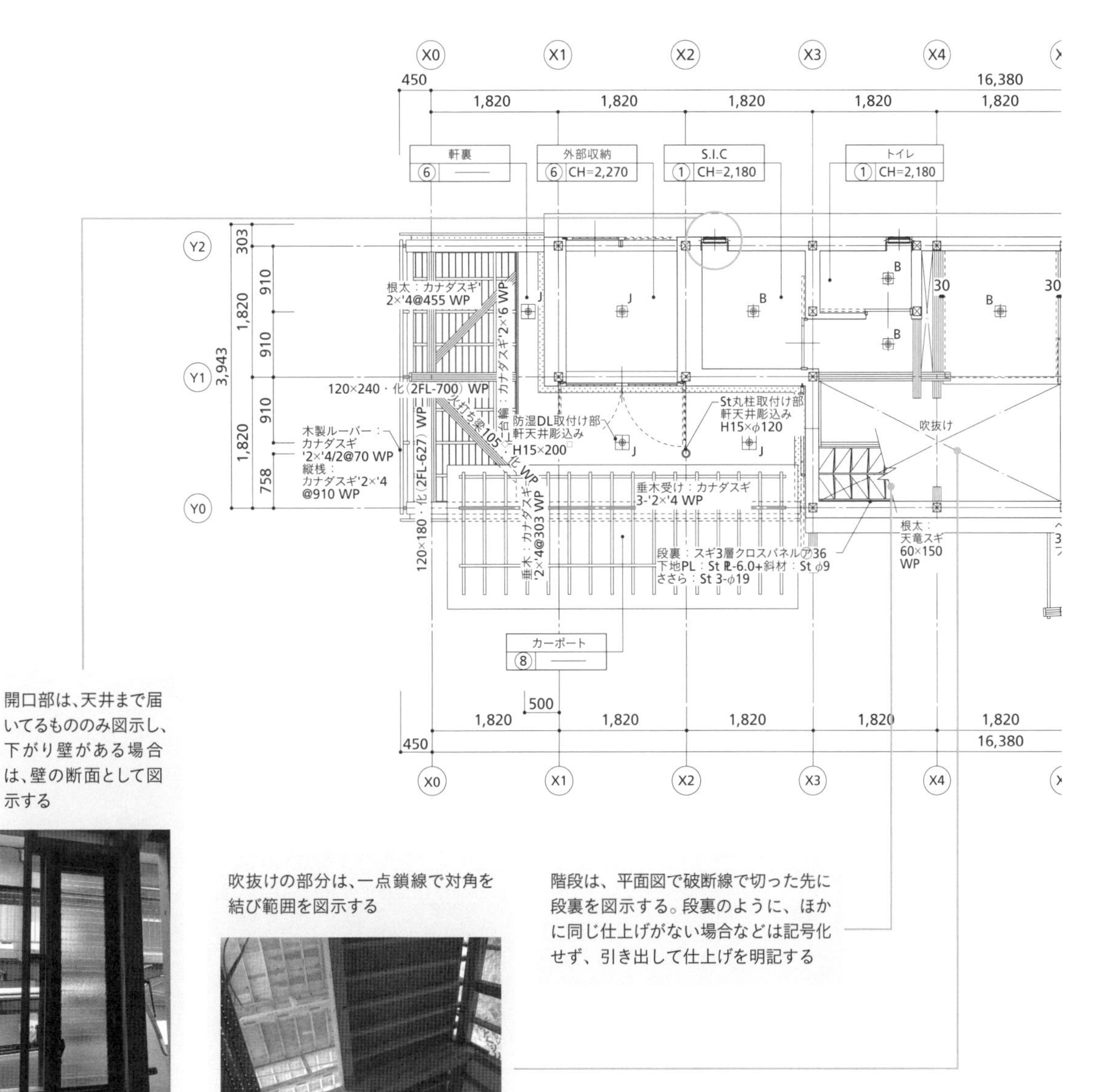

開口部は、天井まで届いてるもののみ図示し、下がり壁がある場合は、壁の断面として図示する

吹抜けの部分は、一点鎖線で対角を結び範囲を図示する

階段は、平面図で破断線で切った先に段裏を図示する。段裏のように、ほかに同じ仕上げがない場合などは記号化せず、引き出して仕上げを明記する

意匠図5

天井伏図2階・小屋裏

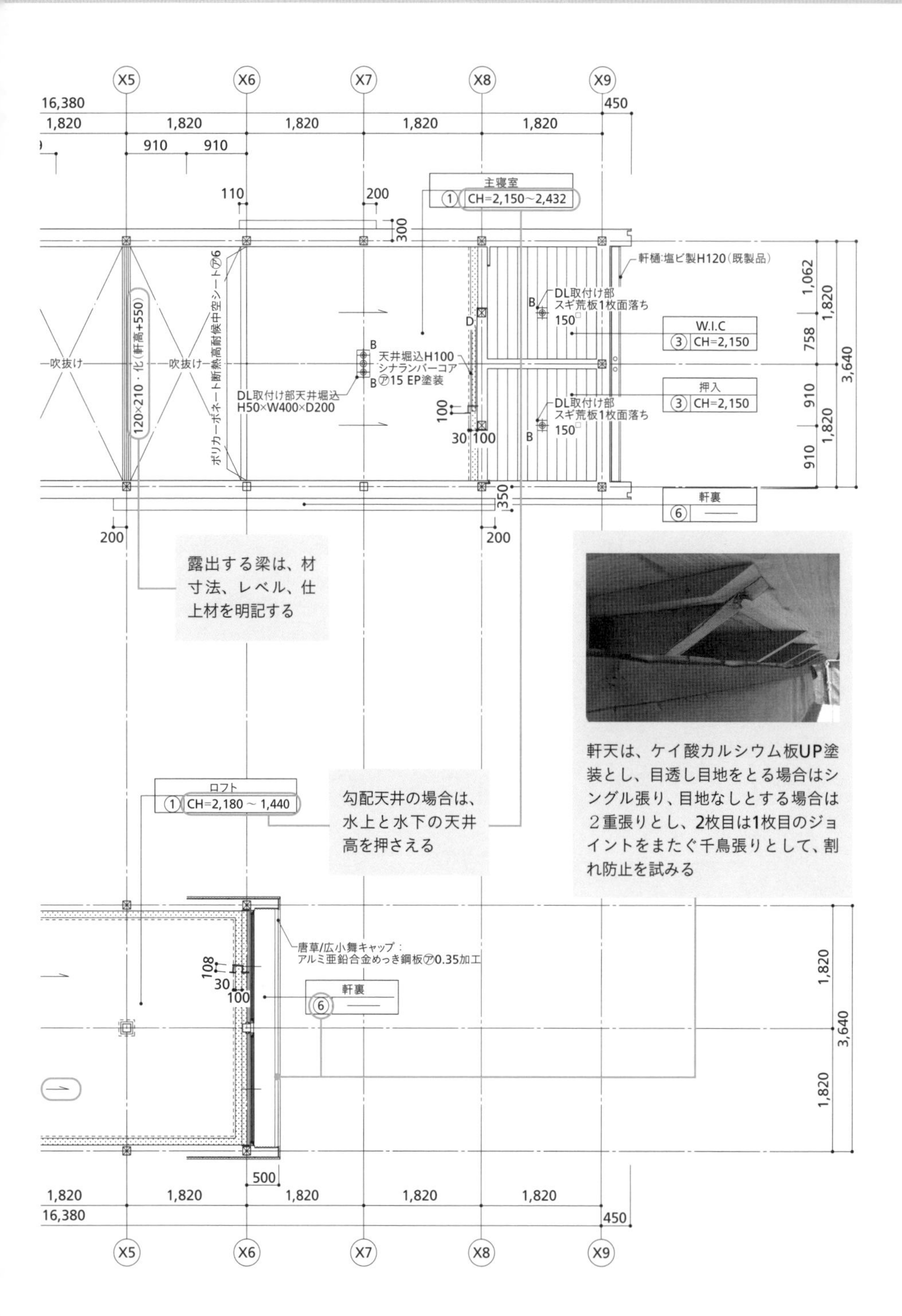

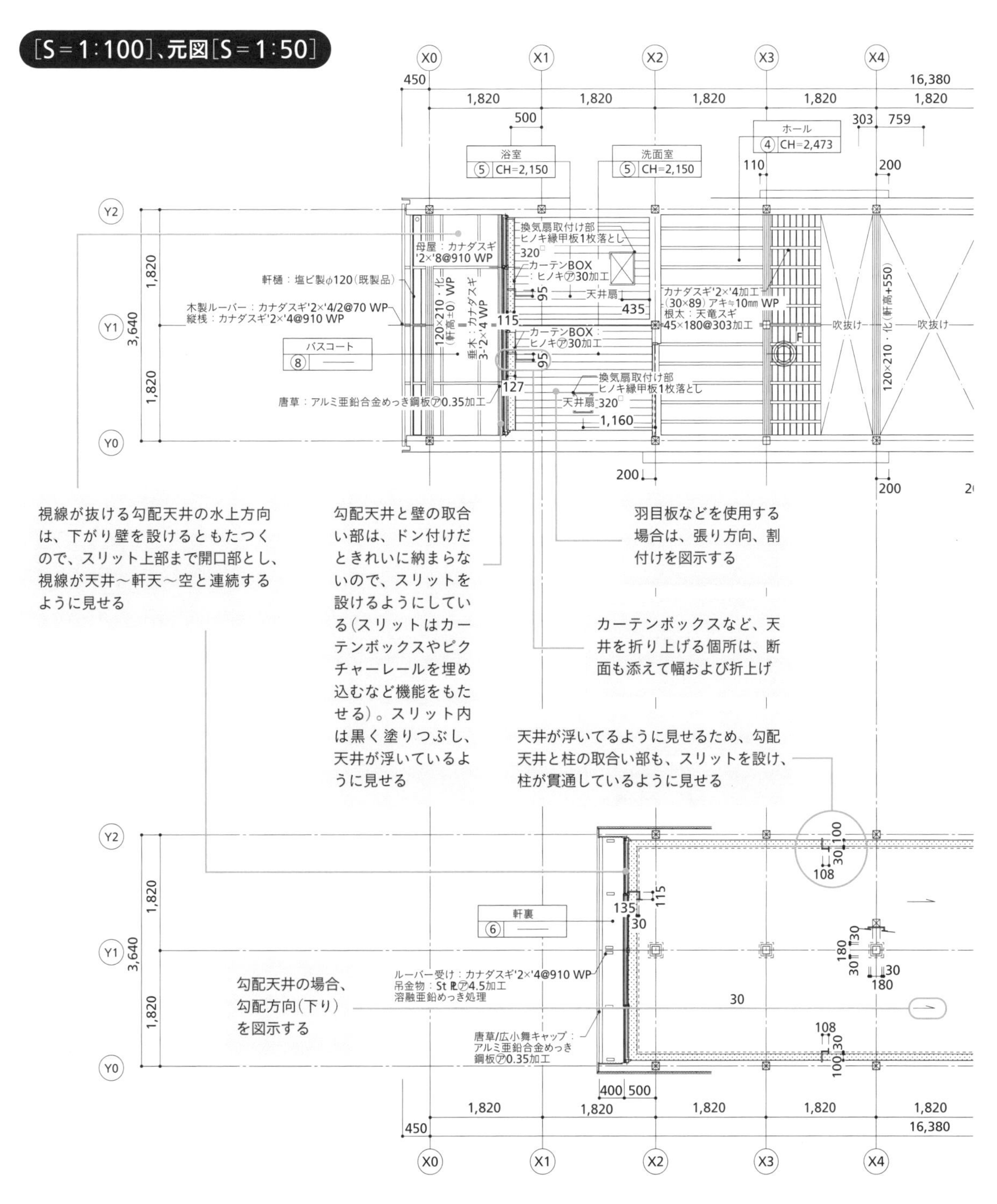

■記号判例

- ・EP：　エマルジョンペイント
- ・UP：　ウレタンペイント
- ・CL：　クリアラッカー
- ・OSM：ワンコートオンリー［日本オスモ］
- ・WP：　木材保護塗料［ノンロット／三井化学産資］

■特記事項

＊：天井・壁／化粧梁の取合い部において、仕上げ①・②については、塩ビ製目透し見切を使用し、目透し部も塗装すること

■外部仕上表

①	EP塗装　石膏ボード㋐9.5寒冷紗パテしごき（ジョイント工法）
②	EP塗装　石膏ボード㋐9.5（耐水）寒冷紗パテしごき（ジョイント工法）
③	スギ荒板㋐12×150実付き　無塗装
④	構造用合板㋐12露し
⑤	ヒノキ縁甲板㋐15×120（上小節）羽目板張り無塗装
⑥	ケイ酸カルシウム板㋐6+6継目処理のうえUP
⑧	波型ポリカーボネート板㋐0.7

意匠図❻

建具キープラン・建具表・枠図

位置や寸法、材料、取合い部の詳細

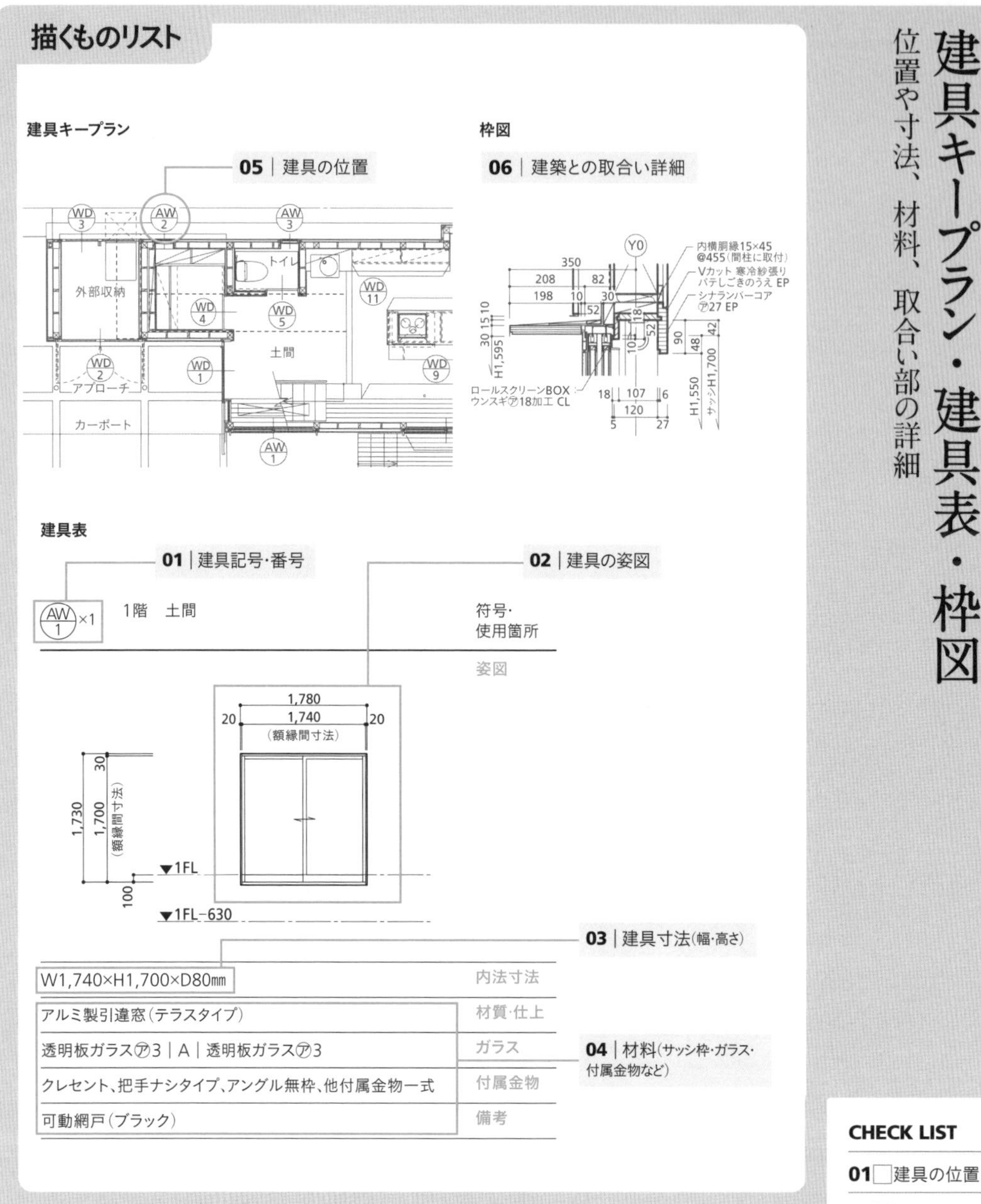

CHECK LIST

- 01□建具の位置
- 02□建具記号・番号
- 03□建具の姿図
- 04□建具寸法（幅・高さ）
- 05□材料（サッシ枠・ガラス・付属金物など）
- 06□建築との取合い詳細

STANDARD SCALE
1/5～1/10

まずキープランで建具の位置を示す。これは平面詳細図をもとにする。

次に、平面図で振られた番号に対応した建具表を作成。建具表には姿図・寸法・材料を明記する。姿図ではFLからの高さを入れると、掃出し窓・腰窓などの判別がしやすい。また、取手など部分的に詳細を示したい個所は、拡大するとより親切だ。

枠廻りは、枠図（サッシ図）として別に示す。枠図のスケールは1／5～1／10程度。枠図は柱や壁材、開口部材などの取合いを最も詳しく示すため、平面図で述べた「枠取り」を伝えるうえで非常に重要なものである。既成品の場合、基本的にはメーカーの標準仕様に従う。サッシと躯体に関しては標準だが、内外壁仕上げでサッシ枠を隠すように納めるなど、サッシにじかに接しない部材で工夫を施すことが多い。このあたりは、設計者のこだわりが出る部分だろう。［瀬野和広］

建具キープラン

［S＝1：150］、元図［S＝1：50］

建具が連なる場合は、引出し線を図示し、どこまでがその建具番号かを明記する

天井伏同様、平面図の必要レイヤーを元に建具キープランは必ず別に作成する

建具番号は、仕上表の室名順に（玄関から入って1階、階段を上って2階というように）、番号を振る。番号の順番は、一定のルールに則って、どこにあるかがすぐ分かればよい。たとえば、玄関を起点に時計回り順というケースもある

建具種別は、素材名＋開口種別として表現する。素材名は、A:アルミ製、G:ガラス製、W:木製、S:スチール製。開口種別は、D:戸、S:シャッター、W:窓。よって、AWはアルミ製窓を示す

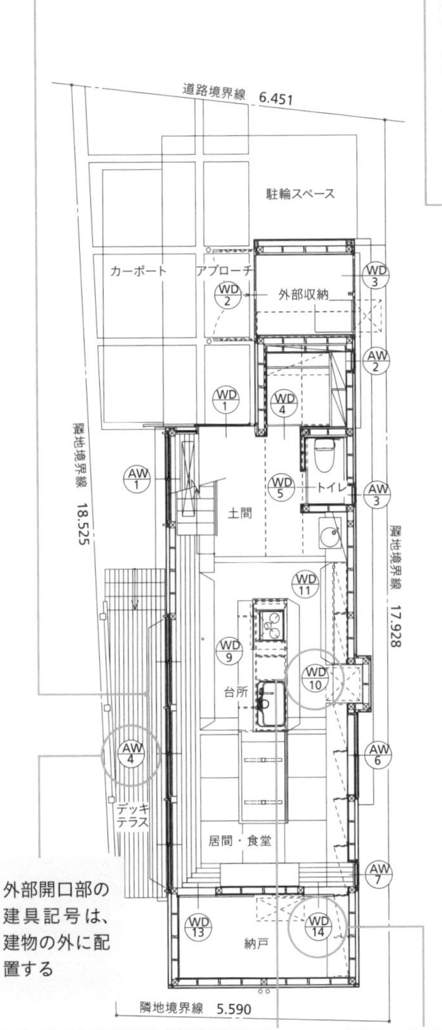

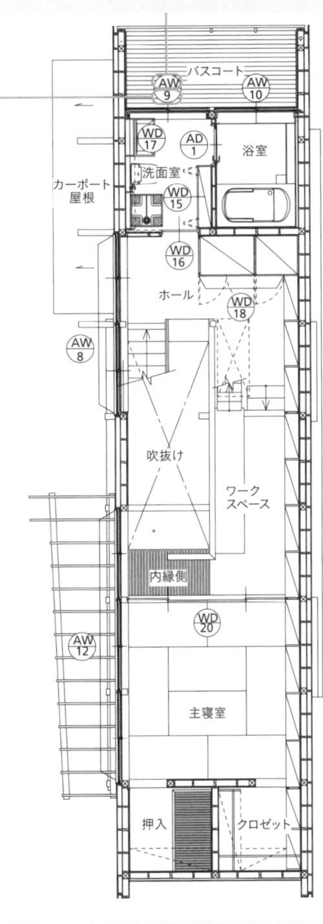

外部開口部の建具記号は、建物の外に配置する

造作家具や引出しは、家具業者が製作する場合もあるが、本事例では仕上表にて大工工事＋建具工事で製作するように指している。よって、家具詳細図を添付しても、あくまで建具は建具表で表現する

建具リストは室内側からの姿図を表記するので、内部開口部の建具記号は、その室内側に配置する

同種同寸の建具があっても、取り付ける位置が異なる場合は、それぞれに建具番号を設定する。そのうえで、VE［＊］などの設計変更で中止した場合には、混合しないよう、番号を繰り上げるのではなく、欠番とする

＊バリューエンジニアリングの略。建物の価値を下げずにコストダウンすること

意匠図 6

建具表

姿図は内観図で統一する。内部開口部は、建具キープランの建具記号からの矢視図とする。アルミサッシの場合、各メーカーで提供している姿図は外観図であり、異なるので注意する。多用されるアルミサッシについては、基本的なサッシ枠や障子の見付・見込寸法は把握しておくべきである

AW1～15より抜粋［S＝1:100、元図［S＝1:50］
WD1～20より抜粋［S＝1:120、元図［S＝1:50］

符号・使用個所	AW/1 ×1 1階 S.I.C	AW/2 ×1 1階 土間
姿図	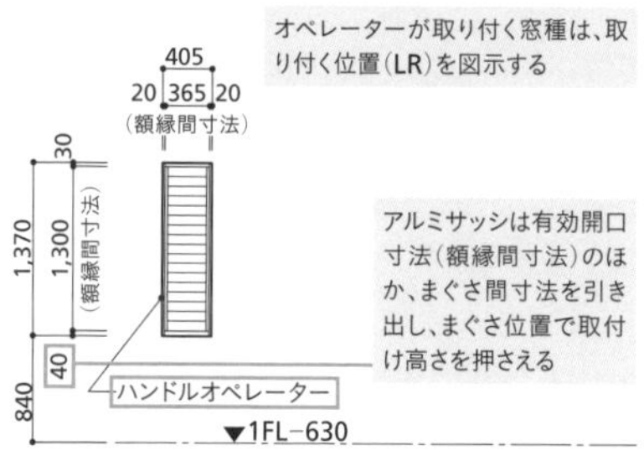	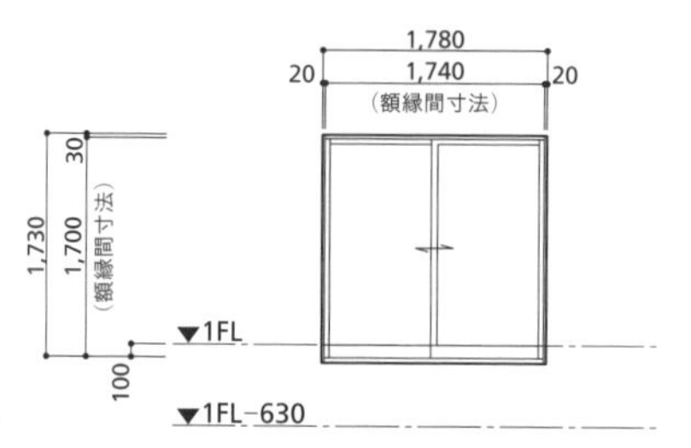
内法寸法	W365×H1,300×D80㎜	W1,740×H1,700×D80㎜
材質・仕上	アルミ製ダブルガラスルーバー窓	アルミ製引違い窓（テラスタイプ）
ガラス	F6K｜F6K	透明板ガラス㋐3｜A｜透明板ガラス㋐3
付属金物	ハンドルオペレーターほか、付属金物一式	クレセント、把手なしタイプ、アングル無枠ほか、他付属金物一式
備考	固定網戸（ブラック）	可動網戸（ブラック）

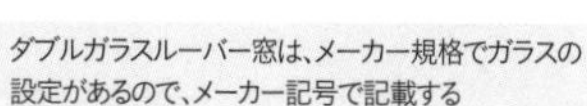

住宅用アルミサッシは、ビル用と違いメーカー規格があるので、それに沿って、商品名、規格寸法等を記載する

符号・使用個所	AW/12 ×1 2階 主寝室
姿図	20 1,780 40 1,780 40 1,780 20／20 1,740 20 20 1,740 20 20 1,740 20（額縁間寸法）／1,570 1,500（額縁間寸法）30 40 610 ▼2FL／X8 X7 X6 X5
内法寸法	W図示×H1,500×D80㎜
材質・仕上	アルミ製引違い窓（窓タイプ）
ガラス	透明板ガラス㋐3.0｜A｜透明板ガラス㋐3.0
付属金物	クレセント、把手なしタイプ、アングル無枠、他付属金物一式
備考	可動網戸（ブラック）中桟なしタイプ

連窓や窓が連なる場合は、通り符号を図示し、取り付く位置を明確にする

引違い窓の窓タイプの場合、H900～網戸に中桟が付く設定になっているので、中桟なしと明記する

符号・使用個所	AD/1 ×1 M2F 浴室	AW/8 ×1 M2階 ホール
姿図	749／1,983／▼M2FL	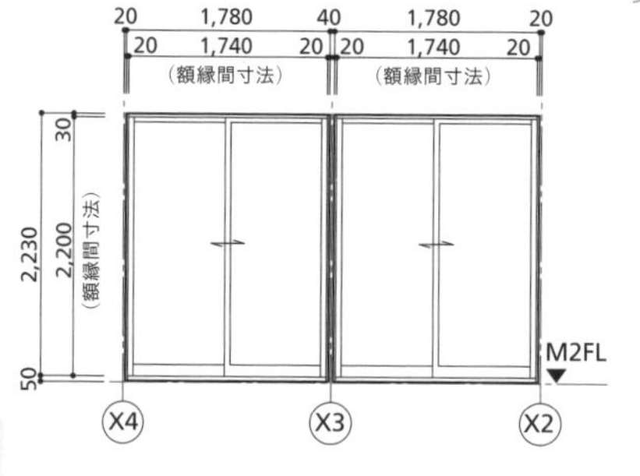
内法寸法	W749×H1,982.5×D41㎜	W図示×H2,200×D80㎜
材質・仕上	アルミ製片開戸	アルミ製引違い窓（テラスタイプ）
ガラス	スリガラス調樹脂板	透明板ガラス㋐5.0｜A｜透明板ガラス㋐5.0
付属金物	付属金物一式	クレセント、把手ナシタイプ、アングル無枠ほか、他付属金物一式
備考		可動網戸（ブラック）

ユニットバスの場合は、ユニットバスのセット部材なので省略している

符号·使用個所	WD5 ×1 1階 WC	WD4 ×1 1階 S.I.C	WD1 ×1 1階 土間
姿図		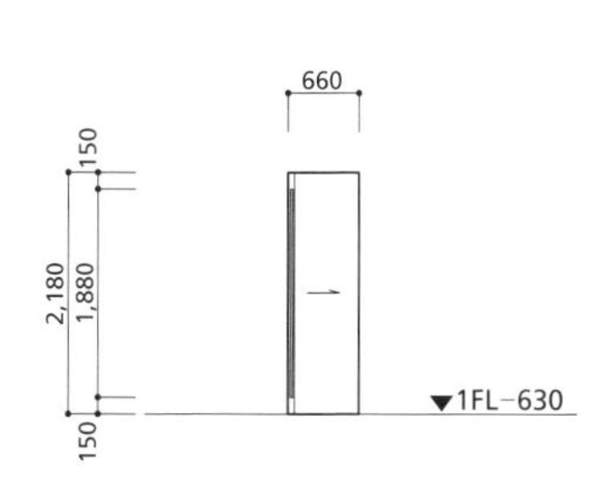	
内法寸法	W630×H2,180×D33㎜	W620×H2,180×D33㎜	W図示×H2,180×D40㎜
材質·仕上	木製片引戸 シナ合板フラッシュ(F☆☆☆☆) 引手·大手:ウンスギCL塗装(両面)	木製片引戸 シナ合板フラッシュ(F☆☆☆☆) 引手·大手:ウンスギCL塗装(両面)	木製片引戸カナダスギ㋐9縦は羽目板張WP(両面)[*]
ガラス			(袖FIX窓)透明板ガラス㋐5.0｜A12｜フロストガラス㋐5.0 下枠:SUS コ-40×20×3.0
付属金物	上吊式引戸金物一式 表示錠(BS30)戸当り	上吊式引戸金物一式 戸当り	上吊式引戸金物一式 引き戸鎌錠×2同一キー×5
備考	引手加工	引手加工	引棒(両面):ナラ30□ 加工WP、沓摺:SUS FB-5×75(HL)アンカー留(4周)クロロプレッゴムナモヘヤタイト取付け

WD5 姿図:630、150、2,180、1,880、150、950、▼1FL−630

引手加工や表示錠の取付け高さを押さえる。表示錠は商品名のほか、バックセットも明記する

姿図で分かりづらい場合は、詳細図を添付するほか、建具表にも平面図や断面図を添付する

土間床を豆砂利洗出し仕上としているため、施工性、作動性を考慮し、上吊式としている

造作家具(製作)の面材は、施工会社によっては、家具業者にて製作する場合もあるが、見積りに漏れのないよう、家具詳細図を添付しても、建具表に記載する

符号·使用個所	×1 1階 台所	WD10 1階 台所	WD9 ×1 1階 土間~台所
姿図	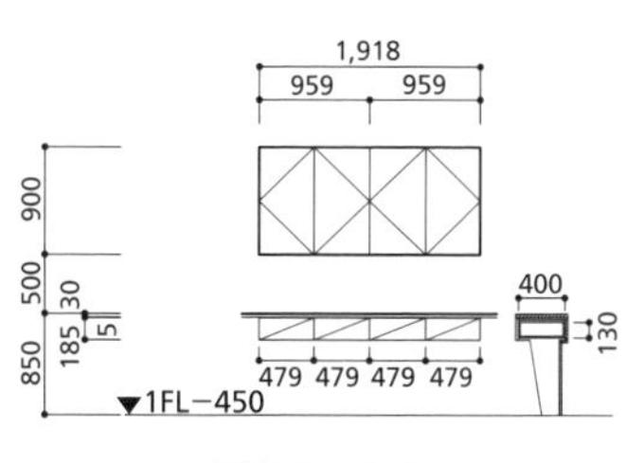	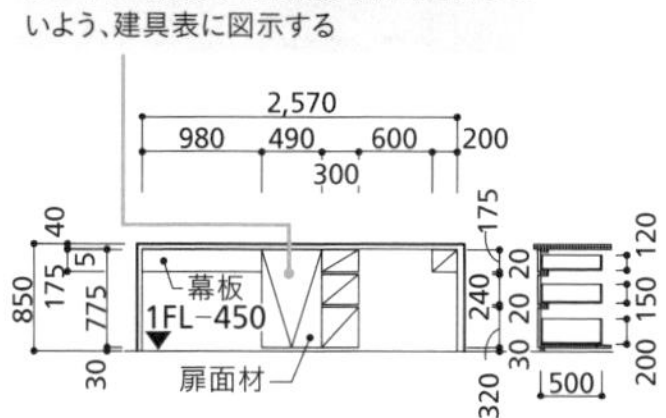	
内法寸法	W図示×H図示×D24㎜	W図示×H図示×D24㎜	W図示×H図示×D24㎜
材質·仕上	木製両開戸、引出し、シナ合板フラッシュ(F☆☆☆☆)UP塗装(両面)	木製引出し、幕板、食洗機扉面材 シナ合板フラッシュ(F☆☆☆☆) UP塗装(両面)	木製引出しシナ合板フラッシュ(F☆☆☆☆) CL塗装(両面) 扉表面:ウンスギ30×40アキ=26 CL塗装
付属金物	【引出し】スライドレール(完全スライドレール、セルフ、ソフトクロージング機能付)×各扉2個所	【引出し】スライドレール(完全スライドレール、セルフ、ソフトクロージング機能付)×各扉2個所	【引出し】スライドレール(完全スライドレール、セルフ、ソフトクロージング機能付)×各扉2個所
備考	手掛加工、戸当りゴム	手掛加工、戸当りゴム	戸当ゴム

WD9 姿図:3,234、270、741、741、741、741、雲杉 30×40 アキ=26㎜ CL塗装、▼1FL、▼1FL−450、450、35、190、405、35、225、10、300、250、X6、X5

引出しのスライドレールは、ソフト·セルフクロージング機能付きを標準とする

製作キッチンで食洗機を入れる場合は、仕上げを統一するため、扉面材を製作するタイプを選定する。見積り漏れにならないよう、建具表に図示する

引出しの場合は、断面図を添付する

引手·取手·手掛加工詳細

S=1:15、原寸1:5

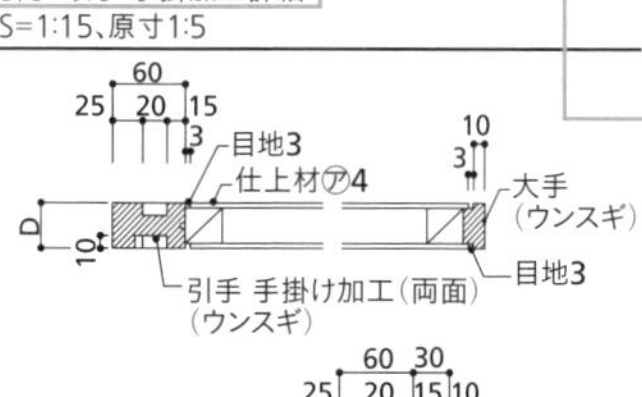

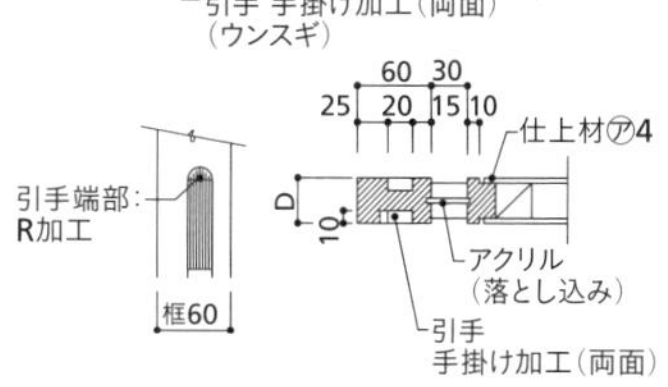

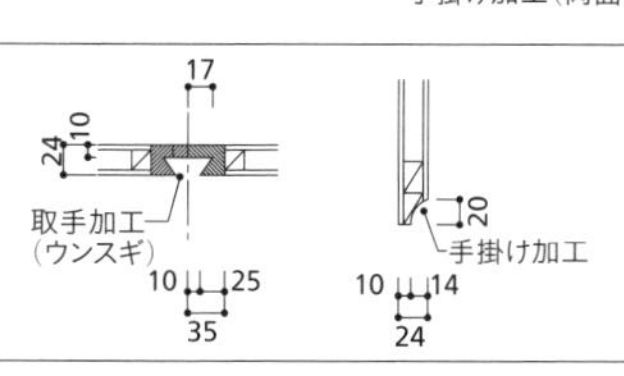

建具加工標準図を必ず添付する。これがないと正確な見積ができず、加工の形状によってはコストがかなり変わってくる

符号·使用個所	WD20 ×1 2階 主寝室	WD13 ×1 1階 納戸
姿図	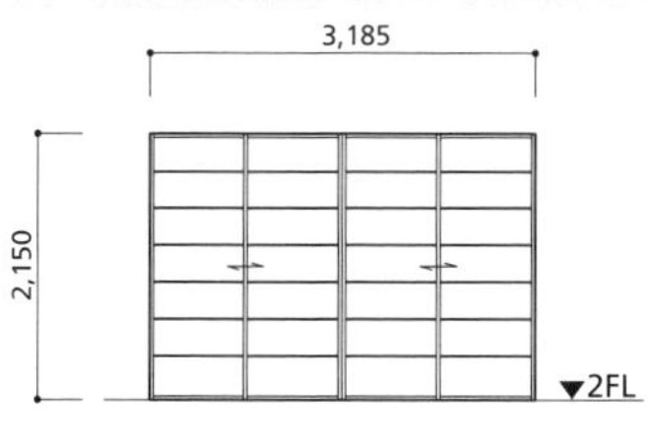	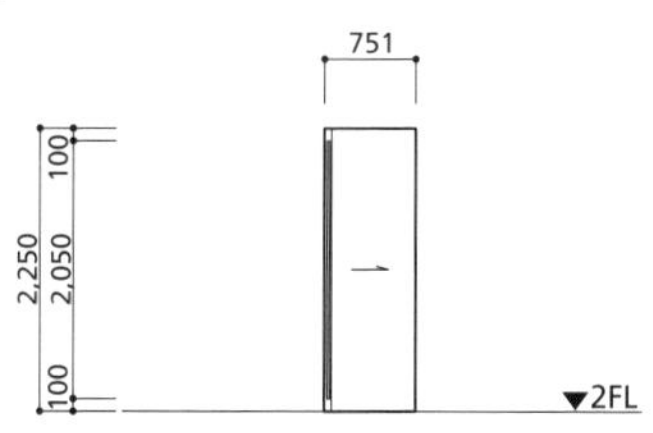
内法寸法	W3,185×H2,150×D33㎜	W751×H2,250×D33㎜
材質·仕上	木製4枚建引違 太鼓障子戸 ウンスギ框·組子無塗装 強化障子紙両面貼り	木製片引戸 シナ合板フラッシュ(F☆☆☆☆) 引手·大手:ウンスギCL塗装(両面)
付属金物	敷居·鴨居溝加工、竹すべり	建具上部Al L-15×15×3.0、木製Vレール、Vレール用上下調整戸車、戸当り
備考	引手加工	引手加工

鴨居·敷居が取り付く場合は、ひばた加工とし、敷居すべりを設ける

床がフローリング仕上、建具が天井までの場合は、建具上部アルミアングル+木製Vレールを標準としている

図1 木製建具 WD-1［S＝1：25、元図S＝1：6］

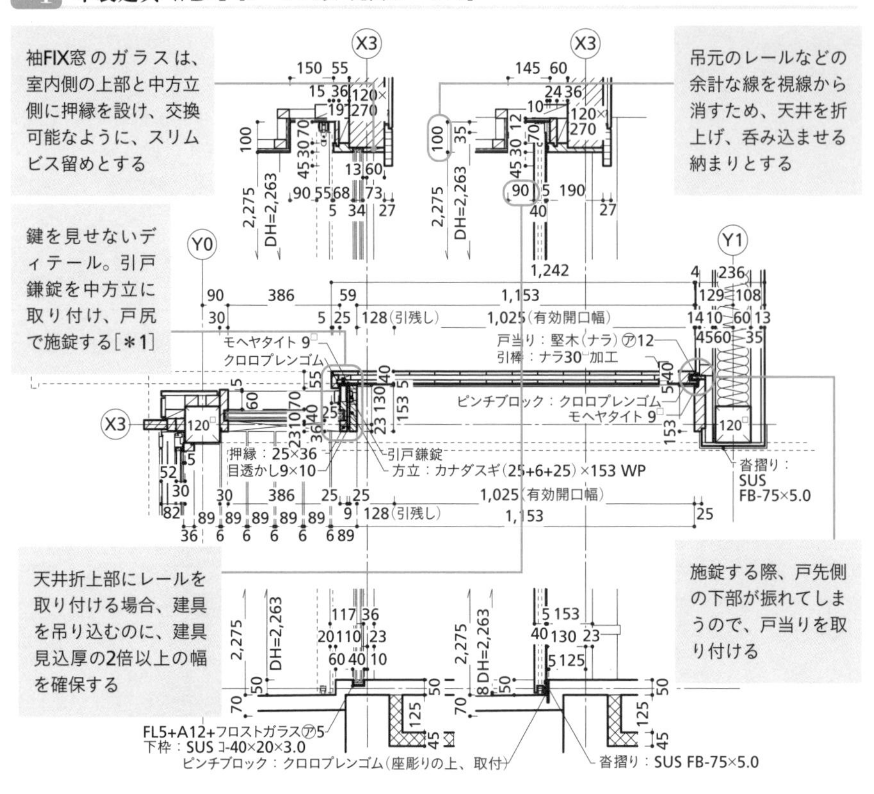

図2 木製建具 WD-2［S＝1：25、元図S＝1：6］

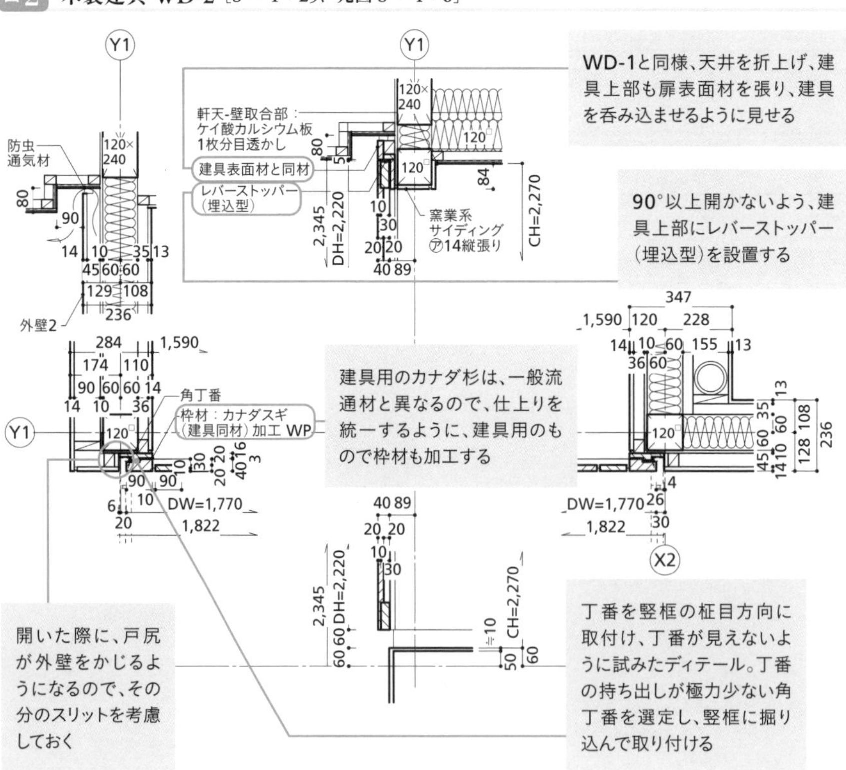

＊1：1／6の元図では、この部分のディテールが細密に表現されている
＊2：WD-1同様、元図ではこの部のディテールが細密に表現されている

図3 アルミサッシ AW-1、4［S＝1：15、元図 S＝1：6］

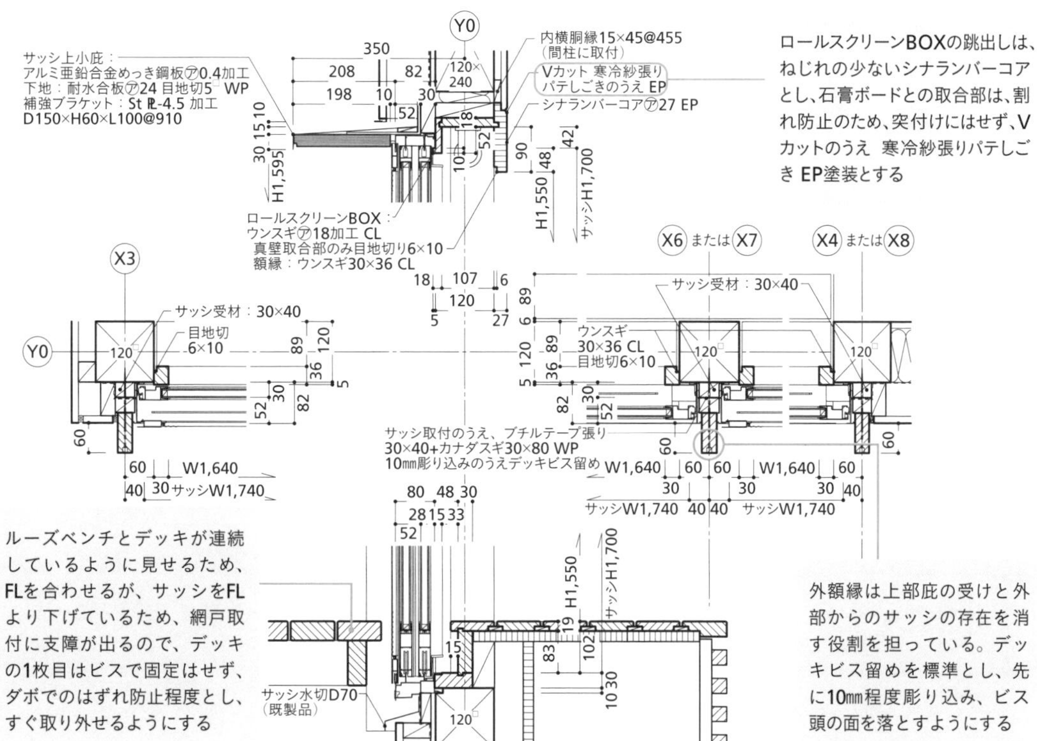

図4 アルミサッシ AW-15［S＝1：15、元図 S＝1：6］

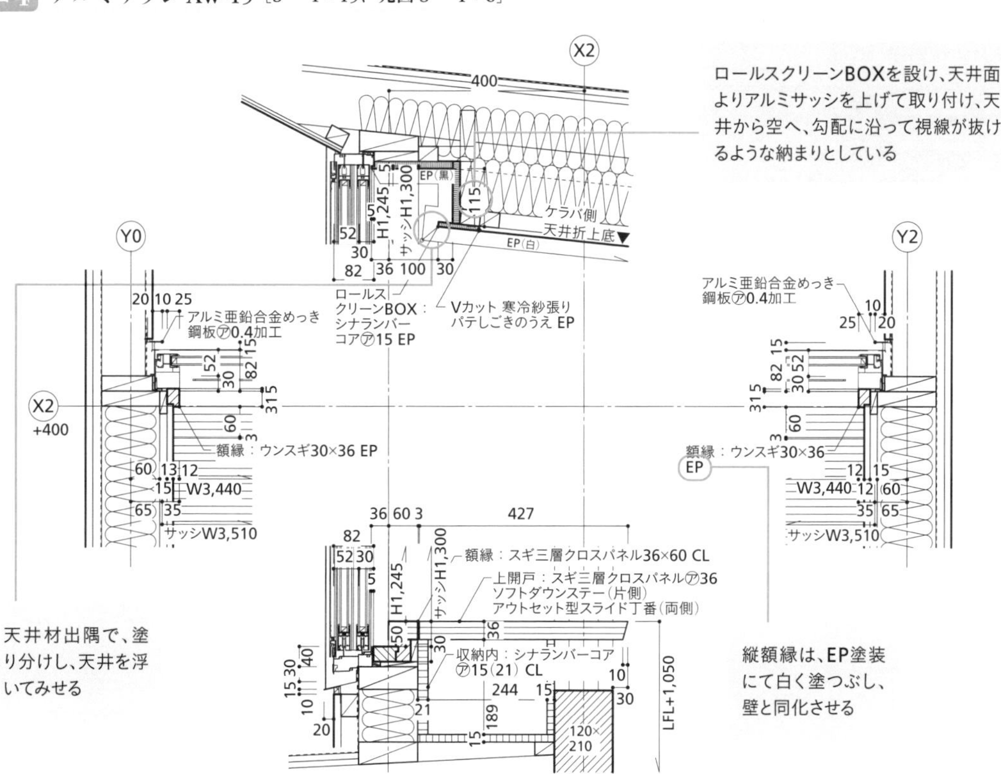

部分詳細図

意匠図 7

造作物には別図を用意

図1 階段詳細図 [S＝1：50、元図S＝1：20]

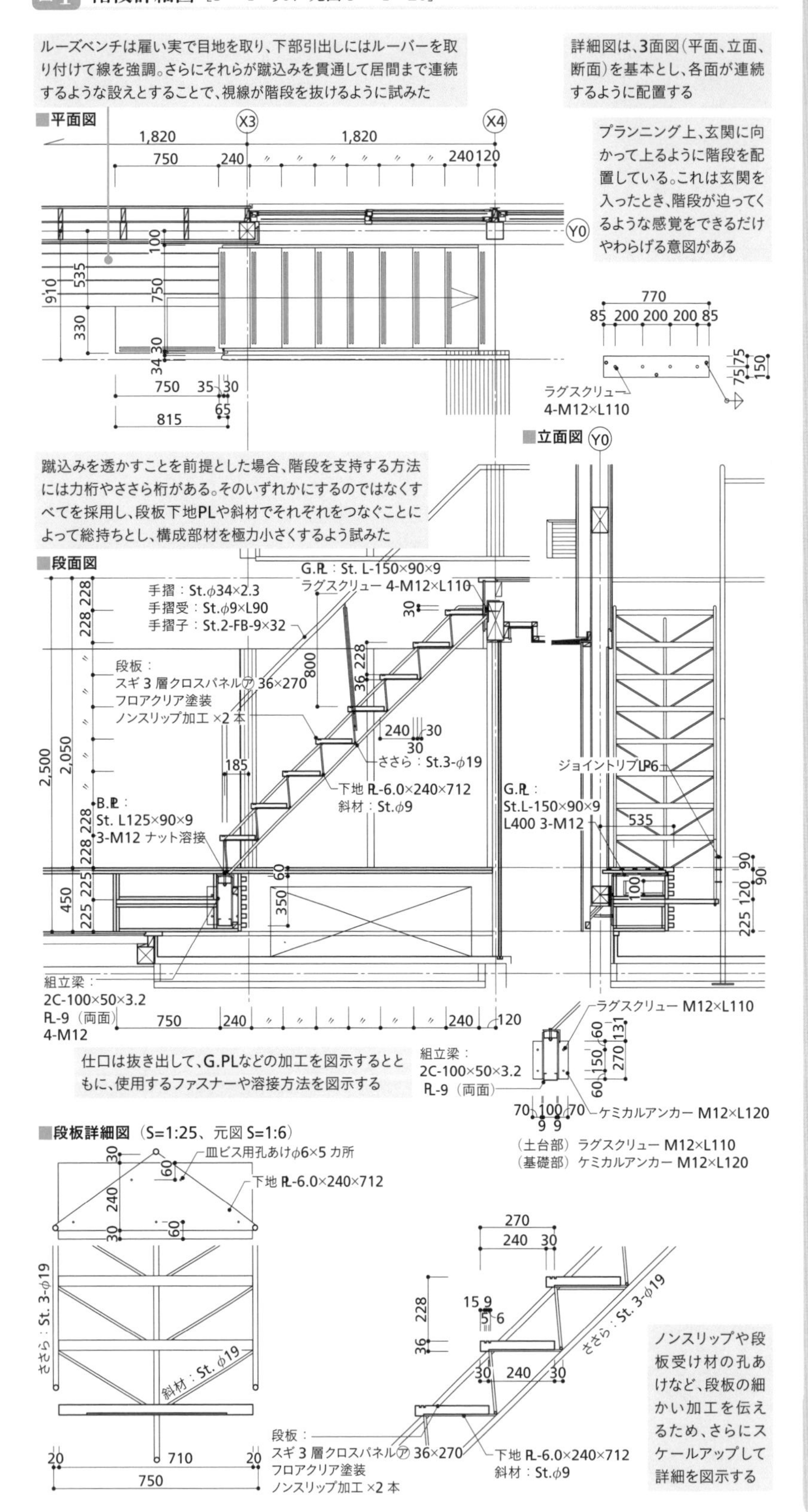

STANDARD SCALE

1/10~1/20

図2 キッチン詳細図［S＝1：50、元図S＝1：20］

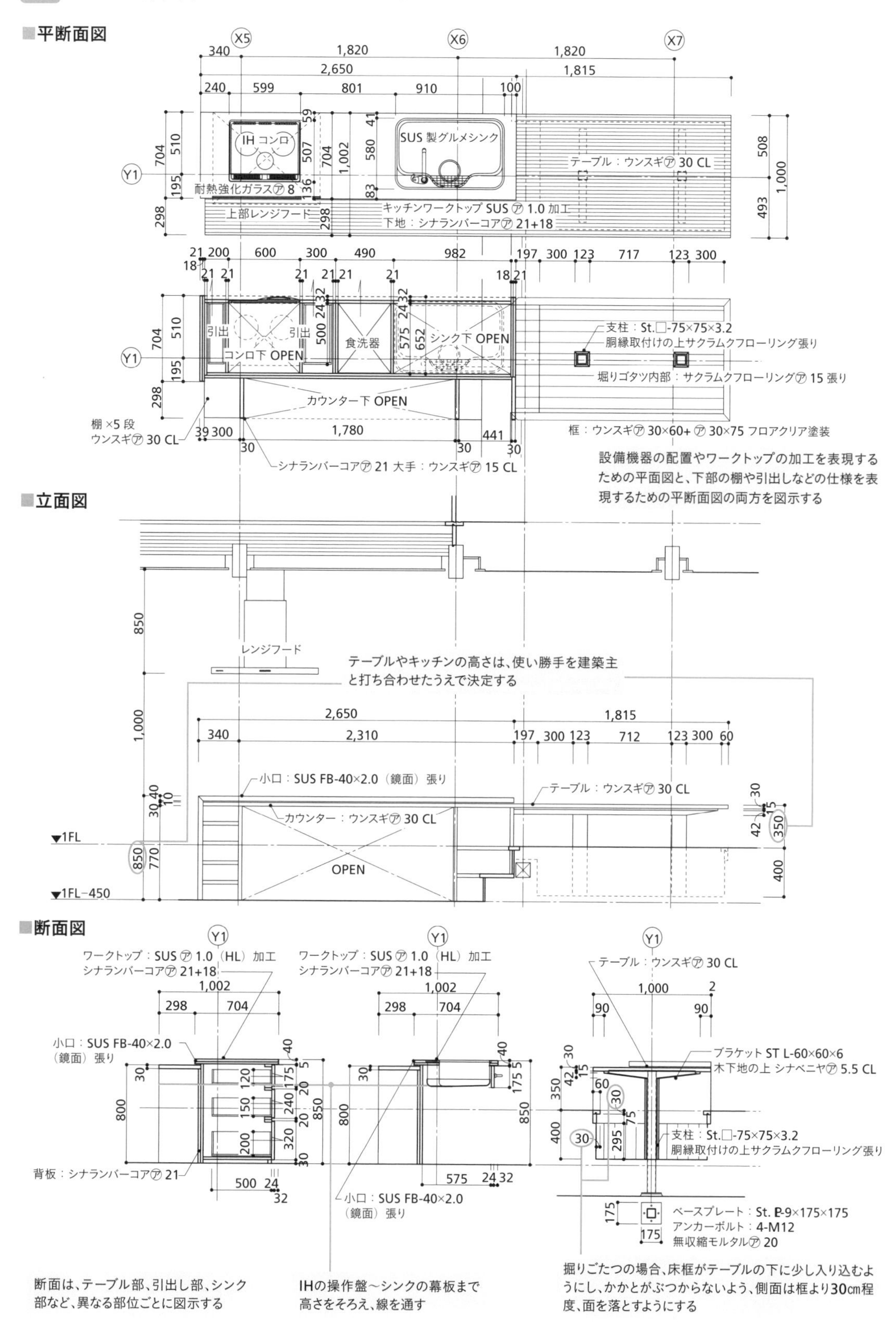

意匠図 8

標準／特記仕様書

図面で表現できない施工上の注意などを補足

図1 工事監理記録

工事監理記録は、工事の進捗状況確認、工事の確認・指示事項、定例会議の議事録の3点をまとめたもの。週1回開かれる定例会議のたびに作成する。関連する写真を別添する。ここでの決定事項は、図面の記載内容よりも優先する

To　　様、内田産業 斉賀 様

件名	H-11218 浦和の家　新築工事／工事監理記録　(16／定例⑩)						打合記録(1／1頁)
記録(打合)場所	現場 (天気:晴)	出席者	先方	内田産業／斉賀氏、斉藤大工		検印	
年月日	2012年09月12日 09時30 ～ 13時30		当方	設計ｱﾄﾘｴ ／ 芳賀		記録	芳賀

■ 監1／工程監理【進捗状況確認】

	【契約時工程】		【現状工程・概要】
・基礎工事:	90%	→	90%　基礎工事工程完了。
・木工事(上棟後):	70%	→	30%　1F床下地組施工中。
・給排水衛生設備工事:	70%	→	30%　内部配管施工中。
・電気設備工事:	70%	→	0%　9/14～内部配線施工予定。
・金属工事:	70%	→	30%　小庇持出ﾌﾞﾗｹｯﾄ加工完了。
・屋根板金工事:	90%	→	50%　屋根葺工事完了。
・鋼製建具工事:	90%	→	90%　ｱﾙﾐｻｯｼ取付完了。
・住宅用設備工事:	50%	→	50%　ﾊｰﾌﾊﾞｽﾕﾆｯﾄ施工完了。
・内装工事:	50%	→	30%　基礎断熱材吹付完了。
・塗装工事:	30%	→	0%　9/末～ﾘｼﾝ吹付予定。

【調整事項】各工事の工程遅れにおいて、人員増員により、工期短縮を図る。

■ 監2／工事確認 及び 指示事項

・屋根工事について:
・ｻｯｼ上小庇において、設計仕様通り、ｱﾙﾐ亜鉛合金ﾒｯｷ鋼板t0.4 指定色:ﾋﾟｯﾁﾌﾞﾗｯｸで、先端折下げが30mmにて、施工され、ﾙｰﾌｨﾝｸﾞが直上のﾀｲﾍﾞｯｸ重ね部の下に差し込んであることを確認した。①

・木工事について:
・1F床下地組において、設計仕様通り、大引105×105@910敷の上、根太45×60(105)@303組、構造用合板t12(9)がN50釘にて@150にて張られていることを確認した。③

・内装工事について:
・2FW.I.C/押入において、設計仕様通り、ﾖｺ胴縁15×45@455が間柱欠込みの上、取付られていることを確認した。④
・基礎断熱材において、設計仕様通り、ｾﾞﾛﾌﾛﾝER/旭有機材が立上りは厚50mmにて、耐圧盤は厚20mmにて吹付けられていることをﾋﾟﾝにより確認し、断熱補強は端部より1,000mm折り返されていることを確認した。⑤

■ 監3／定例議事録

・設備機器について:
・洗面器において、1Fはscola FAA70-0602/T-form、水栓はT Plus SFG73-0016/T-form、2FはZero ADF70-0010-001/T-form、水栓はTLNW36R/TOTOとする。
・浴室内の設備機器の取付位置において、ｵｰﾊﾞｰﾍｯﾄﾞｼｬﾜｰ(27478000/ﾊﾝｽｸﾞﾛｰｴ)はY2通り芯より700mm、ｻｰﾓｽﾀｯﾄﾞ混合栓(31573000/ﾊﾝｽｸﾞﾛｰｴ)は浴室FL+1,200とし、X方向は共にﾊｰﾌﾊﾞｽｶﾗﾝ芯合わせとする。また、ﾊﾝﾄﾞｼｬﾜｰ用ﾌｯｸは、ﾊｰﾌﾊﾞｽｶﾗﾝ芯より浴槽側に200mmを芯とし、吐水口が浴槽FL+1,800、FL+1,200になるよう、2ヶ所取付し、ｼｬﾜｰ取出口は浴槽FL+800とする。⑥
・浴室内の設備機器において、傷や破損がないことを確認の上、一式お預かりした。現場にて責任を持って、管理し、早急に取付に不具合がないことを確認することとする。
・2F洗面室において、衛生設備の配置をX2通り側から、洗濯機ﾊﾟﾝ、洋風大便器、洗面器の並びに変更し、上部吊収納3列のそれぞれの芯を取付芯とする。

●次回監理：9/18(火)　定例⑪ 金属工事について

□通信欄

表 共通の特記事項

項目	内容
追加工事の取扱い	設計変更その他何らかの事情で追加工事になると判断したときは、すみやかに内訳書(見積り含む)を作成し、監督者と協議すること。それ以外の追加工事費請求は、一切認められない
施工基準	本工事は民間(旧四会)連合協定工事請負契約約款にもとづいて施工されるものとする(官公庁、団体、会社等の特定の工事請負契約書 または 約款を指定してもよい)
優先順位	本工事は下記により施工し、相互間の内容に相違がある場合の優先順位は、記載の順序とする。 1. 現場説明書(打ち合わせ記録、質疑応答書を含む) 2. 特記仕様書 3. 国土交通省大臣官房官庁営繕部監修「公共建築工事標準仕様書(建築工事編)」最新版
現場清掃管理の徹底	現場作業所は常に清掃管理の徹底を計ること。安全管理の基本として、工事監理重要事項とする。 ・喫煙については、灰皿などを設置した所定の場所以外は禁煙 ・飲食も所定の場所以外では禁止。分別ゴミ袋などを設置し衛生管理を徹底する(特に空き缶類の散乱などは絶対禁止) ・作業後は「毎日清掃」を徹底し、資材養生、工具類の片付けなどを確実に実施する
完成図等について	「7節 完成図等」の作成内容については、監督職員との協議による
工業製品の取り扱いについて	工業製品化した建材の使用にあたっては、当該メーカーの施工マニュアルに準拠のこと。それ以外の仕様については監理者の承認を得ること

設計者を通さず、建築主と施工者との直接のやり取りによる追加工事や、施工後の事後報告による追加工事請求を禁止する文面

施工基準には、このほか瑕疵担保責任保険の設計・施工基準がある

筆者の事務所では、現場の掃除の徹底を重視しているため、特記している

特記仕様は各図面に落とし込む

工事全般や契約に関して、統一的な解釈や約束事をまとめたものが標準仕様書である。一方、特記仕様書は、個別の事例やその工事特有の約束事を定めたものである。

　標準仕様書のひな型として最もよく用いられるのは、国土交通省大臣官房官庁営繕部監修の「建築工事標準仕様書」である。同書の最新版は、国交省のホームページで公開されている。筆者は同書の1章・一般共通事項を標準仕様書として図面に盛り込んでいる。

　標準仕様書は当たり前のように使われているため、形骸化するおそれがある。それを避けるためには、ポイントになる個所を施工者に口頭などで念押しすることが大切だ。

　ここでは標準仕様書の記載内容のなかでも特に重要な、工事の記録について説明する。筆者の事務所では、すべ

ての事例で工事監理記録を作成している。記録の内容は、①工程・進捗状況、②現場での監理者からの指示事項、③現場での定例会議の議事録という3点。これにより、建築主、設計者、施工者の3者が常に認識を共有できる。

一方、特記事項の多くは、仕様概要書で押さえている。また、具体的な技術の仕様は各図面に特記事項として落とし込んでいる［図2］。本事例では、個別の製品や寸法の指定に関する記載が多い。

［瀬野和広］

図2 特記事項は各図に落とし込む

■基礎伏図の特記事項(76頁)

1. 柱-基礎・土台のM16部【8個所】は「ビス留めホールダウンU(20または15kN)／タナカ」を使用すること
2. アンカーボルトは、一般部：M12 L=400　@1,820内外　埋込み深さ240㎜以上、ホールダウン金物部(A-70)：M16 L=900　埋込み深さ360㎜以上とし、すべてフック付きとする[図a]。また施工に際しては、必ず固定金具を使用すること[写真a]
3. 基礎パッキンは、外周部は気密型[KPK-120／城東テクノ](同等品)を使用し、内部は[KP-120／城東テクノ](同等品)を@910以内に設置すること[写真b]
4. コンクリート設計強度は、Fc=21N／㎜、スランプ値は18㎝とする
5. 設備配管は、基礎立上りよりスリーブ抜きとする(フーチング下やそれを貫通する配管は不可)。配筋検査前に基礎スリーブ図を提出すること
6. 人通口の開口補強は、上端主筋をフーチングに定着させ、斜め補強筋D13を両側に、スリーブ(>φ80)の開口補強は、[MAXリンプレンK型／丸井産業](同等品)を入れること
7. 上棟後スリーブ孔および基礎打継ぎ部は、エポキシ樹脂モルタルで完全に塞ぐこと
8. 土間・W.I.C部、耐圧コンクリートのレベルをGLより下げる部分は、内部側に浮き型枠を施工し、立上りをGL+50までスラブと一体に打設すること[写真c]

注：ベンチマーク(BM)および設計GLの設定は、現場にて設計者立合いのもと行うものとする

床下換気孔の仕様を記載し、基礎立上りに欠込みなどがないことを明記する

コンクリートの設計基準強度とスランプ値を明記する。その他の数値は、打設前に配合計画表を提出させ、確認する

フーチング下は配管せず、スリーブは立上りから抜くこととする。よって、配管の立上げがGLより出てしまう開口補強筋が干渉しないよう、位置に注意する

人通口やφ100以上の開口補強の仕様を明記する

雨水が浸入しないよう、打継ぎ部の処理方法を明記する

耐圧版レベルがGLより下がる場合であっても、打継ぎからの雨水の浸入を懸念し、浮型枠により、打継ぎはGL+50以上になるようにする

図a HD金物詳細

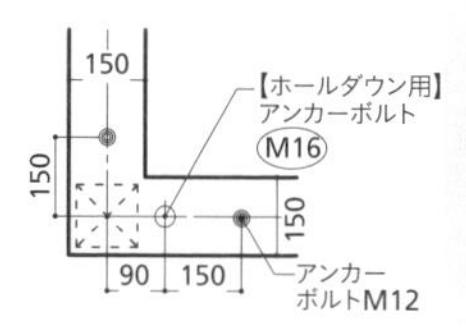

アンカーボルトの標準配置寸法を明記する。土台継手により、それと異なる場合は寸法を押さえる

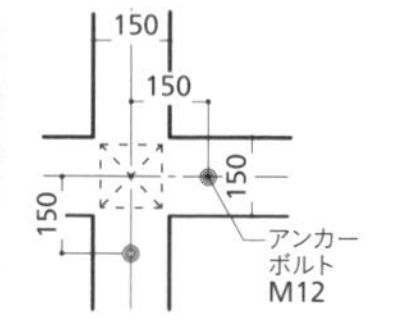

図b 基礎リスト[S=1:50、原図は1:20]

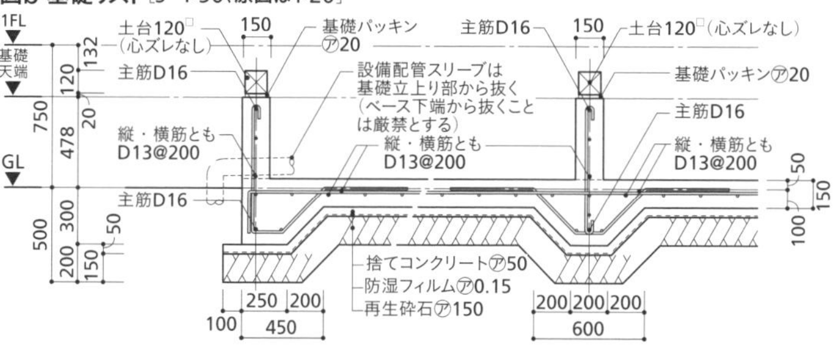

基礎詳細図を添付し、配筋仕様を明記する。立上り配筋は、主筋(上下)は**M16**とし、横筋は**D13@200**、縦筋はフック付きとし、耐圧版への定着まで一体加工とする

写真a　固定されたアンカーボルト

写真b　基礎パッキン

写真c　土間の基礎立上り部

図c 柱頭・柱脚金物の仕様[S=1:50、原図は1:20][※]

M2FL
G.PL：St PL-6加工
W120×H186×D132 2-M12
120×270(2FL-770)
無収縮モルタル㋐20
主筋：4-D13
アバラ筋：D13@200
B.PL：St PL-12×200□
A.BOLT：4-M16
L=360以上

※：本事例では一部に鉄骨の柱が使われているため、その仕様も掲載している

意匠図 9

仕上表

各部の仕上材の種類や厚みなどを一覧

ここでは、内部仕上表のみを示した。外部仕上表は、設計仕様・概要書に記載している程度の情報で事足りるため、そちらでまとめている［93頁］。

床・壁・天井のほか、幅木と付属物などの仕上材を記す。

接合材料や接合方法を検討できるように、下地材も原則として明記する。もちろん、すべての室や部位を網羅して、建物全体の仕上げ情報を集約する。

特記事項では塗装工程がポイント。塗装工事は、職人によって工程も仕上がりもまちまちになりやすいため、サンダーがけ（番数［600］まで指定）と2回塗りを原則にしている。これは、表面を平滑にすることで手触りをよくするほか、埃溜まりをつくらないようにするための仕様である。

一方、左官付も工程の仕様はあるが、職人によって独自の工程が確立されていることが多いので、工務店経由で仕様を問い合わせる。 ［瀬野和広］

表 内部仕上表（1Fの一部を抜粋）

造作家具や付帯するものを明記する備考欄

階	室名	床	幅木	H	壁	天井	備考
1	土間	モルタル豆砂利洗出し仕上げ㋐50	フェノールフォーム㋐20	150	J.PB㋐12.5 寒冷紗パテしごき（ジョイント工法）	J.PB㋐12.5 寒冷紗パテしごき（ジョイント工法）	・上り框：ナラ30×120 フロアクリア塗装
		カサ上げコンクリート㋐125（ワイヤーメッシュφ6×100×100敷込み）	+ラスカット㋐7.5の上、モルタル刷毛引き		EP塗装［エコカラット70／日本ペイント］	EP塗装［エコカラット70／日本ペイント］	・洗面カウンター（造作）大工工事：ウンスギ㋐30CL塗り
		+フェノールフォーム断熱材［ネオマフォーム／旭化成建材］㋐45					・衛生器具、アクセサリー類は設備姿図参照
	S.I.C	↑					
	トイレ	↑					
	台所	サクラムクフローリング㋐15×90（OF塗装品）［ナチュラルG／森木工所］	ウンスギCL塗り	30	J.PB㋐12.5 寒冷紗パテしごき（ジョイント工法）	↑	・キッチン（造作）家具工事：（ワークトップ）SUS㋐1.0HL加工、ほかシナランバーコア㋐21
		専用WX［匠の艶出し／森木工所］仕上げ			EP塗装［エコカラット70／日本ペイント］		・作業台（造作）大工+建具工事：（天板）ウンスギ㋐30、ほかシナランバーコア㋐21
		構造用合板㋐12下地			一部不燃メラミン化粧板㋐3［セラール／アイカ工業］		・吊収納（造作）：大工+建具工事：シナランバーコア㋐21、収納内CL、ほかUP
	居間・食堂	縁なし目積本畳㋐60（半畳物）	↑	↑	J.PB㋐12.5 寒冷紗パテしごき（ジョイント工法）	↑	・TV台（造作）大工工事：ウンスギ㋐30CL塗り
		一部カナダスギ'1×'4アキ6㎜雇い実継ぎWP塗り			EP塗装［エコカラット70／日本ペイント］		・テーブル（造作）大工工事：（天板）ウンスギ㋐30CL塗り、脚：St□-75×75×3.2 ・ワークデスク（造作）大工工事：（天板）ウンスギ㋐30CL塗り ・吊棚（造作）大工工事：（天板）シナランバーコア㋐30CL塗り
					一部高機能調湿珪藻土塗り［リターナブルパウダーA／サメジマ］施主施工		
	納戸	サクラムクフローリング㋐15×90（OF塗装品）［ナチュラルG／森木工所］	—	—	J.PB㋐12.5下張りの上、スギ荒板㋐12×150実付き、横張り無塗装	J.PB㋐12.5下張りの上、スギ荒板㋐12×150実付き、横張り無塗装	・ワークデスク（造作）大工工事：（天板）ウンスギ㋐30CL塗り
		専用WX［匠の艶出し／森木工所］仕上げ					・吊棚（造作）大工工事：（天板）シナランバーコア㋐30CL塗り
		構造用合板㋐12下地					

室名は、玄関から入って1階、階段を上って2階、という順に記載する。階をまたぐ階段室が最後となる。この順番は、展開図や建具キープランなどでも同様である

壁仕上げは、珪藻土塗もしくは水性エマルションペイント（EP）塗とし、ビニルクロスは透湿を妨げるので使用しない

造作家具は、大工工事+建具工事を標準としている。そのため材料の組み方や留め方は吟味する

フローリングは、木材の特性を説明のうえ、ムク材を標準としている。床暖房を設置する場合は広葉樹、設置しない場合は足触りのよい針葉樹を採用する場合もある

納戸や押入などは、調湿性を高めるために、スギ荒板張りを標準としている

石膏ボードは、ハイクリンボードを標準としている

床WAX仕上げは、引渡し後のメンテナンスの予習のために、スタッフとともに建築主の家族で施工していただく場合もある

浸透性のクリアラッカーは、塗装すると毛羽立ち手触りがよくないので、サンダーを当てて平滑に仕上げる

特記事項

1.「ムクフローリング張り」とは、接着材は使用せず、フローリングビスのみで固定し、張ること
2. ムクフローリング（OF塗装品）［森木工所］は、専用WX［匠の艶出し／森木工所］を塗装すること（施主施工）
3. 木材造作材は記載なき限り「ウンスギ」とし、サンダーがけの上、記載なき限り「CL」とする　↑毎回変えれるようにしている
4. 収納・押入内部は「スギ荒板」張りとする。（節有可）
5. 下地材・収納造作材（木製建具）にベニヤ仕様が生じる場合はすべて「F☆☆☆☆」使用とする
6. 塗装工程：2回塗：サンダー掛⇒下塗⇒サンダー掛⇒上塗⇒サンダー掛
7. 石膏ボードは、すべてホルムアルデヒド吸収反応石膏ボード［タイガーハイクリンボード／吉野石膏］とする
8. 珪藻土塗において、施主施工は仕上材のみとし、下地処理まで（J.PB12.5張りの上、寒冷紗パテしごき）は本工事とする
9. 小屋裏に関連する工事は2期工事とする

〈記号凡例〉
・J.PB：ジョイントプラスターボード［タイガーハイクリーンボード／吉野石膏］
・WP：木材保護塗料［ノンロットクリーン／三井化学産資］
・CL：ノーマルクリアー#3101［日本オスモ］
※内部木製建具・家具塗装のみエキストラクリアー（#1101［日本オスモ］）と読み替える。
・SOP：合成樹脂調合ペイント［Hi CR エコスター／日本ペイント］
・UCL：ウレタンクリアラッカー
・OF：荏胡麻油オイルフィニッシュ
・EP：水性エマルションペイント［エコフラット70／日本ペイント］
・AEP：水性アクリル系エマルションペイント［エコフラット100／日本ペイント］
・UP：水性ウレタンペイント［ファインウレタンU100／日本ペイント］
〈メーカーリスト〉［*］

施主施工を行う場合は、材工とも本体工事と施主施工の工事範囲を明確にし、見積り落としがないようにする

*：森木工所：03-○○-●●｜日本ペイント：03-○○-●●｜ホームスパイス：03-○○-●●（サメジマ代理店）｜TOTO：03-○○-●●｜レングス：03-○○-●●｜三井化学産資：03-○○-●●｜日本オスモ：03-○○-●●

Column

TSドライシステム協同組合の天竜杉に拘る

葉枯らし天然乾燥には原木から製材、乾燥に広大な場所が必要となる

希少な天然乾燥材を合理的な流通経路で購入する

筆者の事務所が天竜杉に拘る最大の理由は、希少な葉枯らし天然乾燥材が流通材として手に入ることだ。次いで、ムダを省いた合理的な流通経路で購入できることも、大変心強い。

乾燥時に木の細胞膜が破壊されず、そのため細胞組織が完全なかたちで残る葉枯らし天然乾燥材は、木が本来持つ優れた特性を長期にわたって発揮する。半永久的な調湿機能や耐久性といったその実力は、数々の歴史的建造物が証明するところだ。

ただし、その生産（商品化）に要する手間・暇・要件は、機械乾燥の比ではない。山から切り出した原木の貯木、製材後乾燥するための膨大な量の桟積みには広大な場所が屋内外に必要となるうえ、最低2年間を経ないと商品にはならないのだ。森林組合をはじめ数多くの生産業者があるなか、そうした物理的条件をクリアできる業者は限られており、今は、TSドライシステム協同組合だけがその難儀を担っている。スギやヒノキを中心に、100％天然乾燥を実践する。

すべての製材がバーコードで管理されている

また、それだけ手間暇のかかる流通材となると、当然コストが気になるところ。食材と同様の流通経路に介在するいくつもの問屋がコストを押し上げ、結局は山を買い叩くことになり、林業の衰退を招いてしまっているのが実情だ。この点、TSドライシステムは山と時間に投資する一方、既存の問屋型流通に決別し、消費者に直接手渡す独自の流通システムを開拓した。製材品を組合から直接購入できるメリットは大きい。中間マージンがない分、山主に他より高額還元することで、植林や手入れの資金にしてもらっている。

刻み作業を大工に委ねることになる設計士としては、材は工務店に卸してもらい、見積もりは工務店価格を受け入れているが、一般的な流通材とほぼ同等の値段である。流通とコストの問題をクリアし、私たちはこの組合から木材を仕入れることになった。関東圏を中心に、これまで多くの天竜杉、ヒノキを刻んでもらっている。

柱・桁をはじめ、羽柄材を含め、筆者の事務所では、土台作りを除いてすべてヒノキやスギで賄っている。製材には漏れなくバーコードを張り付け、樹齢から乾燥期間までトレーサビリティの管理も万全だ。さらに断面の目詰まりが細かく、スギでは考えられないヤング係数E90以上も数多く検出されており心強い。強度の面でもマツ並みの性能を発揮することから、横架材にも多用している。細胞膜つまりセルロースを破壊しないため、大工からは「ノミの刃あたりがすこぶるいい」という評価を得ていることも特筆したい。

いわゆる長期優良住宅などこそが、こういった材を仕様規定とするべきと思うが、いかがだろうか。

［瀬野和広］

軸組大解剖図完全ビジュアル化

筆者の事務所では、軸材全てにおいて手刻みを標準としている。そのため、伝統的仕口・継手加工の技持ち合わせた大工との協議も仕様づくりの要となる。

渡りあごを原則にしているため、桁行方向の梁を高さを変えている

渡りあご掛けのため、火打ちが取り付く両端の高さが異なっている

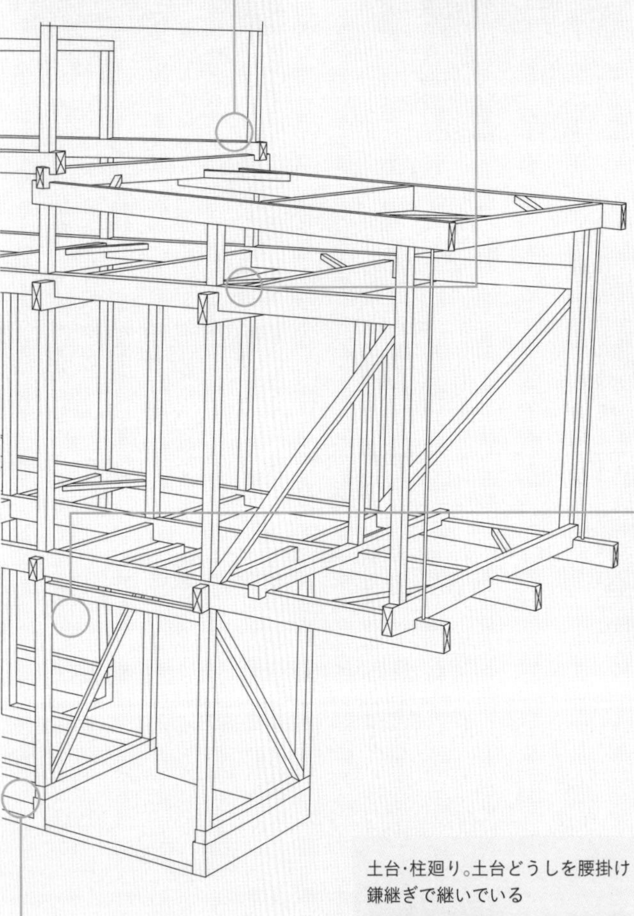

跳出し部を下から見上げた様子。この部分の火打ち梁と梁の継手は羽子板＋鼻栓で緊結している。また、建方の時点では、跳出し部は支柱をかませておく

土台･柱廻り。土台どうしを腰掛け鎌継ぎで継いでいる

柱、大梁の上に2階の胴差を建て込む作業。追掛け大栓継ぎで継いでいる

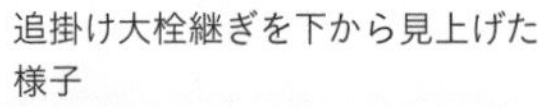

追掛け大栓継ぎを下から見上げた様子

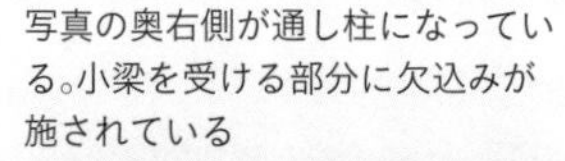

写真の奥右側が通し柱になっている。小梁を受ける部分に欠込みが施されている

1階のコーナー部。引寄せ金物、筋かい、火打ち梁が集中している

手刻みが施された木材の仕口。筆者の事務所では、プレカットでは対応できない継手や仕口を用いるため、原則として手刻みで施工している。ここにある加工は追掛大栓継ぎほか

大引を受ける土台のホゾ穴。ここには腰掛け蟻継ぎが用いられる

中2階から2階を見る。本事例は2階に高さの変化があるのが特徴

パース：構造計算ソフト「ホームズ君」（インテグラル）で起こしたデータをもとに作成
写真協力：斎賀千尋（内田産業）

構造図❶

伏図

平面で構造材の配置を理解

描くものリスト

■基礎伏図

05｜床下換気孔・人通口（基礎）

04｜ホールダウン金物・アンカーボルトの位置（土台）

06｜床束（1階床）

07｜耐圧コンクリート・土間コンクリート（基礎）

ホールダウンM16　300　300　375　150　75　75　75　75　150
耐圧コンクリート㋐150　S.GL+50　（1FL−700）
隣地境界線　5,590

■2階床伏図

10｜母屋・垂木（小屋）

02｜通し柱・管柱

01｜通り心

03｜継手位置（土台）

08｜横架材・耐力壁位置（床）

09｜筋かい・根太（床）

X7　X8　X9　1,820　1,820　1,820
2階根太：45×105@303（2FL−67）
2階根太：45×105@303（2FL−27）
【追掛け大栓継ぎ】
120×180（2FL−100）・4m
120×180（2FL−100）・5m
120×180（2FL−190）・4m
Ⓒ

■板図

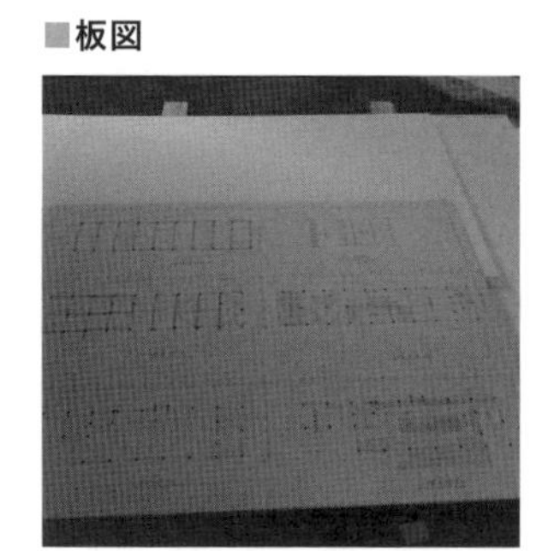

大工が制作する伏図と軸組図に描かれた内容が盛り込まれたもので、手刻みの際に最も参考にする図面である

基礎・床組・小屋組を上から見た図

構造図として必要な伏図は、通常、基礎を上から見た基礎伏図と、各階の床組と柱を表した床伏図、小屋組を表現した小屋伏図などで構成される。

基礎伏図については、基礎工事業者がこの図面のみで施工することを踏まえ、配筋と基礎コンクリート打設に必要な情報はもちろん、BMを決めるため前面道路や配置寸法も盛り込まなければならない。基礎立上り部には、立上り高さ・幅、アンカーボルトや人通口の位置と寸法を明記する。配管のスリーブは、大まかな位置を記入しておくと工程落ちを妨げる。また、基礎リストを付けて、GL、基礎天端、FLとの関係性を表示する。

1階床伏図に必要な要素は、土台・大引・1階根太の方向と位置や、アンカーボルト・1階柱の位置といった1階床組の基本構成である。一方、2階床伏図には胴差・床梁などの横架材の位置と方向や、火打ち材の位置を描く。構造材を加工するために参照されることが多く、各部材の寸法と加工内容も不可欠。梁の架け方をイメージしながら作図するのがうまく描くコツだ。

軒桁や小屋梁、小屋束、垂木と多くの部材が異なる高さで組み合っている小屋伏図は煩雑になりがちなので軒高レベルと小屋レベルで伏図を分けて描く場合が多い。記号凡例などで見やすくすることがポイントだ。

［瀬野和広］

CHECK LIST

- 01□通り心
- 02□通し柱・管柱
- 03□継手位置（土台）
- 04□ホールダウン金物・アンカーボルトの位置
- 05□床下換気孔・人通口（基礎）
- 06□床束（床）
- 07□耐圧コンクリート・土間コンクリート（基礎）
- 08□横架材・耐力壁位置（床）
- 09□筋かい・根太（床）
- 10□母屋・垂木（小屋）

STANDARD SCALE

1/50

軸組図
継手・仕口の仕様を確認

描くものリスト

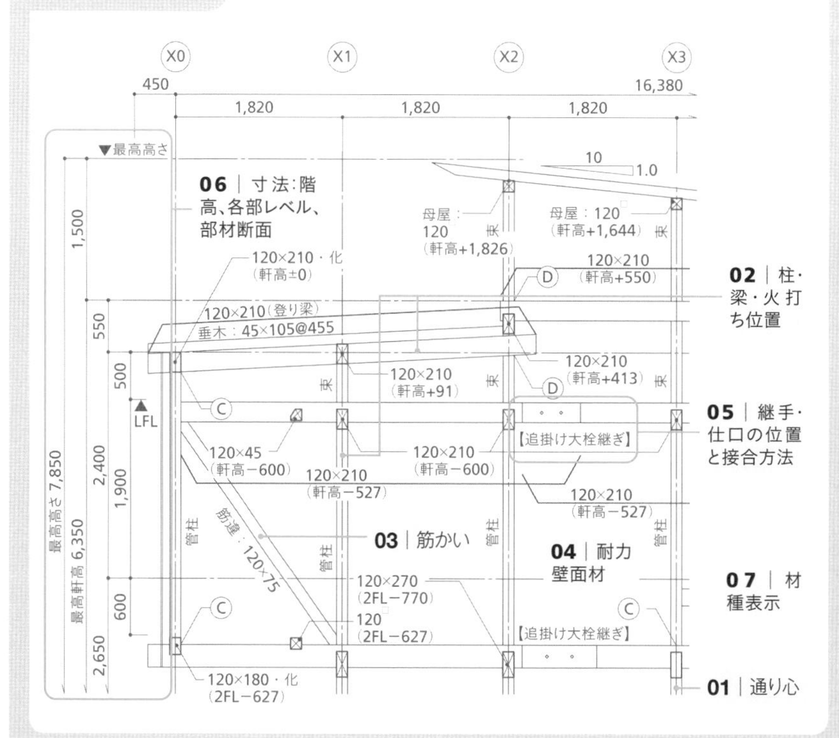

伏図と併せて3次元の軸組を理解する

軸組図は、建物の軸組を断面で表す。3次元の軸組を正確に伝えるには、伏図・軸組図のどちらも欠かせない。軸組図は、元来、大工が手刻みを行う際に継手・仕口の仕様を確認するためのものであり、構造材の継手・仕口の位置や勝ち負け、梁の断面、開口部の位置などを示す。また、力の流れや、構造計画の確認も、同図面を作成する目的だ。梁間方向・桁行方向ともに、断面寸法や耐力壁に無理がないかの確認には軸組図が最適だ。

細かいところでは、化粧梁と天井位置の関係、横引き設備配管や換気ダクトとの兼ね合いも検討する。筋かいは方向が示せるため施工者にとって参考になる。［瀬野和広］

■矩計棒

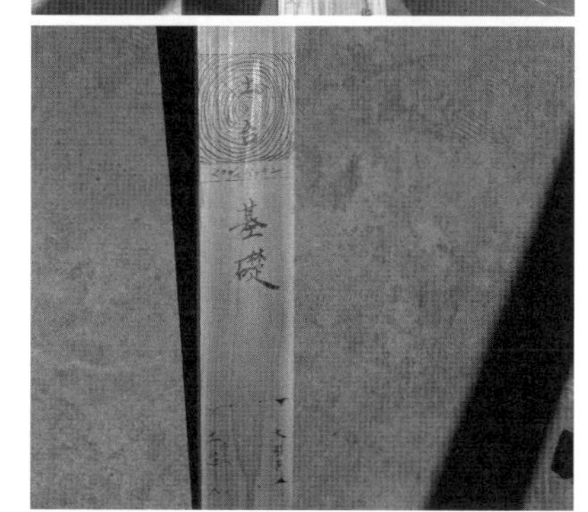

棒状の木板に建物の各所の高さを実寸で描き込んだもの。大工が仕口・継手の刻みをするために、設計者が描いた図面をもとに自ら起こす

CHECK LIST

- 01□通り心
- 02□柱・梁・火打ち位置
- 03□筋かい
- 04□耐力壁面材
- 05□継手・仕口の位置と接合方法
- 06□寸法:階高、各部レベル、部材断面
- 07□材種表示

STANDARD SCALE
1/50

構造図❶

小屋伏図・軒高伏図・小屋裏床伏図

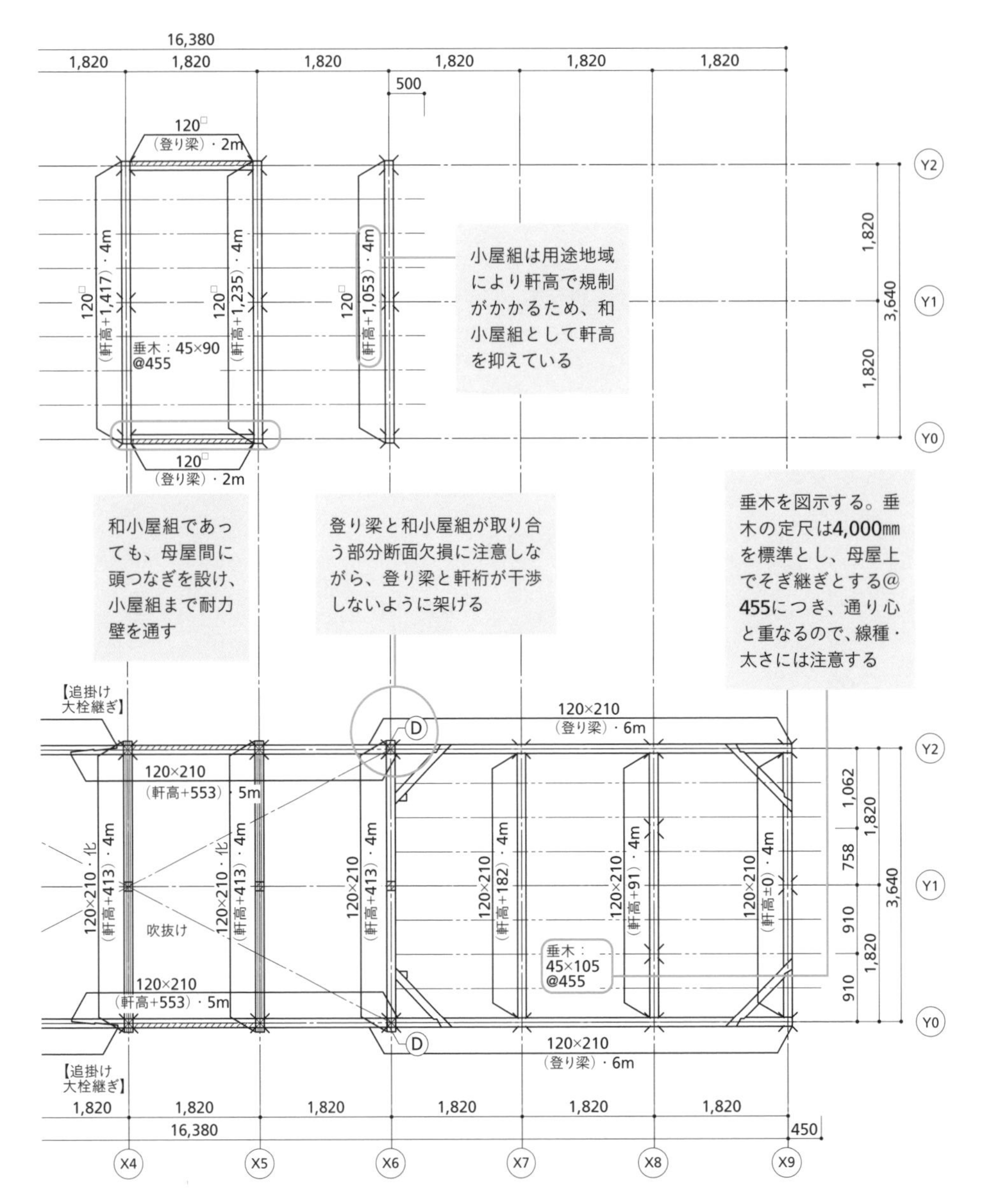

■部材リスト（凡例記号）

名称	記号	材種	寸法	名称	記号	材種	寸法
土台		天竜ヒノキ（天然乾燥材）	120□（防蟻混入剤不可）	外周間柱	図中省略	天竜杉	120×30（45）@455
大引		〃	105□@910	筋違		カナダツガ（E120・D19）	（記載なき限り）105×45
土台火打		〃	105×45			⟵#—	120×75
床束		鋼製束	（下部にあり）				
1階・根太		カナダツガ（E120・D19）	45×60（105）@303 記載なきは（1FL－27）	耐力壁（片面・2.7倍）		モイスTM（F☆☆☆☆）	㋐9.5×910×2,730 使用釘種類および釘内間隔はメーカー施工基準による
丸柱		天竜杉（天然乾燥材）	磨丸太・末口 φ120	耐力壁（両面・5.0倍）		モイスTM（F☆☆☆☆）	㋐9.5×910×2,730
通し柱		〃	120□				使用釘種類および釘内間隔はメーカー施工基準による
		〃	120□化粧柱	梁		天竜杉	図示による
管柱		〃	〃【上部にあり】	桁・胴差		〃	図示による
		〃	〃 化粧柱【上部にあり】	頭つなぎ		〃	120□
		〃	〃【下部にあり】	火打梁		〃	105□
		〃	〃【上・下にあり】	2階・根太		カナダツガ（E120・D19）	45×105 @303 記載なきは（2FL－27）
		〃	〃 化粧柱【上・下にあり】	母屋		天竜杉	120□@1,820
＊：柱の等級はすべて「特一級」同等品とする				垂木		〃	45×105 @455（屋根1）
（化粧材仕上はプレーナー掛け仕上とする）				（化）化粧加工を示す			

[S＝1：100]、元図[S＝1：50]

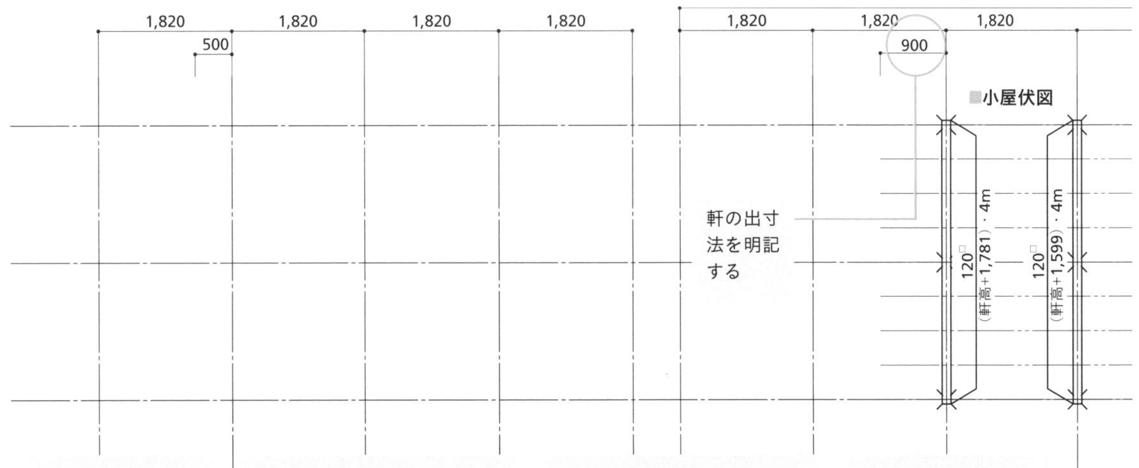

間崩れしている上下には頭つなぎを設け、垂木や根太を絡めることにより、剛性を高めている

1間を跳出すにあたって、軒高レベルと2段で梁を跳出し、耐力壁面材で固めることにより、梁単体ではなく、面全体で荷重を支えようと試みている

木拾いする製材所などへは、構造図しか渡らない場合があるため、化粧仕上げを明記するとともに、吹抜けとなる範囲も明記し、梁が露しとなることを示す

登り梁ー梁ー軒桁と3段に組むようになるため、梁の転び止め・浮上がり防止のため、羽子板ボルトで緊結する

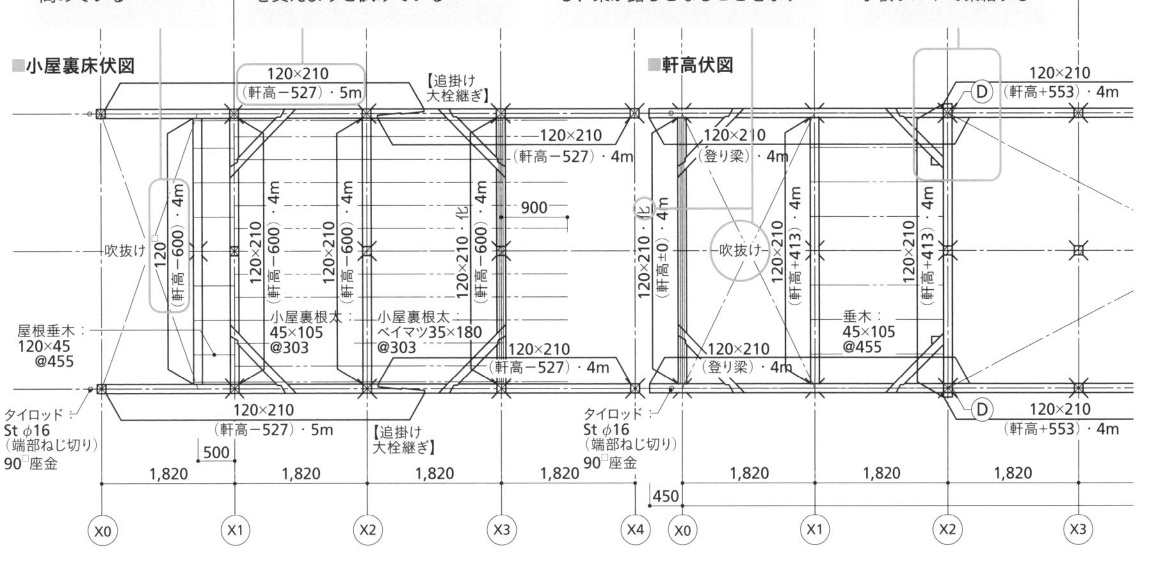

■金物リスト（凡例記号）

＊座金はすべて「スプリングワッシャ付き」とする

記号	名称	使用個所	金物の仕様
Ⓐ	ホールダウン金物（20kN）	2F梁-柱 土台-1F柱 1F柱-2F柱	20kN用・ビス止めホールダウン（タナカ）Sマーク【短期許容引張耐力：20.9kN】
Ⓑ	ホールダウン金物（15kN）	2F梁-柱 土台-1F柱 1F柱-2F柱	15kN用・ビス止めホールダウンU（タナカ）Sマーク【短期許容引張耐力：15.6kN】
Ⓒ	ホールダウン金物（10kN）	2F梁-柱 土台-1F柱 1F柱-2F柱	ホールダウンコーナー10kN用／タナカ【短期許容引張耐力：13.5kN】
Ⓓ	羽子板ボルト	2F梁-柱 1F柱-2F柱	W羽根Uビス 羽子板ボルト（タナカ）Sマーク【短期許容引張耐力：8.9kN】
Ⓔ	山形プレート	2F梁-柱 土台-1F柱 1F柱-2F柱	リトルコーナー（タナカ）Sマーク【短期許容引張耐力：6.5kN】
Ⓕ	筋かいプレート（2倍用）	筋かいー柱・桁	2倍筋かい金具（AA1051／タナカ）筋かい取付部 両端／図中省略
Ⓖ	垂木止め	桁-垂木	タル木どめII（タナカ）（同等品可）（図中省略）

＊特記なき柱脚部分と桁には補強金物Eを設置する。
＊耐力壁面材は外部面躯体（柱・梁）に直張りとする。[モイスTM／三菱マテリアル建材] 使用釘種類及び釘打ち間隔はメーカー施工基準に準ずること

■特記事項

1. 各部材の接合部は、「継手・仕口 標準図」参照のこと（144頁）
2. 天竜杉・桧／T.S.ドライシステム組合生産管理品を使用するにあたっては、製材は、伐採後3年を経過し、含水率は25％以下のものであること
3. 接合金物がやむを得ず露出になる場合、設計者と打合を行うこと（露出金物はOP塗装）
4. 梁・横架材の材幅はすべて呼び寸法とする
5. 化粧梁の「背割」については打合せによる
6. 記載なき土台レベルは、1FL－132を天端とする
   記載なき大引レベルは、1FL－132を天端とする
   ただし、レベルの記載のあるものは、記載を優先とする
7. 特記なき横架材は頭つなぎとし 全120□とする
8. 補足材等でKD材使用の場合は、含水率20％以下とする

構造図❶

2階床伏図

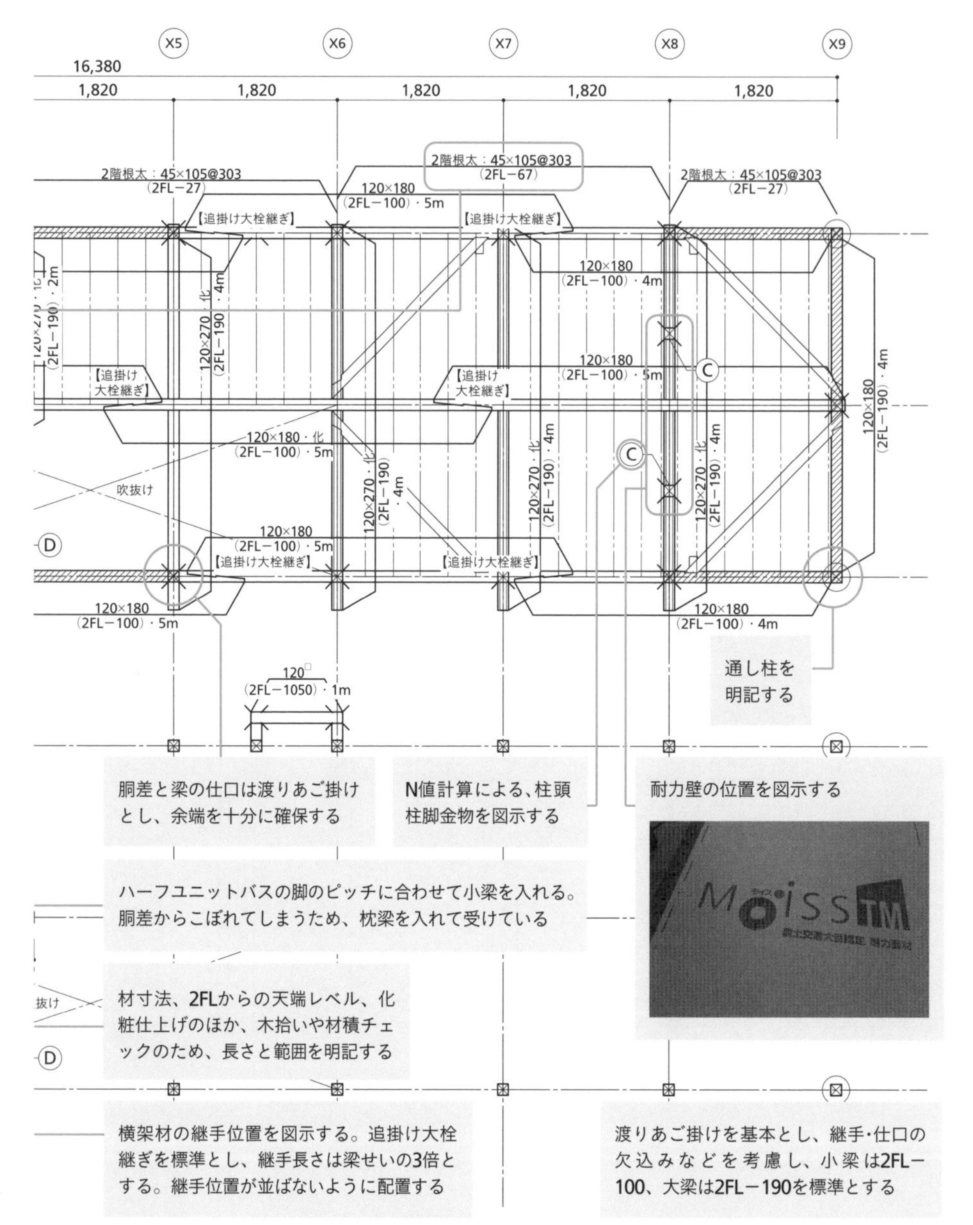

■部材リスト（凡例記号）

名称	記号	材種	寸法	名称	記号	材種	寸法
土台		天竜ヒノキ（天然乾燥材）	120□（防蟻混入剤不可）	外周間柱	図中省略	天竜杉	120×30（45）@455
大引		〃	105□@910	筋違		カナダツガ（E120・D19）	（記載なき限り）105×45
土台火打		〃	105×45				120×75
床束		鋼製束	（下部にあり）				
1階・根太		カナダツガ（E120・D19）	45×60（105）@303 記載なきは（1FL－27）	耐力壁（片面・2.7倍）		モイスTM（F☆☆☆☆）	㋐9.5×910×2,730
							使用釘種類および釘内間隔はメーカー施工基準による
丸柱		天竜杉（天然乾燥材）	磨丸太・末口 φ120	耐力壁（両面・5.0倍）		モイスTM（F☆☆☆☆）	㋐9.5×910×2,730
通し柱		〃	120□				使用釘種類および釘内間隔はメーカー施工基準による
		〃	120□化粧柱	梁		天竜杉	図示による
管柱		〃	〃【上部にあり】	桁・胴差		〃	図示による
		〃	〃 化粧柱【上部にあり】	頭つなぎ		〃	120□
		〃	〃【下部にあり】	火打梁		〃	105□
		〃	〃【上・下にあり】	2階・根太		カナダツガ（E120・D19）	45×105@303 記載なきは（2FL－27）
		〃	〃 化粧柱【上・下にあり】	母屋		天竜杉	120□@1,820
＊：柱の等級はすべて「特一級」同等品とする				垂木		〃	45×105@455（屋根1）
（化粧材仕上はプレーナー掛け仕上とする）				（化）化粧加工を示す			

[S=1:80]、元図[S=1:50]

跳ね出した先端に荷重がかからないよう、**X0**通りから**X1**通りにトラス（筋かい）を掛け、面材を両面張りし剛性を高め、タイロッド[＊]で胴差と軒桁を緊結することにより、1間分跳ね出させている

スキップフロアの場合、柱で分けるのではなく、1間の間で梁を重ね合わせ、面材を張ることで分ける

水平構面を形成するため、火打ち梁を2間四方内外で設ける。架ける梁にレベル差があり、両端で仕口が異なるので注意が必要。梁と天端合わせで取り付く場合は寄せ蟻加工とし、**N75×5**カ所留め。梁の腹に取り付く場合は羽子板＋鼻栓留めを標準とする

根太は**45×105**とし、床仕上げによる下地組とのレベル差は、根太の掛け具合によって調整する

雑壁の上下部には頭つなぎを必ず設ける

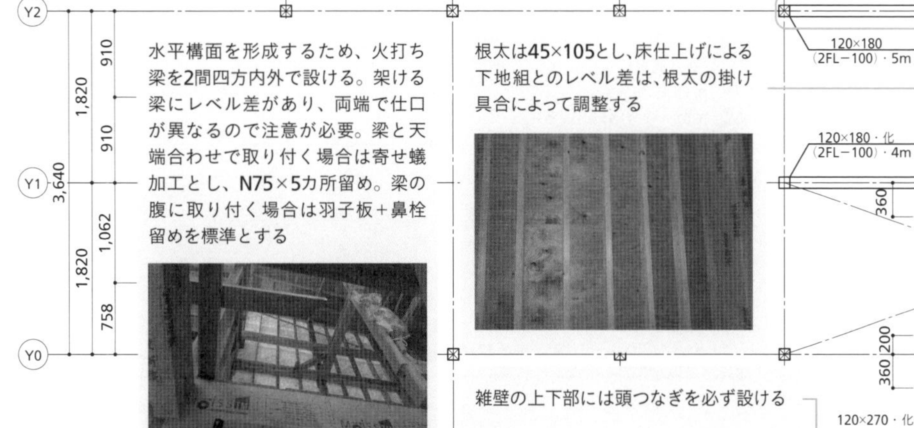

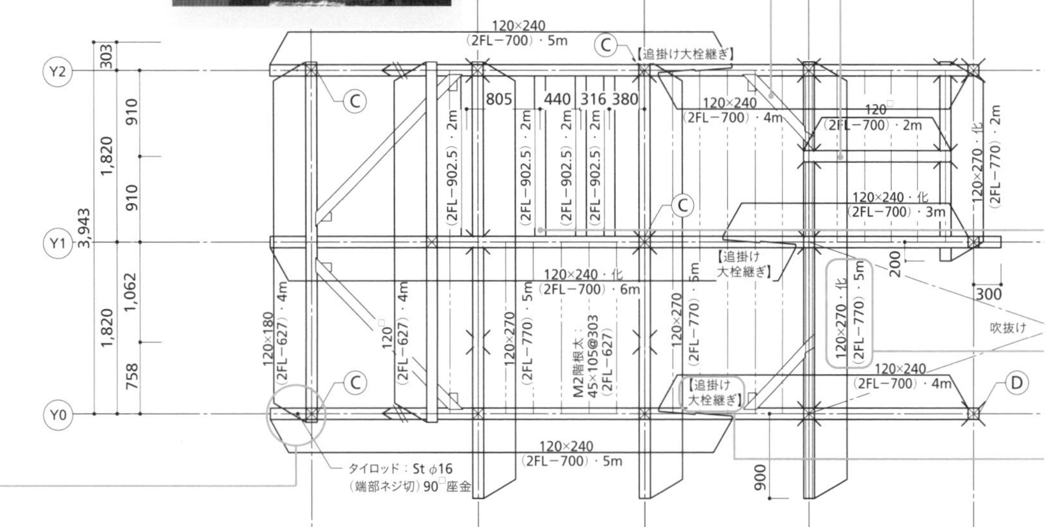

■金物リスト（凡例記号）

＊座金はすべて「スプリングワッシャ付き」とする

記号	名称	使用個所	金物の仕様
Ⓐ	ホールダウン金物（20kN）	2F梁-柱 土台-1F柱 1F柱-2F柱	20kN用・ビス止めホールダウン（タナカ）Sマーク【短期許容引張耐力：20.9kN】
Ⓑ	ホールダウン金物（15kN）	2F梁-柱 土台-1F柱 1F柱-2F柱	15kN用・ビス止めホールダウンU（タナカ）Sマーク【短期許容引張耐力：15.6kN】
Ⓒ	ホールダウン金物（10kN）	2F梁-柱 土台-1F柱 1F柱-2F柱	ホールダウンコーナー10kN用／タナカ【短期許容引張耐力：13.5kN】
Ⓓ	羽子板ボルト	2F梁-柱 1F柱-2F柱	W羽根Uビス 羽子板ボルト（タナカ）Sマーク【短期許容引張耐力：8.9kN】
Ⓔ	山形プレート	2F梁-柱 土台-1F柱 1F柱-2F柱	リトルコーナー（タナカ）Sマーク【短期許容引張耐力：6.5kN】
Ⓕ	筋かいプレート（2倍用）	筋かい一柱・桁	2倍筋かい金具（AA1051／タナカ）筋かい取付部 両端／図中省略
Ⓖ	垂木止め	桁-垂木	タル木どめⅡ（タナカ）（同等品可）（図中省略）

＊特記なき柱脚部分と桁には補強金物Eを設置する。
＊耐力壁面材は外部面躯体（柱・梁）に直張りとする。［モイスTM／三菱マテリアル建材］使用釘種類及び釘打ち間隔はメーカー施工基準に準ずること

■特記事項

1. 各部材の接合部は、「継手・仕口 標準図」参照のこと（80頁）
2. 天竜杉・桧／T.S.ドライシステム組合生産管理品を使用するにあたっては、製材は、伐採後3年を経過し、含水率は25%以下のものであること
3. 接合金物がやむを得ず露出になる場合、設計者と打合を行うこと（露出金物はOP塗装）
4. 梁・横架材の材幅はすべて呼び寸法とする
5. 化粧梁の「背割」については打合せによる
6. 記載なき土台レベルは、1FL－132を天端とする
   記載なき大引レベルは、1FL－132を天端とする
   ただし、レベルの記載のあるものは、記載を優先とする
7. 特記なき横架材は頭つなぎとし 全120□とする
8. 補足材等でKD材使用の場合は、含水率20%以下とする

＊：2つの部材を連結して引っ張るつなぎ材で、支える・吊り上げる・補強するなどの用途に使われる

構造図❶

1階床伏図

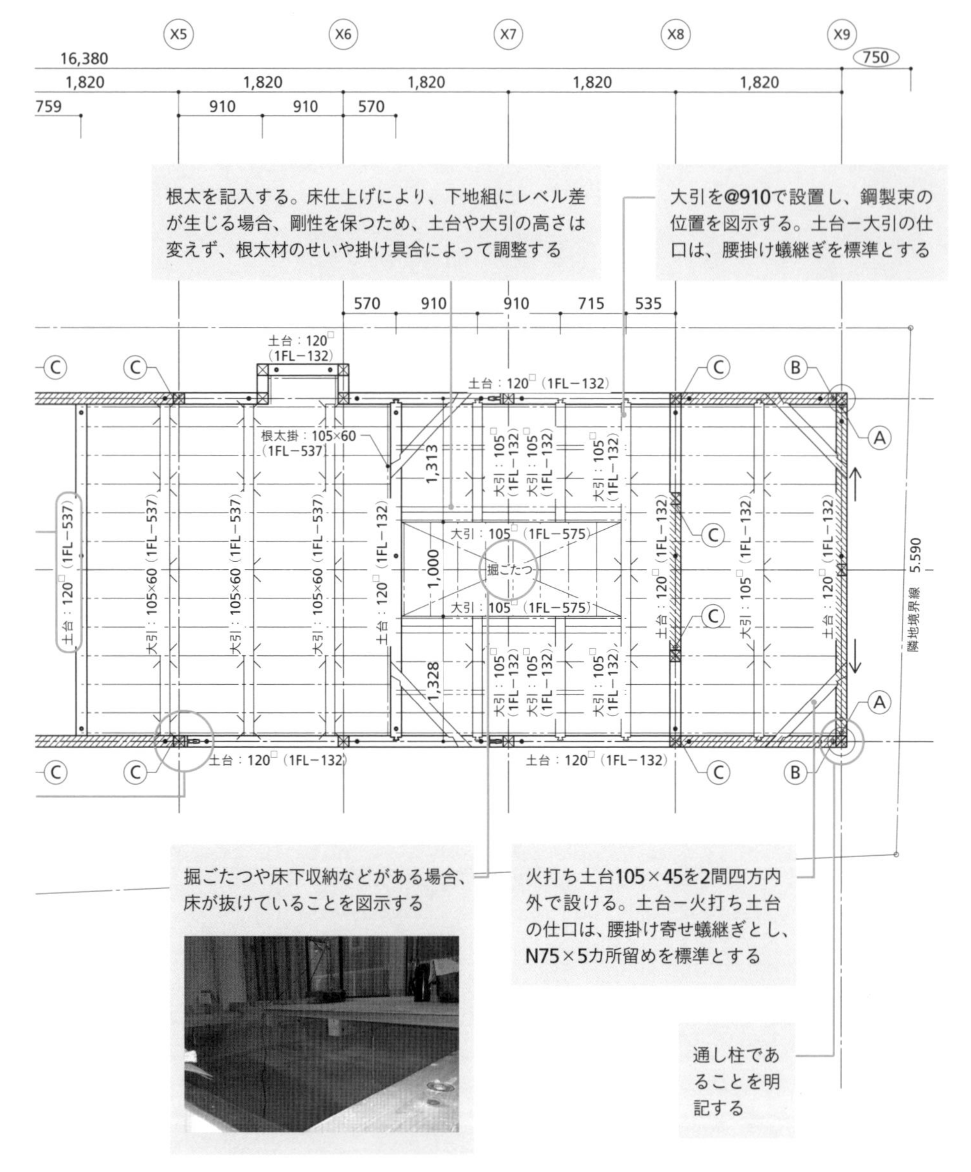

■部材リスト（凡例記号）

名称	記号	材種	寸法	名称	記号	材種	寸法
土台		天竜ヒノキ（天然乾燥材）	120□（防蟻混入剤不可）	外周間柱	図中省略	天竜杉	120×30（45）@455
大引		〃	105□@910	筋違		カナダツガ（E120・D19）	（記載なき限り）105×45
土台火打		〃	105×45				120×75
床束		鋼製束	（下部にあり）				
1階・根太		カナダツガ（E120・D19）	45×60（105）@303 記載なきは（1FL−27）	耐力壁 （片面・2.7倍）		モイスTM （F☆☆☆☆）	㋐9.5×910×2,730 使用釘種類および釘内間隔はメーカー施工基準による
丸柱	○	天竜杉（天然乾燥材）	磨丸太・末口 φ120	耐力壁 （両面・5.0倍）		モイスTM （F☆☆☆☆）	㋐9.5×910×2,730
通し柱	⊠	〃	120□				使用釘種類および釘内間隔はメーカー施工基準による
	▢	〃	120□化粧柱	梁		天竜杉	図示による
管柱		〃	〃【上部にあり】	桁・胴差		〃	図示による
		〃	〃 化粧柱【上部にあり】	頭つなぎ		〃	120□
		〃	〃【下部にあり】	火打梁		〃	105□
		〃	〃【上・下にあり】	2階・根太		カナダツガ（E120・D19）	45×105@303 記載なきは（2FL−27）
		〃	〃 化粧柱【上・下にあり】	母屋		天竜杉	120□@1,820
＊：柱の等級はすべて「特一級」同等品とする				垂木		〃	45×105@455（屋根1）
（化粧材仕上はプレーナー掛け仕上とする）				（化）化粧加工を示す			

[S＝1：80]、元図[S＝1：50]

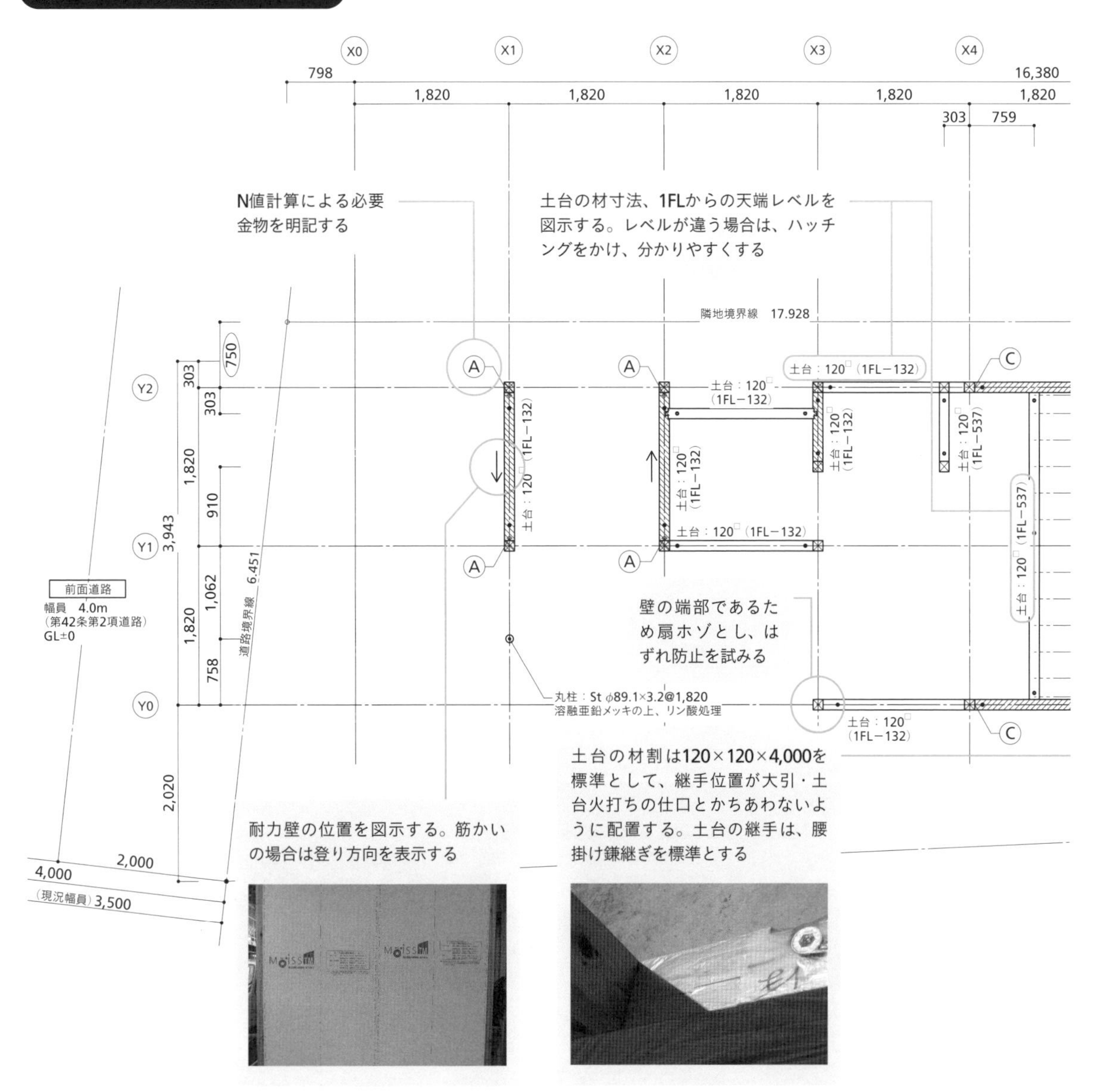

■金物リスト(凡例記号)

＊座金はすべて「スプリングワッシャ付き」とする

記号	名称	使用個所	金物の仕様
Ⓐ	ホールダウン金物(20kN)	2F梁-柱 土台-1F柱 1F柱-2F柱	20kN用・ビス止めホールダウン(タナカ) Sマーク【短期許容引張耐力：20.9kN】
Ⓑ	ホールダウン金物(15kN)	2F梁-柱 土台-1F柱 1F柱-2F柱	15kN用・ビス止めホールダウンU(タナカ) Sマーク【短期許容引張耐力：15.6kN】
Ⓒ	ホールダウン金物(10kN)	2F梁-柱 土台-1F柱 1F柱-2F柱	ホールダウンコーナー10kN用／タナカ【短期許容引張耐力：13.5kN】
Ⓓ	羽子板ボルト	2F梁-柱 1F柱-2F柱	W羽根Uビス 羽子板ボルト(タナカ) Sマーク【短期許容引張耐力：8.9kN】
Ⓔ	山形プレート	2F梁-柱 土台-1F柱 1F柱-2F柱	リトルコーナー(タナカ) Sマーク【短期許容引張耐力：6.5kN】
Ⓕ	筋かいプレート(2倍用)	筋かい一柱・桁	2倍筋かい金具(AA1051／タナカ) 筋かい取付部 両端／図中省略
Ⓖ	垂木止め	桁-垂木	タル木どめII(タナカ)(同等品可)(図中省略)

＊特記なき柱脚部分と桁には補強金物Eを設置する。
＊耐力壁面材は外部面躯体(柱・梁)に直張りとする。[モイスTM／三菱マテリアル建材] 使用釘種類及び釘打ち間隔はメーカー施工基準に準ずること

■特記事項

1. 各部材の接合部は、「継手・仕口 標準図」参照のこと(80頁)
2. 天竜杉・桧／T.S.ドライシステム組合生産管理品を使用するにあたっては、製材は、伐採後3年を経過し、含水率は25％以下のものであること
3. 接合金物がやむを得ず露出になる場合、設計者と打合を行うこと(露出金物はOP塗装)
4. 梁・横架材の材幅はすべて呼び寸法とする
5. 化粧梁の「背割」については打合せによる
6. 記載なき土台レベルは、1FL－132を天端とする
   記載なき大引レベルは、1FL－132を天端とする
   ただし、レベルの記載のあるものは、記載を優先とする
7. 特記なき横架材は頭つなぎとし 全120□とする
8. 補足材等でKD材使用の場合は、含水率20％以下とする

基礎伏図

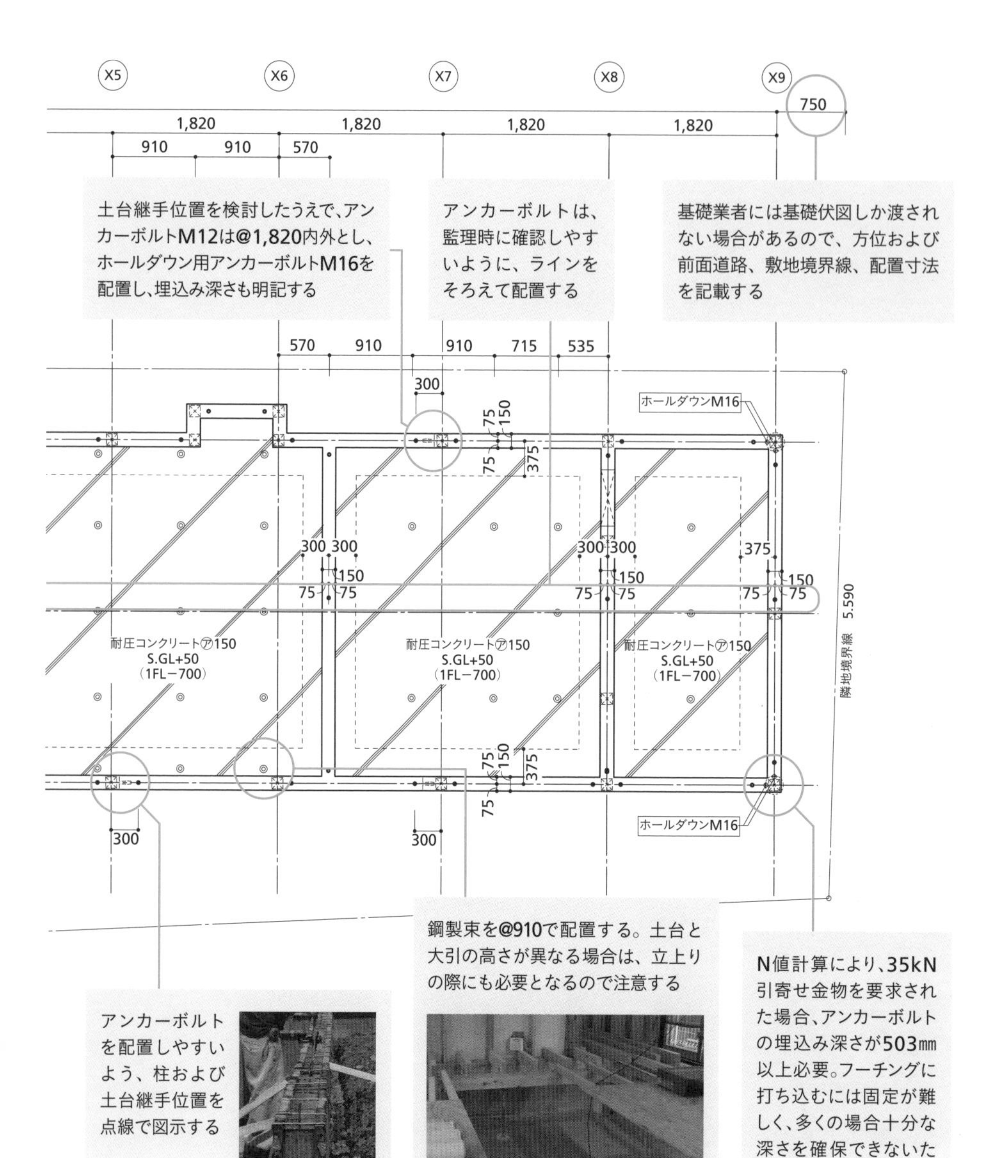

■部材リスト(凡例記号)

記号	寸法
═	立上りコンクリート㋐150
∥	耐圧コンクリート㋐150(防湿シート敷)
▨	防湿シート+フェノールフォーム断熱材㋐45+土間コンクリート㋐125
╲	土間コンクリート㋐150
▭	人通口 W600×H428
◎	鋼製束
◦	アンカーボルトM12 @1,820内外
◆	アンカーボルトA‐90(M16)ホールダウン金物取付部

注：本図には、左の図のほかに基礎リスト、ホールダウン金物詳細、柱頭・柱脚金物の仕様が含まれる。こちらは127頁参照

[S＝1:800]、元図[S＝1:50]

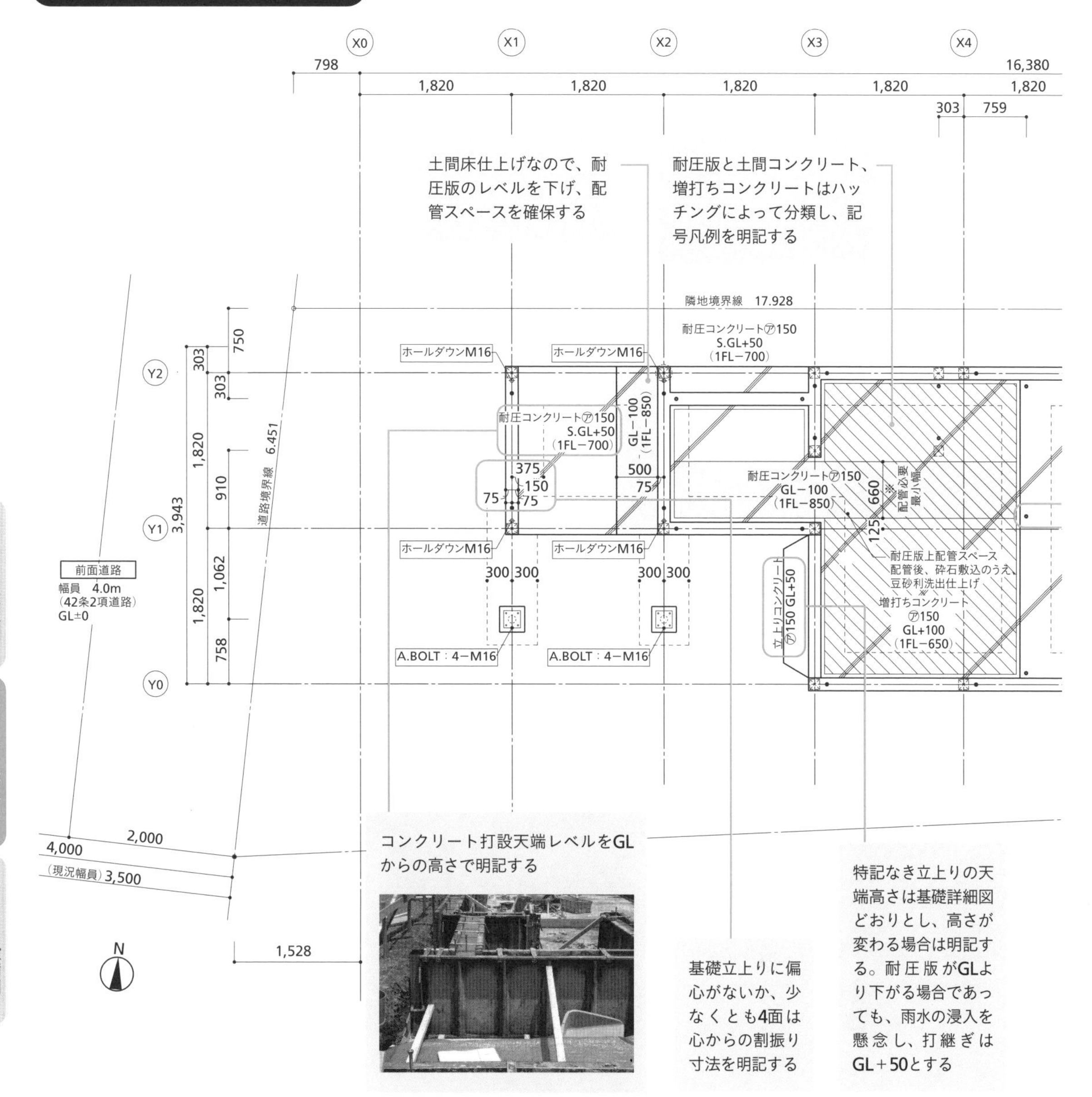

■基礎伏図の特記事項（76頁）

1. 柱-基礎・土台のM16部【8個所】は「ビス留めホールダウンU（20または15kN）／タナカ」を使用すること
2. アンカーボルトは、一般部：M12 L＝400　@1,820内外　埋込み深さ240㎜以上、ホールダウン金物部（A-70）：M16 L＝900　埋込み深さ360㎜以上とし、すべてフック付きとする［図a］。また施工に際しては、必ず固定金具を使用すること［写真a］
3. 基礎パッキンは、外周部は気密型［KPK-120／城東テクノ］（同等品）を使用し、内部は［KP-120／城東テクノ］（同等品）を@910以内に設置すること［写真b］
4. コンクリート設計強度は、Fc＝21N／㎜、スランプ値は18㎝とする
5. 設備配管は、基礎立上りよりスリーブ抜きとする（フーチング下やそれを貫通する配管は不可）。配筋検査前に基礎スリーブ図を提出すること
6. 人通口の開口補強は、上端主筋をフーチングに定着させ、斜め補強筋D13を両側に、スリーブ（＞φ80）の開口補強は、［MAXリンプレンK型／丸井産業］（同等品）を入れること
7. 上棟後スリーブ孔および基礎打継ぎ部は、エポキシ樹脂モルタルで完全に塞ぐこと
8. 土間・W.I.C部、耐圧コンクリートのレベルをGLより下げる部分は、内部側に浮き型枠を施工し、立上りをGL＋50までスラブと一体に打設すること［写真c］

注：ベンチマーク（BM）および設計GLの設定は、現場にて設計者立合いのもと行うものとする

軸組図

構造図❷

本事例の軸組図は、X0通り、X1通り、X2通り、X3通り、X4通り、X5通り、X6通り、X7通り、X8通り、X9通り、Y0通り、Y1通り、Y2通りの計13ある。本項では、そのなかからX2通り、X9通り、Y2通り、の軸組図を抜粋している

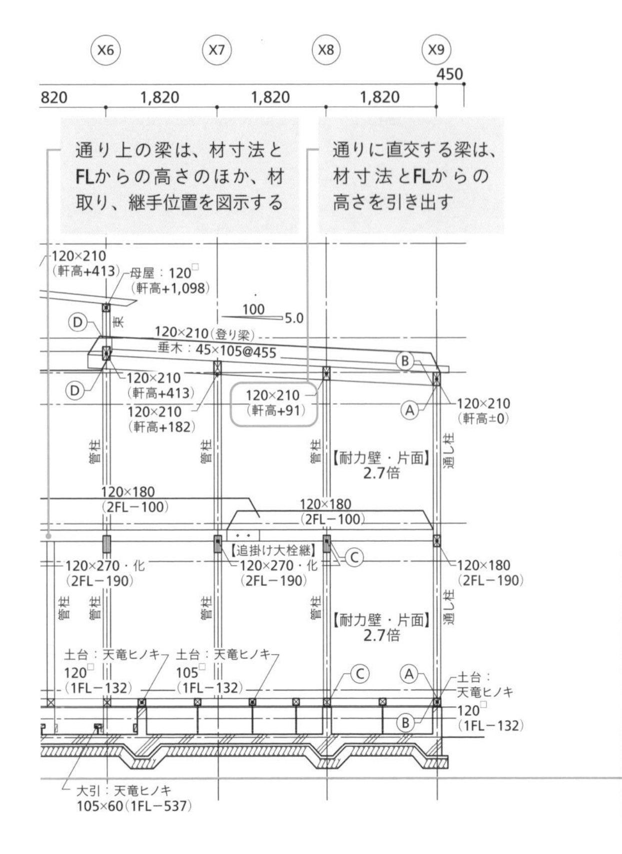

基礎断面、基礎断熱材まで図示する

X通りは右から左、Y通りは下から上を見た図とする。よって、Y0通り、X9通りの軸組図には基礎や梁の断面が出ない

X2通り軸組図

跳出し寸法を押さえる

根太、間柱は省略する

耐力壁、筋かいを図示する

N値計算による必要金物を図示する。柱のどの面に取り付けるか伏図と整合させる

Y0 Y1 Y2
3,640
1,820 1,820
758 1,062 303
垂木：45×105 @455
120□ (軒高+1,826)
▼最高高さ
▼最高軒高
▼軒高
▼LFL
▼2FL
▼M2FL
▼1FL
▼基礎天端
▲台所FL
▲設計GL
1,500 550 500 2,400 1,900 600 2,650 2,500 750 300
最高高さ 7,850
最高軒高 6,350
120×210 (軒高+550)
120×210 (軒高+413)
120×210 (軒高+413)
束・化
120×210 (軒高+550)
120×210 (軒高−600)
120×210 (軒高−527)
120×210 (軒高−527)
管柱
【耐力壁・片面】 2.7倍
900
120×270 (2FL−770)
120×240 (2FL−700)
120×240 (2FL−700)
120×240 (2FL−700)
St φ76.3×3.2 溶融亜鉛めっきのうえ、リン酸処理
【耐力壁・片面+筋違】 4.7倍
土台：天竜ヒノキ 120□ (1FL−132)

[S＝1：120]、元図[S＝1：50]

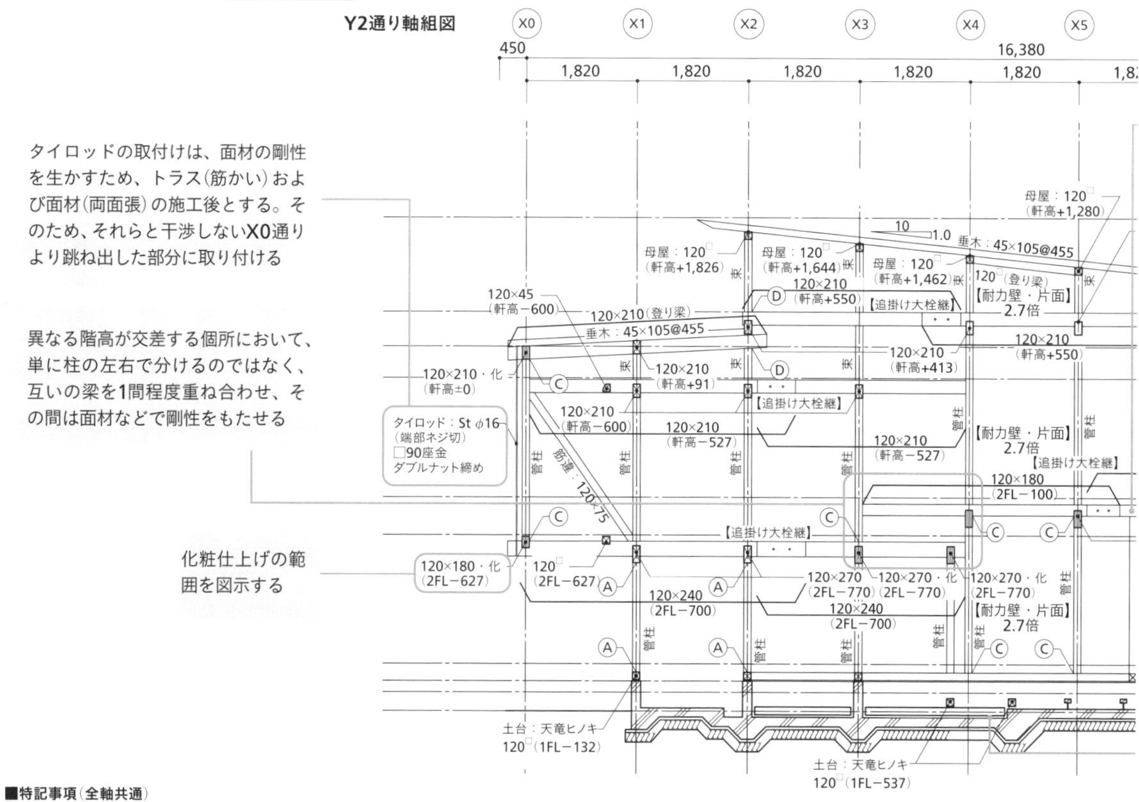

■特記事項（全軸共通）

- 構造材はすべて天竜スギとする（土台・大引は天竜ヒノキ）
- 各部材の接合部は、「継手・仕口標準図」参照のこと（80頁）
- 図中通し柱、管柱はすべて120□
- 外周間柱は、耐力壁の倍率による
  （両面：108×30、片面：120×30、継手部分の間柱は㋐45以上とする）
- 図中根太は省略とする
  （1F：60×45、M2F・2F・小屋裏：105×45ともに@303とする）
- 寸法なき横架材は頭つなぎとし、全120□
- 図中（化）は化粧仕上げとする

■耐震壁（凡例）

耐力壁（片面・2.7倍）	▨	モイスTM（F☆☆☆☆）	㋐9.5×910×2,730[＊]
耐力壁（両面・5.0倍）	▩		㋐9.5×910×2,730[＊]

＊：施工仕様基準による

■金物リスト（凡例記号）

＊座金はすべて「スプリングワッシャ付」とする

記号	名称	使用個所	金物の仕様
Ⓐ	ホールダウン金物（20kN）	2F梁-柱 土台-1F柱 1F柱-2F柱	20kN用・ビス止めホールダウンU（タナカ）Sマーク 【短期許容引張耐力:20.9kN】
Ⓑ	ホールダウン金物（15kN）	2F梁-柱 土台-1F柱 1F柱-2F柱	15kN用・ビス止めホールダウンU（タナカ）Sマーク 【短期許容引張耐力:15.6kN】
Ⓒ	ホールダウン金物（10kN）	2F梁-柱 土台-1F柱 1F柱-2F柱	ホールダウンコーナー10kn用/タナカ 【短期許容引張耐力:13.5kN】
Ⓓ	羽子板ボルト	2F梁-柱 1F柱-2F柱	W羽根Uビス羽子板ボルト（タナカ）Sマーク 【短期許容引張耐力:8.9kN】
Ⓔ	山形プレート	2F梁-柱 土台-1F柱 1F柱-2F柱	リトルコーナー（タナカ）Sマーク 【短期許容引張耐力:6.5kN】
Ⓕ	筋かいプレート（2倍用）	筋かい-柱・桁	2倍筋かい金具（AA1051/タナカ） ※筋かい取付部　両端/図中省略
Ⓖ	垂木止め	桁-垂木	タル木どめII（タナカ）　※同等品可（図中省略）

注：特記なき柱脚部分と桁には補強金物Eを設置する

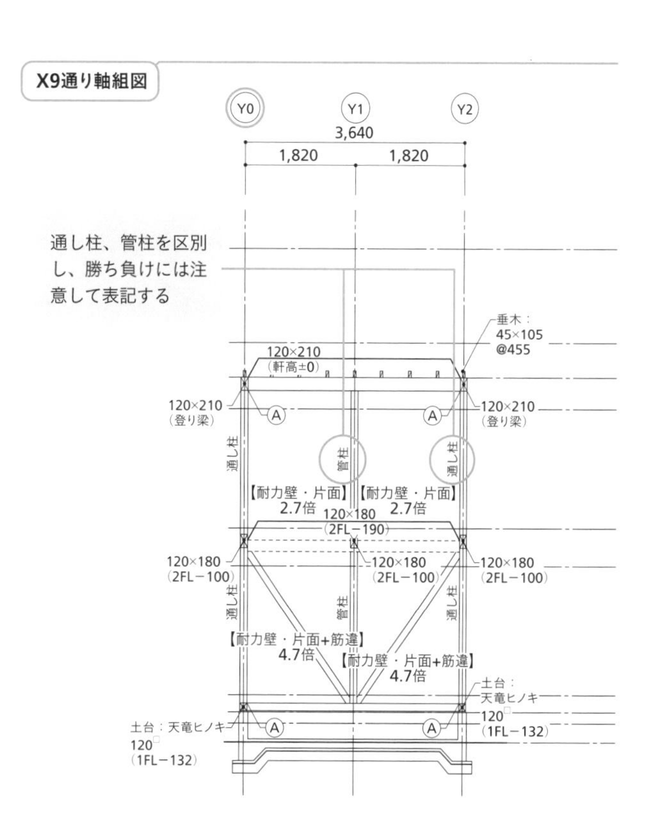

Part2 意匠図　Part2 構造図　Part2 設備図

構造図❸ 仕口・継手標準図

筆者の事務所では、木造戸建ての接合部の加工をすべて大工の手刻みで行っている。採用しているのはどれも標準的な仕口・継手だ。実施図面のなかで同ディテールは施工者に対する設計仕様書的なものであると考えている

■土台～土台の継手（腰掛け鎌継ぎ）

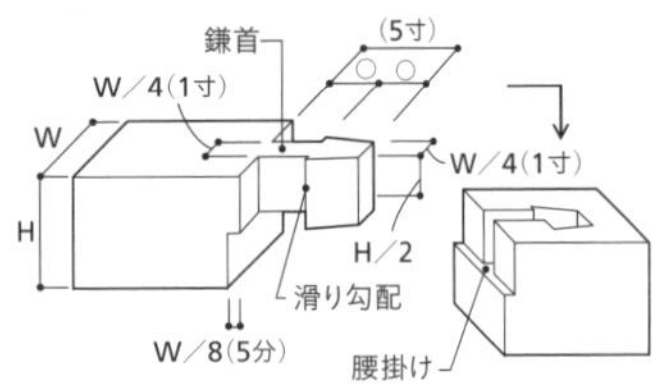

引張り強度が要求されるので、あえて腰掛け鎌継ぎを使用している

■土台～柱の仕口

土台柱の長ホゾは完全に土台打抜きとし、水が入っても下に抜けるので、水溜りを防ぐことができる

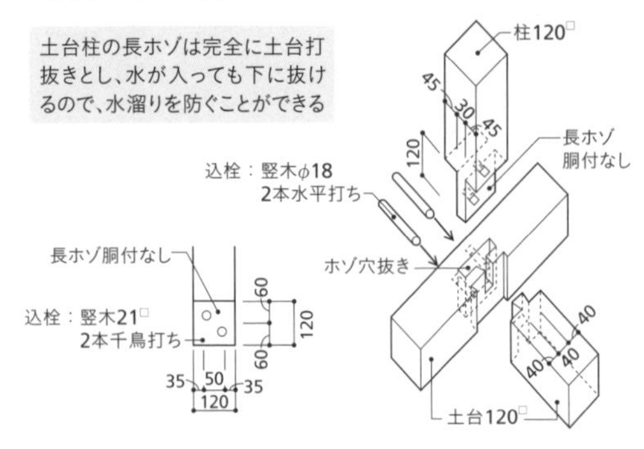

■土台～通し柱の仕口（土台コーナー部）

土台の出隅は腰掛け相欠きとし、強度保持のため柱は長ホゾ差し込栓留めとする

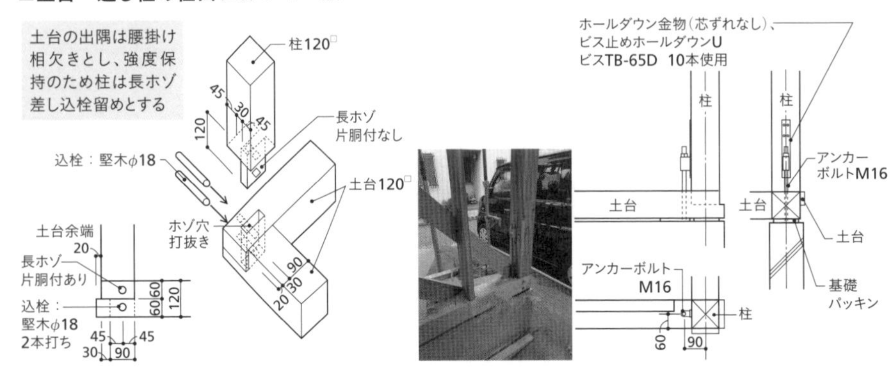

■火打梁の仕口

仕口レベルが合わないケースが多いので、寄せ蟻と兼用

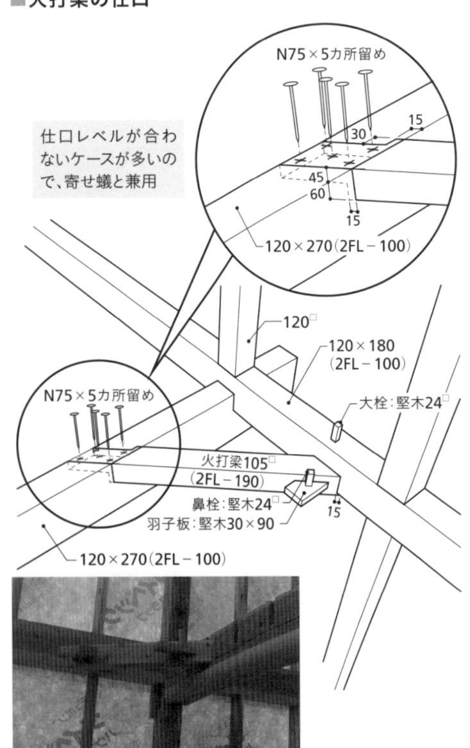

■土台～大引の継手（腰掛け蟻継ぎ）

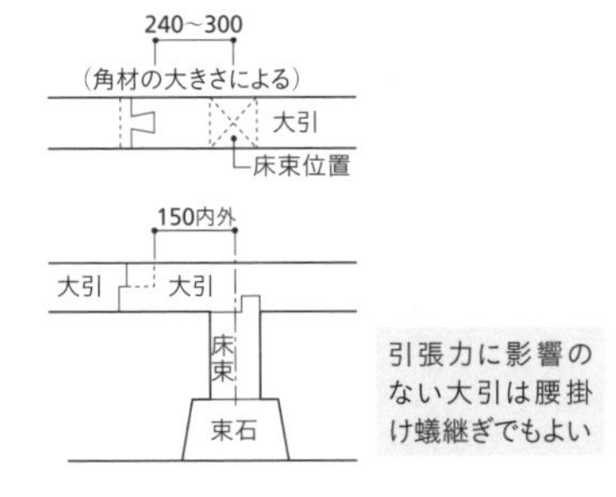

引張力に影響のない大引は腰掛け蟻継ぎでもよい

■特記事項

- ■母屋－垂木接合部は、「ひねり金物」を使用とする
- ■その他の補強金物は、各床伏図および軸組図に記載
- ■込栓は全て堅木φ18とする
- ■栓、楔などはナラ、カシ材以上の堅木とする
- ■構造材の墨付け前は監理者立会いの材料検査を行うこと
- ■構造材の刻み加工前に監理者と打ち合わせを行うこと
- ■建方の際、掛矢その他の打撃において、化粧いかんにかかわらず、材保護のため、当て木養生を徹底すること

＊内外構造用金物は、すべて「Zマーク金物または、S.Dマーク同等品」を使用とする（座金はすべてスプリングワッシャー付きの座金とする）

＊構造軸組材の含水率は、20％以下とする。ただし、流通事情などで確保が困難である場合はこの限りではないが、竣工後、材の変形により他部材へ影響（クラックなど）が発生した場合は、工務責任で補修することとする。木材の養生：木材の現場搬入時および上棟前後は、一切雨掛かりを避けるよう、シート養生などにて万全を期することとする（特にKD材の使用時は、絶対に雨水を当てないこと）

■大梁、桁、梁、棟木、母屋の継手

追掛け大栓継ぎ

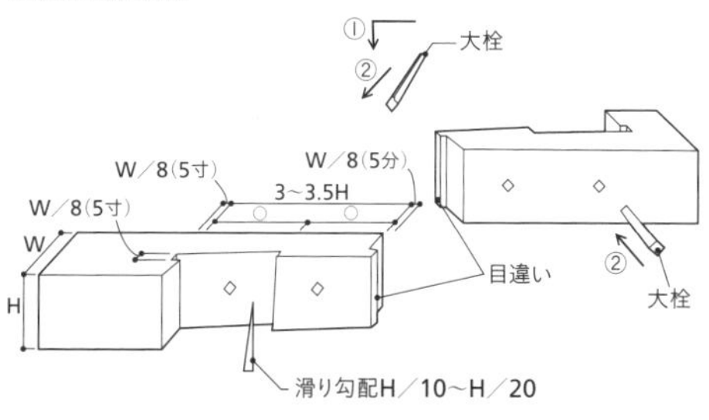

鎌肉厚部両側から大栓を打ち込み、割れ防止とせん断抵抗を高めている。継手のなかでも剛性に優れている

台持ち継ぎ

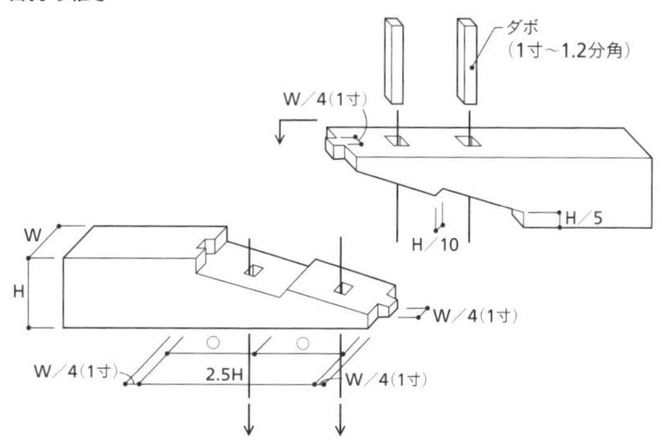

略鎌系の横架材継手。引張り強度以外は期待できない。ダボは摩擦抵抗を大きくするため角形にする

■梁～桁の仕口

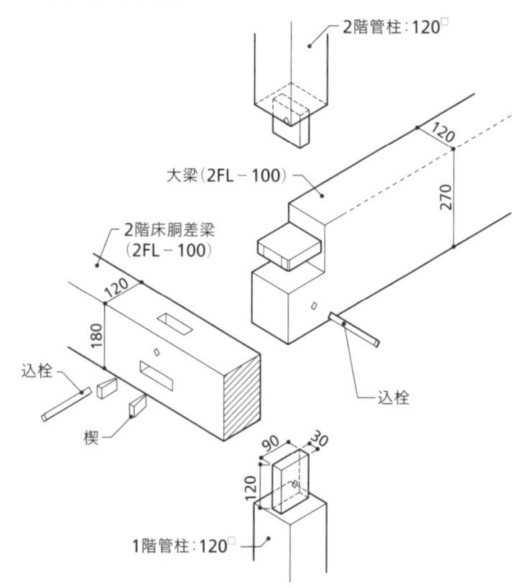

渡りあごが架けられない場合に、渡りあごと同等の強度を確保するための仕口加工

■梁と梁の仕口（渡りあご）

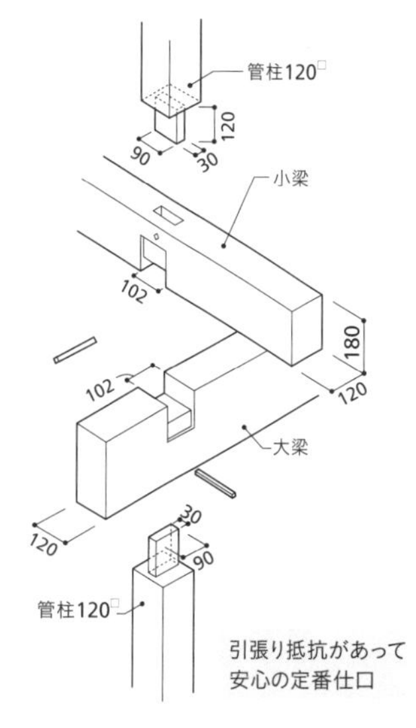

引張り抵抗があって安心の定番仕口

■柱～大梁、梁、桁、頭つなぎの仕口（二方差し）I型

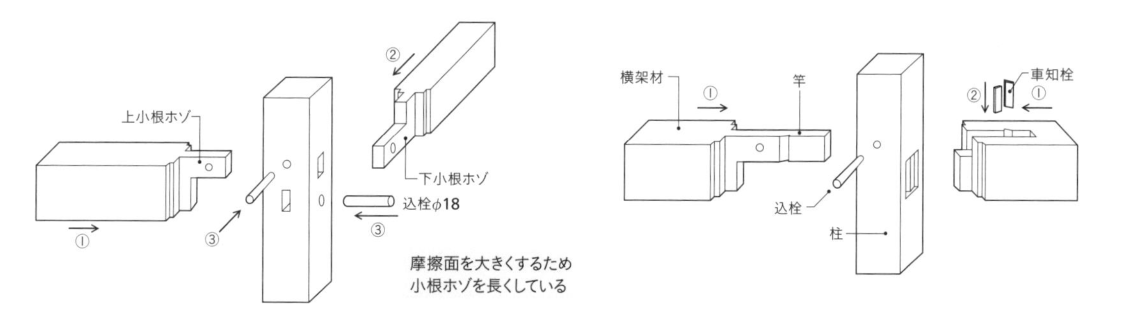

摩擦面を大きくするため小根ホゾを長くしている

木造住宅の構造計算これだけは！

木造2階建て住宅に多い4号建築物[※]では、以下の3つがクリアできれば法的な要件を満たすことになる。

A　耐力壁の量
↓壁量計算で確認
B　耐力壁のバランス
↓4分割法で確認
C　耐力壁の柱頭・柱脚金物の仕様
↓平12建告1460号にもとづくN値計算

Cの柱頭・柱脚金物は、平12建告1460号2号表1・2から選ぶのがより簡易な方法だ。ただしその場合、過剰設計になりがちなので、ここではN値計算を使用する。住宅設計に携わるならば、最低限、これらの計算方法は習得しておきたい。

耐力壁は、横からの応力を縦の応力に変換し、その力をスムーズに地盤に伝えるためのものである。現行制度では、耐力壁には面材か筋かいが用いられるが、支点だけで応力を構成する筋かいと、文字どおり面で応力を安定させる面材とでは、応力伝達時の粘りの強さがまったく異なる。　［瀬野和広］

A 耐力壁の量

まず、計算に必要なデータとして、床面積と見付け面積を用意する。計算は1階と2階で分けて行うので、それぞれについての数値が必要。

平面図

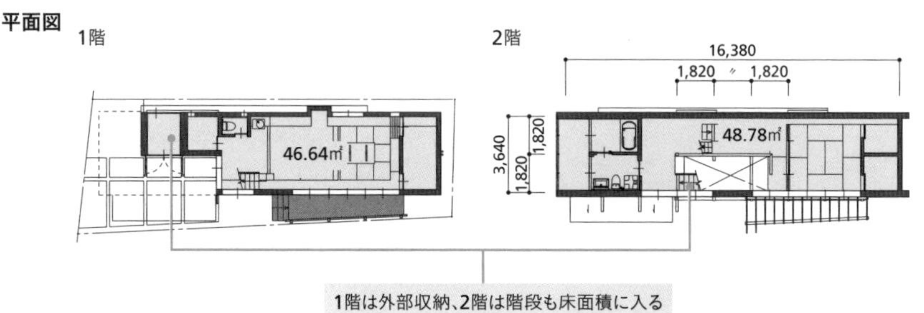

見付け面積図（左：桁行側、右：妻側）

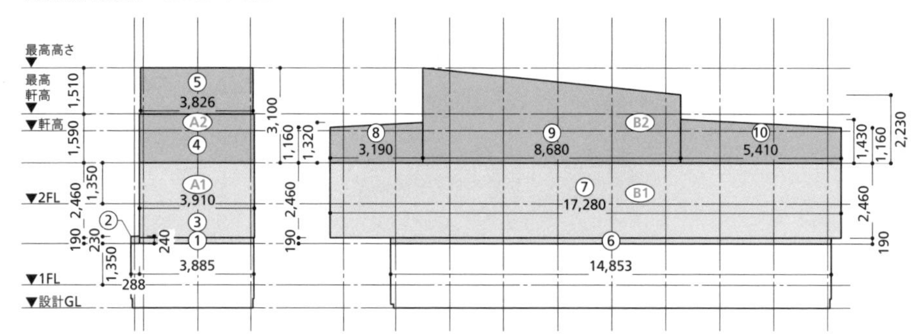

■見付け面積の計算

見付け面積は、立面図上の桁行方向（Y方向）と妻方向（X方向）から求める。区画ごとに算出した値を合計する

見付け面積計算式（㎡）

B2	⑩（1.160＋1.430）×5.410×1／2	7.0059
	⑨（2.230＋3.100）×8.680×1／2	23.1322
	⑧（1.160＋1.320）×3.190×1／2	3.9556
		SB2＝34.09㎡
B1	SB2	34.09
	⑦17.280×2.460	42.5088
	⑥14.853×0.190	2.822
		SB1＝79.42㎡
A2	⑤3.826×1.510	5.7772
	④3.910×1.590	6.2169
		SA2＝11.99㎡
A1	SA2	11.99
	③3.910×2.460	9.6186
	②（0.23＋0.24）×0.288×1／2	0.0676
	①3.885×0.190	0.7381
		SA1＝22.41㎡

※：4号建築物は、1〜3号以外のもの。ここでいう号は、建築基準法6条の各号を指す。1号建築物は、「特殊建築物」（建築基準法別表第1（い）欄の用途のもの）、かつ延床面積＞100㎡。2号建築物は、木造で、階数≧3または延床面積＞500㎡で高さ＞13mもしくは軒高＞9mのもの。3号建築物は、木造以外で、階数≧2または延床面積＞200㎡のもの

面積が出そろったら、壁量を計算する。階・方向ごとに壁倍率の必要長さと存在壁量を比較し、存在壁量が必要壁量を上回ることを確認する

壁量算定平面図(上:2階、下:1階)

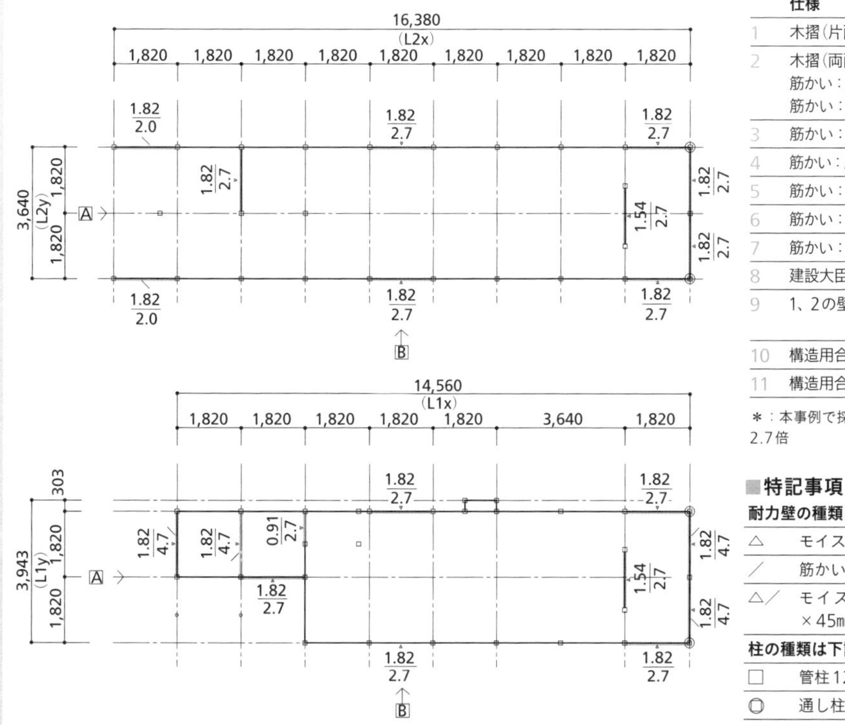

壁倍率表

	仕様	倍率
1	木摺(片面)または土塗り壁	0.5
2	木摺(両面) 筋かい:厚さ1.5㎝、幅9㎝の木材 筋かい:径9㎜の鉄筋	1
3	筋かい:厚さ3㎝、幅9㎝の木材	1.5
4	筋かい:厚さ4.5㎝、幅9㎝の木材	2
5	筋かい:厚さ9㎝、幅9㎝の木材	3
6	筋かい:2~4のたすき掛け	各2倍
7	筋かい:5のたすき掛け	5
8	建設大臣認定[*]	0.5~5.0
9	1、2の壁と2~6の筋かいの併用	それぞれの数値の和
10	構造用合板:厚さ12㎜、片面	2.5
11	構造用合板:厚さ12㎜、両面	5

*:本事例で採用している「モイスTM」は厚さ9.5㎜で2.7倍

特記事項

耐力壁の種類は下記とする

△	モイスTM9.5㎜厚	2.7倍
／	筋かい120×75㎜	2.0倍
△／	モイスTM9.5㎜厚+筋かい105×45㎜	4.7倍

柱の種類は下記とする

□	管柱120㎜角
◎	通し柱120㎜角

建築基準法施行令46条にもとづく軸組計算表

階数	方向	床面積による壁量面積(地震) 必要長さ(m)	床面積による壁量面積(風圧) 必要長さ(m)	設計壁量(m)
2階	X	48.78㎡(2階床面積)×0.15m(軽い屋根の係数)=7.32m	11.99㎡(A2見付け面積)×0.5m(一般地域の係数)=6.00m	1.82×4×2.7(倍率) 1.82×2×2.0(倍率) 合計26.93m
	Y		34.09㎡(B2見付け面積)×0.5m(一般地域の係数)=17.05m	(1.82×3+1.54)×2.7(倍率) 合計18.90m
1階	X	46.64㎡(1階床面積)×0.29m(軽い屋根の係数)=13.53m	22.41㎡(A1見付け面積)×0.5m(一般地域の係数)=11.21m	1.82×5×2.7(倍率) 合計24.57m
	Y		79.42㎡(B1見付け面積)×0.5m(一般地域の係数)=39.71m	1.82×4×4.7(倍率) (0.91+1.54)×2.7(倍率) 合計40.83m

Y方向には4カ所にモイス(1カ所のみ1.54m)

X方向は2カ所に筋かいが使われている

X方向は4カ所にモイスが使われている

Y方向には0.91mと1.54mのモイス

Y方向には4カ所にモイス+筋かい

X方向には5カ所にモイス

地震力に対する必要壁量(令46条4項)

建築物	床面積に乗ずる数値(㎝/㎡)		
重い屋根	15	21 33	24 39 50
軽い屋根	11	15 29	18 34 46

風圧力に対する必要壁量(令46条4項)

区域	見付け面積に乗ずる数値(㎝/㎡)
一般地域	50
特定行政庁が指定する地域	特定行政庁が定める数値(50を超え75以下)

見付け面積の求め方

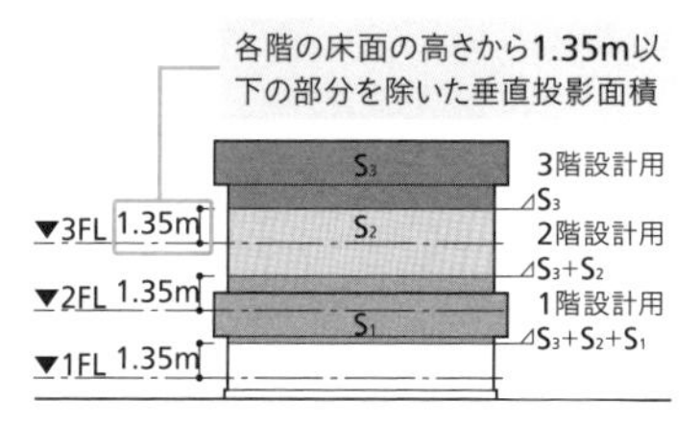

B 4分割法

耐力壁量が十分でも、配置のバランスが悪いと、地震などの水平力によってねじれが生じ、建物が変形してしまう。これを防ぐためのバランスをチェックする方法が、4分割法だ。これは、建物平面を上下左右の4つに分割して、それぞれの側端部分の壁量を算出、存在壁量が必要壁量を上回ることを確認する。

分割の仕方(上:2階、下:1階)

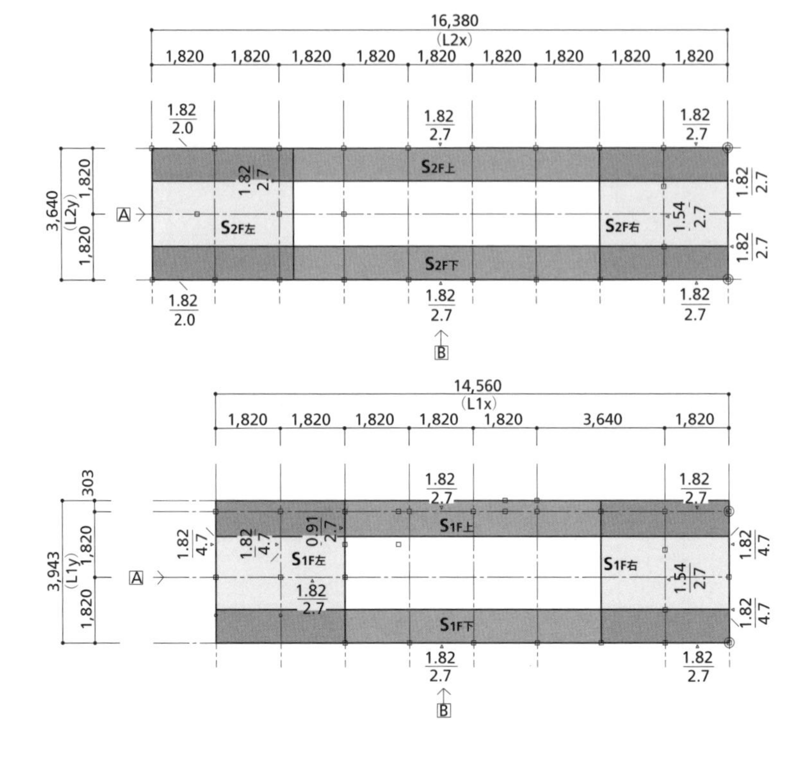

■平12建告1352号にもとづく軸組の配置チェック

階数	方向	両端部床面積(㎡)	両端部必要壁量(m)	存在壁量(m)	壁量充足率	判定
2階	X	$S_{\text{2F上}}$＝16.38×0.910 ＝14.90㎡	$LN_{\text{2F上}}$＝14.90×0.15(軽い屋根の係数) ＝2.24m	$LD_{\text{2F上}}$ 1.82× 2×2.7 ＋1.82×2.0 ＝13.46m	$LD_{\text{2F上}}$／$LN_{\text{2F上}}$＝13.46／2.24 ＝6.00	(≧1) OK
		$S_{\text{2F下}}$＝16.38×0.910 ＝14.90㎡	$LN_{\text{2F下}}$＝14.90×0.15 ＝2.24m	$LD_{\text{2F下}}$ 1.82×2×2.7 ＋1.82×2.0 ＝13.46m (幅1.82mのモイスが2カ所 幅1.82mの筋かいが1カ所)	$LD_{\text{2F上}}$／$LN_{\text{2F上}}$＝13.46／2.24 ＝6.00	
	Y	$S_{\text{2F左}}$＝4.095×3.640 ＝14.90㎡	$LN_{\text{2F左}}$＝14.90×0.15 ＝2.24m	$LD_{\text{2F左}}$ 1.82×2.7 ＝4.91m	$LD_{\text{2F左}}$／$LN_{\text{2F左}}$＝4.91／2.24 ＝2.19	(≧1) OK
		$S_{\text{2F右}}$＝4.095×3.640 ＝14.90㎡	$LN_{\text{2F右}}$＝14.90×0.15 ＝2.24m	$LD_{\text{2F右}}$ 1.54×2.7 ＋1.82×2×2.7 ＝13.98m (幅1.54mのモイスが1カ所)	$LD_{\text{2F右}}$／$LN_{\text{2F右}}$＝13.98／2.24 ＝6.24	
1階	X	$S_{\text{1F上}}$＝14.280×0.683＋0.91×0.303 ＝10.02㎡	$LN_{\text{1F上}}$＝10.02×0.29 ＝2.91m (冷蔵庫置場の部分)	$LD_{\text{1F上}}$ 1.82×2×2.7 ＝9.82m	$LD_{\text{1F上}}$／$LN_{\text{1F上}}$＝9.82／2.91 ＝3.37	(≧1) OK
		$S_{\text{1F下}}$＝10.920×0.986 ＝10.76㎡	$LN_{\text{1F下}}$＝10.76×0.29 ＝3.12m	$LD_{\text{1F下}}$ 1.82×2×2.7 ＝9.82m	$LD_{\text{1F下}}$／$LN_{\text{1F下}}$＝9.82／3.12 ＝3.14	
	Y	$S_{\text{1F左}}$＝3.640×1.820 ＝6.62㎡	$LN_{\text{1F左}}$＝6.62×0.29 ＝1.92m	$LD_{\text{1F左}}$ 1.82×2×4.7 ＋0.91×2.7 ＝19.56m	$LD_{\text{1F左}}$／$LN_{\text{1F左}}$＝19.56／1.92 ＝10.18	(≧1) OK
		$S_{\text{1F右}}$ ＝3.640×3.640 ＝13.24㎡	$LN_{\text{1F右}}$＝13.24×0.29 ＝3.84m	$LD_{\text{1F右}}$ 1.82×2×4.7 ＋1.54×2.7 ＝21.26m	$LD_{\text{1F右}}$／$LN_{\text{1F右}}$＝21.26／3.84 ＝5.53	

C N値計算

N値は、柱に生じる引抜き力を接合部倍率として表したもの。引抜き力は柱の左右に配置されている耐力壁の壁倍率の差をもとに計算する。

■N値計算式

平屋部分、最上階の柱

N=A1×B1−L

2階建ての1階部分

N=A1×B1+A2×B2−L2

A1：当該柱の左右壁倍率の差+補正値

A2：当該柱直上の2階柱の左右壁倍率+補正値

B1、B2：出隅=0.8、その他=0.5

L1：出隅=0.4、その他=0.5

L2：出隅=1、その他=1.6

■接合部の仕様

平12建告1460号で定められた仕様は以下のとおり

Nの値	告示表3	短期許容引張耐力=N×5.3kN	継手・仕口の仕様
≦0	(い)	0.000	短ホゾ差しまたはかすがい打ち
≦0.65	(ろ)	3.445	長ホゾ差込み栓または角金物CP・L
≦1.0	(は)	5.300	角金物CP・または山形プレートVP
≦1.4	(に)	7.420	羽子板ボルトまたは短冊金物(ZS釘なし)
≦1.6	(ほ)	8.480	羽子板ボルトまたは短冊金物(ZS釘あり)
≦1.8	(へ)	9.540	引寄せ金物HD-B10(S-HD10)
≦2.8	(と)	14.840	引寄せ金物HD-B15(S-HD15)
≦3.7	(ち)	19.610	引寄せ金物HD-B20(S-HD20)
≦4.7	(り)	24.910	引寄せ金物HD-B25(S-HD25)
≦5.6	(ぬ)	29.680	引寄せ金物HD-B15(S-HD15)×2個

■本事例での使用金物

本事例で使用している金物とその耐力は以下のとおり

Nの値	告示表3	短期許容引張耐力=N×5.3kN	継手・仕口の仕様	短期許容引張耐力(kN)
≦0	(い)	0.000	なし(短ホゾ差し)	—
≦0.65	(ろ)	3.445	なし(長ホゾ差し)	—
≦1.0	(は)	5.300	リトルコーナー (Sマーク)	6.5
≦1.4	(に)	7.420	ホールダウンコーナー10kN	13.5 (1階)
			W羽根Uビス　羽子板ボルト(Sマーク)	8.9 (2階)
≦1.6	(ほ)	8.480	↑(に)に同じ	
≦1.8	(へ)	9.540	ホールダウンコーナー10kN	13.5
≦2.8	(と)	14.840	ビス留めホールダウンU15kN用(Sマーク)	15.6
≦3.7	(ち)	19.610	ビス留めホールダウンU20kN用(Sマーク)	20.9
≦4.7	(り)	24.910	ビス留めホールダウンU25kN用(Sマーク)	28.7
≦5.6	(ぬ)	29.680	ビス留めホールダウンU35kN用(Sマーク)	35.4

注：上記金物はすべて㈱タナカ製を使用する

1階

柱番号	1階X方向N値計算表		1階Y方向N値計算表		接合部の仕様
〔1〕					
〔2〕	(2.7−0)×0.5+(2.7−0)×0.5−1.6=	1.1			(に)
〔3〕	(2.7−0)×0.5+(2.7−0)×0.5−1.6=	1.1			(に)
〔4〕					
〔5〕					
〔6〕	(2.7−0)×0.5+(2.7−0)×0.5−1.6=	1.1			(に)
⑦	(2.7−0)×0.8+(2.7−0)×0.8−1.0=	3.32	(4.7−0)×0.8+(2.7−0)×0.8−1.0=	4.92	(ぬ)
〔8〕			(2.7−0)×0.5+(2.7−0)×0.5−1.6=	1.1	(に)
〔9〕			(4.7−0)×0.8−1.0=	2.76	(と)
〔10〕	(2.7−0)×0.5−1.6=	−0.25	(4.7−0)×0.5+(2.7−0)×0.5−1.6=	2.1	(と)
〔11〕	(2.7−0)×0.5−1.6=	−0.25			
〔12〕			(4.7−4.7)×0.5+(2.7−2.7)×0.5−1.6=	−1.6	
〔13〕			(2.7−0)×0.5−1.6=	−0.25	
〔14〕					
〔15〕			(2.7−0)×0.5+(2.7−0)×0.5−1.6=	1.1	(に)
〔16〕			(4.7−0)×0.8−1.0=	2.76	(と)
〔17〕			(4.7−0)×0.5+(2.7−0)×0.5−1.6=	2.1	(と)
〔18〕			(2.7−0)×0.5−1.6=	−0.25	
〔19〕					
〔20〕	(2.7−0)×0.5+(2.7−0)×0.5−1.6=	1.1			(に)
〔21〕	(2.7−0)×0.5+(2.7−0)×0.5−1.6=	1.1			(に)
〔22〕					
〔23〕					
〔24〕					
〔25〕	(2.7−0)×0.5+(2.7−0)×0.5−1.6=	1.1			(に)
㉖	(2.7−0)×0.8+(2.7−0)×0.8−1.6=	3.32	(4.7−0)×0.8+(2.7−0)×0.8−1.0=	4.92	(ぬ)

○は通し柱を示す

2階

柱番号	2階X方向N値計算表		2階Y方向N値計算表		接合部の仕様
〔1〕	(2.0−0)×0.8−0.4=	1.2			(に)
〔2〕	(2.0−0)×0.5−0.6=	0.4			
〔3〕					
〔4〕					
〔5〕	(2.7−0)×0.5−0.6=	0.75			(は)
〔6〕	(2.7−0)×0.5−0.6=	0.75			(は)
〔7〕					
〔8〕					
〔9〕	(2.7−0)×0.5−0.6=	0.75			(は)
⑩	(2.7−0)×0.8−0.4=	1.76	(2.7−0)×0.8−0.4=	1.76	(へ)
〔11〕			(2.7−0)×0.5−0.6=	0.75	(は)
〔12〕					
〔13〕			(2.7−0)×0.5−0.6=	0.75	(は)
〔14〕					
〔15〕			(2.7−2.7)×0.5−0.6=	−0.6	
〔16〕			(2.7−0)×0.5−0.6=	0.75	(は)
〔17〕	(2.0−0)×0.8−0.4=	1.2			(に)
〔18〕	(2.0−0)×0.5−0.6=	0.4			
〔19〕			(2.7−0)×0.5−0.6=	0.75	(は)
〔20〕					
〔21〕	(2.7−0)×0.5−0.6=	0.75			(は)
〔22〕	(2.7−0)×0.5−0.6=	0.75			(は)
〔23〕					
〔24〕					
〔25〕	(2.7−0)×0.5−0.6=	0.75			(は)
㉖	(2.7−0)×0.8−0.4=	1.76	(2.7−0)×0.8−0.4=	1.76	(へ)

設備図❶

給排水衛生設備図

給排水系統や衛生設備機器の位置

描くものリスト

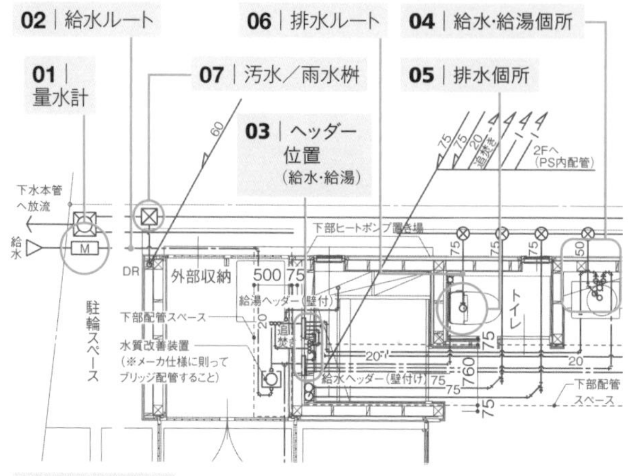

*：本事例はオール電化のため、ガス関連の内容（ガス配管ルートやガスメーター、ガス設備機器、ガス警報器）は表示されていない

図 基礎と配管

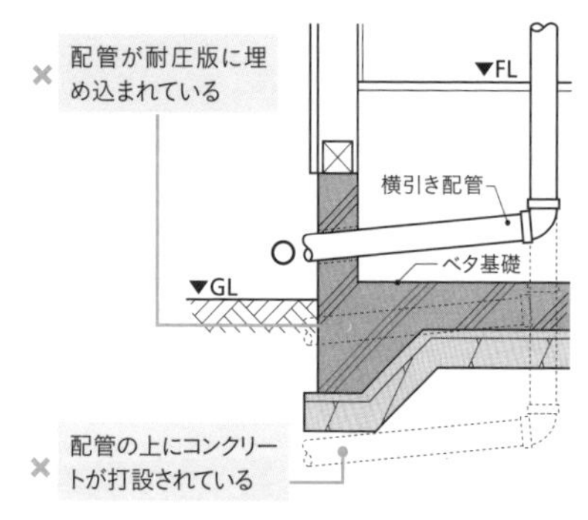

給排水設備業者が必要な内容を網羅

設備図は、電気設備、給排水衛生設備、空調設備の各図に分けられる。電気設備図は、幹線・電灯・コンセント・弱電（テレビ・電話・LANなど）などで別図にする場合もある。給排水衛生設備図には、給水・給湯・排水・ガスの情報が含まれる。作図の前に建築主の要望を確認し、設備機器の機種、数量を検討する。それをある程度決定したうえで作図に入る。特に屋外配管は地業・基礎工事の段階で関わるため、着工前に枡や配管の位置を決めておきたい［図］。設備機器の位置や配線・配管を示すキープランは、平面図を下地にする。

［瀬野和広］

CHECK LIST

- 01 □ 量水計
- 02 □ 給水ルート
- 03 □ ヘッダー位置（給水・給湯）
- 04 □ 給水・給湯個所
- 05 □ 排水個所
- 06 □ 排水ルート
- 07 □ 汚水桝／雨水桝
- 08 □ ガス設備

STANDARD SCALE

1/50

電気設備図／換気設備図

各種設備機器の位置と配管・配線ルート

描くものリスト

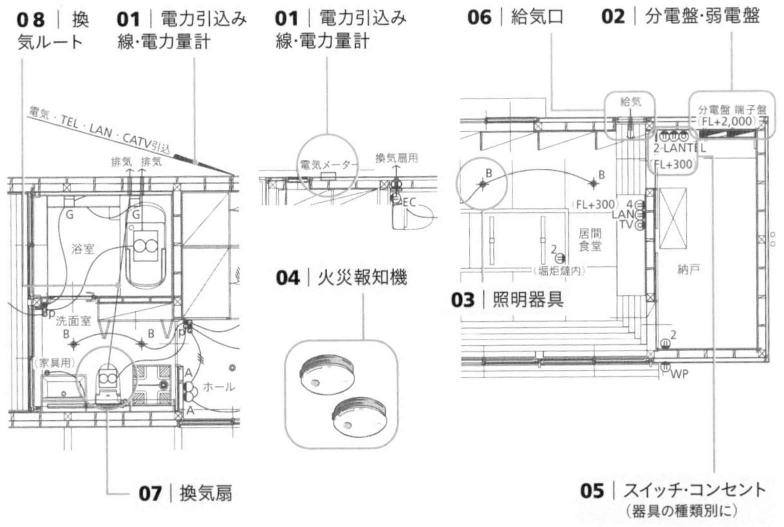

08｜換気ルート
01｜電力引込み線・電力量計
01｜電力引込み線・電力量計
06｜給気口
02｜分電盤・弱電盤
04｜火災報知機
03｜照明器具
07｜換気扇
05｜スイッチ・コンセント（器具の種類別に）

電気・TEL・LAN・CATV引込
排気　排気
浴室
洗面室
（家具用）
ホール
電気メーター
換気扇用
給気
分電盤 端子盤（FL+2,000）
2-LANTEL
FL+300
（FL+300）
LAN
TV
居間
食堂
（堀炬燵内）
納戸
WP

図 コンセントの高さ

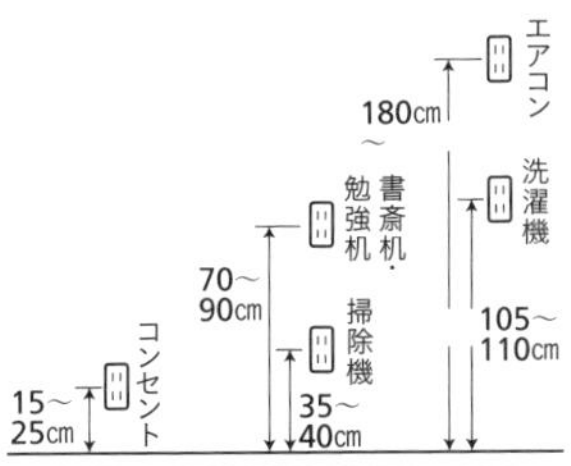

エアコン　180cm〜
洗濯機　105〜110cm
書斎机・勉強机　70〜90cm
掃除機　35〜40cm
コンセント　15〜25cm

・コンセントの高さは、床面から15cm程度が基本
・ただし用途が決まっているコンセントは、それに合わせて高さを設定する

表 コンセント設置数の目安

回路容量	キッチン	ダイニング	個室・リビング 10〜13㎡（6〜8畳）	個室・リビング 17〜20㎡（10〜12畳）
100V	6	4	3	6
200V	1	1	1	1

回路容量	トイレ	玄関	洗面室	廊下
100V	2	1	2	1
200V	―	―	1	―

注：200Vは、エアコンやIH調理器、食洗機など、容量の大きい設備機器に使われる。またこうした機器では接地（アース）付きコンセントを採用する

筆者の事務所では、「電灯設備・換気設備取付けキープラン」と「コンセント取付けキープラン」とで分けている。前者はスイッチがあるものでまとめている。電気配線を単一の図面上で表すと、煩雑になり見づらくなる。この図面は、スイッチやコンセントの位置などを検討する際、施工者のみならず建築主にも見せるため、なおさら分かりやすさが求められる。

電気設備図には、電灯や換気扇などの各種機器、コンセントやスイッチの位置を示す。電気の引込み位置や分電盤といった接続個所も明確に示す。スイッチ・コンセントの取付け高さは標準高さを決め、それ以外の場合のみ図中に高さを描き込む。

なお、意匠設計では、正確な電気の系統図を描き込む必要はない。配線器具の大まかなプロット程度にとどめ、設備業者に施工図で描き込んでもらう。［瀬野和広］

CHECK LIST

- 01 □ 電力引込み線・電力量計
- 02 □ 分電盤・弱電盤
- 03 □ 照明器具
- 04 □ 火災報知機
- 05 □ スイッチ・コンセント（器具の種類別に）
- 06 □ 給気口
- 07 □ 換気扇
- 08 □ 換気ルート

STANDARD SCALE
1/50

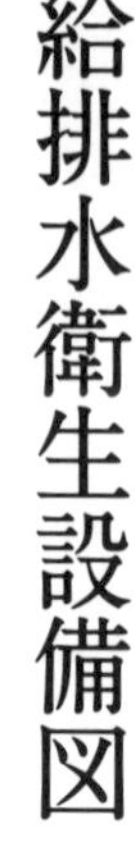

設備図❶ 給排水衛生設備図

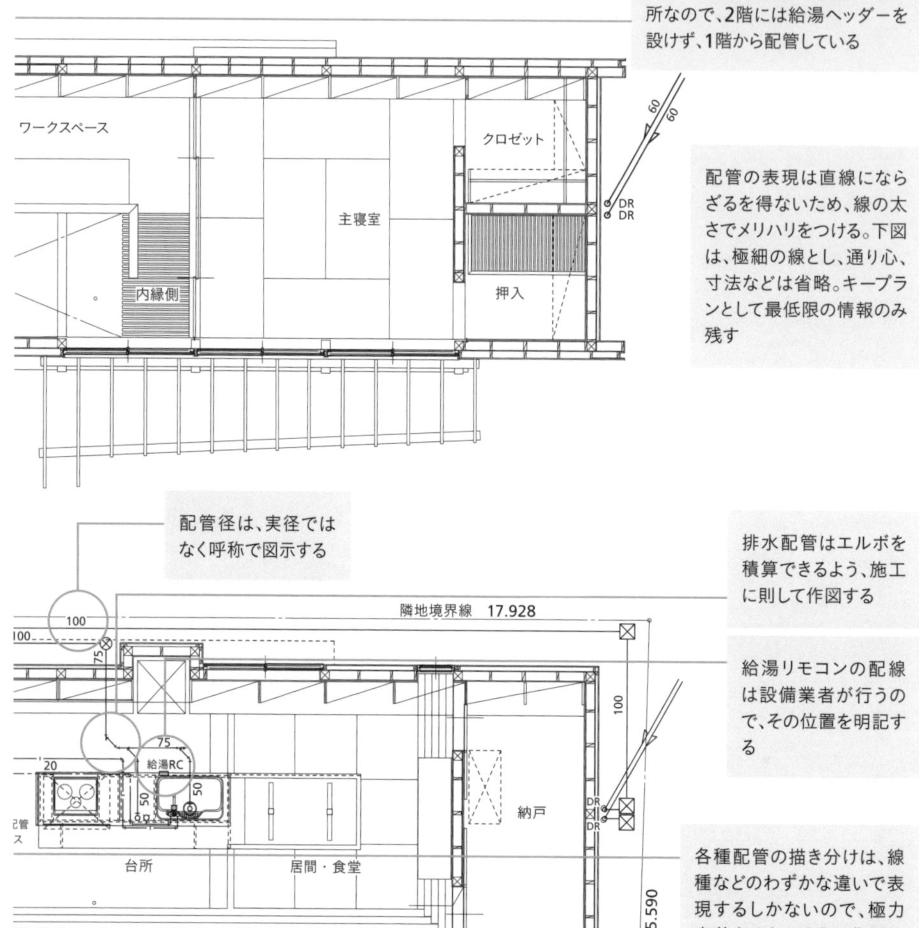

元図では屋根状の給排水衛生設備図も描かれているが、紙面の都合上、ここでは割愛する

[S＝1:50]、元図[S＝1:50]

2階汚水排水配管は、屋内は単独配管とし、トラップ桝を用いて、メイン管で合流させる

排水の音が気になるかは、住環境や個人の感覚差によるが、竣工後に防音工事をする。多額の費用がかかってしまうので、2階排水配管は防音排水管を標準とする

階を渡る表現は、60°で引出し、水が流れる方向を矢印は示す

土間コンクリート内に配管を埋めるので、配管スペース内に掃除口を設ける

ヘッダーの位置を明記する。 1階は床仕上げが土間になるため、メンテナンスを考慮し、土間には埋めず壁PS内に設置し、点検口を設ける。壁付けの場合、配管の振り回しのため、PSの幅が余分に必要となるので注意する

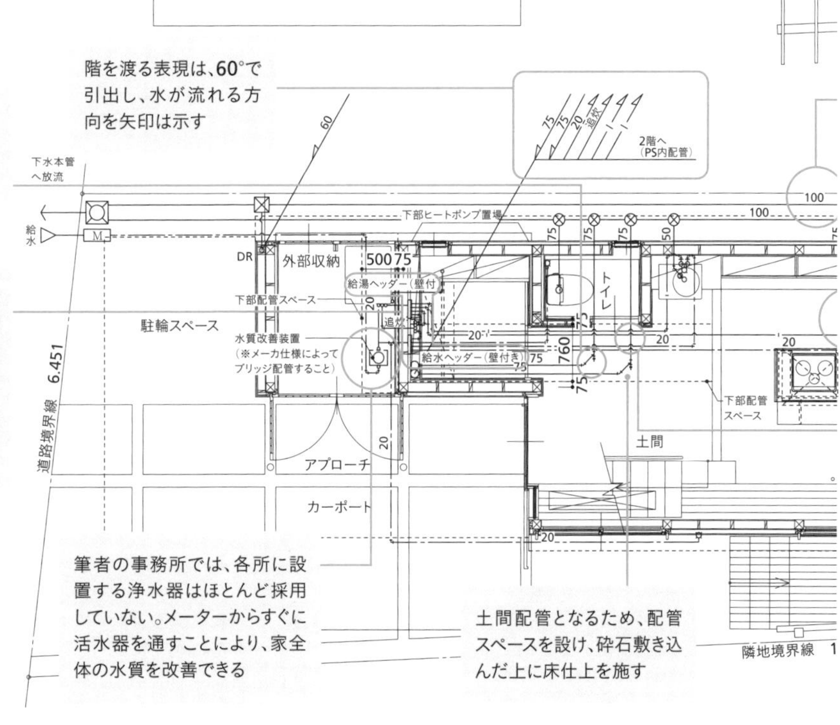

筆者の事務所では、各所に設置する浄水器はほとんど採用していない。メーターからすぐに活水器を通すことにより、家全体の水質を改善できる

土間配管となるため、配管スペースを設け、砕石敷き込んだ上に床仕上を施す

■部材リスト（凡例記号）

記号	寸法	
⊗	汚水桝を示す	全小径桝を使用のこと
⊠	雨水桝を示す	
⌧	汚水、雨水、合流桝を示す	

*配管はヘッダー工法とする（ヘッダー位置は打合せにより決定する）

■特記事項

1.設備機器のメーカーなどは、設備器具リスト参照	8.施工に際し本図を参考とし、施工図作成の上監理者の承認を得ること
2.各配管は、防臭処理を施すこと。	
3.屋外配管は、防腐処理のうえ、すべて埋設とする	9.デッキ下配管の桝は、点検用に桝の上部デッキは取外式とすること
4.給水配管は、全て保温処理を施すこと	
5.必要に応じ通気管トラップを設けること	10.給・排水、ガス管の建物内への配管は、基礎立上部にスリーブ穴アケの上配管とする（基礎ベース下の配管不可）
6.一次側水道、ガス引込位置については、各業者現調の上、二次側引込経路を確認すること	
7.水道、ガスメーター位置は、設計側と打合せのうえ、決定とする	11.スリーブなどの床部分配管後のダメ穴にはウレタンフォームを充填し、塞ぐこととする

設備図❷

電灯・換気設備取付けキープラン

［S＝1：150］、元図［S＝1：50］

換気扇は天井扇と、壁付けパイプファンを区別し、ダクトの経路を図示する

インターホンの親機、玄関子機の位置を図示する

スイッチの位置は通り心や壁からの距離を造作などと合わせて、監理時に確認しやすいようにする。展開図とも照らし合わせて確認し、整合性に注意する

一般プレート以外の家具用などを採用する場合は、明記する

照明の系統は、下図と混同しないよう曲線とし、3路・4路の場合は斜線で明記する

給気口は各居室に天井高の1／2以下の高さに設ける（令129条2の6）

レンジフードのダクトは火災予防条例に則った仕様とする。防火構造の外壁をφ100を超えて抜く場合は、FD付きであることを明記する

住宅用火災警報器の位置を図示する。自治体によって、設置が必要な場所が異なるので、注意する

外部照明や夜間の動線となる部分の照明のスイッチはほたるスイッチとし、換気扇のスイッチはパイロットスイッチとする［＊］

元図では屋根状の電灯設備・換気設備取付キープランも描かれているが、紙面の都合上、ここでは割愛する

■部材リスト（凡例記号）

注：照明器具の品番・メーカーなどは「電気設備姿図」に記載（157頁）

A	ブラックライト-ボール球60W
B	ダウンライト・ミニクリプトン45W
C	蛍光灯・40W（温白色）L1250
D	蛍光灯・40W（温白色）L605
E	ペンダントライト・ボールランプ57W（レール用引掛けシーリングプラグ共）
F	ペンダントライト・ボールランプ65W
G	防湿ブラケットライト・シリカ球60W
H	デッキライト（防滴型）・クリア球40W
I	屋外スポットライト（防滴型）・蛍光灯25W
J	軒下ダウンライト（防滴型）・蛍光灯15W
	住宅用火災報知機・煙（熱）感知式（天井付）
	住宅用火災報知機・煙（熱）感知式（壁付）
	ダクト用換気扇
	パイプファン
	給気口
	一般スイッチ
	ホタルスイッチ
	パイロットスイッチ

■特記事項

1.図中記載なきスイッチ取付心高は、FL＋1,200とする
2.スイッチプレートはNKシリーズ／JIMBOとする
3.照明器具・スイッチ取付位置は、天井伏図・展開図も参照のこと
4.施工に際し、本図を参考とし、コンセント図と併せて施工図作成のうえ、監理者の承認を得ること
5.アルファベット記号は、照明器具の種類を示す

＊：「ほたるスイッチ」「パイロットスイッチ」はパナソニックの製品名。前者はOFF時にスイッチが緑色に点灯、後者はON時にスイッチが赤色に点灯する

コンセント取付けキープラン

［S＝1：150］、元図［S＝1：50］

IHコンロや浴室乾燥機など、専用回路であっても、100Vか200Vかを明記する

エコキュートや蓄熱暖房機など、機器への直結や専用回路になる場合は必ず○○用と明記する

電気メーター位置を図示する。GL+1.8mに設置するので、1階図面に示す

TVは、光やCATVを標準としている。アンテナを設置するかどうかは打ち合わせで決める

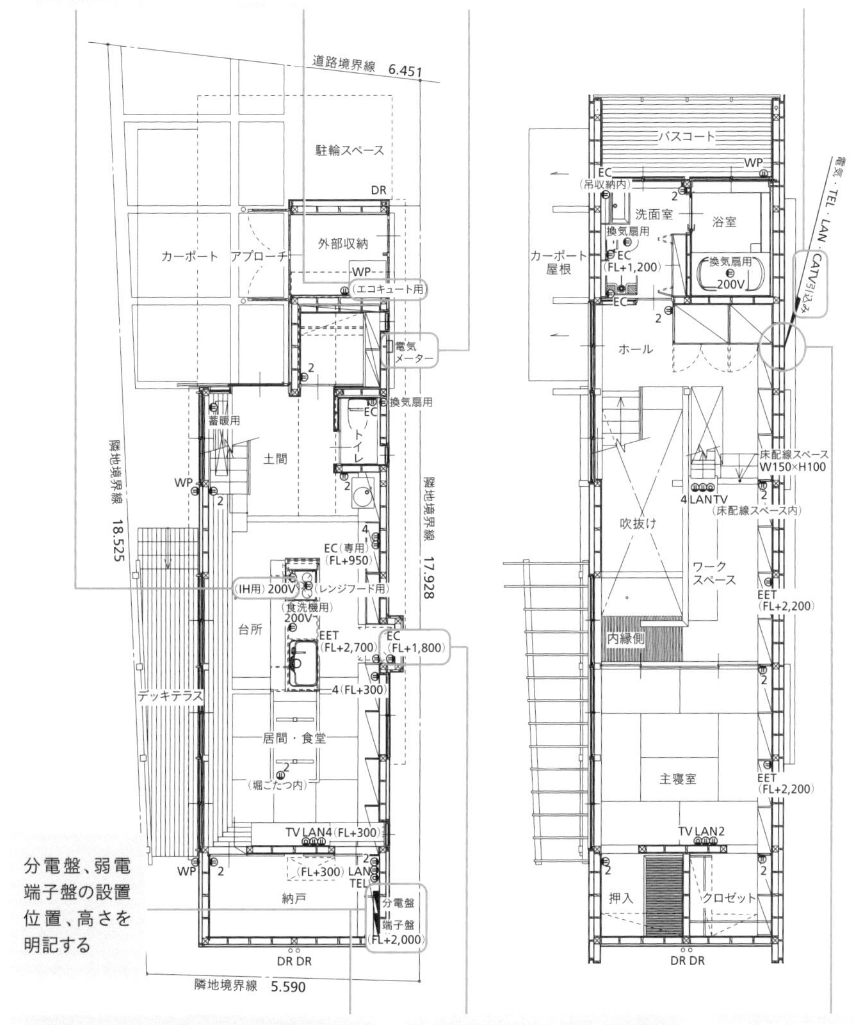

弱電端子盤は既製品を使用せず、フリーボックスを用いて、TV（分配器、ブースター用電源）、LAN（HUB）、TELを組み込む。電材のグレードなどの指定のため（マルチメディアポートS ギガ／Panasonic同等）とする

電子レンジや炊飯器など、容量が大きい家電が並ぶキッチン作業台には、アース付きコンセントを専用回路で1カ所は必ず設ける（その他は打ち合わせによる）

電気引込み位置を図示する。GL+3.5〜5.0mの高さになるので2階図面に示す

元図では屋根状のコンセント取付キープランも描かれているが、紙面の都合上、ここでは割愛する

■特記事項

特記事項
1.特記なきコンセントの高さはFL＋150とする
2.コンセントプレートは、NKシリーズ／JIMBOとする
3.コンセント取付位置は、各意匠図も参照のこと
4.施工に際し、本図を参考とし、コンセント図と併せて、施工図作成のうえ、監理者の承認を得ること

■部材リスト（凡例記号）

記号	名称	記号	名称
2	100Vコンセント2口	WP	防水型コンセント
4	100Vコンセント4口	EET	エアコン用コンセント
EC	アースターミナル付コンセント2口	200	単200Vコンセント
TV	TV用アウトレット	LAN	LAN配線配管
TEL	テレフォンモジュラジャック	⊠	分電盤／端子盤（半埋込タイプ）

設備図 1 衛生・空調設備姿図

名称・使用個所	個数	洋風大便器（1階トイレ、M2階洗面室）	2カ所	洗濯機パン（M2階洗面室）	1カ所	浴室暖房機	一式
姿図		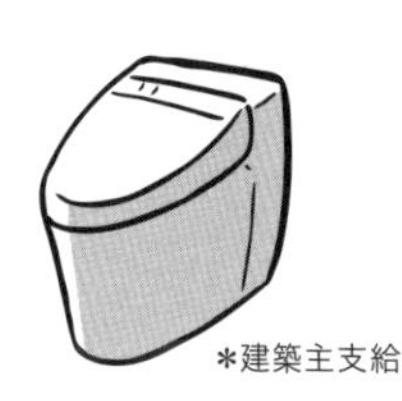 ＊建築主支給					
品番・メーカー		TOTO		TOTO		TOTO	
サイズ		W405×D678×H513		W640×D640×H60		外形寸法W480×D398×H45（UB天井開口410×285）	
仕様		ウォシュレット一体型		PP製		φ100用単相200V 1室換気タイプ	
備考		スティックリモコン付		ABS樹脂製横引きトラップ共		—	

商品写真、商品名、品番、メーカー名を、取り付く室ごとにまとめて記載する

洗濯機パンの設置を標準仕様としている。トラップには竪引き・横引きがあるので明記する

天井換気扇は商品名、品番、メーカー名のほか、天井開口寸法、接続ダクト径を記載する

名称・使用個所	個数	レンジフード（1階台所）	一式	シンク（1階台所）	1カ所	角型洗面器（1階洗面室）	1カ所
姿図		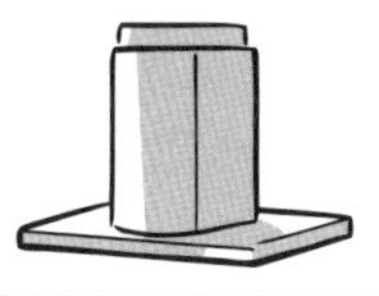				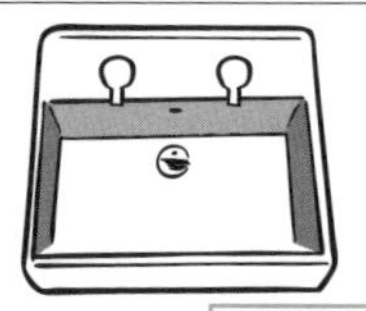 ＊建築主支給	
品番・メーカー		ARIAFINA		YAJIMA		LIXIL	
サイズ		W900×D640×H760		W910×D580×H210		W500×D450×H160	
仕様		φ150用100V		SUS304　アミカゴ付き		ベッセル式洗面器	
備考		調整ダクトカバー、リモコン、ほか付属品一式		SUS製水切プレート#34		—	

建築主支給であっても、取付費など拾い漏れがないように、姿図を載せる

名称・使用個所	個数	洗面水栓（1階洗面室）	1カ所	エコキュート（屋外）	一式	蓄熱暖房機（1階土間）	1カ所
姿図		 ＊建築主支給				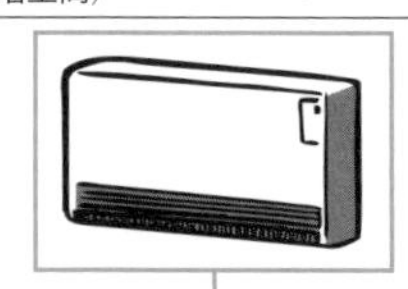	
品番・メーカー		LIXIL		三菱電機		日本スティーベル	
サイズ		—		W630×D760×H2,170（貯湯タンクユニット）		W1,480×D245×H495	
仕様		シングルレバー混合水栓		W809×D300×H715（ヒートポンプユニット）		—	
備考		—		ベーシックタイプリモコンセット RMC-6SE		シーズンセンサー付き	

打合せにより建築主支給となる場合は、その後の不具合の対応の仕方などを説明する必要がある

輻射式暖房機の設置を標準仕様としている。オール電化の場合は蓄熱暖房機、ガス併用の場合はガス温水式床暖房を採用している

取付けに必要な金物を拾い漏らさないよう、必ず明記する

リモコンなどの付属品の品番やグレードも記載する

特記事項	メーカーリスト[＊]
1.衛生陶器の色は、建築主との打ち合わせ後決定とする 2.上記リストに伴う必要金物などは、すべて本工事に含むこととする 3.器具取付け位置は、「設備図および各種関連図」を参照のこと	LIXIL　TOTO　ARIAFINA　HITACHI YAJIMA　三菱電機 日本スティーベル　Panasonic

＊：元図ではメーカー姿図使用（または品番を省略している）メーカーリストには問い合わせの電話番号、担当者の名前を記入しておく

給排水の立ち上げ位置は、器具承認図を確認し、打ち合わせ後、決定とする

メーカー名、連絡先を記載する

イラスト：前田はんきち

設備図❷

電灯・換気・空調設備姿図

名称・使用個所	個数	A 壁付けボール球（1・2階各室）	11カ所	B ダウンライト（1・2階各室）	22カ所	C 蛍光灯（1・2階各室）	7カ所
姿図							
メーカー		青山電陶		USHIO SPEX		Panasonic	
サイズ		φ37×H52		φ92×D108（埋込み深さ）		W65×H88×L1,250	
仕様		ボール球60W		E17クリプトン球45W（KR100／110V45WR5OK）		40型温白色蛍光灯	
備考		＊ソケット：台座なしタイプ				—	

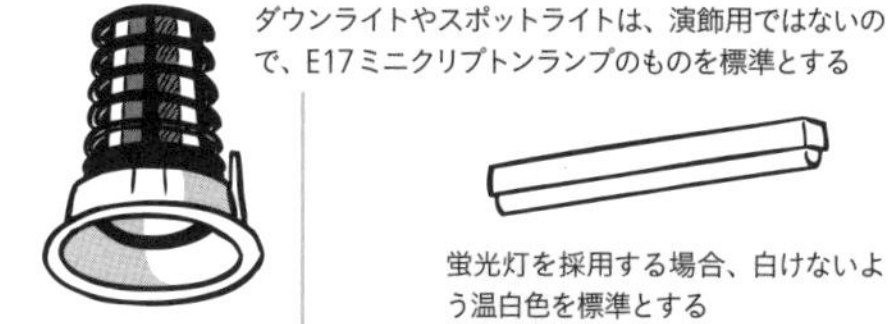

照明器具は、商品名、品番、メーカー名のほか、ランプを記載する

ダウンライトやスポットライトは、演飾用ではないので、E17ミニクリプトンランプのものを標準とする

蛍光灯を採用する場合、白けないよう温白色を標準とする

名称・使用個所	個数	D ペンダントライト（M2階ホール）	1カ所	分電盤（1階収納）	1カ所	弱電盤	1カ所
姿図		＊建築主支給					
品番・メーカー		ヤマギワ		Panasonic		Panasonic	
サイズ		φ422×H740		—			
仕様		ダイクロイックミラーランプ65W		＊容量検討のうえ決定			
備考		デンマーク製（デザイン：ルイスポールセン）取付け吊高は打ち合わせ後決定とする		—			

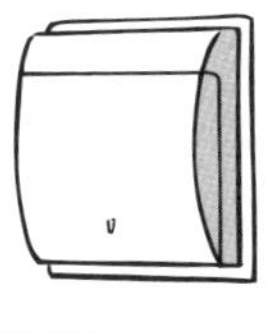

打ち合わせにより建築主が持ち込む場合であっても、引掛けシーリング取付けなど、取出し方法を明確にするため、姿図を載せる

電気契約や契約容量は、容量を考慮し、打ち合わせのうえ、決定する

弱電端子盤は、既製品を使用せず、フリーボックスを用いて、TV（分配器、ブースター用電源）、LAN（HUB）、TELを組み込む。電材のグレードなどの指定のためマルチメディアポートS ギガ／Panasonic同等と明記する

名称・使用個所	個数	G ダクト用換気扇		ベントキャップ（外部）	1カ所	カラーTV付きインターホン（外部、1階台所、2階ワークショップ）	1式
姿図							
品番・メーカー		三菱電器		西邦工業		Panasonic	
サイズ		W250×D322×H199		（外径）φ194×D55		親機 W143×H190×D34 玄関子機 W99×H131×D36.5 子機 W52×H157×D35	
仕様		天井開口寸法180□		ステンレス製（φ150パイプ用）			
備考		接続ダクトφ100		覆い付き丸型フラット板、横ガラリタイプ、防虫SUS網付き、FD付き、指定色焼付け塗装			

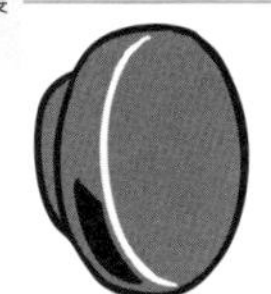

ベントキャップは、SUS製 指定色焼付け塗装を標準とし、防虫方法を明記する

換気扇は商品名、品番、メーカー名のほか、天井開口寸法、接続ダクト径を記載する

インターホンは、どこでもドアホンを標準とし、子機増設可能タイプとする

名称・使用個所	個数	火災報知機	4カ所
姿図			
品番・メーカー		Panasonic	
サイズ		親機 1台	
仕様		子機 1台	
備考		煙式乾電池式、ワイヤレス連動型	

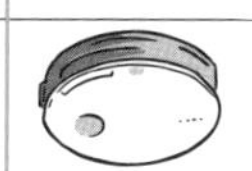

防火規制を受ける壁に取付き。φ100を超える場合はFD付きとする

特記事項

1. スイッチ・コンセントプレートは、Pansonicで統一のこと
2. 1次側引込み以降、盤関係取付けを含む配線工事および器具取付け工事一式
3. 施工に際し、本図を参考とし、コンセント図と併せて施工図作製のうえ、監理者の承認を得ること
4. 器具取付け位置は、「電気図および各種関連図」を参照
5. パイプファンのコードは、壁中配線とし、スイッチ操作とする
6. アルファベット記号は、照明器具の種類を示す
7. 器具にはすべてランプを含むものとする

住宅用火災報知器は連動型電池式を標準とする。自治体によって設置が必要な場所が異なるので、注意する

メーカーリスト[＊]

青山電陶　USHIO SPEX　DAIKO　西邦工業
ヤマギワ　Panasonic　三信船舶電具　三菱電機　キョーワナスタ

メーカー名、連絡先を記載する

＊：元図ではメーカー姿図使用（または品番を省略している）メーカーリストには問い合わせの電話番号、担当者の名前を記入しておく

イラスト：前田はんきち

Part2 意匠図　Part2 構造図　Part2 設備図

キーワード検索

執筆者プロフィール

伊藤教子［いとう・のりこ］／ZO設計室
首都大学東京大学院博士課程修了。現在、ZO設計室室長。
一級建築士・設備設計一級建築士・建築設備士

小田切博志
［おだぎり・ひろし］／小田切建築工房
1963年生まれ。一級建築士。埼玉県出身。
1999年小田切建築工房設立。
設計・現場監督・木造住宅の技術開発・システム開発を手掛ける

柿沼整三［かきぬま・せいぞう］／ZO設計室
工学院大学工学専攻科修了。現在、ZO設計室代表取締役。
一級建築士・設備設計一級建築士・建築設備士・技術士（建築環境）

河合孝［かわあい・たかし］／河合建築
日本大学法学部卒業。武蔵野美術大学建築学科卒業。現在、河合建築代表取締役。
一級建築士・建築大工二級技能士・宅地建物取引主任者

齊藤年男［さいとう・としお］／細田工務店
1957年新潟県生まれ。1981年法政大学工学部建築学科卒業、同年細田工務店入社、現在に至る。
一級建築士・構造設計一級建築士

七條章裕［しちじょう・あきひろ］／ストック建築設計事務所
大野アトリエ、Ms建築設計事務所を経て、2000年ストック建築設計事務所設立。
2007年株式会社ストック建築設計事務所に改組

鈴木晴之［すずき・はるゆき］／大和工務店
1967年神奈川県生まれ。1989年法政大学社会学部卒業。同年中央工学校夜間建築科入学と同時に大和工務店入社。2007年大和工務店代表取締役に就任。
一級建築士、一般社団法人JBN・次世代の会会長、ポケット積算編集委員など

瀬野和広［せの・かずひろ］／設計アトリエ
1957年山形県生まれ。1978年東京デザイナー学院卒業、大成建設設計部を経て1988年設計アトリエ一級建築士事務所開設。2006年より日本サステナブル建築協会CASBEE研究開発「すまい検討小委員会」委員。2009年より
東京都市大学都市生活学部非常勤講師

田中健司［たなか・けんじ］／田中工務店
1960年生まれ。東京近郊の都市部で創業80年、木造住宅の設計・施工を手掛ける田中工務店の3代目社長。
住環境価値向上事業協同組合（SAREX）理事

藤井徳昭［ふじい・のりあき］／アイガー産業
1960年三重県生まれ。1983年専修大学経済学部卒業後、3年間の商社勤務を経て、1986年建築工事全般の請負を目的として、アイガー産業設立

福永洋一［ふくなが・よういち］／福永洋一建築設計事務所
1965年兵庫県神戸市生まれ。1988年近畿大学理工学部建築学科卒業。
1998年福永洋一建築設計事務所設立

本間至［ほんま・いたる］／ブライシュティフト
1956年東京都生まれ。1979年日本大学理工学部建築学科卒業。1979年林寛治設計事務所入所。1986年本間至建築設計事務所開設。1994年本間至／ブライシュティフトに改称。
1995年より家づくりの会理事。2010年より日本大学理工学部建築学科非常勤講師

増田奏［ますだ・すすむ］／SMA
1951年横浜市生まれ。1977年早稲田大学大学院修士課程修了。
1986年まで吉村順三設計事務所勤務。
1987年SMA設立。一級建築士。
関東学院大学人間環境学部非常勤講師兼務

これで完璧!
伝わる
建築実施図面の描き方新装版

2022年12月2日　初版第一刷発行

発行者　澤井聖一

発行所　株式会社エクスナレッジ
〒106-0032　東京都港区六本木7-2-26
https://www.xknowledge.co.jp/

問合せ先

編　集　TEL　03-3403-1381
FAX　03-3403-1345
info@xknowledge.co.jp

販　売　TEL　03-3403-1346
FAX　03-3403-1829
